I0199674

Studies in Talmudic Logic

Volume 12

Fuzzy Logic and Quantum States in Talmudic Reasoning

This volume deals with issues already discussed in volumes eight and nine: Analysis and Synthesis of concepts. So far we have assumed binary logic, i.e., either something is true or it is false. Now we leave this dichotomous approach, and discover that an extension to multi-valued logic (fuzzy logic) and quantum states helps to solve problems left unsolved in the dichotomous approach.

Volume 1
Non-deductive Inferences in the Talmud
Michael Abraham, Dov Gabbay, and Uri Schild
Volume 2
The Textual Inference Rules Klal uPrat. How the Talmud Defines Sets
Michael Abraham, Dov Gabbay, Gabriel Hazut, Yosef E. Maruvka and Uri Schild
Volume 3
Talmudic Deontic Logic
Michael Abraham, Dov Gabbay and Uri Schild
Volume 4
Temporal Logic in the Talmud
Michael Abraham, Israel Belfer, Dov Gabbay and Uri Schild
Volume 5
Resolution of Conflicts and Normative Loops in the Talmud
Michael Abraham, Dov Gabbay and Uri Schild
Volume 6
Talmudic Logic
Andrew Schumann
Volume 7
Delegation in Talmudic Logic
Michael Abraham, Israel Belfer, Dov Gabbay and Uri Schild
Volume 8
Synthesis of Concepts in Talmudic Logic
Michael Abraham, Israel Belfer, Dov Gabbay and Uri Schild
Volume 9
Analysis of Concepts and States in Talmudic Reasoning
Michael Abraham, Israel Belfer, Dov Gabbay and Uri Schild
Volume 10
Principles of Talmudic Logic
Michael Abraham, Dov Gabbay and Uri Schild
Volume 11
Platonic Realism and Talmudic Reasoning
Michael Abraham, Israel Belfer, Dov Gabbay and Uri Schild
Volume 12
Fuzzy Logic and Quantum States in Talmudic Reasoning
Michael Abraham, Israel Belfer, Dov Gabbay and Uri Schild

Studies in Talmudic Logic
Series Editors
Michael Abraham, Dov Gabbay, and Uri Schild
dov.gabbay@kcl.ac.uk

Fuzzy Logic and Quantum States in Talmudic Reasoning

Michael Abraham
Israel Belfer
Dov Gabbay
Uri J. Schild*

Bar Ilan University
*Ashkelon Academic College

ISBN 978-1-84890-182-7

College Publications
Scientific Director: Dov Gabbay
Managing Director: Jane Spurr
Department of Computer Science
King's College London, Strand, London WC2R 2LS, UK

http://www.collegepublications.co.uk

Printed by Lightning Source, Milton Keynes, UK

Quantum States and Disjunctive Attacks in Talmudic Logic

Michael Abraham, Israel Belfer, Dov Gabbay, and Uri Schild

This paper provides logical modelling for the results contained in the twelfth monograph on Talmudic logic entitled *Fuzzy Logic and Quantum States in Talmudic Reasoning* [1].

As we have indicated in our first paper and in our book [2] on Talmudic Logic, the aim of this series (of possibly 25-30 books) is twofold:

1. Import logical tools to the service of modelling and explaining Talmudic reasoning and debate.

2. Export ideas and logical constructions from Talmudic debate for the application and use in general logical theory, artificial intelligence and agency and norms.

This paper directly impact on abstract argumentation theory, temporal and fuzzy arguments and disjunctive collapse.

We begin our discussion with several examples.

1 Background and orientation

Example 1.1 (Disjunctive attacks: Story 1) *Mr. Smith is a rich old man who wants to donate a very rare classic painting to one of two national museums. He committed the donation in a letter to the two museums and copied and approved by Charity Commission, so the donation to one of the two museums was legally done, accepted and in force, except that the choice as to which of the two museums the painting will be given has not been made yet. Mr. Smith said that he would inform the Charity Commission and the museums which museum he would choose in a few days. The donation is in force, however, regardless the status of the choice. Mr. Smith unfortunately died before he made that choice. We are now left with an unclear legal situation regarding ownership. Let a, b and x denoted as follows:*

$b =$ *the painting does belong to museum* b

$a =$ *the painting does belong to museum* a

$x =$ *body of laws regarding ownership.*

We have, of course, that a and b are mutually exclusive. Therefore we have that x disjunctively attacks (see [3]) the set $\{a, b\}$. The attack says one of $\{a, b\}$ must be false. Talmudic logic debate distinguishes several views on this scenario. The facts on the ground are that the museum's claim that there *was a legally binding donation and as for the question of who is beneficiary, a or b, a reasonable deal can be worked out, such as an agreed arrangement of co-ownership, or sharing, or we can let the estate of Mr. Smith continue and choose a museum or we can flip a coin, or ... whatever other symmetrically reasonable solution.*

Talmudic logic debate offers two main views on this:

View 1. Quantum like view. *This view is that , since Mr. Smith died before making a choice of a museum, ownership is superimposed evenly on both museums, in the same sense as, nowadays, modern quantum mechanics treats the two slits experiment [5]. Recall that in the two slit experiment a single electron is sent towards two slits a and b and the electron passes through both slits as a wave and interferes with itself. So even though logically in classical mechanics the electron is expected to pass only through one slit, it is also a wave according to quantum mechanics and so it passes through both.*

The Talmudic debaters holding this view are divided in their verdict:

Option 1. *Since a and b are mutually exclusive, there is no longer a donation. The superposition of ownership cancels the donation. The actual Talmudic debate is in connection with marriages but we have adapted the story to Mr Smith and his donation of paintings . See Talmud Bavli, Kidushin, Page 51a and after.*

Option 2. *The superposition of ownership does not cancel the donation. There is a donation the superposition holds but the fact is that the superposition causes lack of clarity of what to do and it should be undone by court order. The museums should waive their "ownership" back to the estate for otherwise the normal flow of life would be disrupted. After that, the estate can re-donate the painting if they want to.*

Of course, those options have implications towards estate tax duties, etc.

Note that both options agree that ownership is super-imposed on both $\{a, b\}$. *They differ in their verdict.*

View 2. Fuzzy probabilistic view. *There is no superposition. There was a donation and we view the scenario as if there was a choice of a museum, except that we do not know what it was, i.e. we treat the case as if Mr. Smith did choose a museum, wrote a letter but died and the letter was lost). So we have a case of purely epistemic uncertainty here and we are expected to provide some mechanism to divide/allocate the painting. For example:*

1. *Share ownership 50/50.*
2. *Make a case for one museum over the other, for example, if the painting was in the special area of museum a, then we can argue and reasonably claim that there is high probability that a was chosen.*
3. *Recommend other arrangements, such as decision by lottery, or time sharing, etc.*

Note that there are further implications to View 2. For example if the number of museums involved is very large, we could on probabilistic grounds, agree that the painting remains with the estate, as the probability for each museum to be the owner is very low. This is an interesting Talmudic view. We might think that it is possible for all the museums to form a coalition and ask for the painting. The Talmud will not allow this. To explain this aspect of this view, think of a different scenarioes.

Scenario 2.1:(Compare with Example 1.2). *There is one painting which was donated to one museum, from among many paintings and we do not know which one it is. Say both the donator and the museum curator die suddenly. The problem is whether we forbid the estate owners of these paintings to sell any of their paintings for fear that it is the one belonging/donated to the museum. The Talmud view in this case is that since the majority of paintings was not donated we allow the sale.*

Compare this scenario with the following variation:

Scenario 2.2. *This scenario is the case of donating one painting but not yet deciding which one, and before a decision is made, the owner dies. In this case, the Talmud says that each of the paintings could have been chosen, and so the museum is part owner/potential owner in each painting and so none of them can be sold! This is like modern quantum superposition view.*

There are other contexts where this practical probabilistic reasoning makes sense. If one Ebola infected person passed through an airport around the time when there were 2000 others present, we can assume about each of the others that he/she is not infected but cannot treat them as such.

We now conclude our discussion of View 1 and View 2 of the story of Mr. Smith donation of one painting to one of two museums. The main thrust of the story is that there is an attack on the set $\{a, b\}$ without there being any specific attacks on a or on b. The story can continue as follows:

Suppose each of a and of b, independently attacks c, the details of the attack are not important (maybe c is an art critic claiming the painting is a forgery). What is important are the formal options for handling the situation. We have several options for reasoning here

1. *c must be out (i.e. false), since either a or b is in (i.e. true) and both attack c.*

2. *c must be in, since the disjunctive attack is super-imposed on both a and b, so neither is safely to be considered in (true).*

3. *c is undecided since we do not know exactly what is going on with $\{a, b\}$.*

4. *c joins $\{a, b\}$ in the status of being a member of the superposition set. In other words, we have that if x disjunctively attacks $\{a, b\}$ and a attacks c, and the attack of x on $\{a, b\}$ is perceived as a superposition on $\{a, b\}$, then the constellation of [x disjunctively attacks $\{a, b\}$ and a attacks c, and the attack of x on $\{a, b\}$ is perceived as a superposition on $\{a, b\}$]*

is taken to be equivalent to the constellation [x attacks $\{a, b, c\}$ and the attack is perceived as a superposition of $\{a, b, c\}$].

Example 1.2 (Disjunctive attack Story 2) *Mr. Smith is a rich man owning 2 original masterpieces. He decides to donate one of these paintings to the museum (a charity). There are several steps to be taken to accomplish this properly. Select the painting, transfer ownership, put conditions on its use and exhibition, get tax relief on the donation, etc., etc.*

These steps are persistent in time. Once accomplished they remain so. So the temporal flow is to execute each step properly and then legally end up with the result. The Talmudic scenario is to study, debate and rule in cases where the steps become fuzzy. The question is then to determine what final result we have in this case. The logic behind the Talmudic debate of the various scenarios is the Talmudic fuzzy logic and Talmudic disjunctive attacks.

Scenario 3. *Mr. Smith commits a painting to the museum. The museum sends Mr. Jones to go with Mr. Smith to the "storage vault" and choose a painting.*

Storyline 1. *On the way both die (tragic traffic accident).*

Question 1. *What does the museum get/own? What would the heirs/estate of Mr. Smith do?*

Storyline 2. *Mr. Smith and Mr. Jones get to the storage and choose a painting. On the say out of the storage they both die. So we know a painting was chosen but we do not know which one and we have no way of knowing.*

Question. *Same as before.*

Storyline 3. *Mr. Smith authorises Mr. Jones to go to the storage and choose a painting. Mr. Jones does that and telephones Mr. Smith and tells him what he chose. A few minutes later Mr. Smith dies of a heart attack and Mr. Jones dies in a tragic accident. The museum knows the government was secretly and unlawfully recording all telephone conversations of prominent citizens. They could try and get the recording of which painting was chosen. This is very difficult because the Government will never admit that it is listening to its citizens. In this scenario, we could find out what painting was chosen, but for all practical purposes, we find ourselves in Storyline 2.*

We note that once we are in a state of superposition, like when a painting was donated to one of two museums but not decided which one or one of two paintings was donated to a single museum but not decided which one, we can collapse the superposition retrospectively by, for example, flipping a coin. This is parallel to quantum superposition which can collapse when we do measurements.

Let us now analyse these stories. Let

$$S = \{\pi, \pi'\}$$

be the set of paintings and let $G(x)$ *be the predicate that* x *was given by Mr. Smith to the museum. First we ask: do we know for sure that* $\exists x G(x)$ *must hold? The problem is that if no painting was chosen, was there a donation?*

If we decide that there was a donation, then which painting? Can the museum sell something? Can the museum transfer to another legal entity whatever it has?

Storyline 1. *This is the case where a painting was donated but none was chosen. Compare with Example 1.1.*

Rava opinion. *There is no deal. The museum gets nothing. (Compare with View 1 of Example 1.1.)*

Abeyei opinion. *There was a valid deal.* $\exists x G(x)$ *is true but we are in doubt as to which painting was given to the museum. We have a case of superposition here.*

According to this view, we can recommend some options.

A1: *The museum is to give up voluntarily the donation. This is what the law forces them to do.*

A2: *Alternatively, in practice, they may reach some deal.*

1. *The estate of Mr. Smith can donate all the paintings to the museum.*
2. *Choose a paining now.*
3. *Rotate the donation, rotate every season a different painting.*
4. *etc.*

This may be OK for paintings and museums, but there are other scenarios which are less flexible. Mr. Smith may have two beautiful daughters and he has agreed to give one of his daughters in marriage to Mr. Jones' son. According to Abayei's approach, only option A1 can be taken. No sharing or rotation or anything is possible, only divorce from each of them. According to the law one cannot be married to two sisters at the same time. One cannot even choose one later, because the new choice may not be the correct one and if married to one you cannot have a marital relationship with her sister. If we look at Storyline 2, here there was a choice of painting or daughter, but we do not know which one. So we can apply a different logical machinery to this case. Maybe we can argue that the museum has all the paintings of Van Gogh except the one which Mr. Smith owns and so it is most likely that the last van Gogh was chosen or in the case of marriage, one can argue that perhaps one of the daughters already knows Mr. Jones' son and the process was most likely aimed at choosing her?

To sharpen the difference between Storyline 1 Abayei and Storyline 2 Abayei, we note the following:

Our storyline 1, Abayei, we accept that $\exists x G(x)$ holds but we do not accept for any $x \in S$ that $G(x)$ holds in a clear cut way, as opposed to some fuzzy way. So Rava says there is no engagement and Abayei says that there is, but it is fuzzy. In Storyline 2, we also accept that for one of $x \in S, G(x)$ holds, but we do not know which one.

We need a logic which can model such distinctions!

2 Argumentation networks

We need to model the above examples. We shall use a version of disjunctive argumentation networks [3, 4].

Definition 2.1 *A finite argumentation network has the form (S, R), where S is a finite non-empty set of arguments, and $R \subseteq S \times S$ is an attack relation. We also write $x \twoheadrightarrow y$ in diagrams to express xRy, x attacks y.*

Example 2.2 *Imagine two pairs of parents planning a joint wedding for their children. They need to compose a list of guests of several types.*

1. *Relatives from each family*
2. *Neighbours and friends of parents*
3. *Friends of the bride and bridegroom*
4. *Colleagues and co-workers*

Inviting family can be a problem!

Auntie Bertha might say "I am not coming if that bastard ex-husband of mine is invited". I.e., Bertha $\twoheadrightarrow$ ex-husband.

Grandma Teresa might say "I don't want these kids inviting too many of these hippy crazy friends of theirs, espeically not the drummers". I.e., Teresa $\twoheadrightarrow$ {set of hippies}.

Figure 1 can describe the problematic map which exists:

x is one possible invitee, say Grandma Teresa. She is 109 years old and $y_1, \ldots, y_k$ object to inviting her. Possibly because she is too old and they are worried about her health The reason does not matter. The important fact here is the double arrow $y_i \twoheadrightarrow x$. This means y_i wants x out. So if y_i is invited, x cannot be invited. Similarly, x objects to $z_1, \ldots, z_m$. So the Figure 1 describes the entire configuration around x. We want to define a maximal set E of invited guests such that the following holds:

1. *$x, y \in E \Rightarrow x$ does not attack y, (i.e., not xRy). I.e., E is conflict free. No member x of E says "I object" to another member of E.*
2. *If any x says "why did you invite $z \in$ and you did not invite me? How could you invite this terrible person z"? (i.e., we have $z \twoheadrightarrow z$), then we can say, "we had to invite $y \in E$ and unfortunately, y was against you x" (i.e. for some $y \in E, y \twoheadrightarrow x$).*

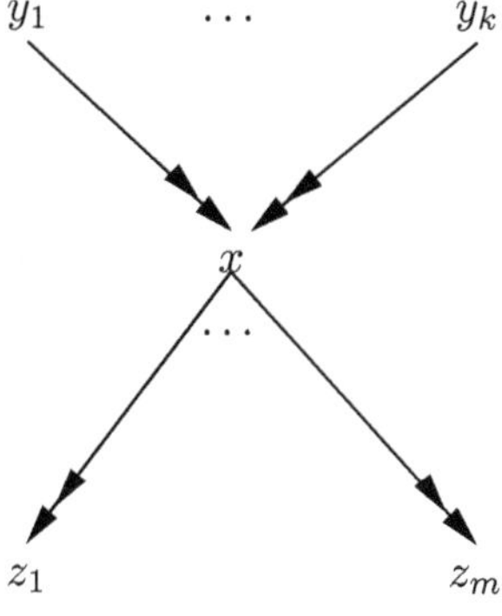

$a \twoheadrightarrow b$ means aRb

Figure 1:

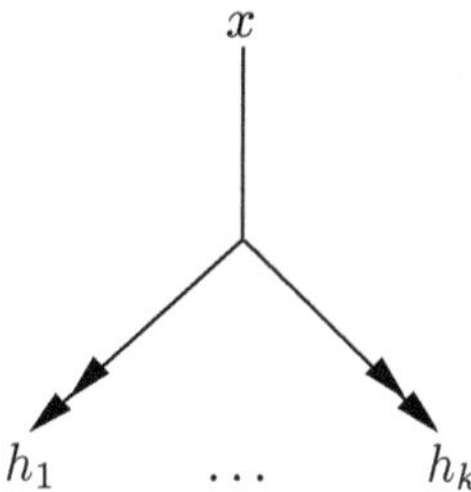

Figure 2:

Such a set E which is also maximal, is called in the argumentation community "a preferred extension". These always exist.

A disjunctive attack has the form $x \twoheadrightarrow H$ where $H \subseteq S$. Its meaning is

- if $x \in E$ then for some $y \in H(y \notin E)$.

This means if you invite x then one of H must not be invited. For example x may be having an affair with both (h_1, h_2). So it is bad taste to invite both. We know about it, but h_1 and h_2 do not know about each other, so it is better not to have them both, says x. We use the notation of Figure 2

Definition 2.3 (See [3])

1. *A finite disjunctive argumentation network has the form $\mathcal{A} = (S, \rho)$, where S is a finite set of arguments and $\rho \subseteq S \times (2^S - \varnothing)$, i.e. ρ is a relation of (disjunctive attacks) between elements $x \in S$ and non-empty subsets $H \subseteq S$ denoted as $(x\rho H)$.*

   Let (S, ρ) be a network and let $E \subseteq S$:

   (a) *We say E is conflict free iff for no $x \in E$ and $H \subseteq E$ do we have $x\rho H$.*

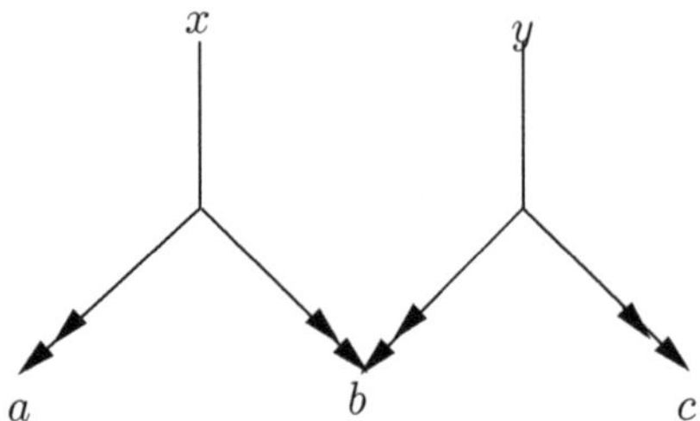

Figure 3:

(b) *We say that E protects α iff for any $z\rho H \cup \{\alpha\}$ there exists a $\beta \in E$ and $E_3 \subseteq E$ such that $\beta\rho H \cup E_3 \cup \{z\}$.*

(c) *We say E protects itself if it protects each of its members.*

(d) *We say E is a complete extension if E is conflict free, protects itself and contains all the elements it protects.*

Talmudic attack $x\rho H$ wants exactly one *$y \in H$ to be out. Talmudic logic thinks of it as a collapse of $x\rho H$ to xRy.*

The next definition, 3.1 will explain what we mean by collapse, and give a more correct way to obtain the complete extensions according to Talmudic logic.

3 Talmudic argumentation systems

Definition 3.1 *Let $\mathcal{A}$ be a finite disjunctive network and let $x\rho H$ be one of its attacks. We say that a set $\mathbb{F}((x, H))$ is a collapse set for (x, H) if it is the set of all $\mathcal{A}_y, y \in H$ of the form $\mathcal{A}_y = (S, \rho^x_y)$, where $\rho^x_y = (\rho - \{x, H)\}) \cup \{(x, \{y\})\}$. In other words, (S, ρ^x_y) is the network where $x\rho H$ is replaced by $x\rho\{y\}$, i.e. $x\rho H$ collapses to $x\rho\{y\}$.*

For each $x\rho H$, let $\mathbf{f}(x, H)$ choose one pair $(x, y), y \in H$. Let $\mathcal{A}_\mathbf{f}$ be the total collapse of $\mathcal{A}$ according to $\mathbf{f}$, defined as $(S, R_\mathbf{f})$, where $R_\mathbf{f} = \{\mathbf{f}(x, H)|x\rho H\}$.

Example 3.2

1. **Complete collapse.** *Consider the network of Figure 3.*

   Here we have $x\rho\{a, b\}$ and $y\rho\{b, c\}$. The total collapses are the networks in Figures 4, 5, 6 and 7.

2. **Partial collapse.** *We may have that say $x\rho\{a, b\}$ collapses while $y\rho\{b, c\}$ does not collapse. So we have in this case the possible Figures 8 and 9.*

Remark 3.3 *We have to decide what the Talmud would say about attacks emanating from non-collapesed nodes. Consider Figure 10*

In this figure the attack of x on $\{a, b\}$ remains uncollapsed. So this is the final fixed figure. What is our view of $\{a, b\}$? Do we consider them as both

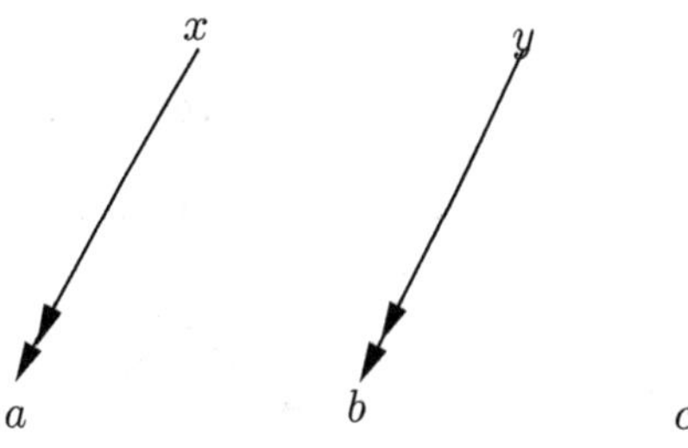

Figure 4:

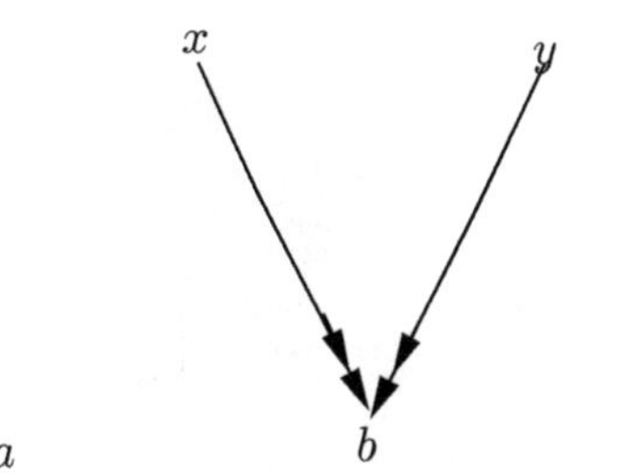

Figure 5:

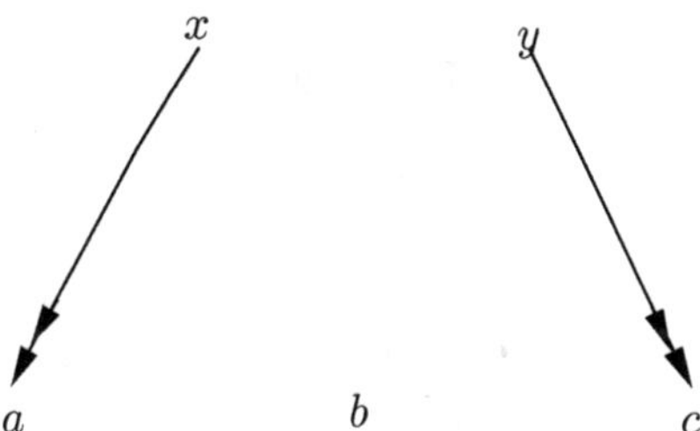

Figure 6:

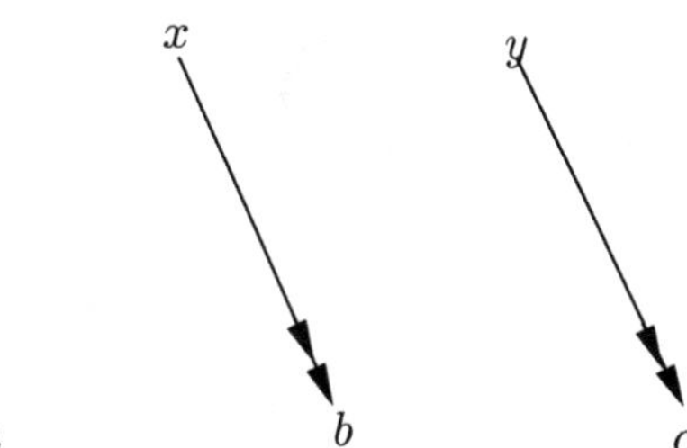

Figure 7:

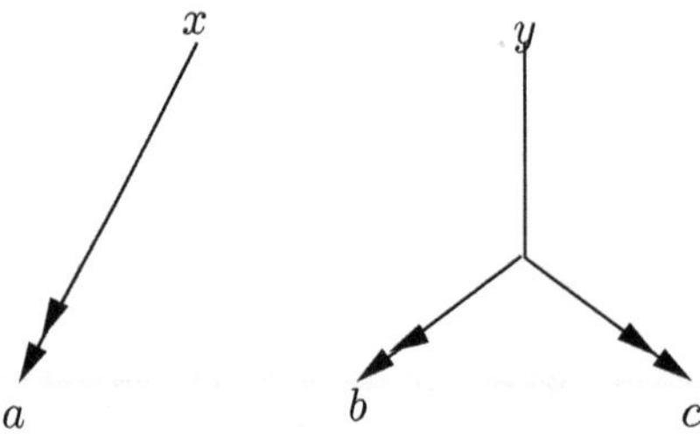

Figure 8:

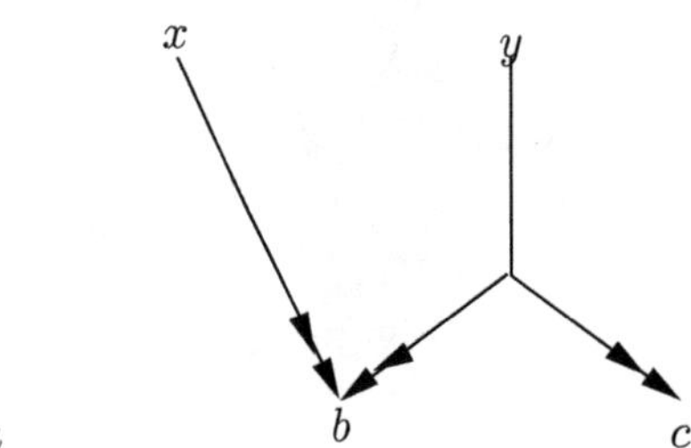

Figure 9:

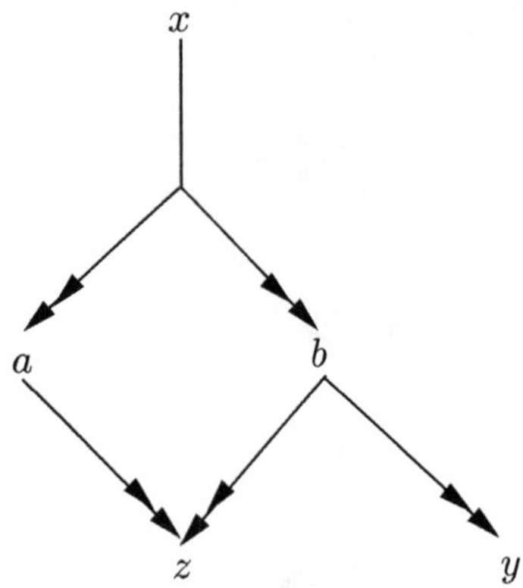

Figure 10:

in/true (since there is no collapse) for the purpose of the attacks $b \twoheadrightarrow y$, $b \twoheadrightarrow z$ and $a \twoheadrightarrow z$? Or do we regard then as undecided? Do we give them fuzzy values?

The Talmud approach can be modelled by four values {in, out, undecided, wave}. So we use labelling $x \in \{in, out, und, wave\}$.

So, in Figure 10 we may have that $\{a, b\}$ does not collapse, so we give a, b value "wave" each. This value is passed on to y and z.

If y or z further attack some nodes, they will pass on the value "wave" to their targets.

Remark 3.4 *Compare with the traditional Caminada labellings and other approaches in [4]. Let us look again at Figure 1 where $y_1, \ldots, y_k$ are all the attackers of x and let us write the conditions on any $\lambda : S \mapsto$ {in, out, und, wave} to be a legitimate Talmudic labelling for a traditional network (S, R) without disjunctive attacks.*

(TC1) $\lambda(x) = out$, *if for some* $y_i, \lambda(y_i) = in$.

(TC2) $\lambda(x) = in$, *if for all* $y_i, \lambda(y_i) = out$.

(TC3) $\lambda(x) = und$, *if none of y_i has value $\lambda(y_i) = in$ and some of $\lambda(y_i) = und$.*

(TC4) $\lambda(x) = wave$, *if none of $\lambda(y_i) = in$ and none of $\lambda(y_i)$ is und and some of $\lambda(y_i) = wave$.*

Remark 3.5 *We now have to define what is a legitimate λ for a network (S, ρ) with disjunctive attacks $\rho \subseteq S \times (2^S - \varnothing)$. We shall reduce this concept by induction to the traditional case with four values as defined in Remark 3.4. The reduction is by induction on the number of disjunctive attacks in (S, ρ). We first need a concept of constraints on λ.*

1. *Let (S, R) be an argumentation network of any kind (traditional or Talmudic) with $R \subseteq S \times S$. Let λ_1 be a partial function λ_1 : Subset E of $S \mapsto$ values. We say λ is a legitimate extension under the constraint λ_1 if λ is legitimate and λ agrees with λ_1 on its values.*

2. *For example in the configuration of Figure 1 we may have the constraint $\lambda_1(y_1) = wave$. However, if the figure is part of a larger network and y_1 is attacked by a node which needs to be in, then λ cannot overrule λ_1 on the value of y_1.*

   When we have a constraint λ_1 it may be the case that no legitimate λ exists with such a constraint.

3. *We now define what it means to be a legitimate Talmudic extension for (S, ρ).*

   This is done by induction on the number of disjunctive attacks in (S, ρ). We choose a disjunctive attack and do a case analysis of "imaginary" options, (being option (a), (b,i), (b,ii) and (b,iii) below). With each such option we associate a family $\mathbb{F}$ (option) of networks with a lesser number *of disjunctive attacks. Each member of each family will yield some legitimate λ by the induction hypothesis, and the totality of these λ are the legitimate extensions for (S, ρ).*

So let us begin:

Base Case. *There are no disjunctive attacks, but there are constraints λ_1, requiring values from {in, out, und, wave} . Use principles (TC1)–(TC4) of Remark 3.4 to get the extensions, if possible.*

Inductive Case. *There are disjunctive attacks and there are constraints λ_i. In this case we choose one disjunctive attack. Define the case analysis below and define the sets $\mathbb{F}$ (case number). Any λ found by the inductive hypothesis for any element of these sets will do for our (S, ρ).*

So let us begin the inductive case: Let $x\rho\{h_1, \ldots, h_k\}$ as in Figure 2.

We distinguish two cases for the Talmudic complete extension λ.

(a) **case of collapse** *In this case the attack of x on $\{h_1, \ldots, h_k\}$ does collapse to one of the attacks $x \twoheadrightarrow h_i$, for some i.*

  Therefore we define the legitimate λ for (S, ρ) as any legitimate λ for $\mathbb{F}$ (case (a)) $= \{(S, \rho_i)|$ where $\rho_i = (\rho - \{(x, \{h_1, \ldots, h_k\}))\cup \{(x, \{h_i\})\}\}$ respecting the constraints λ_1.

(b) **case of no collapse** *In this case we distinguish three cases.*

  i. *x is out. In this case there is no attack and we let the legitimate λ for (S, ρ) to be any one of the legitimate λ of $\mathbb{F}$ (case (b,i)) $=$ $\{(S, \rho_i)$ of case (a) but with the additional constraint to λ_1 being the constraint $x =$ out$\}$.*

  ii. *x is in or $x =$ wave. In this case there is no collapse and so we have the additional constraints for λ_1 being $h_1 = h_2 = \ldots = h_k =$ wave. So we let the legitimate λ for this case for (S, ρ) to be any legitimate λ for the network $\mathbb{F}$ (case (b,ii)) $= \{(S, \rho')$ where $\rho' = \rho - \{(x, \{h_i, \ldots, h_k\})\}$ under the constraint λ_1 augmented by the additional constraints $x =$ in or $x =$ wave ,respectively and $h_i =$ wave for $i = 1, \ldots, k\}$.*

  iii. *x is und. In this case we look at (S, ρ') as in case (ii), with the additional constraints to λ_1 being the constraint $x = h_1 = \ldots = h_k =$ und.*

Example 3.6 *Let us see what the Talmud would do with Figure 10.*

Here we have only one disjunctive attack $x\rho\{a, b\}$ for which we know $x =$ in because x is not attacked. So there are two possibilities for this attack.

1. *The attack collapses and so $x \twoheadrightarrow \{a, b\}$ is to be replaced either by $x \twoheadrightarrow a$ or by $x \twoheadrightarrow b$, giving rise to Figure 11 or Figure 12.*

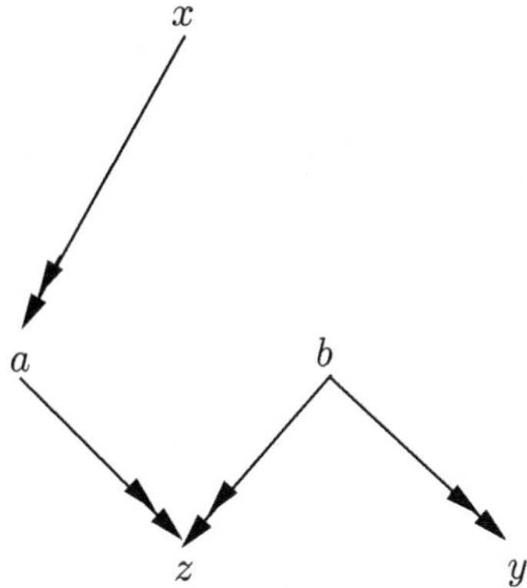

Figure 11:

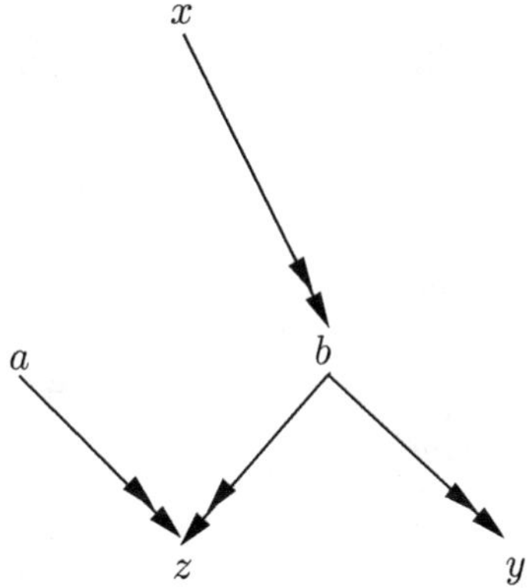

Figure 12:

$x = \text{in}$

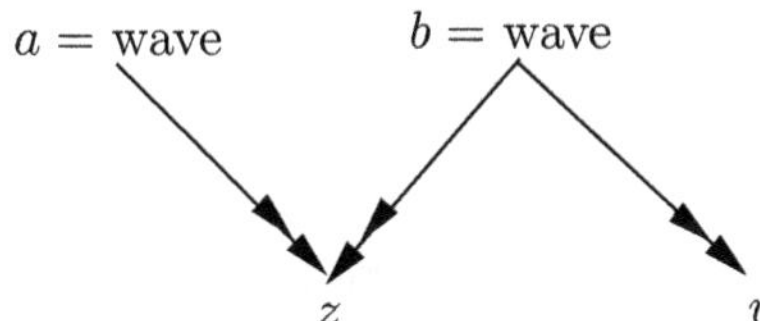

Figure 13:

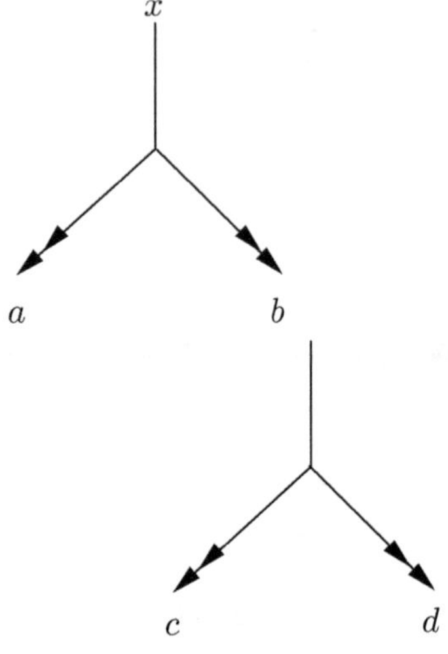

Figure 14:

2. *The attack does not collapse, giving rise to Figure 13 with the constraints shown.*

   So the possible extensions according to Remark 3.4 are:

$$\begin{array}{l}\lambda_1 : x = \textit{in},\ a = \textit{out}, b = \textit{in}, z = y = \textit{out}\\ \lambda_2 : x = \textit{in},\ a = \textit{in}, b = \textit{out}, z = \textit{out}, y = \textit{in}\\ \lambda_3 : x = \textit{in},\ a = b = z = y = \textit{wave}.\end{array}$$

Example 3.7 *Consider the network of Figure 14.*
Let us agree that $x\rho\{a, b\}$ does collapse while $b\rho\{c, d\}$ does not collapse. The extensions are the following, calculated intuitively.

$$\begin{array}{l}\lambda_1 : x = \textit{in},\ a = \textit{out},\ b = \textit{in},\ c = d = \textit{wave}\\ \lambda_2 : x = \textit{in},\ a = \textit{in},\ b = \textit{out},\ c = d = \textit{in}\end{array}$$

Let us now follow our inductive procedure of Remark 3.5 and let us start inductively from $b\rho\{c, d\}$. We get four options, as seen in Figures 15, 16, 17 and 18. The constraints are written in the figures.

For each of the Figures 15–18 we deal with the attack $x\rho\{a, b\}$. These split into two figures each. One with the attack of x on a and one with the attack of x on b.

Some of these will not be possible.

Here are the Figures:

We see that the inductive procedure gave us λ_1 and λ_2 as we expected.

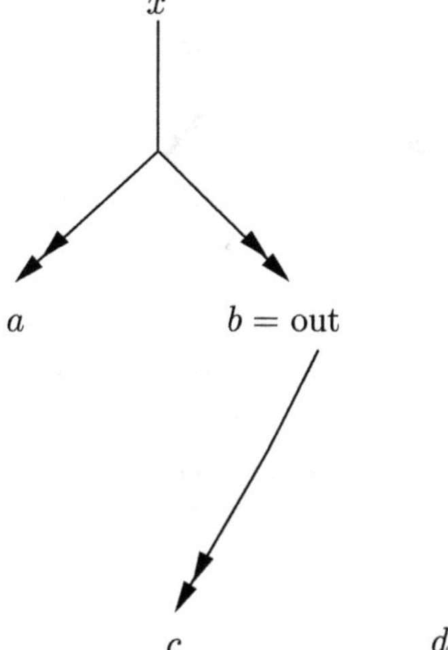

Figure 15:

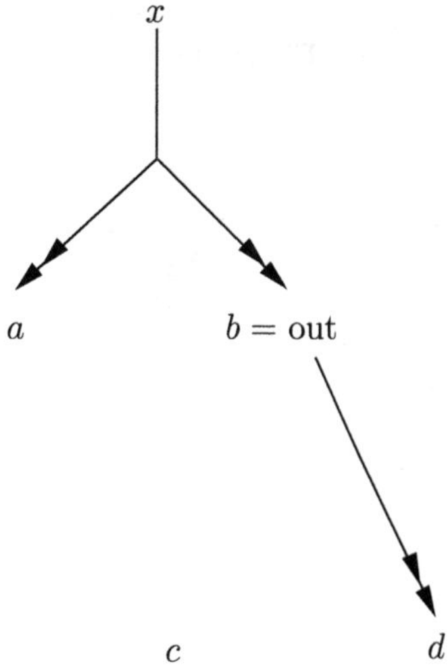

Figure 16:

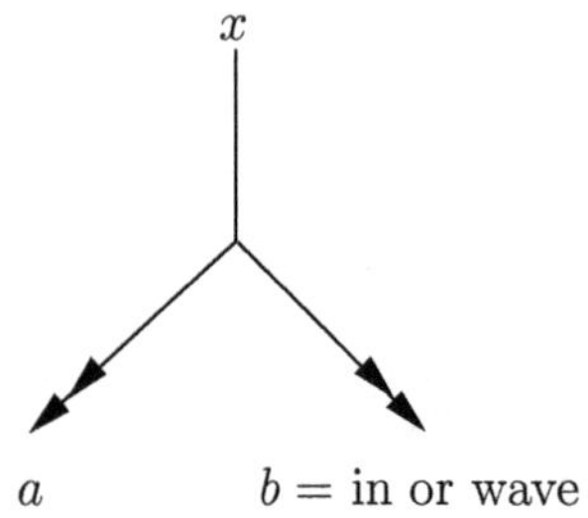

$c =$ wave $\qquad d =$ wave

Figure 17:

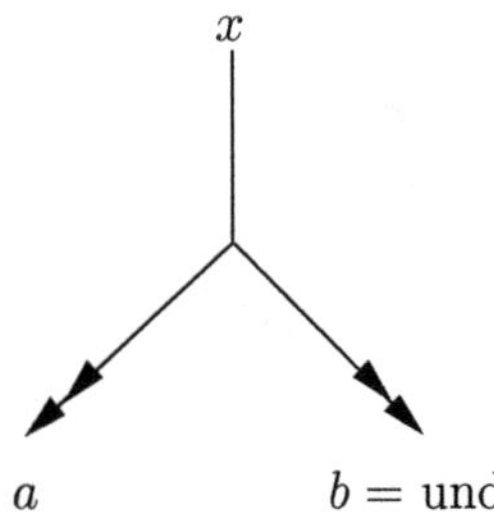

$c =$ und $\qquad d =$ und

Figure 18:

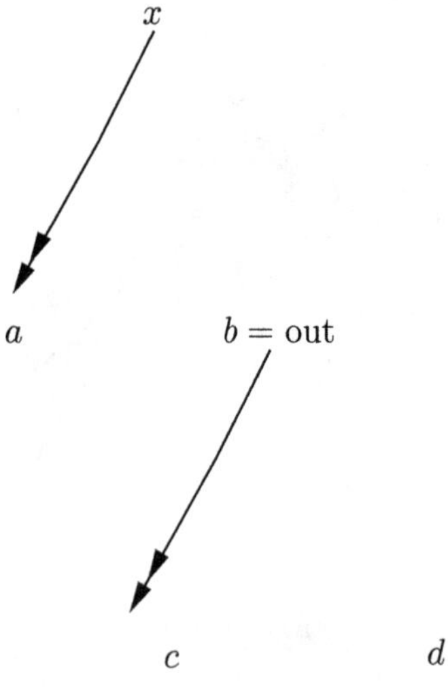

Figure 19: Not possible.

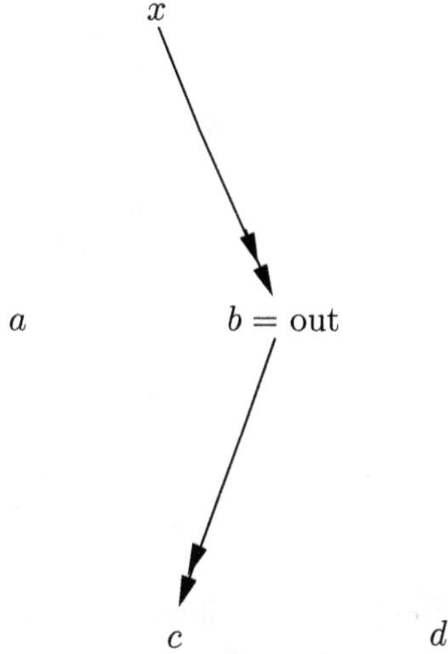

Figure 20: Possible, gives λ_2.

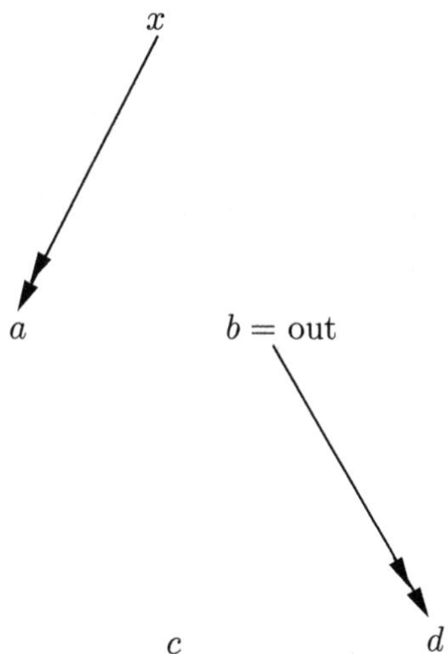

Figure 21: Not possible.

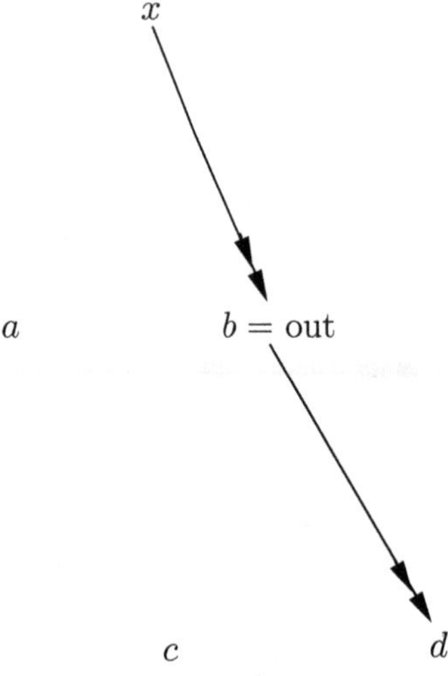

Figure 22: Possible, gives λ_2.

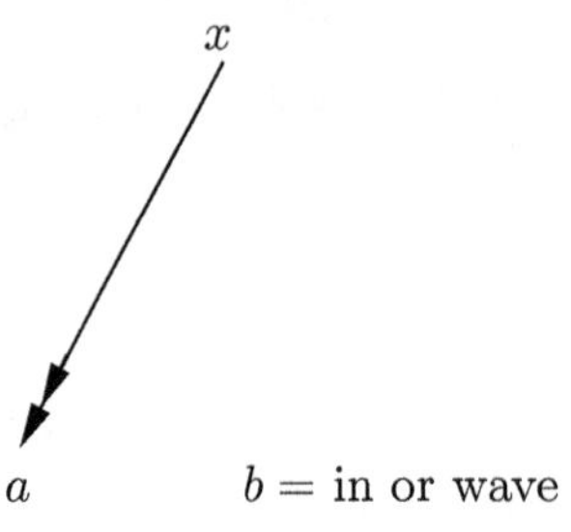

Figure 23: Possible only with $x =$ in. Gives λ_1.

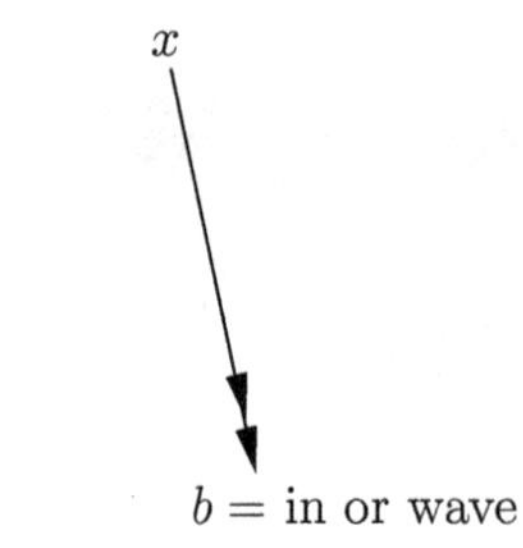

Figure 24: Not possible

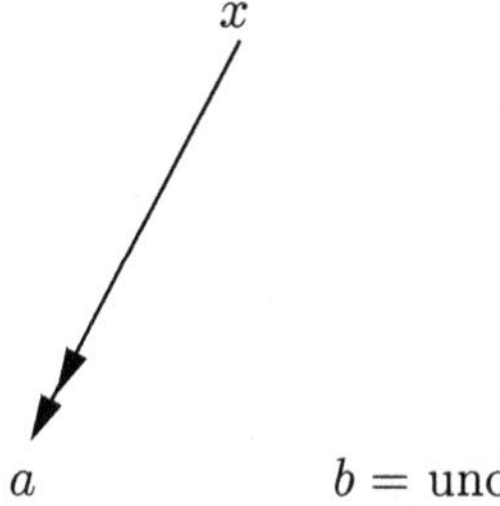

Figure 25: Not possible.

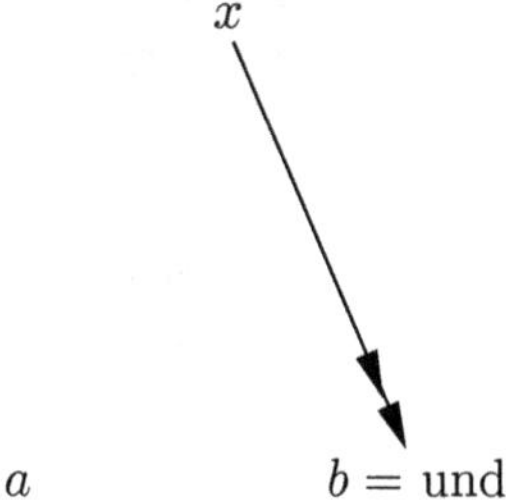

Figure 26: Not possible

4 Conclusion

We saw that Talmudic disjunctive attacks require four values, {in, out, und, wave} and differs from [3] in two senses:

1. The value "wave" for quantum like superposition.

2. When attacking a set H it can collapse to attacking a single $y \in H$. The disjunctive attacks in general can collapse to attacking a subset $\varnothing \neq G \subseteq H$.

Acknowledgements

Project hosted and supported by Ashkelon Academic College, Israel.

References

[1] M. Abraham, I. Belfer, D. Gabbay and U.Schild. *Fuzzy Logic and Quantum States in Talmudic Reasoning.* College Publications, 2015.

[2] M. Abraham, D. Gabbay and U. Schild. *Principles of Talmudic Logic.* College Publications, 2013.

[3] D. Gabbay and M. Gabbay. Disjunctive attacks in argumentation networks, part 1. To appear in *Logic Journal of the IGPL.*

[4] M. Caminada and D. M. Gabbay. A logical account of formal argumentation. *Studia Logica,* 93(2-3):109–145, 2009.

[5] R. Feynman, R. Leighton and M. Sands. *The Feynman Lectures on Physics, Vol III, Ch. 1.* Addison Wesley, Reading, 1965.

www.ingramcontent.com/pod-product-compliance
Lightning Source LLC
Chambersburg PA
CBHW070450100426
42812CB00004B/1254
* 9 7 8 1 8 4 8 9 0 1 8 2 7 *

מחקרים בלוגיקה תלמודית
כרך יב

לוגיקה עמומה ומצבים קוונטיים בחשיבה התלמודית

מיכאל אברהם, ישראל בלפר, דב גבאי ואורי שילד

בכרך זה אנחנו עוסקים בהרחבת מושגים שדנו בהם בכרך השמיני והתשיעי - אנליזה וסינתזה של מושגים. עד עתה הנחנו לוגיקה בינארית, כלומר מושג מסוים נבחן במונחים דיכוטומיים. למשל, בהקשר של נזקי ממון: או שסיטואציה כלשהי היא בור או שאינה בור. כאשר עסקנו בימים מורכבים, כמו ראש השנה שחל בשבת, או יו״כ שחל בשבת, דנו בשאלה האם מאפיין כלשהו של שבת או יו״כ יכול או להימצא או לא להימצא ביום המורכב. כעת אנחנו עוברים לבחון אפשרויות לחרוג מהמסגרת הדיכוטומית הזאת.

נעמוד כאן על כמה מקרים שבהם ההרחבה של הלוגיקה ללוגיקה עמומה (fuzzy logic) פותרת כשלים ובעיות שהחשיבה הדיכוטומית שלנו כופה עלינו.

הפרק הראשון בספר מוקדש לתיאורה של הלוגיקה העמומה, ולהבחנה בין עמימות אונטית לעמימות אפיסטמית. עמימות אפיסטמית היא מצב של מידע חלקי, ובו עוסקות סוגיות הספק בהלכה, שקשורות לתחומי הסטטיסטיקה וההסתברות ודיני הראיות והבירורים. לעומת זאת, עמימות אונטית היא מצב מעניין יותר, שכן זוהי סיטואציה שבה המציאות עצמה (ולא רק המידע שלנו אודותיה) עמומה. הספר שלנו עוסק בעמימות הזאת, שהיא נשוא הדיון של הלוגיקה העמומה.

כרך ג
לוגיקה דאונטית לאור התלמוד
מיכאל אברהם, דב גבאי ואורי שילד

כרך ד
לוגיקה של זמן בתלמוד
מיכאל אברהם, ישראל בלפר, דב גבאי ואורי שילד

כרך ה
הכרעת קונפליקטים ולולאות נורמטיביות בתלמוד
מיכאל אברהם, דב גבאי ואורי שילד

כרך ו
לוגיקה תלמודית באנגלית
אנדרו שומן

כרך ז
לוגיקה של שליחות בתלמוד
מיכאל אברהם, ישראל בלפר, דב גבאי ואורי שילד

כרך ח
סינתזה של מושגים בחשיבה התלמודית
מיכאל אברהם, ישראל בלפר, דב גבאי ואורי שילד

כרך ט
אנליזה של מושגים ומצבים בחשיבה התלמודית
מיכאל אברהם, ישראל בלפר, דב גבאי ואורי שילד

כרך י
עקרונות הלוגיקה התלמודית באנגלית
מיכאל אברהם, דב גבאי ואורי שילד

כרך יא
האופי האפלטוני של התלמוד
מיכאל אברהם, ישראל בלפר, דב גבאי ואורי שילד

כרך יב
לוגיקה עמומה ומצבים קוונטיים בחשיבה התלמודית
מיכאל אברהם, ישראל בלפר, דב גבאי ואורי שילד

מחקרים בלוגיקה תלמודית
עורכי הסדרה:
מיכאל אברהם, דב גבאי ואורי שילד
dov.gabbay@kcl.ac.uk

לוגיקה עמומה ומצבים קוונטיים בחשיבה התלמודית

מיכאל אברהם

ישראל בלפר

דב גבאי

אורי שילד*

אוניברסיטת בר אילן

*המכללה האקדמית אשקלון

ISBN 978-1-84890-182-7

College Publications
Scientific Director: Dov Gabbay
Managing Director: Jane Spurr

http://www.collegepublications.co.uk

Printed by Lightning Source, Milton Keynes, UK

תודתו של פרופ׳ דב גבאי נתונה ליחזקאל דפני ומשפחתו על הענין שגילו בספר ועל פינוי הזמן שאיפשר לו לעסוק בכתיבתו.

2

הקדמה כללית

ספר זה הוא השנים-עשר בסדרה 'מחקרים בלוגיקה תלמודית', שמבוססת על מחקרים שבוצעו במסגרת קבוצת הלוגיקה התלמודית. מחקרים אלו משלבים כלים לוגיים ותלמודיים קלאסיים בכדי לרדת לשורש התובנות הלוגיות שמצויות בתלמוד.

כפי שכבר כתבנו גם בספרים הקודמים, המטרה של הסדרה כולה היא כפולה: 1. יבוא – כלומר שימוש בכלים לוגיים מודרניים, והבאתם לשדה התלמודי, בכדי לנתח סוגיות תלמודיות והלכתיות עמומות ולהבהיר אותן. 2. יצוא – העברת תובנות מהעיון הלוגי בתלמוד, והוצאתן אל ההקשרים הלוגיים הרחבים יותר, תוך ניסיון להעשיר באמצעותם את הלוגיקה הכללית, וגם לפתור בעיות שונות שקיימות בה.

בכרך השמיני והתשיעי התחלנו לעסוק במניפולציות לוגיות על מושגים ורעיונות. עמדנו על דרכים לאנליזה וסינתזה של מושגים, כלומר אופנים שבהם ניתן להרכיב מושג משני מושגי יסוד, או לזקק מתוך מושג או מושגים נתונים, מושג יסודי יותר.

בכרך זה אנחנו עוסקים בהרחבת התמונה. עד עתה הנחנו לוגיקה בינארית, כלומר מושג מסויים נבחן במונחים דיכוטומיים. למשל, בהקשר של נזקי ממון: או שסיטואציה כלשהי היא בור או שאינה בור. כאשר עסקנו בימים מורכבים, כמו ראש השנה שחל בשבת, או יו"כ שחל בשבת, דנו בשאלה האם מאפיין כלשהו של שבת או יו"כ יכול או להימצא או לא להימצא ביום המורכב. כעת אנחנו עוברים לבחון אפשרויות לחרוג מהמסגרת הדיכוטומית הזאת.

פעמים רבות אנחנו נקלעים לכשלי חשיבה בגלל ההיצמדות לחשיבה דיכוטומית. הדבר מתרחש בכל תחומי החשיבה, ובפרט גם בחשיבה התלמודית וההלכתית. נעמוד כאן על כמה מקרים שבהם ההרחבה של

הלוגיקה ללוגיקה עמומה (fuzzy logic) פותרת כשלים ובעיות שהחשיבה הדיכוטומית שלנו כופה עלינו. הפרק הראשון בספר מוקדש לתיאורה של הלוגיקה העמומה, ולהבחנה בין עמימות אונטית לעמימות אפיסטמית. עמימות אפיסטמית היא מצב של מידע חלקי, ובו עוסקות סוגיות הספק בהלכה, שקשורות לתחומי הסטטיסטיקה וההסתברות ודיני הראיות והבירורים. לעומת זאת, עמימות אונטית היא מצב מעניין יותר, שכן זוהי סיטואציה שבה המציאות עצמה (ולא רק המידע שלנו אודותיה) עמומה. הספר שלנו עוסק בעמימות הזאת, שהיא נשוא הדיון של הלוגיקה העמומה.

חלקו הראשון של הספר עוסק בהגדרת הלוגיקה העמומה, ובעיקר בהבחנה בינה לבין עמימות אפיסטמית. הפרק הראשון מביט על ההבחנה הזאת מהזווית הלוגית, הפרק השני מתאר אותה מהזווית המדעית, והשלישי עוסק בזווית ההלכתית. בפרק הרביעי אנחנו מציגים מצב ביניים של עמימות פסאודו-אונטולוגית (שהיא בעצם עמימות אפיסטמית אבל אנחנו רואים אותה כעמימות אונטית), בהלכה ובמדע. בפרק החמישי אנחנו מביאים דוגמה לעמימות אפיסטמית שמיתרגמת בהלכה לעמימות לוגית. בפרק השישי אנחנו מסכמים את מצבי העמימות השונים שראינו.

מהפרק השביעי והלאה, בחלקו השני של הספר, אנחנו עוסקים בסצנריו של הימצאות או אי הימצאות חלקית של מאפיין במושג. האם מזיק יכול להיחשב קצת בור? האם אדם יכול להיות קצת יהודי? האם מלאכה בשבת יכולה להיות קצת אסורה? זה מה שמכונה בלוגיקה כיום לוגיקה עמומה, ובזה יעסוק רוב הספר. אנו נבחן כאן חריגות מלוגיקה בינארית ביחס למושגים הלכתיים שונים, וגם ביחס לרמות נורמטיביות (אסור חובה ומותר) וגם ביחס לקטגוריות הלכתיות (בין פעולות שאסורן או היתרן שייך לגמרי להלכה לבין דברי רשות).

בפרקים השנים-עשר והשלושה-עשר שמהווים את חלקו השלישי של הספר נבחנת סוג של הרחבה של הלוגיקה העמומה. אם יש תהליך שקושר בין שני מושגים או מצבים שונים, ניתן לפעמים לראות אותו כמטמורפוזה, כאשר

המעבר ביניהם נעשה על ידי שינוי המינונים היחסיים של המושגים. לדוגמה, אולי ניתן לקבוע שמזיק מסויים מורכב מ-70% בור ו-30% אש. בה במידה ניתן לבחון אפשרות שגר בתהליך הגיור שלו יכול להימצא במצב של 20% יהודי ו-80% גוי. יש כאן הנחה שלא רק שכל אחד מהמושגים הללו יכול להופיע באופן חלקי (או עמום), אלא שייתכנו ערבובים שונים ביניהם.

הספר מסתיים בפרק שמסכם את עיקרי הדברים בספר וקושר אותם לסוגיות שנדונו בספרים הקודמים בסדרה שלנו.

תוכן העניינים

הקדמה...1

חלק ראשון: סוגי עמימות שונים: לוגיקה, מדע והלכה..................7

פרק ראשון: מבט ראשוני על לוגיקה רב-ערכית.............................8

פרק שני: עמימות אונטית וספק אפיסטמי במדע..............................24

פרק שלישי: עמימות אונטית בהלכה: קידושין שלא מסורים לביאה..........38

פרק רביעי: ספק פסיק רישא: פסאודו-אונטולוגיה..............................90

פרק חמישי: חצי עדות, חצי קידושין וחצי שיעור..............................120

פרק שישי: סיכום ביניים במבט פילוסופי.......................................146

חלק שני: לוגיקה עמומה בהלכה..153

פרק שביעי: מושגים עמומים בהלכה: כוחו וכוח כוחו..........................154

פרק שמיני: מושגים עמומים בהלכה: שליחות....................................177

פרק תשיעי: מושגים עמומים בהלכה: איסורי מלאכה בשבת.....................199

פרק עשירי: עמימות נוספת בקטגוריות החובה...................................240

פרק אחד-עשר: לוגיקה עמומה של קטגוריות: פריפריות הלכתיות...........249

חלק שלישי: לוגיקה מטמורפוזית...319

פרק שנים-עשר: מטמורפוזה מקראית-תלמודית..................................320

פרק שלושה-עשר: הלוגיקה של תהליך הגיור...................................332

סיכום וקשר לספרים הקודמים..345

חלק ראשון:

סוגי עמימות שונים: לוגיקה, מדע והלכה

פרק ראשון
מבט ראשוני על לוגיקה רב-ערכית

מבוא

פרק זה הוא הקדמה לוגית שמטרתה להציג את הלוגיקה הלא בינארית ומשמעויותיה. אנו נציע כאן מבט ראשוני על אינטרפרטציות שונות לגביה ועל שימושים אפשריים בה.

לוגיקה דו-ערכית (בינארית)

בשפה שלנו קיימים משפטים שכלל אינם טוענים טענה, כמו משפטי ציווי, שאלה, או בקשה וכדומה. משפט כמו "אני מבקש ממך לשבת על הכסא" אינו אמיתי וגם לא שקרי, שכן הוא לא טוען טענה כלשהי. לעומת זאת, טענות, כלומר משפטים שטוענים משהו, לעולם יכולים להיות רק או אמיתיים או שקריים. המשפט "במאה העשרים היו שתי מלחמות עולם" הוא טענת עובדה, וככזו הוא יכול להיות אמיתי או שקרי (במקרה זה מדובר בטענה אמיתית כמובן). כך גם הטענה "במאה החמש-עשרה לפני הספירה הנצרות היתה דומיננטית באירופה" (שהיא שקרית כמובן).

לכן הלוגיקה הסטנדרטית היא בינארית באופיה. משמעות הדבר היא שבמסגרתה לכל טענה יכולים להיות אך ורק שני ערכי אמת: אמת (T, True) או שקר (F, False). חוק השלישי הנמנע, שקובע שטענה יכולה להיות או אמיתית או שקרית, נחשב באופן מסורתי כאחד משלושת חוקי המחשבה היסודיים.

בספר החמישי בסדרה עמדנו על כך שישנם יוצאי דופן, כלומר טענות שאינן מקבלות ערך אמת פשוט (T או F). בין היתר, הבאנו שם שתי דוגמאות שכינינו אותן: פרדוקס ואנטי פרדוקס. אבל משפטים אלו נתפסים כבעייה

במסגרת הלוגית הבינארית, שכן על אף שהם נראים כמו טענות הם לא מקבלים ערך אמת יחיד (הפרדוקס לא מקבל שום ערך אמת באופן שקוהרנטי עם תוכנו, והאנטי פרדוקס מקבל את שני ערכי האמת, ושניהם קוהרנטיים עם תוכנו). בלוגיקה הסטנדרטית מתייחסים ליוצאי הדופן הללו כמשפטים שאינם טענות.

לוגיקות אחרות

אבל במאה השנים האחרונות מתחילות להתפתח תורות לוגיות אחרות. לדוגמה, הלוגיקן הפולני לוקשביץ הצביע על קושי ליישם לוגיקה בינארית לגבי טענות שעוסקות בעתיד, כגון הטענה "מחר יהיה קרב ימי". לא סביר בעיניו לומר שטענה כזאת אמיתית או שקרית כבר היום, שכן משמעות הדבר היא שאנחנו יכולים לדעת, או לומר, משהו על העתיד, עוד בטרם הדבר התרחש.[1] לכן הוא הציע לוגיקה תלת ערכית, שבמסגרתה כל טענה יכולה לקבל שלושה ערכי אמת (ולא רק שניים): אמת, שקר, לא קבוע. אחת ההשלכות של הצעתו היא שערך האמת של טענה יכול להיות תלוי בזמן (לאחר שהאירוע התרחש או לא, ערך האמת של הטענה שמתארת אותו הופך להיות אחד מהשניים הרגילים).

בספר הרביעי בסדרה שלנו הראינו שאין כל הכרח בזה. ניתן לפתור את הקושי לגבי טענות עתידיות במסגרת בינארית, אם נקבל את ההנחה שערך האמת של הטענה לא תלוי בזמן, והוא יכול להיות קיים גם אם הוא עוד לא

---

[1] כבר אריסטו עמד על נקודה זו. ראה על כך בספר הרביעי בסדרה שלנו, **לוגיקה של זמן בתלמוד**, College Publications 2011, עמ' 44. ראה גם בהרצאות בלבוב ב1920 - O pojęciu możliwości, RF 5 (1920), 169–170, Polish Logic, 1920–1939, ed. S. McCall, 15–16. - "על הלוגיקה של אפשרות"

O logice trójwartościowej, RF 5 (1920), 170–1, Polish Logic, 1920–1939, ed. S. McCall, 16–18. – "על לוגיקה תלת ערכית". תרגום לאנגלית של המאמר יצא באותו הכרך Philosophical remarks on many-valued systems of propositional logic, pp. 40–65

ידוע לנו ברגע זה. הוא ייוודע לנו אחרי שהאירועים יתרחשו. אנחנו מניחים כאן, כמובן, שערך האמת של טענה אינו תלוי בזמן. לכל היותר הידיעה שלנו אודותיו תלויה בזמן.[2]

אחרים הציעו לוגיקה תלת ערכית כדרך התייחסות הולמת לפרדוקסים. לפי הצעה זו, טענה פרדוקסלית (כלומר טענה שלא יכולה לקבל ערך אמת וגם לא שקר) אינה בעייתית, שכן היא אמנם לא מקבלת ערך של אמת (T) או שקר (F), אבל ניתן להצמיד לה ערך אמת שלישי: P (פרדוקס).[3]

מאוחר יותר הופיעו לוגיקות מורכבות עוד יותר, ובהן מספר ערכי האמת האפשריים הוא גדול יותר. כל הלוגיקות הלא סטנדרטיות הללו נקראות לוגיקות מרובות (Multy-Valued Logic), או עמומות (Fuzzy Logic). התופעה מגיעה לשיא בניסוח של לוגיקות רציפות (Continuous Logic)[4], שהן מערכות לוגיות שבהן טענות מקבלות מספר רציף של ערכי אמת, למשל מספר כלשהו מהקטע (0,1). בשנות השישים של המאה העשרים, הציע לוטפי זאדה מאוניברסיטת קליפורניה בברקלי[5] ניסוח מתמטי מדויק יותר (אם כי שנוי במחלוקת) של לוגיקה כזאת, וכיום יש לה שימושים בתחומים כמו אלגוריתמים של בקרה אוטומטית ועוד.

---

[2] ראה שם את ההשלכות של תפיסה זו לגבי הדטרמיניזם הלוגי.

[3] נציין שקשה לראות זאת כפתרון לפרדוקס, שכן מדובר בהגדרה פורמלית גרידא. אנחנו מגדירים את הפרדוקס כלגיטימי ובכך "פותרים" את הבעייה על ידי אימוצה כחלק מהמערכת.

[4] ראו C. C. Chang and H. Jerome Keisler, **Continuous Model Theory**, Princeton University Press, 1966

[5] "**Fuzzy sets and systems**". In: Fox J, editor. *System Theory*. Brooklyn, NY: Polytechnic Press, 1965: 29–39

שתי צורות להתייחס להסתברות

הסתברות יכולה להיחשב כסוג של לוגיקה עמומה רציפה, שכן היא מצמידה לכל טענה ערך מתוך הקטע (0,1). באינטרפרטציה הזאת, ההסתברות של אירוע כלשהו היא בעצם ערך האמת של הטענה שמתארת אותו. כך אם אנחנו מטילים מטבע הוגנת פעם אחת, אזי הטענה "התוצאה תהיה 5" היא בעלת ערך אמת 1/6. הטענה "התוצאה תהיה זוגית" מקבלת ערך אמת 1/2, הטענה "התוצאה תהיה גדולה או שווה ל-5" מקבלת ערך אמת 1/3, וכן הלאה.

אבל ההסתברות נולדה עוד לפני שהתחילו לדבר על לוגיקות עמומות. פירוש הדבר הוא שאין הכרח לראות את ההסתברות כמסגרת לוגית שונה, ובהחלט אפשר להבין אותה גם במסגרת לוגית בינארית, מה שבאמת מקובל בדרך כלל. כיצד הדבר נעשה? בהתייחסות הבינארית אנחנו בעצם רואים את הערך ההסתברותי כחלק מהטענה עצמה (ולא כערך אמת שמוצמד לה). ולכן הטענה "התוצאה תהיה 5" אינה טענה כלל, כי לא ניתן להצמיד לה ערך אמת בינארי (זה בדיוק הקושי שגורם לנו להתייחס להסתברות כלוגיקה לא בינארית). בהסתכלות כזאת עלינו לנסח טענות בצורה אחרת: "יש הסתברות X לכך שהתוצאה תהיה 5". זוהי בעצם תבנית פסוק, שאם נציב במקום X את הערך 1/6 נקבל טענה שערך האמת שלה הוא T (טענה אמיתית), ובכל ערך אחר של X נקבל טענה בעלת ערך אמת F (טענה שקרית).

ומה על הטענה "התוצאה תהיה 5"? כאמור, היא כלל אינה מקבלת ערך אמת כלשהו. יש הגורסים שבמסגרת לוגית כזאת כלל לא מדובר בטענה (שכן היא לא מקבלת את הערך אמת ולא את הערך שקר). אחרים יאמרו שזהו ערך אמת אחד מתוך השניים, אלא שהוא עדיין לא ידוע לנו (כמו בלוגיקה של

לוקשביץ). בעתיד, אחרי שנחזה בתוצאת ההטלה, נדע את הערך האמת של הטענה הזאת.[6]

מבחינת לוקשביץ, ערך האמת של הטענה הזאת כרגע הוא "טרם נקבע". לכן נראה שהוא יפתור גם את הקושי של ההסתברות באמצעות הלוגיקה התלת-ערכית שלו. לעומת זאת, אם איננו מקבלים את התייחסותו לאירועים עתידיים, ולדעתנו עדיין יש להתייחס אליהם במסגרת בינארית (אמת או שקר), כי אז גם כאן עלינו להתייחס אל ערך האמת כאחד מתוך השניים הרגילים (אמת או שקר), אלא שהוא עדיין לא ידוע לנו.

אלו שתי צורות להתייחס להסתברות, וכפי שנראה מייד הן פותחות בפנינו שתי אפשרויות להתייחס ללוגיקות עמומות ורציפות בכלל.

פרדוקס הערימה

אחת הדוגמאות שמציגות בצורה החדה ביותר את הצורך בלוגיקה לא בינארית היא אוסף פרדוקסים שמכונים, על שם הדוגמה הידועה והנפוצה שבהם, "פרדוקס הערימה". בדומה לפרדוקסים של זנון, גם פרדוקס הערימה הוא פרדוקס עתיק יומין, שהוצג לראשונה במאה ה-4 לפנה"ס על-ידי יובולידֶס (Eubulides) ממילֵטוס, שהיה בן זמנו של אריסטו.

נתבונן על שלוש הטענות הבאות:

(א) אבן חצץ אחת אינה ערימה.

(ב) הוספת אבן חצץ אחת לצבר שאינו ערימה – אינה משנה את הסטטוס שלו.

(ג) עשרת אלפים אבני חצץ הן ערימה.

---

[6] כפי שהערנו למעלה, משמעות הדבר היא שערך האמת של הטענה על העתיד קיים כבר כעת אלא שאנחנו לא יודעים אותו. ראה דיון במשמעות הטענה הזאת בספר הרביעי בסדרה שלנו, בדיון על הדטרמיניזם הלוגי.

״פרדוקס הקירח״ בנוי באופן דומה:

(א) אדם עם שערה אחת על ראשו הוא קירח.

(ב) הוספת שערה אחת לראש קירח אינה משנה את הסטטוס שלו.

(ג) אדם עם עשרת אלפים שערות על ראשו אינו קירח.

כך ניתן גם לשאול ממתי מתחיל ״אחרי הצהרים״: 12:00 אינו אחה״צ. עם חלוף שנייה אחת המצב לא משתנה. אבל 16:00 זה כבר אחה״צ. הוא הדין לגבי השאלה מאיזה אורך גל הצבע מוגדר להיות ״אדום״ וכן הלאה.

בכל המבנים הללו מדובר בשלוש טענות, שעל פניהן כולן נראות נכונות וסבירות לגמרי. ובכל זאת בכל המקרים הללו לא ניתן לקבל את שלוש הטענות בו-זמנית, מפני שיש ביניהן סתירה פנימית. אם הוספת אבן חצץ אחת, או שערה אחת, או הגדלה מזערית של אורך הגל, לא משנות את הסטטוס של הצבר/האדם/הצבע, אז כיצד קורה שבסופו של דבר הסטטוס כן משתנה? בדוגמת הערימה, אם הוספת אבן אחת לא משנה את הסטטוס, אז ניתן להוסיף אבן אחת פעם אחר פעם והסטטוס לא אמור להשתנות לכל אורך התהליך.

אם כן, כיצד כשיש עשרת אלפי אבני חצץ הסטטוס כן השתנה? מתי זה קרה? מה שמשותף לכל הדוגמאות הללו הוא שמדובר בטיעונים שתוקפים הגדרות של מושגים יומיומיים. למעשה, קל מאד לראות שאין שום דבר ייחודי במושגים כמו ערימה, אחרי הצהרים, צבע אדום, או קירח. כל מושג יומיומי יכול להיות חשוף למתקפה דומה.

פתרון הפרדוקסים: לוגיקה עמומה[7]

נעשו ניסיונות רבים לפתור את הפרדוקס, ורובם ככולם שנויים במחלוקת. כאן נציג רק שניים מהם שנראים על פניהם מאד דומים.

ניסיון ראשון מבוסס על הטענה שאם עוסקים במושגים עמומים אסור לנו ליישם לגביהם את הלוגיקה הבינארית. פירוש הדבר הוא שכל מושגי היומיום זוקקים טיפול במסגרת לוגית אחרת. כך הטענה "X הוא ערימה" אינה נשפטת במונחי אמת-שקר של הלוגיקה המסורתית שהיא בעלת אופי בינארי, אלא במונחי לוגיקה עמומה (Fuzzy logic), שמכילה יותר ערכי אמת. לדוגמה, ניתן להניח שיש רצף של ערכי אמת שמקבילים לערכים המספריים בקטע (0,1), כאשר 0 הוא שקר גמור ו-1 הוא אמת מוחלטת.

לפי הצעה זו, כל שלוש הטענות שמופיעות במבנה הלוגי שלמעלה, אמורות להיבחן במונחים רב-ערכיים. לא חייבים לומר על אף אחת מהן שהיא נכונה (1) או לא נכונה (0), אלא יש מצבים של נכונות חלקית (0.2 או 0.694). כמובן שכל לוגיקה כזאת דורשת מערכת של כללי היסק שמגדירים את גזירת הטענות זו מזו, והצמדת ערכי אמת לטענות שנגזרות מטענות אחרות באמצעות טיעונים לוגיים.

אם נתרגם כעת את מבנה הטיעונים שראינו למבנה לוגי שמכונה Sorites ("ערימה"), נקבל:

(א) אבן חצץ אחת אינה ערימה.

(ב) הוספת אבן חצץ אחת לצבר (א) לא משנה את הסטטוס שלו. שתי אבנים גם הן לא ערימה.

---

[7] ניתן לראות סקירה מקיפה באנציקלופדיה של סטנפורד (**SEP**), בערך Sorites paradox: http://plato.stanford.edu/entries/sorites-paradox/. כמו כן ראו ענת בילצקי, פרדוקסים, סדרת אוניברסיטה משודרת, בהוצאת משרד הביטחון - ההוצאה לאור, 1996, פרק ג – 'פרדוקסים של עמימות'.

(ג) הוספת אבן חצץ אחת לצבר (ב) לא משנה את הסטטוס שלו. שלוש אבנים גם הן לא ערימה.

...

(ת) הוספת אבן חצץ אחת לצבר (ש) לא משנה את הסטטוס שלו. לכן מיליון אבני חצץ אינן ערימה.

כעת נוכל לראות את ההשלכות הלוגיות של הלוגיקה העמומה. אם במסגרת הלוגיקה הבינארית עלינו להחליט על כל אחת מהטענות הללו האם היא נכונה או לא, כאן נוכל להיות "רכים" יותר. טענה (א) היא נכונה לחלוטין (0.99). טענה (ב) היא נכונה מאד (0.967). טענה (ג) היא נכונה למדיי (0.8). טענה (ד) היא די נכונה (0.748). טענה (ה) היא קצת נכונה (0.53) וכו׳. בשלב כלשהו כשמגיעים לטענות רחוקות זה כבר הופך להיות די לא נכון, ולבסוף טענה (ת) היא מאד לא נכונה (0.0001).

אם נשוב למבנה הקודם נוכל להציג זאת כך:

טענה (א) היא בעל ערך אמת X. טענה (ב) הכללית: הוספת אבן חצץ אחת לצבר נתון לא משנה את הסטטוס שלו. טענה זו היא בעלת ערך אמת גבוה (0.9), אבל לא מוחלט (1). פירוש הדבר הוא שהוספת אבן חצץ אחת מביאה אותנו לצבר גדול יותר, שלגביו הטענה שהוא לא ערימה מקבלת ערך אמת נמוך יותר (למשל מכפלה של ערך האמת הקודם ב-0.9). כך הטענה "שתי אבני חצץ אינן ערימה" היא בעלת ערך אמת 0.9X. הטענה "שלוש אבני חצץ אינן ערימה" מקבל ערך אמת של 0.81X, וכן הלאה. בשלב כלשהו נגיע למצב שבו הטענה "Z אבני חצץ אינן ערימה" תהיה בעלת ערך אמת נמוך מאד.

אם נשתמש בכיול פורמלי גמיש של ערכי האמת נוכל לאמץ את המודל הבא:

$$f(n) = 1 - e^{-\alpha n}$$

ערך האמת של הטענה "n אבני חצץ הן ערימה" הוא f(n). הפונקציה הזאת מקבלת ערכים מהקטע (0,1) כנדרש. צבר ובו אפס אבנים, הטענה שאומרת שהוא ערימה מקבלת ערך אמת 0. לעומת זאת, הטענה שצבר ובו אינסוף

אבני חצץ הוא ערימה מקבלת ערך אמת 1. כל מספר סופי מקבל ערך אמת שהולך וגדל עם גידול במספר האבנים שבצבר. הפרמטר α מייצג את מידת העלייה בערך האמת עם הוספת אבן חצץ אחת. עקרונית לא כולנו חייבים להסכים על ערכו של α, למרות שלכאורה הלוגיקה של השיח לא אמורה להיות שנויה במחלוקת.

פתרון הפרדוקסים: משמעות עמומה של מושגים

אפשרות אחרת להתייחס לפרדוקסים הללו ניתנת במסגרת הלוגיקה הבינארית שבה כל טענה מקבלת ערך אמת אחד מתוך שניים: אמת או שקר. הפתרון מתקבל מתוך קבלת ההנחה שמושגי היומיום הם בעלי משמעות עמומה. לדוגמה, המושג "ערימה" בו עוסקים המשפטים אינו חד, כלומר הוא לא מחלק את צברי האבנים לשתי קטגוריות חדות: ערימה ולא ערימה. הוא מחלק את העולם לרצף של רמות ערימתיות שונות. לדוגמה, רמות הערימתיות יכולות לקבל ערכים מהקטע (0,1).

לפי הסכימה הזו, הטענה "אבן חצץ אחת אינה ערימה" היא לא חוקית. עלינו לומר "אבן חצץ אחת היא 0.1 ערימה". טענה זו היא אמיתית. הטענה "שתי אבני חצץ הן לא ערימה" הופכת להיות "שתי אבני חצץ הן 0.2 ערימה". גם טענה זו היא אמיתית. הטענה הכללית "הוספת אבן חצץ אחת לא משנה את הסטטוס של הצבר" היא טענה שקרית. במקומה עלינו לרשום: "הוספת אבן חצץ אחת משנה את הסטטוס במעט (0.1)". זו כבר טענה אמיתית. כדי לעדן את המודל יותר, יש לשים לב שכאשר נגיע לטענות הרחוקות בשרשרת נקבל שמיליון אבני חצץ הן ברמות ערימתיות שמעבר לסקאלה. לכן עלינו לאמץ כיול גמיש יותר של הוספת אבנים שיוצא לאט לאט מ-0 ומגיע אסימפטוטית ל-1. מועמד טבעי לכיול כזה הוא אותה פונקציה שהשתמשנו בה כדי לתאר את ערכי האמת של הטענות במודל הקודם. כאן היא מתארת את רמת הערימתיות של n אבנים:

$$f(n) = 1 - e^{-\alpha n}$$

כך 0 אבנים הן בעלות רמת ערימתיות 0, ואינסוף אבנים הן בעלות רמת ערימתיות 1. כעת כל הטענות הבאות הן אמיתיות לגמרי (במונחים של לוגיקה בינארית): "n אבני חצץ הן בעלות רמת ערימתיות f(n)". הפרמטר α יכול לייצג תפיסות שונות של בני אדם שונים לגבי מידת הערימתיות של כל כמות אבנים. לא כולם חייבים להסכים לדרגות הביניים ולקצב ההתקדמות לקראת הערימה, על אף שמשמעות המושגים בהם אנחנו משתמשים אמורה להיות מוסכמת.

השוואה בין התמונות

העמימות של ערכי האמת שבתמונה הראשונה (לוגיקה עמומה), מתורגמת בתמונה הנוכחית (לוגיקה בינארית) לעמימות של המושגים שמופיעים בתוכן הטענות.[8] הקושי בתמונה השנייה הוא כמובן כיצד לעבור מכאן לשפת היומיום. בשפה שלנו אנחנו כן משתמשים במונח "ערימה" בצורה בינארית. אנחנו מתייחסים לצברים שונים כערימה או לא ערימה.

נראה שכדי לשפוט ולפרש את הטענות עלינו לתרגם את המשפטים הללו לצורה מדוייקת יותר שמכניסה את מידת הערימתיות אליה מתכוין הדובר לפי הקונטכסט. במובן הזה, נראה שהתמונה הקודמת הולמת יותר את צורת השיח שלנו. אמנם התמונה הנוכחית הולמת יותר את משמעותם המדוייקת של המושגים.

אם רוצים להשוות בין התמונות, נוכל לחשוב על השיקול הבא. מחד, נראה שיש חשיבות למשמעות אובייקטיבית של השפה בה משתמשים, אבל מאידך אולי זה פחות חשוב מהאובייקטיביות של הלוגיקה של השיח (מהתמונה

---

[8] על עמימות בשפה ובניסוח טענות בלוגיקה, ראו: Burns, L., 1991. Vagueness: An Investigation Into Natural Languages and the Sorites Paradox, Dordrecht: Kluwer.

הראשונה). ישנה תחושה שבהחלט ניתן להתווכח על המשמעות של המושגים, אבל הלוגיקה של הויכוח צריכה להיות מוסכמת.

אמנם אם יש ויכוח כזה, נראה שהוא מניח שיש אמת כלשהי מחוץ למחלוקת ששני הצדדים שואפים להגיע אליה ולבטא אותה. אחרת באמת מדובר בשפות שונות ואין שום טעם לשיח בין דוברים של השפות השונות. ויכוח סמנטי על משמעות של מושגים לא יכול להיות מוכרע, וגם לא צריך להיות מוכרע (שהרי מדובר רק על הגדרה). כל צד יציג את ה- α שלו, ובמסגרת זו את משמעות מושגיו. כעת כמובן ניתן להתווכח מיהו ה- α הנכון, וחוזר חלילה.

ובאמת אחד החסרונות הבולטים של המודל של זאדה, הן מהבחינה התאורטית והן מהבחינה המעשית, היא שאין דרך חד משמעית לבחור את פונקציות השייכות לקבוצה עמומה. ישנן מספר דרכים מקובלות לעשות זאת (למעלה הצגנו את הפונקציה האקספוננציאלית כדוגמה) אבל אין כל סיבה מתמטית להעדיף אותן על אחרות. יוצא מכך שההגדרה של מידת השייכות של איבר לקבוצה מסוימת) ומכאן כל הגדרת הקבוצה) היא שרירותית וסובייקטיבית. מסיבה זו, יש הפוסלים את הלוגיקה העמומה כתורה מתמטית.

טיעוני ופרדוקסי דילמה

בויכוחים בין אנשים עולים לעיתים טיעונים שמכונים "טיעוני דילמה". לדוגמה, ראובן טוען: אין טעם לערוך בחינות בבתי ספר תיכוניים, שכן תלמידים עצלנים לא ילמדו גם אם יש בחינות, ותלמידים חרוצים לומדים גם בלי בחינות. לכן "ממה נפשך" אין טעם לערוך בחינות.

מהי הטעות בטיעונים כאלה? משוקעת בהם ההנחה שהעולם מחולק באופן בינארי ודיכוטומי, לעצלנים פתולוגיים וחרוצים בלתי נלאים. ואכן לשתי אוכלוסיות הקצה הללו לא יועילו מבחנים. אבל בקרב תלמידי בתי הספר ישנן גם רמות ביניים של חריצות או עצלנות. יש תלמידים שהם די עצלנים,

אבל אם תהיה בחינה הם כן ילמדו. אם כן, יש רצף של רמות של חריצות ועצלות, ולא רק שתיים כפי שמניח ראובן בטיעון הדילמה שלו.

עד כאן ניסחנו את הפתרון במונחי לוגיקה בינארית, ומושגים עמומים. המושגים "עצלות" או "חריצות" הם עמומים, כלומר מופיעים בהרבה מאד רמות. אבל כפי שראינו למעלה, גם כאן ניתן לנסח את הפתרון גם במונחי לוגיקה רציפה. הטענה "התלמיד לוי הוא חרוץ" אינה מקבלת ערך 1 או 0, אלא כל ערך בקטע (0,1). לחילופין, הטענה "מבחנים מועילים" אינה נבחנת במונחים בינאריים. היא די אמיתית אבל לא באופן מוחלט (במידה 1). כאן האופציה הראשונה תהיה להתייחס למושג "תועלת" כמושג עמום.

בדומה לכך בלוגיקה מקובל לדבר על ברירה כוזבת, שזהו סוג טיעונים שחביב מאד על פוליטיקאים. לדוגמה, איש שמאל מקשה על חברו ממפלגת הימין: "האם אתה בעד שלום, או שאתה רוצה לפוצץ את המסגדים בהר הבית?". דוגמה נוספת, מצידה השני של המפה הפוליטית: "האם אתה רוצה לתמוך בצה"ל או לתת רוח גבית לטרור?". גם כאן הפתרון הוא שהמפה כולה מוצגת באופן דיכוטומי, כאילו יש בה רק שתי אפשרויות שמוציאות זו את זו, ושתיהן יחד מכסות את כל מרחב האפשרויות (מה שמכונה בתורת הקבוצות "חלוקה זרה").

בהתאם, במסגרת הלוגיקה הרציפה אנחנו יכולים להגדיר תורת קבוצות עמומה, תחת קבוצה אוניברסלית כלשהי. העמימות באה לידי ביטוי במידת השייכות של איבר כלשהו לתת קבוצה נתונה. למשל, אם U מייצגת גבהים של אנשים, ו-H היא קבוצת האנשים הגבוהים, אזי מידת השייכות של אדם שגובהו 1.60 מ' ל-H היא 0, ומידת השייכות של אדם שגובהו 2 מ' ל-H היא 1. אבל מידת השייכות של אדם שגובהו הוא 1.85 מ' ל-H היא 0.75.

לוגיקה רציפה על רגל אחת

לוגיקה עמומה היא בעצם דרך לעשות פורמליזציה של טיעוני יומיום שמנסים לומר אמירות לא חדות. אם בלוגיקה הקלאסית אנו אומרים, "אם יורד גשם, סימן שמעונן", אז בלוגיקה העמומה אנו אומרים, "אם גשום במידה x סימן שמעונן לפחות במידה y". מטענה כזאת אנחנו גם מסיקים מסקנות בצורה "רכה" יותר. כשאנחנו יושבים בחדר סגור ושומעים גשם שיורד ומנסים להסיק מכך על מידת העננות בשמיים, אז גשם חזק יוביל אותנו למסקנה שיש עננות חזקה, גשם חלש לעננות חלשה, והיעדר גשם לא אומר הרבה על מידת העננות (אבל כן אומר משהו).

עד כאן ראינו את הצורך בלוגיקות עמומות ואת משמעותן. אבל לוגיקה אינה שלימה בלי מערכת הצרנה וכללי היסק. לוטפי זאדה הציע מערכות כאלה, ודרכים לטפל בהן באופן סיסטמטי. השלב הראשון בדרך לפורמליזציה של לוגיקות כאלה היא תרגום של האופרטורים הלוגיים, כמו "או" (OR), "וגם" (AND), או שלילה (NOT). זאדה הציע לתרגם אותם לשפת הלוגיקה הרציפה באופן שהם יקיימו כמה תכונות שקיימות בלוגיקה הסטנדרטית (כמו חוקי דה-מורגן). נביא כאן תרגומים נפוצים ואינטואיטיביים שלגביהם הוכח כי הם מקיימים את הדרישות הללו:

- מקובל להשתמש בתרגום הבא לשלילה: אם טענה כלשהי A מקבלת ערך אמת P, אז השלילה שלה (NOT A) היא בעלת ערך אמת 1-P.
- תרגום אפשרי ל-AND הוא הבא: אם לטענה A יש ערך אמת P ולטענה B יש ערך אמת Q, אז לטענת הגם (קוניונקציה) שביניהם (A AND B) יש ערך אמת שהוא המינימום בין P ל-Q, כלומר min(P,Q).

- תרגום אפשרי ל-OR הוא הבא: אם לטענה A יש ערך אמת P ולטענה B יש ערך אמת Q, אז לטענת האו (דיסיונקציה) שביניהם (A OR B) יש ערך אמת שהוא המקסימום בין P ל-Q, כלומר max(P,Q).

כעת אנחנו יכולים לצאת מכמה הנחות שידועים לנו ערכי האמת שלהן, ולנסות להסיק מתוכן מהו ערך האמת של טענה אחרת (מסקנה), בדיוק כפי שעושים בלוגיקה הסטנדרטית.

בשולי דברינו נציין שההסתברות למשל לא מקיימת את כל התרגומים הללו. השלילה מתורגמת כפי שמוצע כאן למעלה. אבל אם יש שתי טענות בלתי תלויות שההסתברויות שלהן ידועות, אזי ההסתברות של הטענה (A AND B) היא מכפלת ההסתברויות ולא המינימום שביניהן (אם אחת היא וודאית, אז ברור שהמכפלה תיתן את המינימום). התרגום לטענה (A OR B), או למצב שהטענות תלויות זו בזו, הוא סבוך הרבה יותר (ודורש שימוש במידע לגבי התלות ביניהן).

מבט נוסף על הסתברות ולוגיקה עמומה: אפיסטמולוגיה ואונטולוגיה

בתחילת הפרק הצגנו שתי צורות התייחסות להסתברות, ודרך זה שתי צורות של עמימות: עמימות במידע שכלול בטענה ועמימות בערך האמת של הטענה. לכאורה לוגיקה עמומה מתארת את שני המצבים הללו, ובעצם הם לגמרי שקולים זה לזה. מדובר בשתי צורות שונות לתאר מצב של עמימות, וההבדל ביניהן הוא בעיקר פילוסופי.

אך על אף שתי האפשרויות שהוצגו להתייחס להסתברות, מקובל להבחין בין הסתברות לבין לוגיקה עמומה, או בין הסתברות לבין עמימות. ההסתברות עוסקת במקרים שבהם יש מצב עובדתי מוגדר היטב, אלא שמפאת חוסר במידע אנחנו לא יודעים מהו. ההסתברות מציעה לנו דרך שיטתית לטיפול במצבים כאלה. חשוב להבין שבמצבים אלו יש תשובה נכונה אחת לשאלה

העובדתית, אלא שבגלל היעדר המידע שלנו אנחנו מתלבטים בין כמה תשובות אפשריות. לכל אחת מהאפשרויות הללו יש הסתברות מסויימת, וזו נקבעת לאור המידע שבידינו. זוהי עמימות אפיסטמית (=הכרתית).

אחת האינדיקציות לכך שמדובר בעמימות אפיסטמית, היא שאדם אחר שיש בידו מידע שונה יצמיד הסתברויות שונות לאותם אירועים עצמם. לדוגמה, אם מודיעים לנו שהטילו קוביה הוגנת, ושואלים מה ההסתברות שהיא נפלה על 5? בהיעדר מידע נוסף מעבר לזה שהיא הוגנת, התשובה היא 1/6. אבל אם למישהו יש מידע שהתוצאה היא זוגית, אזי ההסתברות לנפילה על 5 מבחינתו היא 1/3, ולא 1/6. ההסתברות משקפת את המידע שבידינו (ואת זה שחסר לנו).

לעומת זאת, בלוגיקה עמומה לא מדובר על מידע חסר, אלא על עמימות במציאות עצמה (עמימות אונטית). לוגיקה עמומה מטפלת במצבים שבהם המציאות עצמה היא לא חד משמעית. במצבים אלו לא אמור להיות הבדל בין אנשים שונים לגבי רמת העמימות. לדוגמה, ראינו ששאלות כמו האם פלוני גבוה, קירח, אדום, טוב לב וכדומה, לא מקבלות מענה בינארי. כאן הדבר לא נובע מחוסר מידע שלנו על המציאות, אלא מכך שהמושגים הללו עמומים מעצם טבעם. אין כאן תשובה חד משמעית שנעלמת מאיתנו בגלל חוסר מידע. העמימות היא במציאות עצמה ולא במידע שלנו אודותיה. לכן אין אף אחד אחר שאמור לתת תשובה שונה מזו שלנו (אלא אם אנחנו חולקים על הגדרת המושגים עצמם).

אם כן, בפרשנויות המקובלות, שאנו נאמץ אותן מכאן והלאה, ההסתברות עוסקת בעמימות אפיסטמית (הכרתית), ואילו הלוגיקה העמומה עוסקת בעמימות אונטית (במציאות עצמה).[9] מכאן ואילך אנו נתייחס לשני התחומים

---

[9] מקובל להציג שלוש אפשרויות שונות להבנת המשמעות של טענות הסתברותיות (קוואזי-לוגית, הכרתית ומציאותית). במהלך הניתוח להלן נתייחס אל הסתברות כניהול של רמות

הללו כך. בפרקים הבאים נראה מופעים שונים של הסתברות ועמימות, וניווכח במשמעויות השונות של המושגים הללו ובהשלכותיהן.

שונות של וודאות וחוסר ידע לגבי מצבים ומערכות. לחלוקת השיטות השונות ראו Hájek, Alan, "Interpretations of Probability", The Stanford Encyclopedia of Philosophy (Winter 2012 Edition), Edward N. Zalta (ed.), URL = <http://plato.stanford.edu/archives/win2012/entries/probability-interpret/>.

פרק שני
עמימות אונטית וספק אפיסטמי במדע

מבוא: עמימות מושגית ועמימות אונטית

בפרק הקודם תיארנו שני סוגי עמימות: אונטית (שמטופלת בכלים של לוגיקה עמומה) ואפיסטמית (שמטופלת בכלים של הסתברות). הדוגמאות שאותן ראינו היו דוגמאות של מושגים עמומים (כמו גבוה, קירח וכדומה). יכול אדם לטעון שאין כאן עמימות אמיתית אלא חוסר בהירות של השפה (כך אכן טוענים פילוסופים אנליטיים, וכבר הערנו על כך בפרק הקודם). בשפה מושלמת לא היו מופיעות עמימויות כאלה.

האם יש מצבים שגם כשמשתמשים במושגים חד משמעיים תופיע עמימות בגלל אופיה של המציאות עצמה (ולא בגלל עמימות במושגים)? כוונתנו למצבים שתשובה לשאלה שמורכבת ממושגים חדים (בינאריים) תינתן במונחי לוגיקה עמומה? שאלה זו מובילה אותנו כמובן לפתולוגיות של תורת הקוונטים.

בין תורת הקוונטים לעמימויות קלסיות

בספר הרביעי עמדנו בקצרה על שני סוגים של ספיקות בהלכה ובכלל. הספק הרגיל הוא ספק אפיסטמי, כלומר עמימות מבחינת המידע שיש בידינו. אבל ישנו גם ספק אחר, אונטי, שמבטא עמימות במציאות עצמה. הזכרנו שם שהספק מהסוג הראשון מתאר עמימות קלסית, כמו זו שמופיעה בתורת הכאוס, ואילו הספק השני מתאר עמימות אחרת, שמופיעה בתורת הקוונטים. אנו נשוב לספיקות ההלכתיים בפרקים הבאים. כאן נעמוד בקצרה על ההבחנה הפיזיקלית בין שתי העמימויות הללו.

הכאוס הוא תחום שמתאר ספיקות אפיסטמיים, כלומר חוסר וודאות שמביא לחוסר יכולת לנבא מה צפוי לנו בעתיד. לדוגמה, אדם מפיל פיסת נייר קטנה

מחלון בקומה שנייה. קשה מאד לנבא היכן בדיוק תיפול פיסת הנייר הזאת על הקרקע למטה. אבל הבעייתיות כאן היא לא במציאות עצמה אלא במידע שלנו אודותיה וביכולת שלנו לטפל במידע הזה. אם היו בידינו כל הנתונים, עוצמת וכיווני הרוחות, צפיפות האוויר, צורת פיסת הנייר, גובה הקומה, המהירות ההתחלתית, נקודת היציאה המדוייקת של פיסת הנייר מלמעלה, אזי באופן עקרוני יכולנו לחשב בדיוק את מיקומה של פיסת הנייר בסוף התהליך למטה. אי היכולת לנבא את העתיד היא רק שאלה של מורכבות וסיבוכיות ולא תוצאה של עמימות במציאות עצמה. כך גם לגבי הטלת קוביה. עקרונית מדובר בתהליך דטרמיניסטי לגמרי, ובהינתן כל הנתונים (צורת הקוביה, המהירות ההתחלתית, צפיפות האוויר, הרוחות וכו׳) ויכולת חישוב חזקה ביותר, ניתן לבצע חישוב שינבא בדיוק על איזו פיאה הקוביה תיפול. הצורך שלנו להשתמש בכלים סטטיסטיים במקרים כאלה נובע מכך שהחישובים הללו מסובכים מאד והמידע שדרוש לנו כדי לבצע אותם צריך להיות מדויק מאד, מעבר למה שבאמת קיים אצלנו. לכן כל אלו הם מצבים של עמימות אפיסטמית. חסר לנו מידע על המציאות, והדבר יוצר אי וודאות. כאן נכנסת לעזרתנו ההסתברות.

לעומת זאת, תורת הקוונטים מתארת מצבים שבפרשנות המקובלת כיום על רוב הפיזיקאים יש בהם עמימות אונטית. לפי הפרשנות הזאת, כל עוד לא מדדנו את מיקומו של החלקיק, הוא עצמו לא נמצא במקום מוגדר היטב. לשאלה האם החלקיק נמצא במקום $x=2$, אין תשובה חדה (כן או לא). אבל זה לא מפני שאנחנו לא יודעים מהו מיקומו, אלא מפני שהמיקום האמיתי שלו כשלעצמו אינו מוגדר לגמרי (הוא יכול לקבל כמה ערכים שונים). כך גם לגבי מהירותו של חלקיק קוונטי כזה. נדגים את העניין דרך תיאור של ניסוי שני הסדקים המפורסם.

ניסוי שני הסדקים

ריצ׳רד פיינמן היה אחד מגדולי הפיזיקאים של המאה העשרים. הוא היה נוהג לומר שהדרך הטובה ביותר להסביר את תורת הקוונטים היא באמצעות תוצאותיו של ניסוי שני הסדקים, שהפך בינתיים לניסוי קלאסי בתולדות המדע. הניסוי הידוע יותר נערך במאה העשרים ביחס לאלקטרונים, והיו לו השלכות מהפכניות שהובילו לתורת הקוונטים. אבל במקורו, בתחילת המאה התשע-עשרה, היה זה ניסוי באופטיקה. לכן נתחיל את התיאור שלנו דווקא משם.

מאז ניוטון התנהל ויכוח בין פיזיקאים על טיבו של האור. יש שטענו (כמו ניוטון) שהוא מורכב מחלקיקים, ויש שראו אותו כגל (התיאוריה של פרנל-הויגנס). בשנת 1801, 74 שנים לאחר מותו של ניוטון, ערך תומאס יאנג את ניסוי שני הסדקים הראשון כדי להכריע בסוגיה זו. במערך הניסוי שבו השתמש יאנג ישנו הבדל מובהק בין גל לבין קרן חלקיקים, ובדיוק בגלל זה הוא היה שימושי בהכרעת המחלוקת על האור. זוהי בדיוק הסיבה לכך שהוא יימצא שימושי להפליא גם במאה הבאה בהכרעת מחלוקת דומה, והפעם לגבי טיבם של חלקיקים כמו האלקטרון (גם שם השאלה תהיה האם הם בעלי טבע גלי או חלקיקי).

כדי להבין זאת, נבחן תחילה את המקרה הפשוט יותר, של סדק בודד. בציור שלמטה מתואר מקור (הגליל שבצד ימין) ששולח קרן של חלקיקים או גל (הקו המקווקו העבה) לכיוונה של מחיצה ובה סדק. מאחורי המחיצה יש מסך (שמתואר בקו כפול) שרגיש לפגיעת הגל או החלקיקים.

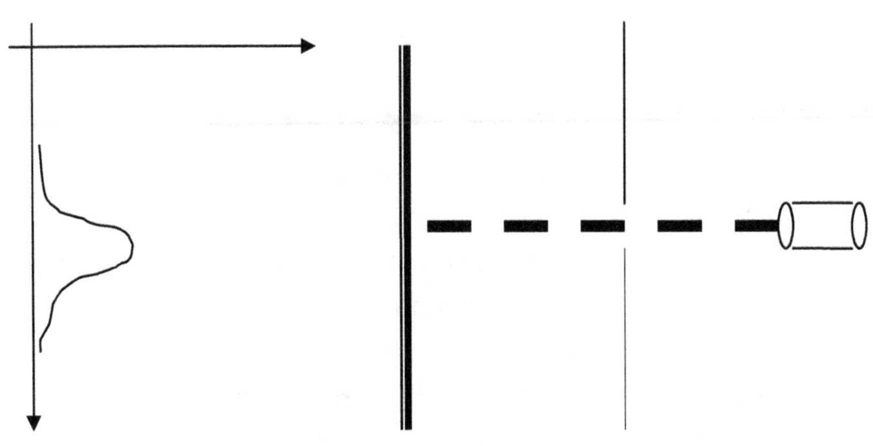

ציור 1: מערך הניסוי של סדק בודד

הגרף שמשמאל מתאר את עוצמת האור שפוגעת בנקודה המקבילה במסך. ניתן לראות שהכמות הגדולה ביותר מתקבלת בדיוק מול הסדק, ומשני צִדיה הכמות הולכת ופוחתת. התיאור הזה נכון הן לאלומת חלקיקים והן לאלומה גלית. אם יש הבדל קטן הוא רק בשוליים. במקרה הגלי, העוצמות שבצדדים נוצרות מסטייה של קרניים שלא הגיעו בזווית ישרה, וגם מהתופעה באופטיקה שמכונה עקיפה, ולפיה סביב קצה של מחיצה האור משנה מעט את זווית ההתקדמות שלו, כלומר סוטה מהקו הישר. בניסוי על אלומת חלקיקים, העוצמות שבצדדים נוצרות מהחלקיקים שלא הגיעו בזווית ישרה, וגם מהתחככות בקצה הסדק שמטה את כיוון ההתקדמות של החלקיקים שפוגעים בו. ניתן לראות בשתי אלו תופעות מקבילות.

כיצד, אם כן, נוכל להבחין בין אלומת חלקיקים לבין גל? ראינו כעת שניסוי עם סדק אחד לא יסייע לנו בכך. כדי להבין את הצעתו של יאנג למערך הניסוי בן שני סדקים, עלינו להכיר תופעה גלית נוספת, והיא ההתאבכות. כאשר שתי אלומות חלקיקים נעות במרחב, סך החלקיקים הכולל בכל נקודה הוא

סכום מספרי החלקיקים משתי האלומות באותה נקודה. לעומת זאת, כאשר שני גלי אור נעים במרחב, עוצמת האור הכוללת בכל נקודה אינה סכום פשוט של עוצמות שני הגלים בנקודה הנדונה; העוצמה בכל נקודה במרחב תעלה ותרד כתוצאה מאפקט ההתאבכות בין הגלים. במקומות מסוימים העוצמה של שני הגלים מבטלת זה את זה, ובמקומות אחרים הם מחזקים זה את זה (הדבר תלוי במה שמכונה "הפרש הפאזה" ביניהם).

מערך הניסוי של יאנג התבסס על התופעה הזו, והוא שונה מהמערך שתואר בציור שלמעלה רק בכך שבמחיצה ישנם הפעם שני סדקים, ולא רק אחד. כעת עלינו לדון בשני המקרים (הגלי והחלקיקי) בנפרד. אם המקור פולט אלומת חלקיקים, כמו אלקטרונים, כדורי טניס, או פילים, חלקם יעבור דרך כל אחד משני הסדקים. סביב כל סדק כמות החלקיקים תתפלג כמו בגרף של הסדק הבודד (ראו בגרף שבציור 1). אם כן, בניסוי חלקיקי עם שני סדקים, התמונה על המסך תיראה כסכום התמונות של שני הסדקים הבודדים, כלומר נקבל גרף ובו שני שיאים שווים, כמתואר בציור 2:

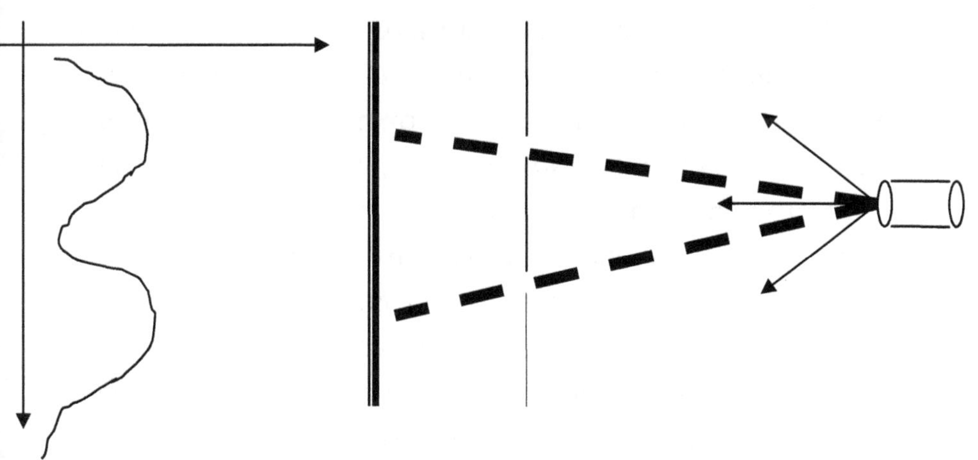

ציור 2: ניסוי שני סדקים עם אלומת חלקיקים

מה יקרה כאשר המקור שולח אלומה גלית? במקרה זה, תופעת ההתאבכות תגרום לכך שהתמונה תיראה שונה לגמרי, כמתואר בציור 3:[10]

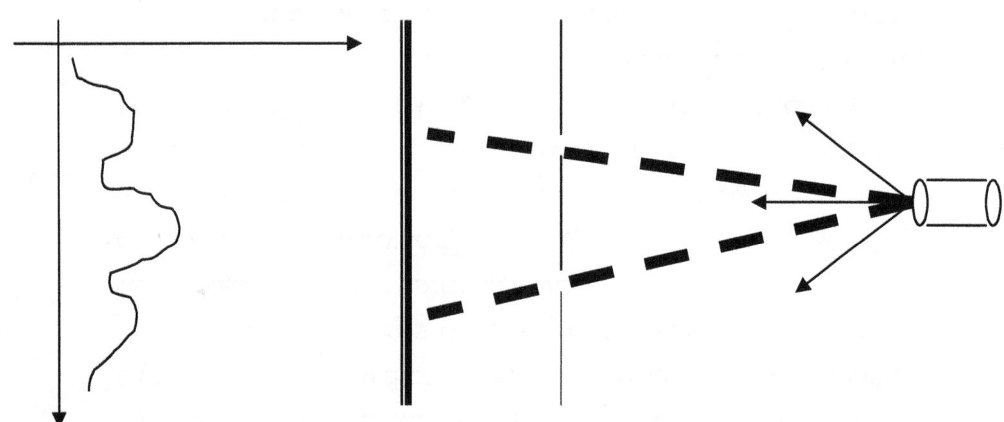

ציור 3: ניסוי שני סדקים עם אלומה גלית

במקרה הגלי שמתואר בציור 3, העוצמה המקסימלית מופיעה דווקא במרכז, בין שני הסדקים (במקום שבו התמונה החלקיקית כמעט מתאפסת; ראו ציור 2). משני צִדיו של המרכז ישנן על הגרף אונות צדדיות ששיאיהן הולכים ויורדים. המסקנה היא שניסוי שני הסדקים מספק לנו הבחנה חדה בין אלומת חלקיקים לבין אלומה גלית.

בתחילת המאה התשע-עשרה ביצע יאנג את ניסוי שני הסדקים ביחס לגל אור, והתוצאה שהתקבלה היתה חד-משמעית: התקבלה התמונה הגלית

---

[10] כדי שהתפלגות העוצמות תהיה כמתואר כאן בגרף 3, נדרש מרחק מסוים בין שני הסדקים, שתלוי באורך הגל של האלומה הגלית. לא ניכנס כאן לרמת הפירוט הזו כדי לא לסבך את התיאור.

(ציור 3). כך הוכרע הוויכוח בין ניוטון להויגנס (שהיו זה מכבר בין המתים), ונקבע (זמנית. זה ישתנה בעתיד) כי ידו של ניוטון על התחתונה – האור הוא תופעה גלית.

יותר ממאה שנים אחר כך, החל בתחילת המאה העשרים, החלו להצטבר ראיות וטיעונים שונים לטובת התמונה שרואה את החלקיקים כגלים. בשנת 1924 מציע אציל צרפתי בשם לואי דה-ברויי,[11] בעבודת הדוקטורט שלו, לראות את האלקטרון כגל, ואף קוצב את תכונותיו של הגל הזה, כמו אורך הגל ועוד. בשנת 1937 זכו תומפסון ודייוידסון בפרס נובל לפיזיקה על אישוש נסיוני של התאבכות אלקטרונים.

כעת מתחיל ויכוח הפוך: האם מה שהתרגלנו לראות כחלקיק (לדוגמה, האלקטרון) הוא למעשה עצם בעל טבע גלי? כדי לבחון את השאלה הזאת, נערכו שוב ניסויי שני סדקים, אך הפעם עם אלומות אלקטרונים. הציפייה היתה שהתמונה תיראה כמו בציור 2, שהרי ברור היה שאלקטרונים הם חלקיקים. התוצאות היו מדהימות. התברר שהתמונה שהתקבלה דמתה דווקא לציור 3. עלה מכאן שגם אלקטרונים הם בעצם בעלי טבע גלי. אם כן, האלקטרונים מתנהגים כמו גלי אור, ובעצם נמחק לכאורה ההבדל בין חלקיק לגל.

אבל מול התוצאות הללו עמדה סדרה שלמה של עובדות שמצביעה על האלקטרונים כחלקיקים. נראה היה לכאורה שהאלקטרונים הם גם חלקיקים וגם גלים. לא היה ברור כיצד ייתכן שאלומת חלקיקים מתאבכת עם עצמה; התאבכות היא הלוא תכונה של גלים ולא של חלקיקים. חלקיק

---

[11] de Broglie, 1892-1987, בעבודת הדוקטורט שלו: *Recherches sur la théorie des quanta* (Researches on the quantum theory), Thesis, Paris, 1924, Ann. de Physique (10) **3**, 22 (1925).

נמצא במקום מסוים, ולא ייתכן צירוף של שני חלקיקים שונים באותו מקום כפי שדרוש כדי ליצור תמונת התאבכות.

בשלב כלשהו עלתה השערה שההתאבכות היא תוצאה של העובדה שמדובר באלומת אלקטרונים ולא באלקטרון בודד. כלומר, אלקטרונים שונים מפריעים זה לזה, ומהפגישה ביניהם נוצרת תמונת ההתאבכות. כיוון שפיזיקה היא מדע אמפירי, המבחן העליון בה הוא מבחן הניסוי. על כן, כדי לבדוק את ההצעה הזו, חזרו על ניסוי שני הסדקים כאשר אלומת האלקטרונים נורית מהמקור בקצב אִטי מאוד ודליל. במצב כזה, בכל פעם פוגע במסך אלקטרון אחד, ואין שם בסביבה שום אלקטרון נוסף בו-זמנית כך שלא יכולה היתה להיווצר התאבכות בין שני אלקטרונים. למרבה ההפתעה, התברר שהתמונה שהתקבלה היתה עדיין תמונה גלית (כמו ציור 3). המסקנה המדהימה היתה שהאלקטרון אינו חלקיק קטנטן שנמצא במקום מסוים (מין כדורון), כפי שחשבו עד לאותה עת, אלא הוא גל שמצוי בכל המרחב, בדיוק כמו האור (אנחנו כמובן עוד זוכרים את פרנל-הויגנס ואת יאנג).

אבל המצב מסובך עוד יותר. אם אכן האלקטרון מתאבך עם עצמו, פירוש הדבר הוא שהאלקטרון הבודד הוא בעצם גל שעובר דרך שני הסדקים גם יחד. כך, שני החלקים של הגל האלקטרוני (הגל של האלקטרון הבודד) מגיעים למסך ממקומות שונים ויוצרים תבנית של התאבכות (ציור 3). זה כבר נראה בלתי-נסבל. כיצד ייתכן שחלקיק אחד עובר דרך שני הסדקים בו-זמנית?

כדי לבחון את השאלה הזו, עלינו לבחון דרך איזה משני הסדקים עובר האלקטרון שלנו, או שמא הוא עובר דרך שניהם. אם כן, נחזור שוב למעבדה. ערכו שוב את הניסוי, אבל הפעם הציבו גלאי ליד אחד הסדקים (נכנה אותו סדק A). כאשר האלקטרון עובר דרך הסדק, הגלאי קולט אותו ומדווח לנו שהאלקטרון עבר דרך הסדק A. אם הגלאי לא הודיע כלום, אות הוא שהאלקטרון עבר דרך סדק B. בניסוי שני הסדקים בנוכחות הגלאי, התדהמה כבר היתה מוחלטת. הגלאי אכן הראה לנו באיזה סדק עבר האלקטרון, אלא

שבין אם הגלאי הראה שהחלקיק עבר בסדק A ובין אם הוא לא הגיב (ואז החלקיק עבר בסדק B) על המסך התקבלה התמונה החלקיקית, כלומר הגרף שבציור 2 למעלה. ברגע שמוצג גלאי ליד אחד הסדקים תופעת ההתאבכות של האלקטרון עם עצמו (ציור 3) נעלמת, בין אם התוצאה היתה שהחלקיק עבר דרך הגלאי ובין אם לא. מתברר שכאשר יש גלאי שבודק אותו, האלקטרון חוזר להתנהג כמו חלקיק בן תרבות (כמו כדור טניס קטנטן), אבל כשאף אחד לא מסתכל עליו הוא ממש מתפרע ומרשה לעצמו להתנהג כמו גל.[12] בשפה שהתפתחה לאחר מכן, עם היווצרות תורת הקוונטים, המסקנה היתה שהאלקטרון הוא חלקיק קוונטי.

משמעות הדברים

משמעות התוצאה הזאת היא שהאלקטרון עובר דרך שני הסדקים גם יחד. השאלה דרך איזה סדק עבר האלקטרון מקבלת מענה עמום. אבל העמימות אינה במידע שלנו אודות המציאות כיון שלא חסר לנו מידע אודותיה, אלא במציאות עצמה. עמימות במידע קיימת אם האלקטרון עבר דרך אחד הסדקים, אלא שאנחנו לא יודעים בוודאות דרך איזה מהם. אבל כאן משהו מהאלקטרון עובר דרך כל אחד משני הסדקים.

הדבר מזכיר מאד את מה שתואר למעלה לגבי קבוצות עמומות, שבמקום לדבר על השתייכות לקבוצה כמצב בינארי, אנחנו מדברים על זה כפרמטר רציף. כמו שיש רמות שונות (או עוצמות שונות) של השתייכות לקבוצה, יש רמות שונות של מעבר דרך סדק A או B. השאלה האם האלקטרון עבר דרך

---

[12] ההצעות הראשונות היו שהגלאי גורם משהו לאלומת האלקטרונים. אם כן, היינו מצפים שכאשר האלקטרון עובר בסדק B, שבו אין גלאי, התמונה תהיה גלית. אבל לא, מתברר שגם במקרה זה מתקבלת תמונה חלקיקית. התברר שכשיש גלאי, האלקטרון נבהל והופך לחלקיק, בין שהוא פוגש את הגלאי ובין שלאו.

סדק A מקבלת מענה לא בינארי. התשובות אינן רק כן או לא, אלא ישנו רצף שלם של עוצמות של תשובות אפשריות. זהו ממש המצב שתואר למעלה על ידי לוגיקה עמומה.

חשוב להבין שאם היה מדובר כאן בספק אפיסטמי, כלומר שהחלקיק עבר דרך סדק מסוים ורק אנחנו לא יודעים איזה משניהם, כי אז אין שום מקום לדבר על התאבכות בין מה שעבר בסדק A עם מה שעבר בסדק B. האפשרויות הללו קיימות רק אצלנו ולא במציאות עצמה. תופעת ההתאבכות של אלקטרון בודד היא אינדיקציה מובהקת לכך שמדובר בספק אונטי ולא אפיסטמי.

ייתכנו מצבים שבהם דרך שני הסדקים עברו עוצמות שונות מתוך החלקיק, ובמקרה כזה ההתאבכות על המסך תראה תמונה מורכבת יותר. כלומר התשובה לשאלה האם החלקיק עבר דרך סדק A יכולה להיות על הרצף שבין 0 ל-1. זוהי ממש עמימות שמטופלת בלוגיקה עמומה. אין טעם כאן לדבר על הסתברויות, שכן לשאלה דרך איזה סדק עבר האלקטרון אין תשובה ״נכונה״ שאינה ידועה לנו. אנחנו לא עוסקים כאן בהסתברויות שקובעות מה הסיכוי שהחלקיק עבר דרך סדק A, אלא בתשובות לשאלה כמה מהחלקיק עבר דרך סדק A.

אמנם גם בתורת הקוונטים מקובל להשתמש בהסתברות. פעמים רבות נשמע שההסתברות שהחלקיק עבר דרך סדק A היא כזו וכזו, וכך גם לגבי B. אבל כאמור זו לא השפה הנכונה לדבר על ניסוי שני הסדקים שתואר עד כאן. ההסתברות נכנסת לזירה רק כאשר לוקחים בחשבון תופעה קוונטית נוספת: קריסת פונקציית הגל.

קריסה קוונטית

תורת הקוונטים קובעת שאמנם החלקיק מתואר על ידי פונקציית גל שבאופן עקרוני יכולה להיות מפוזרת במרחב כולו, אבל אם נמדוד את מיקומו של

החלקיק (נשים גלאי), אזי מצבו "יקרוס" למצב בעל מיקום מוגדר (נציין שלא כל הפרשנויות לתורת הקוונטים מתארות זאת כך). תהליך המדידה משנה את אופיו של החלקיק שמתואר בפונקציית הגל שלו, מחלקיק עם מיקום עמום לחלקיק בעל מיקום חד. המדידה כביכול הופכת את החלקיק לחלקיק קלאסי, כלומר כדורון טניס קטן שיש לו מיקום מוגדר במרחב (כלומר שעובר דרך סדק מוגדר).[13]

עוד נעיר שה"קריסה" אינה תוצאה של האופי הקוונטי של החלקיק. יכול היה להיות מצב שהחלקיק הוא בעל אופי קוונטי, אבל המדידה לא משנה זאת. במצב כזה החלקיק אכן מתואר על ידי פונקציית גל שמתארת את העמימות במיקום או במהירות שלו, והתפתחותה בזמן ובמרחב נשלטת על ידי המכניקה הקוונטית, לדוגמה משוואת שרדינגר. אין בכך כדי לומר שהמדידה תשהנה זאת, כלומר שחייבת להיות תופעה של קריסה. זוהי תורת המדידה, שאינה חלק אינהרנטי של מכניקת הקוונטים עצמה. הערה זו היא חשובה, שכן בפרק הבא נראה שבהלכה העמימות הקוונטית נתפסת על ידי כמה מהראשונים כתופעה שמחייבת קריסה.

המשמעות ההסתברותית של פונקציית הגל

כאמור, כל עוד אין גלאי ליד אף אחד מהסדקים החלקיק מתנהג כמו גל. מצבו מתואר על ידי פונקציית גל, שערכה בנקודה מסויימת במרחב מבטא כמה מהחלקיק נמצא באותה נקודה. ההתאבכות מתקבלת בגלל שהחלקיק במצב כזה הוא סוג של גל.

---

[13] אמנם על פי עקרון אי הוודאות, המהירות של החלקיק במצבו החדש מרוחה ("עמומה"). ישנם זוגות של גדלים ("לא קומוטטיביים") שלא ניתנים לידיעה מלאה יחדיו. לדוגמא, אם נוצרת וודאות במיקום אזי אי הוודאות במהירות גדלה בהתאם, ולהיפך.

אבל פונקציית הגל לא מתארת רק כמה מהחלקיק נמצא בנקודה כלשהי במרחב. מתברר שכאשר מודדים את מיקומו של החלקיק (שמים גלאי) הוא הופך להיות חלקיק קלסי (כמו כדורון טניס). פונקציית הגל קורסת והופכת להיות ממוקמת בנקודה מוגדרת היטב (למשל בסדק A או B). במינוח המקובל אומרים שאי הוודאות במקומו של החלקיק נעלמת.

נציין שבמצב כזה המהירות של החלקיק הופכת להיות עמומה, כלומר לקבל ערכים שונים (כביכול חלקים שונים מתוך החלקיק נמצאים במהירויות שונות). אם היינו מודדים את מהירותו של החלקיק, כי אז המהירות היתה הופכת להיות חד ערכית והמיקום היה הופך עמום יותר. זוהי תוצאה של עקרון אי הוודאות בין מהירות (נכון יותר: תנע) ומיקום. החדות של האחד באה על חשבון העמימות של השני, ולהיפך.

נניח כעת ניסוי שני סדקים שנערך בחלקיק קוונטי, כלומר חלקיק שיש עמימות במיקום שלו. כעת מניחים גלאי ליד סדק A. המדידה גורמת לפונקציית הגל "לקרוס", כלומר החלקיק הופך להיות בעל מיקום מוגדר. מה יהיה מיקומו? האם הוא יעבור דרך סדק A או דרך סדק B? מיקומו של הגלאי לא קובע היכן נגלה את החלקיק. הוא רק קובע שאנחנו נגלה אותו באחד הסדקים (ולא בשניהם). הוא הופך אותו מחלקיק עם מיקום עמום לחלקיק עם מיקום חד (ומהירות עמומה), אבל לא קובע מה יהיה המיקום הזה.

אבל הפיזיקה כידוע מתעניינת בניבוי של תוצאות מדידה עתידיות. אז מה בכל זאת אנחנו יכולים לומר על המיקום שיתקבל במדידה? מתברר שאנחנו יכולים לומר משהו גם על מדידת המיקום של החלקיק במצב כזה. תורת הקוונטים קובעת שהסיכוי למצוא את החלקיק ליד סדק A, B, או כל מקום אחר במרחב, הוא כעוצמת פונקציית הגל באותו מקום. כלומר פונקציית הגל לא רק מתארת ברמה האונטית כמה מהחלקיק נמצא בכל סדק, אלא גם את הסיכוי למצוא אותו בסדק נתון אם נחליט למדוד את מיקומו.

חשוב להבין שמדידת מיקום של חלקיק תמיד נותנת תוצאה בינארית: או שהוא עבר בסדק A או שלא (כלומר שהוא עבר בסדק B). אבל הסיכוי לקבל את התוצאה שהוא עבר בסדק A נקבע על ידי עוצמת פונקציית הגל באותה נקודה במרחב.

אם כן, שאלת המדידה היא שאלה שיש לה תשובה עובדתית אחת בינארית, אלא שאנחנו לא יודעים מה היא תהיה. מכיון שזה ספק אפיסטמי, אזי כאן אנחנו כבר מדברים על הסתברות ולא על לוגיקה עמומה. אותה פונקציית גל שמתארת את העמימות האונטית במצבים בלי מדידה (ללא גלאי בסדקים), מקבלת משמעות הסתברותית בעת שהיא מתארת סיכויים לקבלת תוצאות במדידה (כשמציבים גלאי).

התופעה הזאת מחדדת את ההבדל בין לוגיקה עמומה לבין הסתברות, אבל גם מצביעה על כך שבתורת הקוונטים מתברר שאותה פונקציה משמשת בשני התפקידים הללו: כשהשאלה נובעת מחוסר ידע לגבי מציאות חדה, הפונקציה f(x) מבטאת הסתברות (מה הסיכוי שהחלקיק עבר במקום x). לעומת זאת, כאשר השאלה נובעת מעמימות (תשובה לא חדה) במציאות עצמה, אזי הפונקציה מבטאת סוג של לוגיקה עמומה. f(x) מתארת כמה מהחלקיק נמצא במקום x.

סיכום

המסקנה היא שהמצב הקוונטי של החלקיק אינו עניין הסתברותי אלא עמימות אונטית (לוגיקה עמומה). רק הסיכוי לפגוש את החלקיק במצב קלסי מסוים הוא עניין הסתברותי. בשפתו של זאדה (מהפרק הקודם) ניתן לומר שרמת השייכות של החלקיק לקבוצת החלקיקים שעברו דרך הסדק A היא ברמה P_A, ולקבוצת החלקיקים שעברו דרך סדק B היא ברמה P_B. זו לא הסתברות אלא עמימות אונטית (רמת השיוך לקבוצה, ולא מידת הוודאות שלנו על השתייכות לקבוצה). כאמור, בתחום האונטי אנחנו נדבר על טענות

כמו "החלקיק עבר בעוצמה P דרך סדק A", או "האיבר משתייך לקבוצה H ברמה P".

לעומת זאת במצבים של ספק אפיסטמי אנחנו נשתמש בטענות כמו "החלקיק עבר דרך סדק A", או "האיבר שייך לקבוצה H", ונצמיד להן ערך הסתברותי P_A. למרבה הבלבול, תורת הקוונטים קובעת שמדובר באותו ערך עצמו.

אם כן, מצאנו כאן שאלות שהטיפול הנכון בהן הוא על ידי לוגיקה עמומה, על אף שהמושגים שמופיעים בהן מוגדרים היטב. כשאנחנו שואלים האם חלקיק מסויים עבר דרך סדק A, המושגים לא עמומים (שלא כמו גבוה, קירח וכדומה). ובכל זאת התשובה לשאלה הזאת אינה בהכרח בינארית (כן או לא), אלא עמומה. במובן הזה, הפיזיקה מספקת לנו עמימות שלא נובעת ממושגים בעלי משמעות עמומה (כמו גבוה, קירח וכדומה) אלא עמימות שנובעת מאופיו של העולם.[14]

בשני הפרקים הבאים יידונו שתי סוגיות שמחדדות את ההבחנה בין עמימות אפיסטמית ואונטית בהלכה. שם ניתן לחדד הרבה יותר את ההבחנה בין שתי התופעות הללו. מה שנראה מוזר ולא מובן בהקשר הפיזיקלי, מקבל משמעות פשוטה ואינטואיטיבית בהקשר ההלכתי.

---

[14] יש לציין שישנו ענף בפרשנויות של מכניקת הקוונטים המתייחס לאי-ודאויות אפיסטמיים בניסויים אלה, המכונה Quantum Bayesianism או QBism.

פרק שלישי

עמימות אונטית בהלכה: קידושין שלא מסורים לביאה

מבוא

בפרקים הקודמים תיארנו שתי צורות התייחסות להסתברות, ודרך זה שני סוגי ספק: אונטי ואפיסטמי. ראינו שספק אונטי אינו באמת ספק אלא עמימות, ודרך ניסוי שני הסדקים עמדנו על ההשלכות הפיזיקליות של ההבחנה הזאת (שאלת ההתאבכות). בפרק זה נראה היבט הלכתי של אותה הבחנה. בהקשר ההלכתי ההבחנה הזאת מובנת מאליה, וכל המבוכות שמלוות את תורת הקוונטים לא קיימות כאן. נראה שנוח יותר להסביר את תורת הקוונטים דרך ההלכה מאשר את ההלכה דרך תורת הקוונטים.

קידושין שלא מסורים לביאה

בסוגיית הגמרא קידושין נא ע״א-ע״ב מובאת מחלוקת אביי ורבא:

איתמר: קידושין שאין מסורין לביאה - אביי אמר: הוו קידושין, רבא אמר: לא הוו קידושין. אמר רבא, בר אהינא אסברא לי: +דברים כד+ כי יקח איש אשה ובעלה - קידושין המסורין לביאה הוו קידושין, קידושין שאין מסורין לביאה לא הוו קידושין.

זוהי המחלוקת היסודית בסוגיא, והיא עוסקת בקידושין שלא יכולים להתממש בביאה. מדובר במצב בו ראובן נותן פרוטה לשמעון שיש לו שתי בנות, רחל ולאה, ומקדש באמצעותה אחת משתיהן. הוא לא מגדיר במי מבין השתיים הוא מעוניין. במצב זה נוצר ספק מי משתיהן מקודשת לו. אם לאה היא שמקודשת לו, אז רחל נאסרת עליו כאחות אישתו. ואם רחל היא המקודשת כי אז לאה היא אחות אישתו ונאסרה עליו. מכיון שיש כאן ספק,

אזי כל אחת משתיהן היא ספק אחות אישתו, ולכן הוא לא יוכל לקיים איתה יחסי אישות (כי זה ספק איסור תורה). אם כך, הקידושין הללו לא מסורים לביאה, כלומר לא יכולים להתממש.

רבא סובר שקידושין כאלה בטלים (כלומר אף אחת משתיהן לא מקודשת לו), ואביי סובר שהם חלים (כלומר נוצר מצב של ספק מי משתיהן מקודשת לו). ברור שגם אביי מסכים שאסור לו לקיים יחסי אישות עם אף אחת מהן, ולכן לדעתו ראובן צריך לתת גט לכל אחת מהן כדי לשחרר אותה מספק. לעומת זאת, רבא סובר שהן לא זקוקות לגט שכן לא חלו כאן אפילו ספק קידושין.

נציין שלהלכה נפסק בתלמוד עצמו כאביי, כלומר שקידושין כאלה הם תקפים, שכן זו אחת משש סוגיות יע״ל קג״ם שבהן הלכה כאביי נגד רבא (ראה קידושין נב ע״א ומקבילות).

לצורך ההמשך עלינו לציין שגם לשיטת אביי מדובר בקידושין שלא מסורים לביאה, אלא שלדעתו קידושין כאלה חלים. רואים זאת בהמשך הסוגיא, כאשר אביי עצמו קובע שאם אדם מתנה בפירוש שהוא לא רוצה קידושין שלא מסורים לביאה אז גם לדעת אביי קידושין של אחת משתי אחיות אינם קידושין. יתר על כן, הרשב״א בסוגיא מעלה אפשרות (כדי ליישב כמה קושיות), שגם אביי מודה לרבא במקרה אחר:

> ***ואפשר דאביי מודה בשאין מסורין לביאה כאשה ובתה כאחת שהאחת אוסרת ביאת השניה אלו חלו הקדושין, שאינן קדושין, וכמו שתירצו בתוס׳ לדעת רבא, וצל״ע.***

הוא מסביר שבמקרה שאדם יקדש שתי אחיות (או אם ובתה) כאחת, גם אביי מסכים שאלו לא קידושין, כלומר גם הוא מקבל עקרונית את דין קידושין שלא מסורים לביאה. אם כך, די ברור שגם אביי מקבל עקרונית את ההגדרה של הקידושין של אחת משתי אחיות כאינם מסורים לביאה, אלא שלדעתו קידושין כאלה הם קידושין. להלן נראה את משמעות הדברים.

הקושי הבסיסי: האם באמת יש כאן קידושין שלא מסורים לביאה?

כאמור, ההבנה המקובלת היא שכאשר אדם מקדש אחת משתי אחיות יש כאן ספק מי מהן מקודשת לו. על הצד שרחל היא המקודשת לו – לאה אסורה עליו ואינה מסורה לביאה. ועל הצד שלאה היא המקודשת לו – רחל אסורה עליו ואינה מסורה לביאה.

אבל במבט נוסף הדברים תמוהים, שהרי על הצד שהאמת היא שרחל היא המקודשת לו, אזי לאה אינה צריכה להיות ראויה לביאה. וכך גם לגבי רחל. בהנחה שרק אחת מקודשת לו – תמיד המקודשת לו ראויה לביאה. והשנייה שנאסרת עליו אינה צריכה להיות ראויה לביאה. העובדה שהוא לא יכול לממש את הקידושין לגבי אף אחת מהן אינה אלא תוצאה מקרית של דיני ספיקות.

נחדד יותר את הקושי הזה. כאשר אדם מקדש אישה שהיא ערווה לגביו (אמו או אחותו או אשת אדם אחר וכו׳), הקידושין לא תופסים (ראה סוגיית קידושין סז ע״ב). לעומת זאת, כאשר האישה אינה ערווה עליו אלא אסורה עליו בלאו רגיל (כמו כהן וגרושה) אנחנו פוסקים להלכה שהקידושין תופסים על אף האיסור.

והנה, בתוד״ה ׳קידושין׳, נא ע״א, מקשה:

> ***קידושין שאין מסורין לביאה רבא אמר לא הוו קידושין - פי׳ בקונטרס דכתיב ובעלה דבעינן ראויין לביאה וקשה דהא חייבי לאוין אינם ראוין לביאה ותפסי בהו קידושין.***

תוס׳ שואל מדוע בכהן שמקדש גרושה הקידושין תופסים, הרי הם לא ראויים לביאה. גם כאן יש איסור בביאה ובכל זאת הקידושין תופסים. נוכל להוסיף עוד קושי: מדוע אביי לא נחלק על קידושי ערווה שלא תופסים. גם שם מדובר בקידושין שלא מסורים לביאה, אבל לדעת אביי קידושין כאלה תופסים. אז מדוע בעריות אביי מודה לרבא שהקידושין לא תופסים?

תוס׳ שם עונה (וכך הוא גם ברשב״א שם):

לכך נראה לפרש קידושין שאין מסורין לביאה כלומר שאיסור הביאה ע"י קידושין והיינו היכא דקידש אחת משתי אחיות בסתם שמקודם הקידושין היתה כל אחת מהן מותרת ועכשיו ע"י הקידושין נאסרו שתיהן אבל חייבי לאוין איסור הביאה לא באה ע"י הקידושין שהרי מקודם לכן נאסרו בביאה כמו אחר הקידושין.

תוס' והרשב"א מסבירים שהבעייה אינה שהקידושין לא יכולים להתממש, אלא שיש כאן קידושין שבמקום להתיר ביאה הם אוסרים אותה. כלומר הבעייה היא במעשה הקידושין, שבאופן עקרוני צריך להתיר אישה לבעלה ולא לאסור. כאשר מעשה קידושין מחולל איסור במקום היתר הוא לא נחשב כמעשה קידושין.

ניתן לדמות זאת לדין כריתות בגירושין. ישנן כמה הלכות בגירושין שיסודן בתפיסה שמטרת הגט היא לנתק בין הבעל לאישה, ולכן אם ה גט לא מנתק את הקשר אלא משאיר זיקה כלשהי אין כאן גירושין. כך הדבר לגבי מי שמתנה את הגירושין בתנאי שכובל את האישה אל בעלה לעולם (כמו: על מנת שלא תלכי לבית אביך לעולם. ראה גיטין פג ע"ב ומקבילות),או אם הוא לא מתיר אותה לכל העולם (ראה גיטין שם), או שהגט ניתן ונותר חוט (משיחה) בידי הבעל)ראה גיטין עח) וכדומה. לפי תוס' והרשב"א גם בקידושין יש עיקרון דומה, שאם הם לא יוצרים חיבור אלא נתק, אלו לא קידושין.

אם נשוב לקושי שתואר למעלה, כעת נוכל להבין שלכאורה לא צריכה להיות כאן בעייה. כשאדם מקדש אחת משתי אחיות, מעשה הקידושין מתיר לו את אחת מהן, אלא שהוא אוסר עליו את אחותה. אבל זה נכון לכל קידושין בעולם, ולכן לא נכון לראות זאת כמעשה שבא לאסור ולא להתיר. נכון שבמקרה של מקדש אחת משתי אחיות בגלל מצב הספק נוצר איסור על שתיהן, אבל זה רק בגלל דיני ספיקות. באופן עקרוני, מעשה הקידושין כאן לא אוסר את האישה המתקדשת אלא את אחותה, ובזה הוא לא שונה מכל

מעשה קידושין אחר. אז למה הגמרא רואה בכך קידושין שלא מסורים לביאה?

למעלה ראינו שגם לדעת אביי אלו קידושין שלא מסורים לביאה, אלא שבניגוד לרבא הוא סובר שהם חלים. לפי דרכנו יתעורר בשיטת אביי אותו קושי כמו שראינו לגבי רבא. הרי הקידושין הללו כן מסורים לביאה. חוסר היכולת לבוא על אשתו הוא רק טכני בגלל דיני ספיקות, אז גם אם הוא התנה שהוא רוצה קידושין שמסורים לביאה התנאי התקיים. אם כן, כשמקדש שתי אחיות כאחת הקידושין היו צריכים לחול (כלומר שאחת מהן צריכה להיות מקודשת לו מספק). וגם כשהוא מתנה בפירוש שהוא רוצה קידושין שמסורים לביאה הקידושין של אחת משתי אחיות היו צריכים לחול. כלומר הקושי שהעלינו קיים כלפי אביי ורבא כאחד.

קושי נוסף לפי שיטת הרמב"ם

הכלל בהלכה הוא שבספק איסור תורה יש חובה להחמיר, ואילו בספק איסור דרבנן ניתן להקל. הראשונים חלוקים בשאלה האם החובה להחמיר בספקיות לגבי איסורי דאורייתא היא עצמה מדאורייתא או רק מדרבנן. האם רבנן הם שחייבו אותנו להחמיר בספק איסור תורה, או שהתורה עצמה מחייבת אותנו בזה.

הרמב"ם הוא אבי השיטה שהחובה הזאת היא רק מדרבנן. בהל' טומאת מת פ"ט הי"ב כותב:

> ***דבר ידוע שכל אלו הטומאות וכיוצא בהן שהן משום ספק הרי הן של דבריהן, ואין טמא מן התורה אלא מי שנטמא טומאת ודאי אבל כל הספיקות בין בטומאות בין במאכלו' אסורות בין בעריות ושבתות אין להם אלא מדברי סופרים [ואף על פי כן דבר שחייבין על זדונו כרת ספיקו אסור מן התורה, שהרי העושה אותו חייב אשם תלוי] כמו שביארנו בהלכות איסורי ביאה ובכמה מקומות.***

שיטת הרמב״ם היא שהחובה להחמיר בספק דאורייתא היא מדרבנן. נציין שהסוגריים המרובעות שנוספו בדבריו עומדות בסתירה למה שהוא עצמו כותב למעלה מהן (שם הוא מציין שהעיקרון הזה חל גם על שבת ועריות, אף שאלו הם איסורי כרת). ניתן להראות שמדובר בטעות כתוצאה מקושיא שגויה, ויש למחוק אותן.[15]

הראב״ד חולק על הרמב״ם, ולדעתו החובה הזאת היא מן התורה:

/השגת הראב״ד/ דבר ידוע שכל אלו הטומאות וכו׳. א״א זהו שיבוש גדול שהרי אמרו בכמה מקומות ספיקא דאורייתא לחומרא וספיקא דרבנן לקולא וזו ספיקא דאורייתא היא אבל היה לו לומר משום דהו״ל ספק ספיקא ואפילו בדאורייתא לקולא.

כעת ניתן לשאול כיצד יסביר הרמב״ם את דברי רבא בסוגייתנו? הרי גם אם יש כאן ספק אחות אשתו, מן התורה הוא יכול להקל ולבוא עליה. למעלה ראינו שגם באיסורי כרת (כמו אחות אישתו שהיא ערווה) החובה להחמיר לפי הרמב״ם היא רק מדרבנן. אם כן, מן התורה מדובר בקידושין שמסורים לביאה, ולא ברור מדוע אביי ורבא מסווגים אותם כקידושין שלא מסורים לביאה. איסור דרבנן לא אמור לשנות כאן, שהרי הדיון בסוגיא נערך במישור דאורייתא.

כדי ליישב את שני הקשיים עלינו לפנות לבחינת הספק שנוצר במקרה הזה. כפי שנראה, מדובר בספק מסוג שונה מהספק ההלכתי הרגיל, וזהו היסוד שפותר את שני הקשיים הללו (ועוד קשיים נוספים בסוגיא).

---

[15] ראה על כך בספרו של מ. אברהם, **רוח המשפט**, ובמאמר ב**מג״ל**, ׳מהו אשם?׳.

מבט אחר על ה'ספק' במקדש אחת משתי אחיות

ר"ש שקאפ, בספרו **שערי יושר**, שער ג פכ"ב, עומד על היבט ייחודי מאד בספק שנדון בסוגיא זו.[16] נעבור כעת על דבריו בקטע הרלוונטי ונבאר אותם:

עוד נלענ"ד דבקידש אחת מה' נשים וכן במחיר כלב שחל על אחד מהטלאים וכן בהקדיש פרוטה בתוך הכיס, יש בזה חקירה עמוקה באיזה אופן ענין חלות הדין על אחת מהן.

הוא ממקד את הדיון בשלושה מקרים, ונסביר אותם מעט יותר. מקדש אחת מחמש נשים, הכוונה למקרה כעין זה שתיארנו למעלה. אדם מקדש אישה אחת מתוך קבוצה של נשים, בלי להגדיר איזו אישה הוא מקדש. השאלה על מי חלים הקידושין. המקרה של מקדיש פרוטה בכיס עוסק באדם שיש לו כמה פרוטות בארנק (=כיס) והוא מקדיש לבית המקדש את אחת מהן בלי להגדיר איזו. השאלה על מי חלה חלות ההקדש. המקרה של מחיר כלב הוא מצב שאדם קונה כלב ומשלם תמורתו בטלה, הטלה נאסר להקרבה (זהו דין מחיר כלב. ראה תמורה ל ע"א). מה קורה אם הוא מבטיח את אחד מחמישה טלאים עבור הכלב (הגמרא שם עוסקת בחלוקת שותפות, אבל העיקרון דומה)? גם כאן עולה השאלה על מי מהטלאים חל דין מחיר כלב.

על כך אומר הגרש"ש כך:

דהנה במקדש אשה אחת מה' נשים, שלא ברר המקדש והמתקדש מי מהן תהי' מיוחדת לקידושין איך אפשר לומר דבמציאות האמתית נתיחדה אשה מיוחדת לקידושין, מאיזה טעם וסבה ייחדו מן השמים אשה מיוחדת שתהא היא המקודשת והמיוחדת יותר משאר הנשים אלא נראה דיותר מסתבר לומר דכל כה"ג גם במציאות האמתית לא נתיחדה אשה מיוחדת לקידושין ובכה"ג לא

---

[16] ראה על כך בספר הרביעי בסדרה שלנו, פרק 23.

שייך לומר אם יבא אליהו, והא דאמרינן דכל חדא אסורה מחמת ספק אינו כשאר ספיקות דעלמא, דתורת הספק הוא שמא זה הוא הודאי במציאות, וכאן הענין הוא דכל חלות הדין הוא מפני סבה הגורמת לזה, וסבת דין חלות הקידושין הוא המעשה של קידושין נתינת הכסף והאמירה וכיון שנתן הכסף ואמר אחת מה׳ נשים אלו תתקדש לי, שעי״ז ראוי להיות שאחת מהן תהי׳ בדין אשת איש, מחמת זה כל אחת אסורה מחמת המעשה, ולא משום דאנו מסופקים עלי׳ שהיא המקודשת יותר משאר הנשים הארבע הנותרות.

עד כאן הוא מבחין בין ספק רגיל, שהוא אפיסטמי, לבין עמימות (ולא ספק) אונטית. ספק רגיל מתעורר כאשר אדם קידש אישה מסוימת ולאחר מכן שכח מיהי. במקרה כזה ישנה אמת אחת, ובשמים היא ידועה. אם יבוא אליהו הוא יוכל לומר לנו מי מבין הנשים היא המקודשת. הספק הוא רק בגלל היעדר מידע אצלנו. זהו ספק אפיסטמי שכן המידע שלנו על המציאות לא שלם. אבל במקדש אחת מחמש נשים המידע שלנו על המציאות הוא מלא. אלא שהמציאות (ההלכתית) עצמה היא עמומה. אין אישה אחת שהיא באמת מקודשת, ולכן לא יכול אפילו אליהו הנביא (ואפילו הקב״ה עצמו) לומר לנו מיהי האישה המקודשת. זה אינו מצב של ספק אלא מצב של מציאות עמומה, או ספק אונטי.

כעת ר״ש שקאפ מרחיב זאת למקרים אחרים:

וכן בכל כה״ג כמו בספק של מחיר כלב וכן בשני בכורים שיצאו שני ראשיהם כאחד דקיי״ל דכ״א מהם הוא ספק בכור׳ מחמת דרק אחד ראוי להתקדש בבכורה[17] כל כה״ג אין תורת הספק שמא הוא הודאי דבכה״ג ליכא ודאי גם במציאות האמתית, אלא דלהנהגת

---

[17] ראה על כך בסוגיית בכורות ט ע״א.

המעשה עלינו להתנהג בזה עם כ״א כדין ספק מחמת הסבה הגורמת הדין שיהי׳ אחד מהם ואינו מבורר מי הוא האחד וכולם ראוים להיות האחד משו״ה הדין בזה כדין ספק, דגם קמי שמיא לא גליא שאחד ודאי איסור והשאר ודאי היתר דבמציאות האמתית ג״כ כולם שווים המה ואין הבדל בין זה לזה.

עד כאן הוא הסביר שבכל המקרים הללו ההתייחסות שלנו היא כאילו היה כאן ספק, שכן אחת משתי הנשים היא מקודשת או אחד משני הבכורות הוא קדוש. אבל זה לא באמת ספק אלא עמימות במציאות.

כעת הוא עובר להסביר היכן יופיעו הבדלים בין שני סוגי הספיקות הללו (או בין ספק לעמימות):

ולפי״ז בכה״ג לא שייך לומר דין ביטול ברוב, דרק היכא שהמיעוט חלוק מן הרוב אמרה תורה אחרי רבים להטות. אבל בכה״ג דכולם שווים המה גם במציאות האמתית אין כאן מיעוט ורוב דכולם נאסרים מחמת הסבה הגורמת שאחד ראוי להאסר ואינו מבורר מי הוא האחד דהי מינייהו מפקת והי מינייהו עיילת.

ההשלכה הראשונה אותה הוא מביא היא לעניין ביטול ברוב. הכלל בהלכה הוא שאם יש אוסף של כמה אובייקטים, שלרוב יש מאפיין אחד (למשל סיר ובו בשר בקר שמותר באכילה) ולמיעוט מאפיין אחר (למשל באותו סיר יש גם מעט בשר חזיר שאסור באכילה), אזי המיעוט בטל ברוב. התערובת כולה נחשבת כאילו כולה בעלת המאפיין של הרוב (ובדוגמה שלנו מותר לאכול את כל הבשר שבסיר).

ר״ש שקאפ מסביר שתהליך הביטול ההלכתי מבוסס על קיומן של שתי תת קבוצות באוסף, שהאחת דומיננטית מחבירתה ולכן היא גוברת עליה וגורמת לה ״להיעלם״ הלכתית. אבל במקרה של ספק אונטי (עמימות במציאות), כמו במקרה של מקדש אחת מחמש נשים, הרי לכל הנשים יש אותו סטטוס (כל אחת היא 1/5 מקודשת). אם כן, אין בין הנשים הללו שתי תת קבוצות של נשים בעלות מאפיינים שונים. כאן החלוקה אינה בין האובייקטים אלא

חלוקה להיבטים בכל אובייקט ואובייקט.[18] במקרה כזה אין דין ביטול ברוב, שכן אין כאן רוב ומיעוט. כך גם לגבי מטבע קדושה בארנק שבו כמה מטבעות, או בכור בתוך אוסף של כמה בהמות וכדומה.

כעת מוסיף ר״ש שקאפ עוד קושיא:

והא דאמרינן בגמ׳ יבמות דף מ״א ע״ב בספיקות של קידש אחת משתי אחיות דלהכי חשוב כעולה ליבום משום דאם יבוא אליהו ויאמר דהא קדש בת חליצה ויבום היא.

לכאורה בסוגיית יבמות מא ע״ב מופיעה סתירה לדבריו, שכן שם מדובר על מקדש אחת משתי אחיות והמצב נקבע להיות כמצב של ספק. אם יבוא אליהו ויאמר שהאחות המקודשת היא לאה אז ניתן לבוא עליה והיא בת ייבום. במקום שבו אליהו יכול לבוא ולקבוע דבר כזה הוא ספק אפיסטמי ולא עמימות במציאות, ולכאורה זה סותר את טענתו כאן.

על כך הוא מסביר:

אין סתירה לדברינו דהתם מיירי בספיקות שהוכרו ואח״כ נתערבו דבקידש אחת משתי אחיות סתם לא מקשה הש״ס שם כמו דמוכח שם ברש״י ותוס׳ דרק בספיקות דאפשר לברר פריך שם דימתין עד שיתברר, יעו״ש.

הוא מסביר ששם מדובר במצב של ספק ולא בעמימות. המקרה שם הוא של אדם שקידש אחת ספציפית משתי אחיות, אלא שכעת הוא שכח מי מהן. מקרה כזה הוא כמובן מקרה של ספק רגיל, ולכן כאן באמת יכול לבוא אליהו ולומר מי משתיהן מקודשת. זהו מצב של ספק ולא של עמימות.

---

[18] יש מהמפרשים שרואים את מושג השותפות בצורה כזאת. לדוגמה, אם יש קרקע בבעלות של שני שותפים, לא אומרים שלכל אחד מהם יש חלק אחר בקרקע (אם כי אי אפשר להצביע על חלק קונקרטי), אלא שלכל אחד מהם יש חלק בכל גרגיר בקרקע. ההבדל הוא שאצלנו הערבוב אינו בין שתי בעלויות אלא בין שתי זוויות הלכתיות. כל אחת מהנשים אינה אשה חלקית של שני בעלים, אלא ״תערובת״ של סטטוסים הלכתיים, שכן היא נשואה ופנויה ביחס לאותו אדם. ראה על כך בספר הרביעי, בפרק העשירי.

בחזרה לקשיים בסוגיית קידושין שלא מסורים לביאה

למעלה הצגנו שני קשיים בסוגיית קידושין שלא מסורים לביאה. הראשון שבהם היה מדוע מצב בו אדם מקדש אחת לא מוגדרת מבין שתי אחיות הוא מצב של קידושין שלא מסורים לביאה. הרי יש רק אחת מקודשת, והקידושין שהוא עשה התירו אותה אליו. האיסור הוא תוצאה של הספק ולא של מעשה הקידושין.

ההנחה בניסוח הקושיא הזו היתה שמדובר בספק רגיל. אם אכן הוא היה מקדש אחת ספציפית משתי אחיות, או אז באמת גם אם הוא היה שוכח והיה לו ספק מי מהן מקודשת, ולכן שתיהן היו אסורות עליו (כי ספק דאורייתא לחומרא), אלו לא היו קידושין שלא מסורים לביאה. שם באמת ניתן היה לומר שאם יבוא אליהו הוא יכול לומר לו מי משתיהן מקודשת. במצב כזה, פעולת הקידושין לא אסרה אף אחת משתיהן אלא התירה אחת (אלא שכעת איננו יודעים את מי). לכן הקידושין חלים ומספק הוא צריך לתת גט לשתיהן. אבל במקרה של עמימות במציאות (מקדש אחת לא מוגדרת מבין שתי אחיות), הסברנו שהתוצאה היא ששתיהן מקודשות קידושין קלושים. זה לא ספק שאחת מקודשת ואחת לא. כל אחת משתיהן היא באותו סטטוס (קידושין עמומים, ובהשאלה "ספק" קידושין). במצב כזה מעשה הקידושין עצמו יצר את האיסור, שהרי פעולת הקידושין היא עצמה יצרה מצב שבו האישה שקודשה לו אסורה עליו. כך גם כותב ר"ש שקאפ בקטע שלמעלה:

> ***... וסבת דין חלות הקידושין הוא המעשה של קידושין נתינת הכסף והאמירה וכיון שנתן הכסף ואמר אחת מה' נשים אלו תתקדש לי, שעי"ז ראוי להיות שאחת מהן תהי' בדין אשת איש, מחמת זה כל אחת אסורה מחמת המעשה, ולא משום דאנו מסופקים עלי' שהיא המקודשת יותר משאר הנשים הארבע הנותרות.***

אם כן, מעשה הקידושין הוא זה שיוצר את האיסור ולא רק את ההיתר, ולכן לפי ההגדרה שראינו בתוס' למעלה אלו קידושין שלא מסורים לביאה. כך התיישב הקושי הראשון. לעומת זאת, בספק אפיסטמי האיסור שנוצר לבוא

עליהן אינו מחמת המעשה אלא מחמת מצב הספק שנוצר בעקבותיו, ולכן שם אלו קידושין שמסורים לביאה. סוף סוף, במצב כזה מעשה הקידושין התיר את המקודשת ואסר רק את אחותה, כמו כל מעשה קידושין רגיל. האיסור שנוצר על המקודשת אינו מחמת המעשה אלא מחמת הספק.

הקושי השני היה לשיטת הרמב״ם. ראינו שלפי הרמב״ם מעיקר דין תורה בספק דאורייתא ניתן להקל, והקשינו שלשיטתו יוצא שאדם שקידש שתי נשים בעצם מעיקר הדין מותר לבוא על כל אחת משתיהן (שהרי כל אחת אסורה עליו רק מספק שמא היא אחות אישתו). לפי הרמב״ם האיסור הוא רק חומרא דרבנן. אם כן, לא ברור מדוע הסוגיא מתייחסת למצב כזה כקידושין שלא מסורים לביאה.

הפתרון לקושי זה הוא אותו פתרון. אם היה מדובר בספק אפיסטמי, כלומר שאחת משתיהם מקודשת לו והוא שכח מי, אז באמת מותר היה לו לקים יחסי אישות עם כל אחת מהן, שהרי זהו ספק איסור. אבל המקרה שלנו אינו ספק אלא עמימות אונטית. כאן שתי הנשים הן וודאי נשותיו של המקדש (בקידושין קלושים), וכל אחת מהן אסורה עליו בוודאי, אלא שבאיסור קלוש (היא קצת אחות אישתו). במצב כזה גם הרמב״ם מסכים שמעיקר הדין יש חובה להחמיר. ההסבר לזה הוא פשוט. הסיבה לכך שאפשר להקל בספק איסור היא שאין וודאות שאם נעשה זאת נעבור איסור. לכן מן התורה אין חובה לחשוש שמא המעשה הוא בכל זאת אסור. אבל במקרה של עמימות אונטית אין ספק שהוא יעבור איסור (אבל איסור קלוש), ולכן כאן אין סיבה להקל.

כעת נוכל להוסיף מדוע לפי הרשב״א אביי גם הוא מודה במקרה שאדם מקדש שתי אחיות יחד. ראינו שהרשב״א כותב שבמקרה כזה גם אביי יודה שמדובר בקידושין שלא מסורים לביאה ויסבור שהם לא חלים. לפי דרכנו הדבר מובן היטב. אביי חולק על רבא, שכן לדעתו מעשה קידושין על אישה אחת לא מוגדרת הוא מעשה שמתיר אותה למקדש. האיסור נולד רק בגלל הספק שנוצר כאן ולא בגלל מעשה הקידושין (בנקודה זאת רבא חולק עליו,

כפי שהסברנו, שכן לדעתו מעשה הקידושין הוא שיוצר גם את האיסור). אבל במקרה שאדם מקדש את שתי האחיות, גם אביי יסכים שמדובר במעשה שהוא עצמו גורם לאיסור שלהן על המקדש. הרי המעשה הזה עצמו מחיל קידושין על כל אחת מהן ובו בזמן הופך אותה לאחות אישתו, ולכן אלו קידושין שלא מסורים לביאה. כאן אין צורך להגיע להגדרות קוונטיות כמו במקרה הקודם.

כאשר אדם מקדש אחת משתי אחיות רבא טוען שזהו ספק קוונטי וכל אחת מהן מקודשת קידושין קלושים. אביי חולק עליו בזה, ולדעתו יש לראות זאת כספק רגיל (שבו האיסור לא נוצר מחמת מעשה הקידושין אלא מחמת הספק). אבל כשהאדם מקדש את שתי האחיות אז ודאי נוצר כאן ספק קוונטי, שכן במקרה כזה ברור שחלות הקידושין והאיסור גם יחד חלות על כל אחת משתיהן, ולכל הדעות זה קורה מחמת מעשה הקידושין עצמו. לכן כאן גם אביי מסכים שהקידושין לא חלים.

השוואה לתורת הקוונטים

המצב שתואר כאן דומה מאד למה שראינו ביחס לתורת הקוונטים. גם שם אנחנו פוגשים מצבים שדומים לספק אבל בעצם הם עמימות אונטית. בניסוי שני הסדקים החלקיק עובר חלקית דרך שניהם. וזה לא מצב שבו הוא עבר דרך אחד מהם ורק לנו לא ידוע דרך איזה מהם (ספק אפיסטמי). כמו ששם העמימות לא נובעת ממושגים עמומים אלא מהמציאות, כך גם כאן המושגים אינם עמומים (קידושין וכל אישה הם מושגים חדים כשלעצמם), ובכל זאת התשובה היא עמומה.

שם ראינו שההשלכה לכך שמדובר בעמימות אונטית ולא בספק היא תופעת ההתאבכות. אצלנו ראינו השלכות לגבי דיני ספיקות או לגבי דיני ביטול. כאמור, הגמרא (וכמובן בעקבותיה גם הראשונים, כמו הרמב״ם ואחרים) מודעת היטב להבחנה המודרנית הזאת, ואף גוזרת מסקנות מעשיות מההבחנה הזאת.

ישנו עוד הבדל בין ההקשר ההלכתי להקשר הפיזיקלי. בהקשר הפיזיקלי מאד קשה להבין כיצד חלקיק עובר דרך שני הסדקים בו-זמנית. חלקיק אמור להימצא במקום אחד בלבד. מצב של ספק הוא מובן, אבל מצב העמימות טעון הסבר, והוא לגמרי לא אינטואיטיבי. זו כל המבוכה סביב תורת הקוונטים. מה הפירוש המציאותי לכך שהחלקיק ״קצת עובר״ דרך סדק כלשהו? או שהוא עובר או שלא. לעומת זאת, בהקשר המשפטי-הלכתי המצב הוא שונה. כאן אין מניעה עקרונית לומר שאישה היא מקודשת ולא מקודשת בו זמנית, או שהיא מקודשת קידושין קלושים. זהו מצב משפטי ולא פיזיקלי. כל אדם סביר שיחשוב על מקרה שבו ראובן מקדש אחת מרחל או לאה בלי להגדיר מי יגיע למסקנה שמדובר כאן בעמימות ולא בספק אפיסטמי.[19] כאן ברור לכל אחד שהקידושין עצמם לא מוגדרים, ושאין כאן רק חוסר מידע אצל האדם.

החילוק בין אונטולוגיה לאפיסטמולוגיה מופיע כבר בתלמוד עצמו

הגמרא בקידושין נא ע״ב כשהיא דנה בקידושין שלא מסורים לביאה, מביאה סדרה שלימה של קושיות שנדחות כולן באותה צורה על ידי ההבחנה הזאת. בצורה הבהירה ביותר הדברים מופיעים בסוגיית יבמות כג ע״ב. המשנה שם מביאה שני דינים:

מי שקידש אחת משתי אחיות, ואין יודע אי זה מהן קידש - נותן גט לזו וגט לזו...

שנים שקדשו שתי אחיות, זה אינו יודע אי זו קידש, וזה אינו יודע איזו קידש - זה נותן שני גיטין וזה נותן שני גיטין...

ובגמרא שם מקשים מהמשנה הזאת על שיטת רבא:

---

[19] אנו עובדים לעת עתה תחת ההנחה שהמציאות ההלכתית-משפטית יכולה להיות במצב בלתי-מוחלט.

גמ׳. שמע מינה: קדושין שאין מסורין לביאה הוו קדושין!

כאן רואים שאם מקדש אחת משתי אחיות הקידושין תופסים (צריך לתת שני גיטין), וזה לכאורה נגד רבא.

על כך עונה הגמרא:

הכא במאי עסקינן - כשהוכרו ולבסוף נתערבו. דיקא נמי, דקתני ואינו יודע ולא קתני ואינו ידוע, ש״מ.

הגמרא עושה באופן מפורש חילוק בין מקדש אחת משתי נשים בלי להגדיר מי מהן, לבין מצב שקידש אחת מסויימת ואחר כך התערבבה. הראשון הוא ספק אונטי, ולגביו נחלקו אביי ורבא, והשני הוא ספק אפיסטמי שלכל הדעות אינו נחשב קידושין שלא מסורים לביאה. הטעם לכך הוא הסברנו למעלה, שבספק אפיסטמי יש אישה אחת מקודשת, ולכן הקידושין לא אסרו אותה עליו. האיסור נוצר בגלל הספק שלו, וזה לא קידושין שלא מסורים לביאה. ולכן הגמרא מדייקת מלשון המשנה שכתבה ״ואינו יודע״ (ספק אפיסטמי) ולא ״ואינו ידוע״ (עמימות אונטית).

בהמשך הגמרא מקשים באופן דומה על הסיפא, ועונים באותה צורה:

שנים שקדשו שתי אחיות וכו׳. שמע מינה: קדושין שאין מסורין לביאה הוו קדושין! הכא נמי, כשהוכרו ולבסוף נתערבו. דיקא נמי, דקתני ואין יודע ולא קתני ואין ידוע, ש״מ.

שוב הגמרא מסבירה שכאן מדובר שהוא קידש אישה אחת מסויימת, אלא שלאחר מכן שכח מי משתי האחיות זו היתה, ואלו קידושין שמסורים לביאה. רואים מכאן שהגמרא עצמה מודעת היטב להבדל שיש בין שני סוגי הספק הללו, ומודעת היטב למשמעות של ספק קוונטי מול ספק אפיסטמי, וזאת לפני למעלה מאלף וחמש מאות שנה. ר״ש שקאפ רק מחדד דברים שמופיעים כבר בגמרא עצמה (אמנם ראה להלן בהמשך הפרק תפיסות אחרות בהבנת הגמרא).

בשולי דברינו נביא את דברי הריטב״א בחידושיו שם, שמקשה:

הב"ע כשהוברו ולבסוף נתערבו דיקא נמי דקתני ואינו יודע ולא קתני ואינו ידוע. וא"ת אכתי הוי תיובתיה דאביי דאמר קדושין שאין מסורים לביאה הוו קדושין.

הוא אומר שאם אכן מדוייק מלשון המשנה שמדובר בהוברו לבסוף נתערבו, אז הקידושין הללו הם בעצם ספק אפיסטמי (רגיל). אם כן, במצב של עמימות אונטית הדין היה צריך להיות שאלו לא קידושין, אם כן, במקום על רבא כעת קשה ממשנתנו על אביי שסובר שקידושין שלא מסורים לביאה הוו קידושין.
ועל כך הוא עונה:

י"ל דהכא הכי קאמר דיקא נמי (דקתני) דלא מיירי שלא הוברו מתחלתן מדלא קתני אינו ידוע אבל אינו יודע משמע הכי ומשמע הכי, ודכוותה אמרי' בפ"ק דדייק נמי דקתני שנמצאו ולא קתני שהיו ולא קם אליבא דהלכתא, נמצאו שני לשונות משמע או דנמצאו מעיקרא או שנמצאו בסוף אבל שהיו לא משמע אלא שהיו מעיקרא.

הוא מסביר שלפי אביי ניתן לקרוא את המשנה שהיא מדברת גם על ספק אונטי, כלומר ההוכחה הלשונית אינה מכריעה.

האם יש קריסה בהלכה?

בשולי דברינו נעיר שעל פניו נראה שמושג הקריסה שפגשנו בהקשר הקוונטי לא מופיע בהקשר ההלכתי הזה. אין מכניזם שבו מתברר פתאום שהאישה המקודשת היא רחל או לאה. העמימות האונטית במקדש אחת משתי אחיות נותרת איתנו לעד. לכן כאן הלוגיקה העמומה לא באה לידי ביטוי במונחי הסתברות, שלא כמו שראינו לגבי פונקציית הגל הקוונטית. "פונקציית הגל" ההלכתית מתארת איזו עוצמת קידושין יש על כל אחת מהנשים, והיא מתפרשת כלוגיקה עמומה. אבל אין לה משמעות הסתברותית בהקשר ההלכתי הזה, שכן אין תהליך של "קריסה" שהופך את המצב לקלסי (כלומר לחד במישור האונטי).

אמנם בספר הרביעי עמדנו על מצבים שבהם מופיעה גם קריסה קוונטית בהלכה: מצבי ברירה. כאשר אדם קובע מראש שלוג היין האחרון שיישאר בחבית אחרי שהוא ישתה את כל השאר תהיה תרומה על שאר היין. אזי במצב ששורר במהלך השתייה יש מהראשונים שתופסים שיש חלות תרומה קוונטית על כל אחד מהלוגים (כי טרם התברר איזה לוג הוא התרומה האמיתית). אבל לאחר שהוא שותה את החבית ונותר לוג יין, אז מתברר שזהו לוג התרומה האמיתי. זהו ממש מכניזם של קריסה קוונטית, שמצב עמום (קוונטי) הופך להיות חד (קלסי). השארת לוג יין מסויים מקבילה למדידה בפיזיקה.

ראינו גם מצב דומה בדיני תנאים. אדם מגרש את אשתו ומתנה זאת בכך שיירד גשם מחר. ר״ש שקאפ מבין שבמהלך הזמן עד מחר המצב הוא עמום, כלומר האישה מגורשת ולא מגורשת בו-זמנית. ירידת או אי ירידת הגשם גורמת לקריסה של פונקציית הגל לאחד מהמצבים הבינאריים (הקלסיים): אשת איש או גרושה.[20]

אם כן, גם למכניזם של הקריסה ניתן למצוא אנלוגיה הלכתית. אבל במקרה של מקדש אחת מכמה נשים נראה שהוא לא מופיע. כאן מופיעה רק העמימות הקוונטית בלי המשמעות ההסתברותית שלה. הדבר אינו צריך להפתיע אותנו, שכן כפי שהסברנו בפרק הקודם תופעת הקריסה אינה תוצאה של מכניקת הקוונטים של האופי הקוונטי של החלקיקים (העמימות האונטית שלהם). זוהי תורת המדידה שמלווה את מכניקת הקוונטים, אך בהחלט לא נובעת ממנה. תורת הקוונטים מוצאת שהתופעה הזו קיימת, אבל על פי

---

[20] באופן תיאורטי ניתן לדבר על הסתברויות לכך שלוג ספציפי של יין הוא שיישאר בסוף. אם במקרה יש לוג שיש לו יותר סיכוי להישאר בסוף, אולי משקל התרומה שלו במצב העמום יהיה גבוה יותר לפי מספר הלוגים המשתנה בחבית. בדרך כלל ההתפלגות היא אחידה בין הלוגים, הן במשמעות העמומה והן במשמעות ההסתברותית.

הפרשנויות המקובלות היא בהחלט לא נגזרת ממכניקת הקוונטים, אלא בלתי תלויה בה.

אך למרבה ההפתעה מתברר, כפי שנראה כעת, שכמה ראשונים ואחרונים בסוגיית קידושין שלא מסורים לביאה בכל זאת טוענים שיש כאן גם תופעה שדומה מאד ל"קריסה" הקוונטית. כלומר העמימות האונטית מובילה גם בהלכה לקריסה שיוצרת מצבים של ספק אפיסטמי, בדיוק כמו בתורת הקוונטים. הדבר המפתיע הוא שבפיזיקה הקוונטית הדבר יוצא ממדידות והפרשנות שלהם, ולכן הפיזיקאים השתכנעו שאכן שתי התופעות קיימות. לעומת זאת, בהלכה אנו מבינים שיש עמימות אונטית, אבל ההחלטה של כמה מהמפרשים שמתוך כך חייבת להיגזר גם תופעת קריסה היא מאד מפתיעה. כאן אין אילוץ של מדידה שמחייב אותם לכך. הם מסיקים מסברא אפריורית שבכל מצב של עמימות אונטית חייבת להופיע גם קריסה. אם אכן יש קשר בין שתי התופעות הללו אזי ייתכן שגם בפיזיקה הקוונטית אלו לא שתי תופעות בלתי תלויות כפי שסבורים רבים. ואכן יש פרשנויות בתורת הקוונטים לפיהן מדובר בשתי פנים של תופעה אחת (לדוגמא בפרשנות המכונה "תורת הקוונטים הקונסיסטנטית" ועוד[21]).

כדי להבין את תופעת הקריסה הקוונטית בהלכה עלינו להיכנס מעט לסוגיית "ברירה".

דין "ברירה"

בהמשך הפרק נעסוק בדברי הראשונים כאן שקושרים את סוגיית קידושין שלא מסורים לביאה לדין "ברירה". את דין "ברירה" הכרנו בספר הרביעי (שם מוקדש לו כל החלק הרביעי של הספר). לטובת הקוראים שלא מכירים,

---

[21] ראו Monton, B. (2004). The problem of ontology for spontaneous collapse theories. *Studies in History and Philosophy of Modern Physics*, 35, 407–421.

נזכיר את הדין הזה כאן בקצרה. דוגמה שמופיעה בסוגיית גיטין כה ע״א עוסקת באדם שגירש אחת משתי נשותיו:

> ***בעא מיניה רב הושעיא מרב יהודה: אמר ללבלר כתוב לאיזו שתצא בפתח תחילה, מהו? אמר ליה, תניתוה: יתר מיכן, אמר ללבלר כתוב לאיזו שארצה אגרש - פסול לגרש בו, אלמא אין ברירה.***

אותו אדם מגרש את אותה אישה שתצא ראשונה מפתח הבית. אם אנחנו סוברים ״יש ברירה״, אזי אותה שתצא ראשונה בפתח היא מגורשת למפרע מעת שניתן הגט. ולשיטה ש״אין ברירה״ אזי אף אחת משתיהם לא מגורשת. בהמשך העמוד בסוגיא שם מובאת דוגמה נוספת שמופיעה לא מעט בסוגיות הש״ס השונות, ומקוררה במשנה דמאי פ״ז מ״ד. הנוסח בסוגיית עירובין לו ע״ב – לז ע״א הוא הבא:

> ***דהא שמעינן ליה לרבי יהודה דלית ליה ברירה. דתנן: הלוקח יין מבין הכותים אומר: שני לוגין שאני עתיד להפריש הרי הן תרומה, עשרה מעשר ראשון, תשעה מעשר שני - ומיחל ושותה מיד, דברי רבי מאיר. רבי יהודה ורבי יוסי ורבי שמעון אוסרין.***

אדם קונה חבית יין טבל, כלומר יין שלא הופרשו ממנו תרומות ומעשרות. כדי להתירו לשתייה עליו להפריש ממנו תרומות ומעשרות. אותו אדם אומר את הנוסח הבא: שני הלוגין האחרונים שיישארו בחבית כשאגמור לשתות את כל השאר, הם יהיו תרומה על השאר. האם מותר לו לשתות את היין מהחבית, בהנחה שכבר הופרשה תרומה? גם דין זה נתלה בגמרא במחלוקת לגבי דין ״ברירה״. ר״מ סובר שהוא יכול לשתות מיד כי הוא סובר ״יש ברירה״, כלומר שני הלוגין שיישארו בסוף נחשבים למפרע (כבר כעת) כתרומה, ואז שאר היין מותר בשתייה. ר״י ור״ש, לעומתו, אוסרים לשתות את היין, שכן לדעתם ״אין ברירה״. בדיוק כמו שראינו למעלה בדוגמת הגירושין.

לצורך ההמשך נוסיף שבסוגיית עירובין לז ע״ב – לח ע״א יש דיון נוסף על המשנה הזאת:

רבא אמר: שאני התם, דבעינן ראשית ששיריה ניכרין.

כלומר התנאים שאוסרים לשתות את היין זה מפני שבהפרשת תרומה נדרש שהתרומה תהיה ניכרת לאדם המפריש (לא מספיקה הפרשת תרומה על שני לוגים שיתבררו בעתיד). כלומר זהו דין מיוחד בהפרשת תרומה, אבל מבחינת דין ברירה הכללי, לפי רבא ייתכן שאין כלל מחלוקת לגבי דין ברירה. כל התנאים בברייתא מסכימים שיש ברירה, והמחלוקת היא רק בשאלה האם בהפרשת תרומה צריך שיהיו שיירים ניכרים או לא.

לאחר מכן מובאת בגמרא אפשרות הסבר אחרת בברייתא שמובילה לאותה מסקנה:

[...] ואי בעית אימא כדקתני טעמא: אמרו לו לרבי מאיר: אי אתה מודה שמא יבקע הנוד ונמצא זה שותה טבלים למפרע? אמר להן: לכשיבקע.

כלומר האוסרים לשתות את היין סוברים גם הם שיש ברירה, אבל בכל זאת הם אוסרים לשתות אותו מפני שיש חשש שמא החבית תישבר ואז לא יישארו שני לוגי יין בסוף שיהיו תרומה על השאר. אם נתיר לו לשתות את היין על סמך ההתבררות העתידית עלול להיווצר מצב שהוא שתה טבלים למפרע. ור״מ שסובר שמותר לשתות טוען שאין צורך לחשוש שהחבית תישבר ולכן מותר לשתות. גם כאן יוצא שאין מחלוקת בדין ברירה, אלא רק מחלוקת ספציפית לגבי החשש שמא ייבקע הנאד.

להלכה רוב פוסקים הכריעו שבדיני דאורייתא אין ברירה. בנוסף לכך, יש דעות בהלכה שבהפרשת תרומה נדרש שיהיו שייריה ניכרים. לפי זה יוצאת אפשרות שבהפרשת תרומה בדרך זו יש שתי בעיות הלכתיות שונות: גם אין ברירה וגם אין לתרומה שיירים ניכרים. לכן אין לשתות את היין על בסיס הפרשה כזאת.

כעת נשוב לסוגיית קידושין שלא מסורים לביאה, ונראה את היישום המחודש שמציעים חלק מהראשונים והאחרונים לדין ״ברירה״ במסגרתה.

מחלוקת הראשונים לגבי הופעת דין "ברירה" בסוגייתנו

הריטב"א בקידושין נא ע"א בגליון הכת"י[22] מקשה על הגמרא את הקושיא הבאה:

א"ה, בגליון הכת"י כתוב, צ"ע גדול דהא אי אמרינן ברירה קידושין שהן מסורין לביאה מתחילתן הוא, עכ"ל

נראה שכוונתו להעיר שלשיטה שיש ברירה בדאורייתא אז גם במקרה של מקדש אחת משתי אחיות זה היה אמור להיות קידושין שמסורים לביאהן, שהרי הוא יכול לבחור יום לאחר מכן אחת משתיהן שתהיה אשתו, ובכך לפזר את העמימות. הריטב"א מניח שאם הוא בוחר, גם לאחר מעשה, אחת משתיהן, מתברר למפרע שהיא היא המקודשת לו. אם כן, גם לפני שהוא בחר אחת משתיהן מדובר כאן לכל היותר בספק אפיסטמי ולא אונטי (שהרי מחר תיברר אחת ספציפית משתיהן, אלא שכעת הוא עדיין לא יודע מי), ולכן הקידושין הללו לכאורה כן מסורים לביאה (כי זה כמו הוכר ואחר כך התערב – ספק אפיסטמי). הריטב"א נותר בקושיא על הגמרא, ולכאורה באמת לשיטה שיש ברירה (שאמנם לא נפסקה להלכה) הגמרא כאן לא מובנת.

והנה, בתורי"ד שם מקשה גם הוא את הקושיא הזו ומיישב אותה כך:

הכל מודים היכא דאמר מיקדשו ארבעים מתוך שמנים דקדשי. ראיתי מקשים והא ר' יוחנן סובר בכל מקום דאין ברירה ואלה הם דברי הבל וכי כשאנו אומרים דקדשו ארבעים מתוך שמנים משום ברירה הוא זה דומה למקדש אחת מחמש נשים ולא פירש איזה קידש שכולן צריכות גט גם כאן כל חלה וחלה יש לומר זו קידש

---

[22] במהדורת מוסד הרב קוק בהערה 24 כותב שנראה שקטע זה לא בא מהריטב"א עצמו אלא הוכנס לכאן על ידי המדפיס כהתייחסות לדברי התורי"ד שיובאו מייד. אמנם בהמשך דברינו נראה שהריטב"א עצמו מקשה את הקושיא הזאת בחידושיו ליבמות כג ע"ב, ואף מציע לה שלושה תירוצים (השני מביניהם הוא תירוצו של תורי"ד שמובא כאן). עוד נציין ש**בפנ"י** בחידושיו כאן (נא ע"א) האריך מאד בוריאציות שונות על הקושיא הזאת.

ומשום הכי כולן קדושת מספק ויאכלו כחומר לחמי תודה. בודאי אם היה אומר יברור ארבעים מהם ויאמר אלו יהיו קודש והשאר יהיו חולין אז הוה שייך לומר יש ברירה אבל זה אין לומר אפילו למאן דאית ליה ברירה שנוציא הקדש לחולין על ידי ברירה שאין לברר דבר זה שכיון שלא סימן איזה קידש כולן הן בספק מקודשת וגם בחמש נשים נמי אין לסמוך על הברירה. ולומר זו אני רוצה והוברר הדבר שזו קדש שכיון שבעת הקידושין היה ספק מה ברירה יש לומר שלא ידע איזו קידש בודאי אם היה אומר איזו שארצה היום או מחר וכן נמי בלחמי תודה בזה היה יכול לסמוך על הברירה כיון שתלה ברצונו אבל זה שקידש מתחלה בספק שלא בירר איזה קידש אין לומר שם ברירה:

הוא טוען שהקישור בין סוגייתנו לדין ברירה הוא מוטעה. אם המקדש היה אומר אני מקדש את אותה אחת שארצה בה מחר, אז פשיטא שלשיטה שיש ברירה הוא יכול לבוא מחר ולבחור באחת מהן ויתברר למפרע שהיא תהיה מקודשת לו, והשנייה לא. קידושין כאלה באמת מסורים לביאה (כי זה ספק אפיסטמי, שכיום עדיין לא ידוע למקדש במי הוא יבחר). אבל בסוגייתנו מדובר שהוא קידש אחת משתי האחיות (או מחמש הנשים) סתם ולא הוסיף הגדרה שכוונתו למי שתיבחר מחר. במצב כזה נוצר כאן ספק קידושין קוונטי כפי שראינו, וכיון שכך אי אפשר לבוא מחר ולבחור אחת מהן. הוא משווה זאת לכך שאי אפשר להוציא הקדש לחולין אחרי שהוא כבר הוקדש.

ובאמת כפי שראינו בדוגמאות למעלה, המקרים שבהם מיושם דין ברירה הם תמיד מקרים שבהם האדם אומר מראש (בעת עשיית המעשה – גירושין, או הפרשת תרומה) שהוא עושה אותו על מה שייבחר לאחר מכן. אם האמירה מלווה את המעשה היא יכולה לסייג אותו, ולתלות אותו בבחירה העתידית (ראה בספר הרביעי הסבר לכל זה, וגם השוואה בין דין ברירה לדין תנאי). אבל אם האדם מחיל חלות עמומה אז זה מה שחל, ואת מה שחל לא ניתן סתם כך לשנות לאחר מכן.

לכאורה הראשונים הללו חלוקים בשאלה האם דין ברירה יכול להתיישם במקום שבו עושה המעשה לא תלה את מעשהו בפירוש באירוע מברר בעתיד. הריטב״א מניח שכן ותורי״ד טוען שלא. ובאמת הסברא נראית כתורי״ד: כיצד ניתן לשנות מציאות אחרי שנוצרה? על כן נראה שיש מקום להסביר את כוונת הריטב״א באופן שונה, כך שגם הוא לא חולק על ההבחנה של התורי״ד.

מבט אחר על שיטת הריטב״א

בדיני תנאים ידוע שבמקרים שבהם ברור לגמרי שזו כוונת המבצע (״דברים שבלבו ובלב כל אדם״) אין צורך באמירה מפורשת של התנאי (ראה לדוגמה בתוד״ה ׳דברים שבלב׳, קידושין מט ע״ב). במקרים אלו אנו מניחים מכללא שהותנה כאן תנאי גם אם הוא לא נאמר בפירוש. זה מה שקרוי בעולם המשפט ״תנאי מכללא״.

לפי זה ייתכן שהריטב״א מתכוין לומר שאם אדם מקדש אחת מכמה נשים בלי להגדיר אחת מסויימת מתוכן, אנחנו מעריכים שכוונתו האמיתית היא לקדש רק אחת מסויימת ולהשאיר לעצמו את האפשרות לבחור אחת מתוכן לאחר מכן. אמנם הוא לא אמר זאת בעת ביצוע המעשה, אבל אנחנו מעריכים שזו היתה כוונתו, ולכן אנחנו רואים זאת כתנאי מכללא. כמו שיש תנאי מכללא יש גם ברירה מכללא. בהמשך דברינו נראה שכך משתמע מדברי תוס׳ בבכורות נו ע״ב.

אם זהו פירוש דברי הריטב״א אזי הוא לא חולק עקרונית על דברי התורי״ד. גם הוא מסכים שבלי התנייה מראש אי אפשר לבחור אחת מהנשים, כמו שאי אפשר להוציא הקדש לחולין. אלא שלטענתו היתה כאן אמירה מראש שנעשתה מכללא (לא באופן מפורש). לפי זה המחלוקת בינו לתורי״ד היא רק בהערכת המציאות, כלומר בשאלה האם אכן בהכרח יש כוונה כזאת לכל מי שמקדש אחת מכמה נשים (ריטב״א) או לא (תורי״ד). ההשלכה של הטיעון הזה היא שגם לדעת הריטב״א, אם יעמוד אדם ויאמר שהוא לא מתכוין

לברירה מכללא אלא לקידושין עמומים שיישארו כאלה, אזי ברור שגם לדעתו במצב כזה תיווצר חלות עמומה.

קושיא לוגית

אמנם יש מקום להקשות על פרשנות זו מכוח השיקול הלוגי הבא.[23] כפי שראינו, אין תנאי או ברירה מכללא (כלומר ללא אמירה מפורשת), אם הכוונה אינה הכרחית ואוניברסאלית (שכל אדם בהכרח מתכוין דווקא לזה). אם יש אנשים שלא היו מתכוונים לזה, אין מקום להסיק שבהכרח כוונתו של המבצע היתה להתנות מכללא. אם כן, לפי הצעה זו הריטב״א צריך להיות סבור שכל אדם שמקדש אחת מכמה נשים בהכרח מתכוין לשייר לעצמו את הזכות לבחור אחת מהן שתהיה אישתו. אבל אם אכן זו תפיסתו, כיצד הוא יכול להסביר את דברי התורי״ד שחולק עליו? הרי התורי״ד, חכם הלכתי ידוע, מחשובי הראשונים, גם אם לדעת הריטב״א הוא טועה בהערכת המציאות, הוא בוודאי אדם סביר לגמרי. אם כן, עצם זה שהתורי״ד סובר כך, מוכיחה שייתכן מצב שאדם סביר שעושה פעולה כזאת לא מתכוין למה שהריטב״א חושב שהוא מתכוין. כלומר כן ייתכן מצב שאדם שמקדש אחת מכמה נשים בלי להגדיר מי מהן, בעצם מתכוין להשאיר מציאות עמומה בלי אפשרות לברר אותה בעתיד למפרע. נראה, אם כן, שעצם קיומה של דעה חולקת אצל התורי״ד מוכיחה שהריטב״א טועה.

מכוח קושיא זו מתבקשת המסקנה שלא זו כוונת הריטב״א. הוא לא מתכוין לומר שמדובר בברירה מכללא ולחלוק עם תורי״ד רק בהערכת המציאות. מכאן עולה לכאורה שהוא חולק על תורי״ד במחלוקת עקרונית: לדעתו גם אם האדם לא התכוין להתנות שתהיה ברירה מכללא, עצם העובדה שיש

---

[23] בפרק הבא נביא שיקול דומה מאד שהוצג בספרו של ר״ש שקאפ, **שערי ישר**, לגבי ספק פסיק רישא. הלוגיקה שלנו כאן לקוחה מדבריו שם.

חלות עמומה גוררת בהכרח את האפשרות שניתן יהיה לברר אותה בבחירה עתידית באחת מהן. לדעתו לא ייתכן שחלות עמומה תישאר ללא אפשרות בירור. להלן נראה שיקולים נוספים לטובת הפרשנות המהותית בדברי הריטב״א. אבל קודם נסב את תשומת הלב למשמעות העקרונית של סברת הריטב״א.

השוואה לקריסה בתורת הקוונטים

למעלה הסברנו שהחלות העמומה שנוצרת במקדש אחת מכמה נשים מקבילה לעמימות האונטית בתורת הקוונטים. לפי זה ניתן להמשיך ולטעון שהבחירה העתידית אותה מניח הריטב״א שקולה לקריסה בעקבות מדידה בתורת הקוונטים. הבחירה באחת מהנשים הופכת את המצב של חלות עמומה אונטית לחלות חדה שחלה על אישה ספציפית. כלומר הבחיר הזאת מקריסה את פונקציית הגל העמומה.

מה שמרתק כאן הוא שלדעת הריטב״א עצם קיומה של חלות עמומה מחייב את מכניזם הקריסה. הוא מניח כמובן מאליו שלא ייתכן שתהיה חלות עמומה ללא מכניזם של קריסה למצב אונטי חד. לכן לשיטתו גם בלי שהמבצע מתנה זאת בפירוש, עצם העובדה שנוצרת חלות עמומה אונטית מחייבת שיהיה מכניזם של קריסה.

זאת כמובן בניגוד לתורת הקוונטים, שם ראינו שהקריסה (ובעצם תורת המדידה) היא הנחה נוספת, בלתי תלויה במכניקה הקוונטית ובעמימות האונטית כשלעצמה. בפיזיקה המסקנה לגבי קיומו של מכניזם של קריסה יוצאת מתוצאות ניסויים, שפשוט אילצו את הפיזיקאים לקבל גם את המסקנה הנוספת הזאת (של הקריסה), בנוסף לעמימות האונטית. לעומת זאת, לדעת הריטב״א זוהי סברא אפריורית. לדעתו הקריסה מתחייבת מעצם קיומה של חלות עמומה.

חשוב לשים לב שהריטב״א לא לומד את הסברא הזאת מדברי הגמרא, וגם לא מסוגיית ברירה (שהרי היא עוסקת רק במקרים שהיתה התנייה מפורשת,

כפי שהסביר התוריי״ד, ואילו הריטב״א מיישם זאת גם למקרים שבהם אין התנייה וגם לא כוונה מכללא להתנות). לא רק שהוא לא לומד זאת מהגמרא, אלא שהגמרא בקידושין לכאורה אומרת את ההיפך. הגמרא מתייחסת למקרה של מקדש אחת משתי אחיות כקידושין שלא מסורים לביאה. ועל אף זאת, לדעת הריטב״א במצב כזה (של עמימות אונטית) חייבת להיות גם אפשרות לבירור עתידי (לפחות לשיטה הסוברת שיש ברירה). הוא לא מוכן לקבל את האפשרות שיש חלות עמומה ללא קריסה (כלומר חלות עמומה אונטית ללא אפשרות של ברירה אונטית עתידית).

בשולי דברינו נזכיר כאן שוב שלמעלה כבר ציינו שיש פרשנויות אחרות לתורת הקוונטים (כמו התורה הקונסיסטנטית), הסוברות שהקריסה ותורת המדידה נגזרות בהכרח מהמכניקה הקוונטית. נראה שהריטב״א תופס את התמונה ההלכתית בצורה הזאת.

הבחנת ה'אבני מילואים'

נשוב כעת לתוכן דברי הריטב״א. ב**שולחן ערוך** אבהע״ז סי׳ מא ה״ב פוסק כדעת אביי שקידושין שלא מסורים לביאה הם קידושין:

> ***המקדש שתי נשים כאחת, שאסור לישא שתיהן משום ערוה, אינן מקודשות. כיצד, כגון שקדש אשה ובתה, או שתי אחיות כאחת, שאמר: הרי שתיכן מקודשות לי, אינן מקודשות ואין שום אחת מהן צריכה גט. ואם לא קידש אלא אחת מהן, ולא פירש איזו, כגון שאמר לאב: אחת מבנותיך מקודשת לי, וקבל האב הקדושין, או אם שתים או ג׳ אחיות עשתה אחת מהן שליח לחבירתה לקבל קדושיה, ונתן בידה ואמר לה: אחת מכן מקודשת לי, כולן צריכות גט ממנו, ואסור לבא על שום אחת מהן, שמא היא אחות אשתו.***

כלומר כשאדם מקדש אחת משתי אחיות אסור לו לבוא על שתיהן (כי כל אחת היא ספק אחות אישתו), אבל שתיהן צריכות ממנו גט מפני שקידושין כאלה הם תקפים (כדעת אביי נגד רבא). לפי רבא בגלל שאם הקידושין היו

חלים היה אסור לבוא על שתיהן, לכן הקידושין לא חלים כלל. אבל כאמור אין הלכה כמותו.

בעל **אבני מילואים** שם בסק״ב מביא את דברי התורי״ד, והריטב״א:

> ***ואסור לבוא על שום אחת מהן. - כתב הריטב״א בחידושיו [קידושין נא, א] ז״ל צ״ע גדול דהא אי אמרינן ברירה קידושין המסורין מתחלתן הוא עכ״ל, ובתוס׳ רי״ד [שם] ז״ל ודאי אם הי׳ אומר איזה שארצה היום או מחר בזה היה [יכול] לסמוך על ברירה כיון שתלה ברצונו אבל זה שקידש מתחלה מספק שלא בירר איזה קידש אין לומר שם ברירה עכ״ל.***

כעת הוא מקשה על התורי״ד:

> ***ולא איתברר דבריו בזה דודאי למאן דאית ליה ברירה אפילו היכא דלא תלה ברצונו נמי אמרי׳ ברירה.***

הוא טוען שבוודאי לשיטה שיש ברירה ניתן לבחור אחת הנשים גם אם המקדש לא אמר מאומה בשעת הקידושין, כדברי הריטב״א. רואים שהוא מבין את דברי הריטב״א כפי שהוכחנו למעלה, שלדעתו יש ברירה גם במקום שלא היתה התנייה (ללא תלות בכוונתו ובברירה מכללא).

כעת הוא מביא לריטב״א ראיה מסוגיית יומא:

> ***וכדאמרי׳ ביומא (דף נ״ה) גבי לקחו קיניהן בשותפות ומתה אחת מהן ונישקול ארבעה זוזי ונישדינהו ואידך לישתרו משום ברירה.***

אישה זבה חייבת להביא קרבן קן ובה שתי ציפורים. הגמרא שם דנה במקרה ששתי נשים זבות לקחו ארבע ציפורים (שתי קינים) בשותפות, בלי להגדיר איזה זוג שייך לאיזו אישה. אחת מהנשים מתה, וכעת יש להקריב רק קן אחת, והשנייה היא חולין. הגמרא אומרת שלוקחים שתי ציפורים כלשהן ופודים את שתי הציפורים הנותרות (של האישה המתה) והן ניתרות בכך. רואים מכאן שהבחירה בשתי ציפורים עבור האישה החיה מבררת למפרע שכבר מלכתחילה אלו היו שתי הציפורים שלה והאחרות היו של זו שמתה, וזאת על אף שלא היתה כאן התנייה מפורשת שתולה זאת בבחירה עתידית.

הרי התכנית המקורית היתה שהציפורים כולן יוקרבו ביחד עבור שתי הנשים בלי לברר אותן בכלל (כלומר שהעמימות האונטית תישאר לתמיד). אם כן, רואים מכאן שבמצב בו יש חלות עמומה בהכרח יש אפשרות ברירה עתידית (קריסה), גם במקום שהדבר לא נאמר בפירוש. וזו ממש אמירה מפורשת בגמרא כדעת הריטב״א.

כעת הוא מביא קושיא של תוס׳ במסכת תמורה:

ובתוס׳ תמורה (דף ל׳) ד״ה ואידך לישתרי שהקשו דא״כ איסור שנפל בהיתר נישדינהו לחדא ואידך לשתרי כו׳

תוס׳ מקשה מדוע במצב שחתיכת בשר אסורה נופלת לתוך תערובת של חתיכות מותרות, באופן שאין דין ביטול כמובן ואז חל איסור על כל החתיכות שבתערובת, לא נוכל לקחת אחת מהן ולברר בכך למפרע שהיא החתיכה האסורה ולזרוק אותה, והשאר יהיו חתיכות מותרות? אם אכן יש ברירה גם במצב שהדבר לא הותנה מראש (כפי שרואים בסוגיית יומא), אז גם במצב של תערובת כזאת היה צריך להיות מוצא כזה. להלן נראה מדוע היה כאן צורך להוסיף את דברי התוס׳ הזה מעבר לציטוט הגמרא ביומא עצמה.

התוס׳ מתרץ:

ואומר מורי הרמ״ר כלל גדול בדין זה דודאי כל דבר שהוברר האיסור מתחלה ואח״כ נתערב בהיתר לא נסמוך כיון שהתערובת באיסור אבל הני תערובת בהיתר כי האיסור לא היה מבורר קודם התערובת ולאחר התערובת נולד האיסור סמכינן אברירה עכ״ל. וא״כ ה״נ בקידש אחת משתי אחיות דלא הי׳ האיסור בתחלה נודע אלא ע״י תערובות וא״כ נימא ברירה.

הרמ״ר מבחין בין חתיכה שהוכרה ואחר כך נתערבבה (כמו בחתיכות הבשר) לבין מצב שהספק נולד במצב של תערובת (בקינים). סביר מאד שכוונת הרמ״ר היא להסביר שאם מדובר בחתיכה שהיתה אסורה מקודם ולאחר מכן התערבבה זהו ספק אפיסטמי ולא אונטי (כמו אישה שהוכרה ואחר כך התערבה בסוגיית קידושין), ובספק אפיסטמי אין אפשרות של ברירה. אבל

בקינים לא רק שהבעייה נוצרה כבר במצב של תערובת, אלא שמדובר בעמימות אונטית ולא בספק אפיסטמי (אין קן שבאמת שייכת לאישה ספציפית. זה לא חוסר מידע שלנו אלא עמימות במציאות עצמה), ולכן שם ניתן לברר על ידי בחירה עתידית.

אם כן, גם בסוגיית יומא וגם בתוס' בתמורה רואים כדעת הריטב"א שכל אימת שנוצרת חלות עמומה אונטית, חייב להיות מכניזם של בירור למפרע גם אם האדם לא מתנה זאת בפירוש.

אמנם כעת אנחנו מצויים בקושיא. הרי אם הריטב"א אכן צודק, ובכל חלות עמומה חייב להיות מכניזם של בירור כפי שראינו כעת, אזי לא ברור מדוע במקדש אחת משתי אחיות אלו קידושין שלא מסורים לביאה. הרי הוא יכול לבחור אחת מהן ובכך לברר שהיא היתה מקודשת לו מלכתחילה, ובכך לפתור את הבעייה. זו היתה קושיית הריטב"א על סוגייתנו, והוא לא תירץ אותה.

בעל **האב"מ** מתרץ את הקושיא כך:[24]

> ***ונראה לענ"ד בזה כיון דאינו אומר איזה שארצה היום או מחר וקידש בתחלה בספק א"כ בשעת קידושין לא היו קידושין כיון דאין מסורין לביאה וכיון דלא חייל בשעת קידושין א"כ אף על גב דאח"כ מברר א' מהן תו לא אמרינן היינו הך שקידש כיון דלא היה קידושין בשעתו אלא אם אומר לאיזה שארצה יהיה הקידושין אם כן בשעת קידושין תלה הדבר באיזה שירצה ה"ל קידושין.***

הוא מחלק בין שני סוגים של יש ברירה. במקום שהאדם אומר בפירוש שהחלות תלויה במעשה מברר בעתיד, שם הדבר מתברר למפרע. כלומר אם

---

[24] בהמשך הפרק נראה שהריטב"א עצמו ביבמות כג ע"ב מביא את התירוץ הזה (זהו התירוץ השלישי שלו) וכותב שהוא נראה לו הנכון. נראה ש**האב"מ** שכנראה לא הכיר את דבריו שם קרא אותו היטב.

האדם יאמר בפירוש שהוא מקדש את האחות שבה הוא יבחר מחר, אזי מכניזם של ברירה יגרום לכך שהבחירה העתידית תקבע שהיא אישתו מלכתחילה (כלומר כבר משעת הקידושין עצמם), ולכן זהו בעצם מצב שבו יש אישה ספציפית שמקודשת לו. אמנם בשעת הקידושין הוא עדיין לא בחר אף אחת, אבל זה כבר ספק אפיסטמי, ובספק אפיסטמי בקידושין אלו קידושין שמסורים לביאה.

לעומת זאת, אם אדם מקדש אחת משתי אחיות בלי לומר בפירוש שהוא תולה זאת בבחירה עתידית באחת מהן, שם אמנם יש ברירה (כפי שהוא הוכיח למעלה), אבל הברירה לא פועלת למפרע. כשהוא יבחר אחת משתי האחיות היא אכן תהיה מקודשת לו והשנייה תתברר כאחות אישתו, אבל הדבר הזה קורה רק בשעת הבחירה שלו ולא למפרע משעת הקידושין. אבל אם זה לא קורה למפרע משעת הקידושין, אז בשעת הקידושין היו כאן קידושין שלא מסורים לביאה, ולכן הם לא קידושין (וממילא כעת ברור שהוא גם לא יכול לבחור בעתיד אף אחת מהן).

הוא מוסיף שכך הוא הדין גם לגבי המקרה של לוגי היין לתרומה:

> ***וכיוצא בזה כתבנו בקצה״ח סימן ס״א סעיף קטן ג׳ גבי שני לוגין שאני עתיד להפריש דהוה ליה שירים ניכרין בשעת הפרשה כיון דתלה התרומה במה שעתיד להפריש ומה שהיה עתיד להפריש יהיה שיריים ניכרין אבל אומר שני לוגין בתוכו תרומה אף על גב דרשאי לשתות על סמך ברירה כיון דלא הוכר האיסור וכמ״ש [תוס׳] בתמורה (דף ל׳) דבכהאי גוונא אמרינן ברירה, עכ״פ בשעת הפרשה כיון שאינו אומר שאני עתיד להפריש לא חייל כיון דבשעת הפרשה לא היו השירים ניכרין ושוב לא מהני אח״כ ברירה.***

כלומר הבחנה כזאת קיימת גם במקרה של הפרשת תרומה. אם הוא יאמר בפירוש שלוגי היין שנתרמו יהיו אלו שיישארו בסוף השתייה (זה המקרה שנדון בסוגיא שם), אזי הבירור אכן מתרחש למפרע, שהרי הוא התנה זאת בפירוש. ברגע שהבירור מתרחש למפרע זה אומר שהתרומה שבתוך החבית

שייריה ניכרים, כלומר יש כאן שני לוגים מסויימים, גם אם אנחנו לא יודעים זאת. בלשוננו נאמר שזהו ספק אפיסטמי ולא אונטי. במצב כזה הבירור מתרחש למפרע. אבל אם הוא היה אומר שני לוגין שבתוך החבית יהיו תרומה בלי להגדיר אירוע עתידי כמברר, אזי כאן יש עמימות אונטית, ולכן כאן הלוגים שיישארו בסוף אולי יהיו תרומה, אבל זו תרומה שאין שייריה ניכרים כי זה לא חל למפרע (שהרי לא היתה התנייה מפורשת). לכן גם אי אפשר במצב כזה לשתות את היין על סמך ההפרשה הזאת. ממילא גם לא נגיע למצב שיישארו שני לוגים, ולכן כל התהליך הזה נכשל. ממש כמו בקידושין.

בסוף דבריו הוא חוזר ומסיים בסוגיית קידושין שלא מסורים לביאה:

> ***וה״נ כיון דלא חיילי בשעת קידושין דלא היו מסורין לביאה ושוב לא מהני אח״כ הברירה ולפי זה לדידן דקי״ל קידושין שאין מסורין לביאה הוי קידושין אלא דאסור לבוא על אחת מהן משום ספק אחות אשה א״כ לאיסור שפיר מהני ברירה וכמ״ש [תוס׳] בתמורה דהיכא דלא הוכר האיסור מהני ברירה אלא דאנן קיימא לן בדאורייתא אין ברירה ודו״ק.***

הוא מסביר כאן שלפי רבא שקידושין שלא מסורים לביאה אינם קידושין, אזי בלי שהוא אומר זאת בפירוש אין כאן התבררות למפרע, ולכן בשעת הקידושין הם לא מסורים לביאה ולא חלים. וכשהוא אומר בפירוש אז אלו קידושין שמסורים לביאה כפי שביארנו.

אבל יש לזכור שההלכה נפסקה כאביי, ולשיטתו קידושין כאלה הם קידושין תקפים, אלא שיש איסור לבוא על כל אחת מהאחיות בגלל שהיא ספק אחות אישתו (זה רק לא מפריע לתחולת הקידושין, ולכן הוא חייב לתת גט לכל אחת מהן). אם כן, לפי אביי בהחלט יועיל בירור עתידי גם בלי שהיה דיבור מפורש בעת הקידושין, על אף שבלי אמירה הבירור לא נעשה למפרע (כפי שראינו). מדוע? מפני שמשעה שהוא יבחר אחת מהן היא נעשית אישתו (לא למפרע, אלא מכאן ולהבא), והשנייה היא אחותה. אם כן, מכאן והלאה מותר

לו לבוא עליה ואחותה אסורה עליו כאחות אישתו. לכן הוא לא צריך לגרש אף אחת משתיהן אלא הוא יכול לחיות עם אותה שבחר.

יוצא שכשיש דיבור מפורש בעת החלת החלות העמומה יש מכניזם של קריסה למפרע. ואילו כשאין דיבור מפורש, אז הברירה מועילה מכאן והלאה, כלומר נוצרת קריסה אלא שבמצב כזה היא לא פועלת למפרע.

ובכל זאת אומדנא: מחלוקת בעלי התוס'

למעלה ראינו שלא סביר לפרש את דברי הריטב"א במונחי אומדנא בדעתו של המתנה. כפי שנראה כעת, גם בתוס' תמורה שמובא בדברי ה**אב"מ** ניתן לראות שזו לא אפיסטמולוגיה. אמנם יש תוס' מקביל שמדבריו כן עולה תפיסה כזאת.

כאמור, בסוגיית יומא נה ע"ב מובא מקרה של ברירה ללא התנייה מראש, בשתי נשים שהפרישו שני קינים בשותפות. מקרה אחר מובא בסוגיית בכורות נז ע"א ותמורה ל ע"א לגבי שותפים שחלקו שאחד נטל עשרה טלאים והשני נטל תשעה וכלב, ואז יוצא שאחד מהטלאים של הראשון הוא מחיר כלב ואסור בהקרבה (המקרה הובא בדברי ר"ש שקאפ שהוזכרו למעלה).

ובתוד"ה 'לברור', בכורות נו ע"ב, כתבו על המקרה של שותפים שחלקו במחיר כלב:

> ***לברור חד מיניהו להדי כלב כו' - וא"ת מה יועיל הא אין ידוע איזהו אותו שכנגד הכלב וכי תימא לפי ששוה לכלב הא דאמר אי דשוו כולהו להדדי ה"נ ואז היאך יכול לברר אותו שכנגד הכלב להתיר האחרים וי"ל שכך סברת הש"ס כיון שיש ברירה שיש לדבר להיות תלוי בדעתו דמסתמא כך דעתו מתחלה דאותו שיברור הוא כנגד הכלב.***

כאן מופיע בפירוש הנימוק שהעובדה שיש קריסה במקרה של חלות עמומה היא תוצאה של אומדן דעתו של מחיל החלות. אם הוא מחלק זאת כך ודאי דעתו שהוא יוכל לברור. כלומר יש כאן הנחה שאין ברירה ללא התנייה,

והמקרים בהם רואים תופעה כזאת הם ברירה מכללא. על אף הטיעון שהעלינו למעלה נגד הפרשנות הזאת לדברי הריטב״א, בתוס׳ כאן ודאי רואים שסברו כך.

לעומת זאת, בתוד״ה ׳ואידך׳, תמורה ל ע״א, שהובא בדברי ה**אב״מ** למעלה, הקשו:

יש לתמוה דהכא משמע שאם איסור מעורב בהיתר נוטל האיסור וסומכין על ברירה לומר שזהו האיסור שנסתלק לכן בההיא דהלוקח יין מבין הכותים (דמאי פ״ז מ״ד) שני לוגין שאני עתיד להפריש הרי הן מעשר וסומך על ברירה ולומר שזהו החולין שהוא שותה וכן ההיא דג׳ שלקחו קיניהן בשותפות ומתה אחת מהן דפריך הש״ס בפשיטות במס׳ יומא (דף נה:) ונשקול ד׳ זוזי ונישדינהו ואידך לישתרו משום ברירה וא״כ בכל איסור המעורב בהיתר נסמוך אברירה ונשקול כשיעור האיסור ואידך לישתרו וכן זבחים שנתערבו בשור הנסקל דאמרינן (זבחים דף ע:) ימותו ואמאי נהי דבעלי חיים חשיבי ולא בטלי מ״מ נשקול חד מינייהו ואידך לישתרו.

תוס׳ מקשה שבכל חתיכת איסור שנופלת לתוך סיר של חתיכות היתר ולא בטלה ברוב, ניטול חתיכה אחת מהסיר ויתברר למפרע שהיא האיסור. הקושיא מבוססת על ההנחה שעולה מהגמרא לפיה יש ברירה גם במקרים שלא התנו כן בפירוש.

תוס׳ כאן מניח בעליל שההתבררות מאפיינת חלות עמומה באשר היא, בלי קשר לאומדן דעתו של מי שמחיל אותה. תוס׳ כאן מדבר על תערובת שנוצרת על ידי נפילת איסור לתוך היתר, וזה לא מעשה של אדם שהוא יכול להתנות עליו ולקבוע מכניזם של ברירה עתידית. ובכל זאת תוס׳ מקשה שתועיל כאן ברירה. כלומר תוס׳ לא רואה זאת במכניזם של ברירה מכללא (אומדן בדעת המתנה) אלא כעיקרון שחלות עמומה אמורה להתברר. וזה כהדברינו בריטב״א.

תוס׳ שם עונה:

ואומר מורי הרמ"ר כלל גדול בדין זה דודאי כל דבר שהוברר האיסור מתחלה ואח"כ נתערב בהיתר לא סמכינן אברירה כיון שתערובתו היה באיסור אבל הני תערובתן בהיתר כי האיסור לא היה מבורר קודם תערובתו ולאחר התערובת נולד האיסור אז סמכינן אברירה.

כפי שכבר הזכרנו בדברי ה**אב"מ**, תוס' מחלק בין איסור שהוכר ולאחר מכן התערב לבין בעייה שנוצרה בתוך התערובת. לפי מה שהסברנו שם, תוס' בתירוצו בדיוק מסביר שבמקרים של ברירה (קינים של שתי נשים ושותפים שחלקו במחיר כלב) מדובר בעמימות אונטית ולא בספק, ודין ברירה חל רק בגלל שמדובר במצב כזה. לעומת זאת, בחתיכת איסור שנפלה לתערובת לא שייך שתתברר על ידי בחירה עתידית שהרי כאן יש חתיכה אחת שהיא באמת איסור, וכלפי שמיא גליא שהיא החתיכה האסורה והברירה לא יכולה לשנות זאת (זהו ספק אפיסטמי ולא אונטי).

אם כן, ראיית ה**אב"מ** מתוס' בתמורה היא ראייה טובה, אך תוס' בבכורות באמת למד שבמקרים אלו בגמרא מדובר בברירה מכללא, ולכן אין להביא מהגמרא הזאת ראיות לקיומן של חלויות עמומות ושל קריסה קוונטית. מדובר במכניזם רגיל של ברירה עם התנייה (מכללא) מראש.

סיכום ביניים

נמצאנו למדים שלכל הדעות כל אימת שנוצרת חלות עמומה אונטית, חייב להתקיים מכניזם של בירור (קריסה). לא נדרשת אמירה מפורשת לשם כך, כי זו לא תוצאה של רצונו של בעל המעשה אלא של סברא הלכתית אפריורית שחלות עמומה מעצם טבעה בהכרח עומדת להתבררות. עד כאן הדברים מפורשים בתלמוד, ולכן כנראה הראשונים כולם אמורים להסכים לזה (כולל תורי"ד).

אבל כפי שראינו לפי ה**אב"מ** בכל זאת יש הבדל בין התבררות מכוח אמירה מפורשת שתולה את החלות במעשה בירור עתידי לבין התבררות ללא אמירה

מפורשת כזאת. במקרה הראשון ההתבררות מתרחשת למפרע, ואילו במקרה השני ההתבררות היא מעת שהתרחש האירוע המברר והלאה אבל לא למפרע. ההשלכה במקרה של מקדש אחת משתי אחיות היא האם הדבר יועיל רק לאיסור של ספק אחות אשתו (לשיטת אביי), או שהוא יועיל גם לעצם חלות הקידושין (גם לשיטת רבא).

הערה: הקשר למחלוקת הראשונים בהבנת המושג ״ברירה״

מסקנתנו היא שמחלוקת תורי״ד והריטב״א היא בשאלה האם ניתן להחיל חלות על מציאות עמומה אונטית. בספר הרביעי בסדרה שלנו (בחלק הרביעי) עמדנו על כך שהראשונים נחלקו בשאלה מהו המצב שנוצר לפני אירוע הברירה. לדוגמה, במקרה של הפרשת שני לוגי היין שנותרים בחבית, מהו המצב בחבית היין מייד אחרי ההפרשה ולפני שמסתיימת השתייה.

רוב הראשונים מבינים שהמחלוקת האם יש או אין ברירה נוגעת לשאלה האם אחרי ההפרשה יש שני לוגי יין מוגדרים היטב של תרומה (אלו שיישארו בסוף). אמנם אנחנו עוד לא יודעים זאת לפני שנותרנו עם שני הלוגים האחרונים, אבל הקב״ה יודע מיהם שני הלוגים כבר מהתחלה. לשיטה זו מדובר לכל היותר בספק אפיסטמי. המחלוקת האם יש או אין ברירה היא רק בשאלה האם ניתן לדבר על חלות כזאת: לשיטה שיש ברירה – התמונה היא כפי שתיארנו למעלה. לשיטה שאין ברירה – פשוט לא ניתן להגדיר שני לוגים באופן שיתברר בעתיד, ולכן אין כאן תרומה כלל. מי שישתה את היין ישתה טבל (יין שלא הופרשה עליו תרומה). לפי שיטה זו אי אפשר להחיל חלות כאשר שני הלוגים לא מוגדרים היטב כבר כעת. ההתבררות למפרע לא יכולה להיחשב כשני לוגים מוגדרים היטב, ולכן אין אפשרות שיחול שם תרומה עליהם.

לעומת זאת, רש״י בכמה מקומות מבין שמייד אחרי ההפרשה לכל הדעות יש בחבית שני לוגי יין תרומה, אלא שאלו שני לוגים לא מבוררים. לשיטתו חלות התרומה חלה על כל צמדי לוגי היין, כלומר זהו מצב של עמימות אונטית.

המחלוקת האם יש או אין ברירה היא בשאלה האם מצב זה נשאר לתמיד או שהוא משתנה אחרי השתייה. לשיטה שאין ברירה – זהו המצב לתמיד, ולכן לפי רש״י מי ששותה את היין בעצם לא שתה טבל אלא חולין ותרומה מעורבבים (ערבוב אונטי, כלומר שכל מולקולה היא בשני סטטוסים: חולין ותרומה גם יחד). לשיטה שיש ברירה – השתייה מבררת למפרע ששני הלוגים שנשארו הם אלו שהיו תרומה מהתחלה. זוהי קריסה של המצב העמום למצב חד, ממש כפי שראינו למעלה.

נראה שמחלוקת הראשונים הזאת נעוצה בשאלה האם ניתן להחיל חלות עמומה, כלומר חלות תרומה על שני לוגים לא מבוררים (אונטית. כלומר לא שרק אנחנו לא יודעים מי הם, אלא שני לוגים לא מוגדרים גם כלפי שמיא). לשיטת רוב הראשונים לא ניתן להחיל חלות כזאת, ולכן הם מפרשים גם את השיטה שיש ברירה כהחלת חלות על שני לוגים מבוררים (אלא שמסופקים אפיסטמית עד הבירור). לעומת זאת, לפי רש״י ניתן בהחלט להחיל חלות כזאת, והויכוח הוא רק בשאלה האם חלות עמומה מחייבת (או מאפשרת) בהכרח קריסה למצב חד ורגיל או לא.

הדברים מתלכדים היטב עם מה שראינו לגבי מחלוקת הריטב״א ותורי״ד. הריטב״א מניח שאפשר להחיל חלות עמומה, אלא שלדעתו לשיטה שיש ברירה זה מחייב קריסה. זה בדיוק כשיטת רש״י בסוגיית ברירה, שהחלות שנוצרת היא עמומה, ולשיטה שיש ברירה חייבת להיות קריסה (אלא שלדעתו זה גם אם לא נאמר הדבר בפירוש, מעצם העמימות. ואולי גם רש״י יסכים לזה). התורי״ד, לעומתו, סובר אחת משתיים: או שלדעתו כלל אי אפשר להחיל חלות עמומה, ולכן אם לא התנה בפירוש באירוע מברר עתידי, אזי לא חלה החלות כלל. ואם התנה זאת בפירוש אז יש ברירה במשמעות האפיסטמית, כלומר התרומה חלה מייד על שני לוגים מסויימים ורק אנחנו לא יודעים מיהם. או שגם לדעתו יש כאן חלות עמומה, אלא שבניגוד לריטב״א הוא סובר שבלי התנייה מראש אין קריסה שלה למצב חד (אלא לכל היותר קריסה מכאן ולהבא, כפי שהסביר **האב״מ**). כפי שראינו, מעיון בסוגיא

עצמה עולה בבירור שמדובר בחלות עמומה. לכל היותר יכול להיות דיון לגבי הקריסה (האם ניתן לבחור אישה לאחר מכן בלי שהדבר הותנה מראש, והאם קריסה כזאת תחול למפרע ותהפוך את המצב למסור לביאה).

מבט חוזר על סוגיית קידושין שלא מסורים לביאה

כאמור, גם בסוגייתנו ניתן היה להתלבט האם ניתן להחיל חלות עמומה (כשהאישה לא מבוררת אונטית). אך עיון בסוגיא מעלה שרבא סובר שאלו אינם קידושין כי הם לא מסורים לביאה, אבל עקרונית אין לו בעייה עם חלות עמומה. אביי סובר שאלו כן קידושין, כלומר שגם להלכה יש כאן חלות עמומה של קידושין שזוקקת גט לשתיהן. לכן ברור שבסוגייתנו מדובר בחלות עמומה. אלא שהניתוח הזה מבוסס על שיטת הר״ש שקאפ שכפי שראינו מסביר שבסוגייתנו מדובר בחלות עמומה. אולם רעיון זה אינו פשוט כלל ועיקר, ועל אף הקשיים יש שחלקו עליו. כאן נראה את הדעות הללו ואת משמעותן (כמה הן נדחקות כדי להימלט מההנחה של חלות עמומה).

תלמידו הגדול של הר״ש, רבי שמואל רוזובסקי, בשיעוריו למסכת קידושין (סי׳ תל) מציעג את העמדה הזאת בבהירות רבה:

> ***וצריך לבאר במקדש אחת מב׳ אחיות על איזו אחת חלים הקידושין דהוא הרי לא בירר על איזו מהם יחול וחלות שאינו מבורר לא שייך דחסרון בירור שייך בידיעתינו אבל במציאות לא שייך שיחול חלות שאינו מבורר אלא או שחל או שלא חל.***

אין לו בעייה עם האפשרות להחיל חלות במצב מסופק אפיסטמית. אבל הוא לא מוכן לקבל החלת חלות על מצב עמום אונטית. לכן הוא מתקשה כיצד לפרש את סוגיית קידושין שלא מסורים לביאה. הנחתו היא כתורי״ד ורוב הראשונים שראינו, שלא ניתן להחיל חלות עמומה.

כבר הזכרנו שרבי שמואל היה תלמיד מובהק של הר״ש שקאפ, ולכן הוא הכיר היטב את הצעותיו של רבו בסוגיא זו:

איברא דהגרש"ש בשערי ישר ש"ג פכ"ב ביאר דבאמת חל חלות שאינו מסויים וזה נותן על כל אחת בתורת ודאי דיני ספק כיון שמצד המעשה היה ראוי לחול על כל אחת מהם קידושין ע"ש.

ועל כך הוא כותב:

מ"מ איני מבין דבר זה אלא ודאי רחל על אחת מהם חלות גמור אלא שאין ידוע על מי וכלפי שמיא גליא אלא שצ"ע דכיון שהוא עשה מעשה שאינו מבורר אמאי יחול על אחת מסויימת וזה באמת קשה.

הוא לא מוכן לקבל חלות עמומה. לדעתו לא ייתכן שניתן להחיל חלות כזאת. הדבר לא מפתיע אם מתעלמים מהאופציות שפותחת בפנינו תורת הקוונטים, אף שרבו הגיע אליהן באופן טבעי (כנראה בלי להכיר את התורה הזאת).

אם כן, המחלוקת האם ניתן להחיל חלות עמומה עוברת מהראשונים בסוגיית ברירה לראשונים בסוגייתנו, ומגיעה עד לאחרוני בני המאה העשרים. יש לזכור שכפי שהוכחנו התלמוד עצמו היה מודע לכך היטב ונראה די בבירור שהוא אכן מתכוין לחלות עמומה. יתר על כן, נראה שגם הראשונים פירשו זאת כך, והריטב"א אפילו מרחיק לכת ומניח שצריכה להיות גם אפשרות קריסה.

הערה על טעויות או דחוקים בפרשנות התוס' תמורה

היו מהמפרשים שהבינו את חילוקו של תוס' בתמורה כאילו הוא עוסק במישור הכרונולוגי. לפי הסבר זה, אם היה איסור על החתיכה לפני שהיא נפלה לתערובת, אי אפשר לברר אותו באירוע עתידי. אבל אם האיסור נוצר בזמן שכבר יש מצב של תערובת, או אז ניתן לבררו למפרע באירוע ברירה עתידי.

לפי הפרשנויות הללו, תוס' כלל לא מתכוין לחלק בין עמימות אונטית לספק אפיסטמי, שכן כל המקרים הם ספיקות אפיסטמיים. לשיטתם תוס' מחלק בין מצבים שבהם האיסור היה קיים במובחן לפני שהתערבב לבין מקרים שהאיסור נוצר רק במצב של תערובת ואז מכניזם הברירה יכול להועיל.

פרשנות כזאת מופיעה בדברי רעק״א. נקדים שאם שוחטים עגל כלשהו התורה אוסרת לשחוט גם את אמו באותו יום (״אותו ואת בנו לא תשחטו ביום אחד״). מה קורה אם שחטתי את העגל, וכעת אמו התערבבה בין בהמות אחרות ואיני יודע מיהי? **בשו״ע** יו״ד סי׳ טז ס״ב כתב שבמצב כזה אנחנו נזקקים לדין ביטול, ובלי שיהיה דין ביטול באמת יש לאסור לשחוט את כל הבהמות שבתערובת.

והנה, רעק״א בהגהותיו **לשו״ע** שם, דן במקרה בו נתערבו כמה בהמות ורק לאחר מכן אדם שוחט את בנה של אחת מהן. זהו מקרה שבו הבעייה נוצרה כאשר הבהמות כבר מעורבבות, שלא כמו במקרה שנדון **בשו״ע**. וכך הוא כותב:

> ***ודוקא בנשחטה האם ואח״כ נתערבה דבזה ל״ש ברירה כמ״ש תוס׳ בתמורה ככל איסור שנתערב בהיתר אבל בנולד האיסור בתערובות דתלי׳ בדין ברירה שרי על ידי דנוטל א׳ מהם.***

רעק״א טוען שלפי תוס׳ בתמורה במצב כזה שהאיסור נולד כשהחתיכות כבר מעורבות באמת אפשר ליטול אחת מהבהמות ולקבוע שהיא אמו של העגל שנשחט ולהתיר לשחוט את כל האחרות באותו יום.

יש לשים לב שזהו מצב של ספק אפיסטמי בעליל, שהרי רק אחת הבהמות היא אמו של העגל שנשחט, ובשמים יודעים מיהי. המידע הזה חסר רק לנו בני האדם בגלל שהבהמות מעורבבות. ובכל זאת רעק״א מבין שלפי תוס׳ בתמורה אפשר לברור אחת מהבהמות ובכך לקבוע שהיא היא אמו של העגל דנן.

אם כן, רעק״א באמת מבין שהחילוק של תוס׳ בתמורה הוא חילוק כרונולוגי, ולדעתו בשני המקרים מדובר בספיקות אפיסטמיים ולא בעמימות. הוא הבין שברירה קיימת גם בספק אפיסטמי ולא רק בעמימות אונטית. יתר על כן, נראה שהוא כלל לא מוכן לקבל מצב של עמימות אונטית, כפי שראינו למעלה בשיטתו של ר״ש רוזובסקי.

הפרשנות הזאת היא בעייתית מאד. אם שני המקרים הם ספיקות אפיסטמיים ויש חתיכה אסורה באמת, לא ברור מדוע החילוק בין הכרונולוגי הוא רלוונטי? מדוע שתהיה התבררות במקרה שהספק נוצר בתערובת, על אף שיש שם חתיכה אחת אסורה באמת, לבין מקרים שהספק נוצר לפני כן. בשני המקרים כלפי שמיא גליא מיהי החתיכה האסורה והספק הוא רק אצלנו, אז כיצד בחירה של חתיכה שרירותית יכולה להפוך אותה לאיסור.

היה מקום להסביר שרעק״א מניח שברגע שהאיסור התערבב בהיתר הם הופכים לתערובת של איסור והיתר ומאבדים את שמם המקורי. במצב כזה למרות שיש חתיכה אחת שהיא האיסור האמיתי (ובשמים יודעים מיהי), דין התערובת הוא כאילו יש כאן עמימות אונטית, ולכן יש אפשרות לברר את האיסור על ידי אירוע בחירה עתידי. למה שלא ניתן יהיה לעשות זאת כשהאיסור הוכר לפני שנתערב? מפני שבמצב כזה נפילתו לתוך התערובת לא הופכת אותה לעמומה אונטית אלא שם האיסור נמותר על החתיכה המקורית.

כל זה הוא כמובן דוחק גדול, וכפי שהסברנו גם מיותר. כוונת התוס׳ אינה לחילוק כרונולוגי (מתי נוצר האיסור) אלא לחילוק מהותי, בין עמימות אונטית לבין ספק אפיסטמי. כך נעלמים כל הקשיים.

וכך כותב ר״ש רוזובסקי עצמו (שם, סי׳ תלא) על דברי רעק״א:

> ***ודבריו מופלאים דאיך שייך לומר שהוא בבירתו יברר את המציאות שזו היא אמו שנאסרה בשחיטה וכבר כתב ע״ז הגרש״ש בשערי ישר שם שהיא כשגגה שיצאה מלפני השליט.***

הוא תמה על רעק״א כיצד ניתן לברור באופן מלאכותי בהמה אסורה כשיש בהמה שהיא באמת אמו הביולוגית של העגל. הרי אין כאן עמימות אונטית.

יש לזכור שר״ש רוזובסקי עצמו לא מקבל את קיומה של חלות עמומה. אז כיצד הוא עצמו מסביר את דברי תוס׳ בתמורה? כך הוא כותב:

> ***וע״כ צ״ל דמה שכתבו התוס׳ כלל גדול בדין זה הוא על החלק הראשון שכתבו דכשנולד האיסור קודם התערובת שוב לא שייך***

> ***ברירה אבל מש"כ דכשנולד האיסור בתערובת שייך ברירה אינו כלל בכל דוכתי דדוקא בחלות שהאדם עושה שייך לומר דהברירה שאח"כ מברר מצטרף לעשיית החלות ואמרינן דהוברר הדבר למפרע שעליו חל לכתחלה אבל במידי דממילא וכההיא דהגרע"א ודאי דלא שייך ברירה.***

הוא טוען שכשנולד האיסור לפני שנתערב ודאי לא שייך ברירה. אבל כשנולד אחרי שהתערב, גם שם שייכת ברירה רק במקום שמדובר בחלות שמוחלת על ידי אדם, ואז אפשר לומר שהברירה מצטרפת לעשיית החלות. אבל בתערובת של איסור שאינו תוצר של מעשה אנושי (כמו באותו ואת בנו), שם לא שייך בירור כלל.

כלומר הוא מסביר שבאמת אין כאן התייחסות לעמימות אונטית, אלא לספק אפיסטמי שנוצר לגבי חלות שהיא מעשה אנושי. וכאן יש דין מחודש מהתורה שניתן לברור זאת למפרע על ידי מעשה עתידי גם בלי שהתנו זאת מראש. גם הוא מבין שתוס׳ תמורה אינו מסכים לתוס׳ בכורות שמדובר בברירה מכללא, אבל הוא מסביר שזו תוצאה של דין מיוחד של התורה, ולא של אומדנא בדעתו של האדם. בזה נחלקו שני התוס׳ לפי הבנתו. זהו בעצם ההסבר שהבאנו למעלה בדעת רעק"א.

הוא עצמו חש בקושי שבהסבר שלו וכותב:

> ***ובעיקר דברי התיס׳ בתמורה באמת צ"ע דהרי גם התם קודם שבירר ודאי דחל האיסור דמחיר כלב על אחד ואין ידוע לנו על איזה וא"כ שוב הוי כמו תערובת איסור והיתר שלא שייך שיברר אח"כ איזה הוא האסור.***

הוא מבין שאין ב"דין המיוחד" הזה שום היגיון, שהרי בשני המקרים מדובר במצב שבו יש אמת אונטית חדה והספק הוא רק אפיסטמי. יתר על כן, "דין התורה" המיוחד והמחודש הזה, אין לו שום מקור שידוע לנו. אז מניין חז"ל למדו אותו? אם הוא לא הגיוני ואין לו מקור, מדוע בכלל לומר שיש דין כזה?

יתר על כן, מניין תוס׳ בתמורה יודע את ה״דין״ הזה, ובפרט שיש לו תמיד את האפשרות להסביר כדברי תוס׳ בכורות (שמדובר בברירה מכללא)?

בגלל הקושי הגדול הוא חוזר שוב למוצא של ״הדין המיוחד״:

וצ״ל דגם להתוס׳ בתמורה אע״ג דלא אמרינן שלכתחלה כונתו שיחול על מי שיברר בסוף מ״מ אמרינן דכך הוא דין התורה דלמ״ד יש ברירה כשעושה חלות על דבר שאינו מסויים חל מתחלה החלות על מי שיבורר לבסוף ורק למ״ר אין ברירה דלא יבורר אח״כ אמרינן דחל על א׳ מהם ואין ידוע על איזה.

אם כן, הוא מסביר שזהו דין התורה כשאדם לא מגדיר על מי חלה החלות שלו, התורה קובעת שהחלות תחול על האובייקט שאותו אדם יחליט בעתיד. זהו אותו ״דין מיוחד״ עלום שהוא מחדש כאן.

כעת הוא מוסיף עוד להקשות על שיטת עצמו:

מיהו צ״ע לפי״ז למ״ד יש ברירה דאמרינן שחל על זה שיברר לבסוף איך אם לבסוף לא היה ברירה על מי יחול האיסור וכי נימא דבכה״ג לא חל כלל גם על אחד מהם.

וכמו״כ במה שהקשו הראשונים דנימא במקדש א׳ מב׳ אחיות שיועיל ברירה וכונתם דנימא שהקידושין לכתחלה חלים על מי שיברר לבסוף א״כ במקום שלא בירר לבסוף על מי יחולו הקידושין.

הוא תוהה מה יקרה אם אותו אדם לא יבחר אף פעם. כאן לשיטתו יוצא שאין אף אובייקט שעליו חלה החלות הזאת.

הוא משיך ומסתבך בתוצאות הנחותיו:

וצריך לדחוק דלמ״ד יש ברירה חל החלות באופן שאם יהיה ברירה לבסוף יחול על מי שיבורר לבסוף ואם לבסוף לא יברר חל לכתחלה על א׳ ואין ידוע על מי.

אם לא תתבצע ברירה עתידית, התורה עצמה תברור אחת מהנשים או מהחתיכות, ותשאיר את זה עלום. כיצד היא תחליט מי האישה/החתיכה האסורה? תיערך בשמים סוג של הגרלה. זוהי תוצאה של ההנחה שלעולם אין

עמימות אונטית, וכלפי שמיא לעולם המציאות ידועה. יש רק ספק שיסודו בהיעדר מידע אצל בני אדם.

הוא עצמו חש בדוחק הגדול בדבריו:

> ***והגם שהוא דחוק מוכרח לומר כל דאל״כ פשוט שלא שייך שאח״כ יברר על מי חל.***

הוא מבין שכל הדחוקים הללו הם תוצאה של הנחתו שלא תיתכן עמימות אונטית. ולכן הוא מייד מוסיף שלפי דעת רבו (ר״ש שקאפ) כל הקושי הזה כלל לא עולה:

> ***אולם אם נימא כמו שביאר הגרש״ש דבמקדש א׳ מב׳ אחיות חל חלות שאינו מסויים אי״צ לכל זה די״ל דכיון שחל חלות שאינו מבורר שייך לומר שהברירה תיחשב כגמר המעשה ויועיל לברר למפרע אבל כבר הזכרנו לעיל דיסוד דבריו אינו מובן דאיך שייך שיחול חלות שאינו מבורר דודאי חל על א׳ ואין ידוע על איזה ולפי״ז צריך לדחוק כמו שבארנו.***

הוא רק טוען שאפריורי לא ניתן לקבל זאת, שכן עמימות אונטית היא מצב שלא ייתכן, או לפחות לא תיתכן חלות שחלה על מצב עמום (חלות עמומה). כאמור, הסבר זה הוא בלתי סביר לחלוטין בשיטת תוס׳ תמורה ובכלל, והמסקנות שעולות ממנו הן אבסורדיות ממש. וכל זאת מפני שר״ש רוזובסקי מתעקש על הנחתו שלא תיתכן חלות עמומה. אבל לפי דרכנו (כר״ש שקאפ) ברור שהתוס׳ בתמורה מתכוין לומר שמדובר בחלות עמומה, וכשיש חלות עמומה אז זה עצמו מחייב קריסה, כלומר אפשרות בירור עתידית. זוהי תוצאה של העמימות עצמה, ולכן לא נדרש כאן מקור שיצדיק זאת. וזה ממש כדברי הריטב״א שראינו.

מהו הוכר לבסוף נתערב?

כפי שראינו, ההבחנה בין הוכר ולבסוף נתערב לבין איסור שלא היה לו קיום עצמאי מופיע בפירוש בתלמוד. כל הדיון של קידושין שלא מסורים לביאה עוסק רק במצב עמום ולא במצבי ספק.

כיצד יסבירו את ההבחנה הזאת ר״ש רוזובסקי ורעק״א, שכפי שראינו דוחים את האפשרות של עמימות אונטית ושל קריסה למצב אונטי חד בלי התנייה (מפורשת או מכללא)?

כפי שראינו כעת, על כורחם הם נאלצים להסביר שגם עמימות אונטית אינה כזאת. כאשר אדם מקדש אחת משתי אחיות ולא מגדיר מי משתיהן, אז הוא יכול לבחור אחת מהן ובכך לברר למפרע מי משתיהן תהיה אשתו.[25] ואם אותו אדם לא יבחר אף אחת מהן אז תיערך 'הגרלה שמיימית' שתקבע אחת שרירותית והיא היא אשתו. לפי זה נראה שלדעת אביי לא צריך לתת גט לשתיהן אלא רק לאותה אחת שהוא בחר. רק אם בסופו של דבר הוא לא בוחר אף אחת נדרש גט מספק (אפיסטמי) לשתיהן.

אם כן, שיטה זו היא קשה מעוד בחינה. במשנת יבמות מובא בפירוש שצריך לתת גט לשתיהן, וזה לא הפריע לגמרא להניח בהו״א שמדובר במקרה שקידש אחת משתי אחיות בלי להגדיר מי (המקרה של קידושין שלא מסורים לביאה). אבל אם צודקים ר״ש ורעק״א שבמקרה כזה הוא יכול לבחור אחת משתיהן, אז מדוע שלא ייתן את הגט רק לה? לשיטות אלו עלינו לעשות אוקימתא בגמרא שמדובר באופן שבסופו של דבר הוא לא בחר אף אחת.

מעבר לזה, כמובן כעת חוזרות ועולות כל הקושיות שהקשינו למעלה, ושהכריחו אותנו להגיע למסקנה שמדובר בעמימות ולא בספק: למה במצב כזה, אם אכן הוא עדיין ספק אפיסטמי, הקידושין הם לא מסורים לביאה?

---

[25] אלא שלדעת רבא במצב כזה הקידושין באותו רגע לא מסורים לביאה ולכן אינם קידושין.

הרי מעשה הקידושין אכן התיר אישה אחת (ואולי אף אחד פרט לקב״ה לא יודע מיהי) ואסר רק את השנייה, אז למה אלו קידושין שלא מסורים לביאה? אם מדובר בספק אפיסטמי ולא בעמימות, כי אז האיסור כאן הוא רק בגלל הספק ולא מחמת מעשה הקידושין עצמו. הדברים מתחדדים עוד יותר לפי שיטת הרמב״ם שסובר שספק איסור תורה להקל. אז מדוע כאן אלו קידושין שלא מסורים לביאה? הרי הוא יכול לבוא על כל אחת משתיהן.

ר״ש רוזובסקי עצמו (בסי׳ תלו שם) מקשה עוד קושיא (וראה גם ב**מקנה** קידושין סד ע״ב): בסיפא של משנת קידושין מופיע מקרה של מקדש אחת מחמש נשים, והרי שם היה צריך להיות ביטול ברוב ושכולן תהיינה מותרות. לפי ר״ש שקאפ ראינו שהוא כותב בפירוש שבמצב של עמימות אונטית אין ביטול ברוב כי אין כאן רוב ומיעוט. אבל אם מדובר בעמימות אפיסטמית לכאורה היה צריך להתיר את כולן. וראה אצל ר״ש רוזובסקי מה שיישב בזה. לשיטות רעק״א ור״ש רוזובסקי נראה שכדי ליישב את כל הקשיים הללו אנחנו ניזקק כאן שוב לכמה ״דינים מיוחדים״ וחידושים פורמליים שאין להם מקור ואין בהם היגיון מצד עצמם. אבל אם מבינים כדברי ר״ש שקאפ שהסוגיא עוסקת בעמימות אונטית ולא בספק אפיסטמי, אזי כל הקשיים הללו נעלמים מאליהם.

מסקנתנו היא שברור שהתלמוד עצמו ובעקבותיו גם הראשונים (כנראה כולם), היו מודעים היטב להבחנה בין עמימות לבין ספק, מה שחלק מהאחרונים (ר״ש רוזובסקי ורעק״א) לא היו מוכנים לקבל בשום אופן. יתר על כן, לפחות לדעת חלק מהראשונים התלמוד גם מניח שאם יש חלות עמומה אז בהכרח יש אפשרות בחירה גם ללא התנייה, מה שמקביל מבחינתנו לקריסה של מצב קוונטי עמום (אונטית) למצב אונטי חד (קלסי). אמנם ראינו שלנקודה זו לא כל הראשונים מסכימים.

תירוצי הריטב״א ביבמות

הזכרנו למעלה שדברי הריטב״א בסוגיית קידושין כנראה אינם מופיעים במקור. לעומת זאת, הריטב״א בסוגיית יבמות כג ע״ב מקשה בעצמו את הקושיא הזאת, ובעצם מביא את כל האפשרויות שהעלינו:

וא״ת ולמה אינם מסורים לביאה מתחלתן דהא כיון שאמר אחת מהם יכול הוא לברר את מי והוברדה שזו היא שקדש למפרע למאן דאית ליה ברירה מיהת והא אביי ורבא אית להו ברירה בפ׳ כל הגט.

ועל כך הוא מביא שלושה תירוצים:

וי״ל דהכא כשלא בירר אפי׳ לבסוף כגון שתלו במי שיברור האב או אדם אחר וליתיה בעולם שיברור.

תירוץ זה עושה אוקימתא, לפיה הסוגיא עוסקת במצב בו אותו אדם החליט לא לברור בסופו של דבר. כלומר יש כאן הנחה שאכן ניתן לברור גם בלי להתנות מראש (כפי שראינו למעלה בדברי הריטב״א קידושין, נגד תורי״ד). תירוץ זה דומה לכאורה להצעתו של ר״ש רוזובסקי, אם כי לא ברור האם הריטב״א באמת סובר כמוהו שאם אותו אדם לא בחר באף אחת עדיין יש כאן רק ספק אפיסטמי (הגרלה שמיימית). לדעתנו אין סיבה לומר זאת. טענת הריטב״א היא שכשאף אחד לא בחר נותרנו עם עמימות אונטית.

התירוץ השני של הריטב״א שם הוא:

א״נ דהכא בשקדש סתם ולא אמר איזה שארצה או שירצה פלוני דבהא ליכא דין ברירה.

זהו בדיוק תירוצו של תורי״ד שהובא למעלה. הוא מקבל את החלות כעמומה, אבל לא מקבל את הקריסה כפועל יוצא מכך.

והתירוץ השלישי הוא:

א״נ והוא עיקר דמאן דס״ל בהא דקדושין שאין מסורים לביאה לא הוו קדושין ונסיב לה התם מקרא מסורין מתחלתן ממש בעי משעת קיחה.

זהו בדיוק ההסבר שמציע **האב״מ** לקושיית הריטב״א, לפיו גם אם ניתן לבחור אחת משתיהן עדיין מדובר בקידושין שלא מסורים לביאה, מפני שברגע הקידושין הוא עוד לא בחר ולכן יש ספק שלא מאפשר ביאה. כשאין התנייה מפורשת ההתבררות לא נעשית למפרע. יש לשים לב שהריטב״א כאן כותב שהתירוץ הזה הוא שנראה לו נכון (״והוא עיקר״).

המשך הסוגיא בקידושין

הסוגיא בקידושין ממשיכה לדון לא מעט בנושא קידושין שלא מסורים לביאה והשלכותיו. בין היתר היא עוסקת במקרה בו שני אנשים מקדשים כל אחד אחת משתי אחיות בלי להגדיר מי מהן. מהו היחס בין מקרה כזה לבין קידושין של שתי האחיות לאותו אדם (המקרה של המשנה שפגשנו למעלה)? או קידושין של אחת משתיהן לאדם אחד (שבו עסקנו ברוב הפרק)?

כל זה קשור בטבורו לדיון שלנו כאן, שכן לפי כל אחת מההתפיסות ניתן לנתח את המקרים הללו בצורה שונה. אבל בכל זאת נראה שבדיונים אלה לא נוספים נדבכים מושגיים מהותיים לנושא שלנו, ולכן לא ניכנס אליהם כאן.

האנלוגיה לתורת הקוונטים וסייגיה

בתחילת דברינו עלינו להדגיש שאין בכוונתנו לטעון את הטענה האנכרוניסטית שחז״ל ידעו את תורת הקוונטים. מטרתנו כאן רק להצביע על לוגיקה שעומדת בבסיס סוגיות הלכתיות שונות שדומה בכמה מובנים ללוגיקה שבבסיס תורת הקוונטים. ראינו שחז״ל היו רגישים להבדל בין עמימות (שכיום מתוארת על ידי לוגיקה עמומה) לבין ספק (שמתואר על ידי הסתברות), ובפרט היו מוכנים לקבל מצבים של עמימות אונטית ולא ראו בהם בהכרח הסתברות שמשקפת ספיקות אפיסטמיים.

ראינו כאן אנלוגיה בין הלוגיקה שמשתקפת בתמונה ההלכתית לבין הלוגיקה שבאה לידי ביטוי בתורת הקוונטים. בשני המקרים מדובר על עמימות אונטית, ובשני המקרים יש לעמימות הזאת ביטוי הסתברותי, אבל מסוג

שונה. בתורת הקוונטים ראינו שערכים של משתנים מסויימים (כמו מיקום או מהירות) הם עמומים (לא וודאיים), כלומר מקבלים כמה ערכים בו-זמנית. לדוגמה, חלקיק יכול להימצא גם בסדק A וגם בסדק B. מאידך, העמימות הזאת מקבלת משמעות הסתברותית כאשר אנחנו מודדים את מיקומו של החלקיק. במצב כזה המיקום קורס למצב חד, שבו העמימות של המיקום קטנה מאד (אנחנו יודעים בוודאות רבה את מיקומו). כלומר העמימות, או אי הוודאות, של החלקיק, יכולה להשתנות. ובנוסף, בגלל תורת המדידה יש לה משמעות הסתברותית (הסיכוי למדוד ערך מסויים של מיקום, או מהירות וכדומה).

גם בסוגיית קידושין שלא מסורים לביאה ודומותיה רואים מבנה כזה. גם שם יש מציאות עמומה. בדוגמה של שתי אחיות שלא יכולות שתיהן להיות מקודשות לאותו אדם, בכל זאת יש מצב שמשלב שני מצבים "חדים": מצב A - האחות רחל מקודשת ולאה לא. ובו זמנית גם מצב B – האחות לאה מקודשת ורחל לא. כלומר יש אי וודאות במשתנה הקידושין (או במיקומו). כך גם יש עמימות ביחס לשאלה אילו שני לוגי יין בחבית הם תרומה. המצב העמום הוא צירוף של מצבים חדים: מצב A – שני לוגים A הם תרומה והשאר חולין. ובו זמנית מצב B – שני לוגים B הם תרומה והשאר חולין. מצב C וכו' וכו'.

המצב הזה יכול להשתנות. לדוגמה אם שותים את היין אז נותרים בחבית פחות לוגי יין, ולכן כל אחד מצמדי הלוגים הוא יותר תרומה (ערכי פונקציית הגל של התרומה גדלים).[26] כאשר בוחרים אישה מסויימת או שני לוגי יין מסויימים, המצב קורס ונעשה חד: רק אישה זו מקודשת והשאר לא, או רק צמד הלוגים הזה הוא תרומה והשאר לא. זהו תהליך של קריסה שבו

---

[26] ראו לעיל, הערה מס' 20.

העמימות יורדת והמצב נעשה חד. אבל כאמור זה יכול לקרות גם חלקית. אם שתינו כמה מלוגי היין או סילקנו כמה מתוך הנשים, אי הוודאות (העמימות) נעשית קטנה יותר. יש לזה גם משמעות הסתברותית: הסיכוי ששני הלוגים הללו יהיו התרומה (יישארו בסוף השתייה), או הסיכוי שהאישה המסויימת הזאת תיבחר להיות מקודשת, גדלים, שהרי יש פחות מועמדים. כלומר עם העלייה בערכה של פונקציית הגל (הירידה בעמימות), גדל גם הסיכוי לקבל בסוף את המצב החד שערכי הפונקציה שלו גדלו. לכל עמימות יש ביטוי הסתברותי.

מאידך, האנלוגיה שעשינו כאן בין ההקשר ההלכתי לבין תורת הקוונטים אינה מושלמת. ישנם אלמנטים נוספים בתורת הקוונטים שאין להם ביטוי בתמונה שתוארה כאן. לדוגמה, בתורת הקוונטים ישנם צמדי משתנים שאינם "מדברים" זה עם זה, כלומר שככל שיודעים הרבה על האחד (האחד הוא במצב חד) אנחנו יודעים פחות על השני (השני הוא במצב עמום) ולהיפך. זה מה שקרוי עקרון אי הוודאות. צמד אחד כזה הוא מיקום ומהירות (תנע). אי הוודאות במיקום (בכמה מקומות החלקיק נמצא) נמצאת פרופורציה הפוכה לאי הוודאות במהירות. לכן במקרה של שני הסדקים, כאשר הניסוי נערך בלי גלאי אין לחלקיק מיקום מוגדר (הוא בשני הסדקים יחד), כלומר המקום שלו עמום, ואז בהכרח יש לו מהירות חדה (מוגדרת היטב). לעומת זאת, אם נשים גלאי החלקיק יקרוס למצב עם מיקום מוגדר היטב (בסדק A או B), ואז המהירות שלו תהפוך לעמומה. שני המשתנים הללו מצויים ביחס שבו לעולם האחד משלם את המחיר על וודאותו של השני. לעולם אין מצב שנדע במדויק הן את מהירותו והן את מיקומו של חלקיק קוונטי.

התופעה הזאת לא קיימת בהקשר ההלכתי בו עסקנו כאן. מה שראינו כאן הוא רק שיש עמימות במשתנים הלכתיים (קידושין, הקדש, בעלות, תרומה וכדומה), והעמימות הזאת יכולה להשתנות, לגדול או לקטון (לקרוס). אבל אין משתנה צללים אחר שמשלם את המחיר של השינוי הזה. כשהאישה

יותר/פחות מקודשת אין מחיר במונחי משתנה הלכתי אחר שבו הוודאות קטנה/גדלה.

אמנם במובן מסויים ניתן להרחיב את האנלוגיה גם להיבט הזה. ניטול כדוגמה את שני המשתנים הפיזיקליים שראינו שיש ביניהם יחסי אי וודאות: מהירות ומיקום. מ. אברהם[27] הראה במאמר שכתב שהיחסים הללו יכולים להיות מוסברים בדרך קלסית, דרך פרדוקס החץ במעופו של זינון. כאשר אנחנו מתבוננים בחץ העף בכל רגע הוא נמצא במקום אחר, אבל כשמתמקדים במיקומו לא נבחין במהירותו. אם נשתמש במצלמה ונצלם את החץ, המצלמה תראה שהוא נמצא במקום כלשהו, אבל לא תהיה לנו שום אינדיקציה למהירותו. לעומ זאת, אם נתבונן בו במסרטה תיאורטית (כזאת שמראה לנו מהירות בלי מיקום, ראה הסבר במאמר שם), נראה את החץ נע ונדע את מהירותו, אבל לא יהיה לנו שום מידע על מיקומו. ככל שזמן הפתיחה של צמצם המצלמה הוא קטן יותר, הוודאות במיקום גדלה ובמהירות קטנה, ולהיפך. אברהם הסביר שם שבעצם זהו יחס טיפוסי וצפוי בין משתנה (מיקום) לבין קצב השינוי (במונחים מתמטיים: הנגזרת) שלו (מהירות).

אם כן, במקרה של אדם שמקדש כמה אחיות ניתן לראות תופעה דומה. אם הוא היה מקדש אותן בזו אחר זו, כלומר קצב השינוי של הקידושין היה קטן, אז הוודאות שלנו במצב הקידושין היתה מלאה. רק אחת מהן היתה מקודשת (הראשונה), והשאר לא. מה שגורם לאי הוודאות בקידושין הוא קצב ההיווצרות המהיר שלהם, כלומר זה שכל הקידושין נעשים בבת אחת. כשמקדשים את כל האחיות בבת אחת (קצב אינסופי) אז נוצרת אי וודאות גמורה במצב הקידושין (וגם כשמקדשים אחת מהן בלי להגדיר מי). נכון שהיחס הזה קיים רק בין שני מצבים קיצוניים (ביחד או בזו אחר זו). קצבי

---

[27] מיכאל אברהם, חיצו של זינון והפיזיקה המודרנית, **עיון** מו, תשנח, עמ' 425.

ביניים של קידושין (לקדש כל יום, כל שעה, כל דקה וכו') לא משפיעים על התוצאה, כלומר לא יוצרים עמימויות הולכות וגדלות של מצב הקידושין שנוצר. לכן האנלוגיה בהקשר זה היא חלקית מאד, אם בכלל.[28]

סיכום

בפרק זה עסקנו בעמימות אונטית בהלכה. ראינו שניתן למצוא בתלמוד מצבים בהם הוא מחלק באופן מודע וברור בין ספק אפיסטמי לבין עמימות אונטית.

יתר על כן, ראינו שלפי חלק מהראשונים עולה שמעצם העובדה שמדובר בחלות עמומה נגזרת בהכרח (ללא צורך במקור מיוחד מהתורה) האפשרות לברור את אחד המצבים החדים למפרע, כלומר להקריס את המצב העמום (שבתורת הקוונטים מתואר על ידי פונקציית הגל) למצב חד אונטית. ראשונים אחרים אמנם מקבלים שההבחנה התלמודית היא בין ספק לעמימות, אבל אינם רואים בקריסה תוצאה מעצם העמימות.

הערנו שהמחלוקת הזאת מקבילה למחלוקת שראינו לגבי פרשנות תורת הקוונטים, האם הקריסה (תורת המדידה) היא תוצאה שנגזרת מהעמימות

---

[28] מעניין לציין שבחלקה הראשון של הסוגיא בקידושין, נ ע"ב – נא ע"א, דנה במקרה של מקדש שתי אחיות יחד. הדין שם לכל הדעות שאף אחת משתיהן אינה מקודשת. לפי רבא זה בגלל שהקידושין לא מסורים לביאה (חלות עמומה יוצרת איסור לבוא על כל אחת משתיהן, כפי שראינו). לפי רמי בר חמא ההסבר הוא: "כל שאינו בזה אחר זה אפילו בבת אחת אינו". מכיון שאי אפשר לקדש שתי אחיות בזו אחר זו (כי אז הראשונה תהיה מקודשת והשנייה לא), אז גם כשעושים זאת בבת אחת הן לא מקודשות.
אלא שכשעושים זאת בזו אחר זו אחת מהן כן מקודשת, ואילו כשעושים זאת יחד אף אחת לא מקודשת. כלומר במובן מסויים מעשה כזה ישנו בזה אחר זה, ולכן אין דמיון מלא בין עשייה בזה אחר זה לבין עשייה בבת אחת. אולם לפי הפרשנות שהצענו למעלה, זוהי פשוט התופעה של ירידה באי הוודאות. כשעושים זאת בזה אחר זה (קצב היווצרות נמוך) יש וודאות גדולה בקידושין (הראשונה מקודשת והשאר לא). ואילו כשעושים זאת יחד (קצב היווצרות גבוה) אז העמימות (אי הוודאות) בקידושין היא אינסופית, כלומר כולן ספק מקודשות. הכלל "כל שאינו בזה אחר זה אפילו בבת אחת אינו", שמופיע באותה סוגיא, הוא ביטוי כלשהו לעקרון אי וודאות הלכתי.

הקוונטית (כמו בתורת הקוונטים הקונסיסטנטית), או שמדובר בהנחה נוספת שנלמדת באופן בלתי תלוי מתצפיות (כמו בפרשנות המקובלת).

הסברנו שבמקרה שלנו מדובר בקונסטרוקציות משפטיות, ולכן שם קל יותר להבין ולהגיע למסקנה שאכן מדובר בעמימות ולא בספק, מה שבפיזיקה נתפס כרעיון מבלבל ומחודש מאד.

ולבסוף, פגשנו כמה אחרונים (ר״ש רוזובסקי ורעק״א) שרואים את אותו קושי גם בהקשר ההלכתי. הם מניחים אפריורי שגם בהקשרים הלכתיים לא ייתכן שתהיה חלות עמומה, ובוודאי שאין לגזור ממנה קריסה (אפשרות בחירה). אך הערנו שדבריהם תמוהים ומובילים לקשיים רבים מאד בפרשנות הסוגיות התלמודיות והראשונים (גם הם עצמם מודעים לכך, ובכל זאת ממאנים לוותר על ההנחה שאין חלויות עמומות), ולכן מסתבר שהנחתם מוטעית.

נשוב כעת לסיכום. מתברר לנו שהתלמוד במקרה זה הקדים את זמנו באלפי שנים. עוד הרבה לפני הדיונים על פרשנותה של תורת הקוונטים (שהחלו בתחילת המאה העשרים), והדיונים על לוגיקה עמומה והיחס בינה לבין הסתברות (שהתעוררו בסוף המאה העשרים), התלמוד כבר מכיר בהבחנות הללו ומודע להן, ואף גוזר מהן מסקנות. כפי שראינו, בעקבותיו הולכים רוב ככל הראשונים.[29] התלמוד גם מציע מצע נוח יותר להבנת ההבחנות הללו, דווקא מפני שהוא לא עוסק במציאות הפיזיקלית אלא בטענות ששייכות להקשרים נורמטיביים.

---

[29] כאן המקום להזכיר את מאמרו של דניאל וייל, **היגיון** א, שמוצא גם הוא לוגיקה קוונטית בתלמוד (בעיקר בסוגיית ״עיר של זהב״, במסכת שבת). אמנם לדעתנו פרשנותו לסוגיא ממש לא הכרחית, וההיבטים הקוונטיים שהוא מציג בעייתיים מאד גם מצד עצמם. לעומת זאת, בסוגיית קידושין שלא מסורים לביאה הפרשנות ה״קוונטית״ ממש מתבקשת, ועד כמה שהדבר נשמע מוזר היא גם קרובה מאד לאינטואיציה.

פרק רביעי

ספק פסיק רישא: פסאודו-אונטולוגיה

מבוא

בפרק הקודם ראינו את ההבדל בין שני סוגי ספק הלכתיים. כאן נראה את אותה הבחנה מזווית שונה, דרך סוגיית ספק פסיק רישא.[30] אנו נגדיר כאן סוג שלישי של ספק, ספק שהוא בעצם אפיסטמי אבל ההלכה, או בני אדם בכלל, רואים אותו כעמימות אונטית.[31] אנו נכנה זאת עמימות פסאודו-אונטית. נראה דוגמאות הלכתיות ומדעיות לעמימות מסוג כזה, ניווכח שהיא מובילה לפעמים לכשל מחשבתי שנכנה אותו כאן "הכשל האונטולוגי".

הקדמה ראשונה: אינו מתכוין

ישנה מחלוקת תנאים בתלמוד לגבי מעשה איסור שנעשה לשם מטרה אחרת שהיא כשלעצמה מותרת. זוהי סוגיית "אינו מתכוין". לדוגמה, אדם גורר ספסל בשבת ממקום למקום, ובתוך כך נוצר חריץ בקרקע. חריצת חריץ בקרקע אסורה בשבת, אבל גרירת ספסל מותרת. אם כן, ישנו כאן מעשה שיש לו שני היבטים שונים, האחד מותר והשני אסור, והאדם שעושה את הפעולה מתכוין להיבט המותר. בשאלת החיוב על מעשה כזה נחלקו התנאים: רבי

---

30 זוהי סוגיא בעייתית שעסקו בה פסוקים ומפרשים רבים, הן בהיבט העיוני והן בהיבט המעשי-הלכתי. לדוגמה, ראה על כך לדוגמה בחידושי רבי שמואל כתובות, סי' ז.

31 ראו לדוגמא Fetzer J.H. and Almeder R.F.: **Glossary of Epistemology/Philosophy of Science**, Paragon House, New York, 1993, p. 100: "an ontic answer to an epistemic question (or vice versa) normally commits a category mistake"

שמעון מתיר ורבי יהודה אוסר. הדברים מובאים למשל בסוגיית ביצה כג ע״ב והמקבילות:

מני - רבי יהודה היא, דאמר: דבר שאין מתכוין אסור. דאי רבי שמעון - האמר: דבר שאין מתכוין מותר. (דתנן) +מסורת הש״ס: [דתניא]+, רבי שמעון אומר: גורר אדם מטה כסא וספסל, ובלבד שלא יתכוין לעשות חריץ. אימא סיפא, רבי יהודה אומר: אין הכל נגררין בשבת חוץ מן העגלה מפני שהיא כובשת,

הברייתא שמופיעה ברוב הסוגיות מביאה רק את דעת ר״ש שמתיר, אבל מתוך ההקשר ברור שר״י חולק עליו וסובר שזה אסור. נציין שלהלכה כל הפוסקים הכריעו כדעת ר״ש שאינו מתכוין מותר.

חשוב לציין שלא מדובר כאן בפטור מחמת חוסר אשמה, כמו אונס או שגגה. אינו מתכוין פטור בגלל חוסר עבירה. פעולה שנעשית באינו מתכוין היא לא מעשה עבירה בכלל. ולכן גם אם האדם יכול היה לצפות שהתוצאה הזו תתרחש, כלומר מצב בו יש לו אשם בנעשה, עדיין אין כאן עבירה ולכן זה מותר. חשוב להבין שאינו מתכוין בלשון ההלכה אינו מה שאנחנו מכנים בלשוננו חוסר כוונה, כלומר פעולה מבלי משים. במינוח ההלכתי פעולה מבלי משים מכונה ״מתעסק״. אינו מתכוין, לעומת זאת, מתייחס לפעולה מכוונת לגמרי, שהרי האדם יודע שכשהוא יגרור את הספסל ייתכן שייווצר חריץ ובכל זאת הוא לא טורח להימנע מכך. במונחי חוסר אשמה, אין ספק שהלכתית הוא אשם במעשה. לכן ברור שכאן מדובר על פטור מחמת היעדר עבירה, ולא על פטור עקב חוסר אשמה.

הקדמה שנייה: פסיק רישא

על גבי המחלוקת לגבי אינו מתכוין ישנו סייג חשוב. בסוגיית שבת עה ע״א אנו מוצאים דיון בהריגת חילזון בשבת:

תנו רבנן: הצד חלזון והפוצעו - אינו חייב אלא אחת, רבי יהודה אומר: חייב שתים...

וליחייב נמי משום נטילת נשמה! אמר רבי יוחנן: שפצעו מת. רבא אמר: אפילו תימא שפצעו חי, מתעסק הוא אצל נטילת נשמה. והא אביי ורבא דאמרי תרווייהו: מודה רבי שמעון בפסיק רישא ולא ימות! - שאני הכא, דכמה דאית ביה נשמה - טפי ניחא ליה, כי היכי דליציל ציבעיה.

מי שהורג חילזון עובר על כמה איסורי מלאכה בשבת. בתוך הדיון עולה השאלה האם יש כאן גם איסור נטילת נשמה (הריגה). אמנם מדובר כאן במי שצד חילזון ולא מתכוין ליטול את נשמתו, בלומר אינו מתכוין, ולהלכה אנחנו פוסקים שפטור (כדעת ר״ש) ולכן זה צתריך להיות מותר. בכל זאת הגמרא אומרת שר״ש צריך להודות במקרה כזה שהוא כן עובר על איסור נטילת נשמה מפני שזוהי תוצאה הכרחית ממעשהו של האדם. כשצדים את החילזון בהכרח הוא גם מת. המונח ״פסיק רישא ולא ימות״, בו משתמשת הגמרא, משמעותו היא שכאשר חותכים את ראשו של תרנגול כדי להשתמש בראשו כמשחק לילדים בהכרח יוצאת נשמתו. זוהי שאלה רטורית: וכי כשפוסקים את ראשו הוא לא ימות? אמנם פסיקת הראש לא נעשית בכוונה ליטול נשמה, אבל המיתה היא תוצאה הכרחית של הפעולה המותרת (פסיקת הראש), ולכן במקרה כזה גם לדעת ר״ש אין פטור של אינו מתכוין. נציין שכך גם נפסק להלכה.

אם כן, גם לשיטת ר״ש שנפסקה גם להלכה, פעולה באינו מתכוין אמנם מותרת, אבל אם התוצאה האסורה היא נגזרת הכרחית של הפעולה המותרת אז בכל זאת יש בזה איסור. במקרה של גרירת הספסל שתיארנו למעלה, כבר כתבו הראשונים שמדובר במצב בו הקרקע היא לא רכה מדי ולכן לא ברור מראש שהגרירה תיצור חריץ בקרקע, ולכן ר״ש שם מתיר. אבל אם הקרקע היא רכה, והחריץ הוא תוצאה הכרחית מגרירת הספסל, גם ר״ש היה מודה שהגורר חייב.

כאן המקום לציין שהחיוב במצב של פסיק רישא אינו מבוסס על כך שבמצב כזה האדם אשם, שהרי כפי שראינו הפטור של אינו מתכוין הוא לא פטור

מחמת חוסר אשמה. מצב של פסיק רישא נחשב כמו מצב שבו יש כוונה. אינדיקציה ברורה לכך היא ההלכה שאם האדם שגורר את הספסל כן מתכוין לחריצת החריץ, אזי אין שום משמעות לשאלה האם הפעולה נעשית באופן של פסיק רישא (כלומר שהחריץ הוא תוצאה הכרחית של הגרירה). כשאדם מתכוין לפעולה האסורה הוא חייב גם במקרה של אדמה קשה כשלא ברור שייווצר חריץ. מכאן נלמד שההבדל בין פסיק רישא למה שאינו פסיק רישא לא מצוי במישור של האשמה (שהרי כשמתכוונים אז חייבים גם במצב שאינו פסיק רישא), אלא במישור של הגדרת המעשה כעבירה.

כאן נזכיר רק שני הסברים שעולים במפרשים לכך שבפס״ר ר״ש מחייב:

א. הוודאות הופכת את העושה למתכוין, וככל מתכוין הוא חייב. אדם לא יכול לומר שלא התכוין לתוצאה האסורה אם הוא ידע מראש בוודאות שהיא תתרחש. קל יותר להסביר בצורה זו אם מאמצים את שיטת בעל **הערוך** וסיעתו שפס״ר מחייב רק אם ניחא לאדם המבצע בתוצאה האסורה שהתקבלה. במצב כזה, שהתוצאה מתקבלת בוודאות מתוך מעשהו ושנוח לו בתוצאה זו, הוא לא יכול לטעון שלא התכוין אליה.

ב. פס״ר לא הופך אותו למתכוין, שכן גם אם התוצאה צפויה בהכרח הוא עדיין יכול לטעון שלא זו היתה המטרה של פעולתו. אבל כל הבעייה בחוסר כוונה היא שהתוצאה האסורה לא נחשבת כקשורה אליו, שכן הוא לא חתר אליה בעת שעשה את המעשה. אבל במקרה שהתוצאה האסורה נגזרת בהכרח ממעשהו היא כן נחשבת הלכתית כקשורה אליו, גם אם לא התכוין אליה. זהו קישור אלטרנטיבי (במקום הכוונה) בין הפעולה לבין המבצע.

להלן נראה השלכה מעניינת של שני ההסברים הללו.

הבעייה של ספק פסיק רישא

נמצאנו למדים שההיתר של אדם שלא מתכוין לאיסור מבוסס על מצב של ספק האם ייווצר החריץ האסור או לא. אבל כשאין ספק והחריץ ייווצר בהכרח אזי גם ר״ש אוסר. במצב בו אין ספק לא קיים ההיתר של אינו מתכוין. הספק הזה הוא נשוא הדיון בפרק הנוכחי.

מה יהיה הדין במקרה בו יש לנו ספק האם זהו מצב של פסיק רישא? לדוגמה, הספסל נגרר על גבי קרקע שיש לנו ספק האם ייווצר בה חריץ או לא. לכאורה זהו בדיוק מצב שאינו פסיק רישא, שהרי זהו מצב בו לא ידוע לאדם האם ייווצר חריץ. אך כפי שנראה כעת, לפחות במקרים מסויימים הקביעה הזו שנויה במחלוקת הפוסקים.

ספק פסיק רישא במלאכת צידה: שיטת ה'ט"ז'

ב**שו״ע** או״ח סי׳ שטז ה״ג עוסק במלאכת צידה בשבת. הוא כותב כך:

> ***כל שבמינו נצוד, חייב עליו; אין במינו נצוד, פטור אבל אסור. הלכך, זבובים אע״פ שאין במינו נצוד, אסור לצודן.***

צידה היא אחת המלאכות האסורות בשבת. אבל צידה אסורה היא רק כאשר האדם צד בעל חיים שרגילים לצוד אותו כדי להשתמש בו. צידת זבובים אינה אסורה מן התורה, שכן גם אם צדים אותם זה לא נעשה לשימוש (כדי שהזבוב יהיה אצלי) אלא כדי להינצל מהטרדה. במינוח ההלכתי הזבוב הוא בע״ח ״שאין במינו ניצוד״. אמנם חכמים גזרו איסור דרבנן גם על צידת בעלי חיים שאין במינם ניצוד, ולכן צידת זבובים אסורה מדרבנן.

על כך מוסיף הרמ״א בהגהתו שם:

> ***הגה: ולכן יש ליזהר שלא לסגור תיבה קטנה, או לסתום כלים שזבובים בו בשבת, דהוי פסיק רישיה שיצודו שם (בה״ת ומרדכי ס״פ כירה ואגור). ויש מקילין במקום שאם יפתח הכלי ליטלם משם, יברחו.***

הרמ"א פוסק שצריך להיזהר לא לסגור תיבה קטנה שבתוכה יש זבובים, שכן עוברים בכך על איסור צידה. מהו החידוש בדבריו? לכאורה הוא חוזר על דברי המחבר עצמו. הרמ"א מדבר בפעולה שנעשית באינו מתכוין. כאשר סגירת התיבה לא נעשית לשם צידה אלא למטרה אחרת, אז היה מקום לפטור את מי שסגר אותה מפני שהצידה נעשתה באינו מתכוין. על כך כותב הרמ"א שמכיון שהסגירה תביא בהכרח לצידת הזבובים שבפנים הדבר אסור גם לדעת ר"ש. זהו איסור באינו מתכוין עם פסיק רישא.

בסוף דבריו הוא מביא שיטה שמקילה בזה, מפני שהזבובים בתוך התיבה לא נחשבים ניצודים. לפי שיטה זו, אם האדם יפתח את התיבה לקחת את הזבובים הם יברחו, ולכן הם לא באמת עומדים שם לרשותו ולשימושו. במצב כזה סגירת התיבה לא נחשבת כפעולה של צידה. פעולה של צידה אמורה להעמיד את בעל החיים הניצוד לשימושו של האדם (הוא צריך להיות ניצוד).

והנה, ה**טור** או"ח בסימן שט"ז מביא את דברי בעל **התרומות** שהוא מקור הדין ב**שו"ע**, וחולק עליו:

> ***כל דבר שבמינו ניצוד חייב אין במינו ניצוד פטור אבל אסור הלכך זבובים אף על פי שאין במינן ניצוד אסור לצודן לכן כתב בעל התרומות שאסור לנעול בשבת התיבה שיש בה זבובים אלא יתן סכין או שום דבר בין הכיסוי לתיבה בענין שיוכלו לצאת משם ונ"ל שא"צ לדקדק בזה שאין הזבובים נצודין בתיבה שאם בא לפתוח התיבה וליטלם יברחו ולא דמי לדבורים בכוורת דקתני פורסין המחצלת ע"ג כוורת ובלבד שלא יכוין לצוד כי הכוורת קטנה היא והדבורים ניצודין בה ועוד דבכוורת גופה קתני ובלבד שלא יכוין לצוד אלמא כי לא מכוין שרי:***

ה**טור** עצמו כותב שאין צורך לדקדק בזה, ולכאורה מתיר לסגור את התיבה גם אם יש זבובים בתוכה, והוא המקור לדעה השנייה שמובאת ברמ"א הנ"ל.

והנה, ה**ט"ז** שם מביא את המחלוקת הזאת, אך הוא מפרש את דברי ה**טור** באופן אחר:

הלכך זבובים כו'. - ולכן יש ליזהר וכו' הטור בשם בעל התרומות כתב לאיסור בזה וכ' עליו ונ"ל שא"צ לדקדק בזה כו'...

ונ"ל דברי הטור נכונים ותחלה נדקדק לשונו שכתב ונ"ל שא"צ לדקדק בזה ולא כתב ונ"ל שהוא מותר אלא דגם הוא ס"ל דאסור כשרואה זבובים בודאי בתיבה אלא דקאמר שא"צ לדקדק אחרי זה לעיין אם יש שם זבובים.

הוא מדייק בלשון ה**טור** שלא כתב שמותר לסגור את התיבה אלא רק שאין צורך לדקדק בזה. וכוונתו לא שאין צורך לדקדק בהלכה הזאת, אלא שאין צורך לדקדק ולבדוק אם יש זבובים בתיבה לפני שהוא סוגר אותה. הוא יכול לסגור את התיבה גם אם יש לו ספק שמא יש בתוכה זבובים, ואין חובה לבדוק זאת. ל]פי הבנתו של ה**ט"ז**, גם ה**טור** לא מתיר את סגירת התיבה במצב בו האדם יודע שיש זבובים בתוך התיבה.[32]

הוא מסביר את שיטת ה**טור** כך:

... ועל הקושי' השניה של הטור נר' דה"ק חדא דאפי' אם בודאי יש זבובים לא קרוי ניצוד כמו דבורים ועוד אפי' אם תאמר דבודאי הוה פ"ר ואסור מ"מ בספק אם יש שם זבובים יש להתיר דשם אין פ"ר כי זה הוה ספק פ"ר והוה דבר שלא במתכוין ומותר.

הוא כותב שאם לא ברור שיש זבובים בתיבה (שהרי לשיטתו ה**טור** מדבר על מצב מסופק), אם כן אין כאן פסיק רישא. מצב של פסיק רישא שבו ר"ש אוסר הוא רק כאשר התוצאה האסורה נגזרת בהכרח מפעולתו והוא יודע בוודאות שזה מה שיקרה. אבל כאן זהו מצב של ספק ואין לאדם שסוגר את

---

[32] אמנם מניסוחו של ה**טור** עצמו לא משתמע שזו היתה כוונתו. הוא מביא נימוק שרלוונטי גם למקרה שבוודאי יש זבובים בתיבה. וכך אכן הבין אותו הרמ"א. ה**ט"ז** טוען שהנימוק שמובא ב**טור** הוא קומה נוספת על גבי השיקול שהוא עצמו מסביר.

התיבה וודאות מראש שתיווצר התוצאה האסורה. אם כן, חזרנו להיתר הרגיל של אינו מתכוון במצב שאינו פסיק רישא.

כעת הוא מביא דוגמה:

כמו בכור' היכא דלא הוה פ"ר כגון שיש נקב קטן כמש"ל ה"נ אין פסיק רישיה בודאי כי אפשר שאין שם זבובים וזה היא כמו במקום דלא הוי פ"ר דמותר שלא במתכוין.

בקטע קודם הוא הסביר שבכוורת שיש בה חורים קטנים כך שהדבורים לא בהכרח נלכדות בתוכה אם סוגרים אותה, זהו מצב של אינו מתכוין ללא פסיק רישא, ולכן מותר לסגור כוורת כזאת בשבת. הוא מדמה את המקרה של התיבה עם הזבובים למקרה של כוורת עם חורים. בשני המקרים מדובר באינו מתכוין ויש ספק האם נעשית כאן צידה. כלומר זה לא מצב של פסיק רישא, ולכן מותר.

הוא מוכיח זאת מלשון **הטור**:

כנ"ל לישב דברי הטור על נכון כי לא בא לחלוק בביאור על בעל התרומה אלא שנ"ל שא"צ לדקדק אח"ז ויוכל להסגיר התיבה בלי בדיקה אם יש שם זבובים.

כפי שראינו, **הטור** כותב שאין צורך לדקדק האם יש זבובים בתיבה, ולא כותב שזה מותר. וכוונתו לומר שלא חייבים לבדוק, שכן בלי בדיקה זהו מצב של אינו מתכוין בלי פסיק רישא, וכנ"ל.

לבסוף מסכם **הט"ז**:

וכן נ"ל להלכה למעשה דאם רואה שם זבובים יפריח תחלה מה שיפריח אבל א"צ לחפש אחר זה.

כלומר הלכה למעשה לפני שאדם בא לסגור את התיבה עליו להפריח את מה שיפרח משם, אבל אין צורך לבדוק האם נותרו זבובים או לא.

בביאור הלכה שם, ד"ה 'ולכן יש להיזהר', הביא את דברי **הט"ז** כחידוש בדיני פסי"ר, שגם בספק האם יש כאן איסור הדין הוא כמו בספק האם הדבר יתרחש, כלומר שגם מצב כזה לא נחשב כפסי"ר. ובאמת לכאורה לא ברור

מה החידוש בדברי **הט"ז**, הרי באמת להלכה ר"ש סובר שאם התוצאה האסורה אינה נגזרת הכרחית מפעולתו יש פטור של אינו מתכוין. אם כן, בספק שמא יש זבובים אין וודאות כזאת ולכן ברור שיש פטור של אינו מתכוין. כדי להבין זאת נראה כעת את דברי רעק"א שחולק עליו.

ספק פסיק רישא: שיטת רעק"א

רעק"א בהגהות **לשו"ע** יו"ד חולק על **הט"ז** ולא מקבל את חידושו. הוא סובר שאסור לסגור את התיבה כיון שזה ספק איסור בפס"ר ולא שאין כאן פס"ר בכלל. החילוק הזה הוא נושא הפרק שלנו.

נפתח בדברי הרמ"א שם (יו"ד סי' פז ה"ו) שמביא דין בשם המרדכי:

> ***יש אומרים דאסור לחתות האש תחת קדירה של עו"ג, לפי שהם מבשלים בהם פעמים חלב פעמים בשר, והמחתה תחת קדירה שלהם בא לידי בישול בשר בחלב (הגהת מרדכי פ' הצלמים).***

אסור להבעיר אש מתחת סיר של גוי מפני שיש חשש שהגוי בישל בסיר בשר וחלב והם נבלעו בדפנות הכלי. במצב כזה הבערת האש מתחת לסיר תביא לאיסור בישול בשר בחלב (ההלכה אוסרת לבשל בשר בחלב גם אם התבשיל לא נאכל בסוף).

רעק"א בהגהותיו שם מעיר על דברי הרמ"א כך:

> ***סעיף ו' בהג"ה י"א דאסור לחתות האש. קשה לי הא אינו מכוין לבשל רק לחתות באש ופסיק רישא לא הוי דשמא לא בישל העובד כוכבים בהקדירה בשר וגם חלב.***

רעק"א מקשה מדוע הרמ"א אוסר הרי יש לנו ספק אם הגוי בישל בשר וחלב בכלי הזה. אם כן, זהו מצב של ספק פס"ר, וצריך להיות מותר (כפי שראינו **בט"ז** לעיל).

רעק"א מסביר זאת כך:

> ***וצ"ל דדוקא בספק דלהבא שמא לא יהא נעשה כן במעשה שלו כמו גורר כסא וספסל דהוי ספק שמא בגרירתו לא יעשה גומא אבל***

בספק דעבר כמו הכא דאם יש בקדירה בלוע בשר וחלב בחיתוי זה בודאי יתבשל אלא דהספק שמא אין בו בליעת בשר וחלב זה מקרי פסיק רישא.

במבט ראשוני רעק״א עוסק בציר הזמן. הוא מחלק בין ספק להבא לספק לשעבר. בגרירת ספסל הספק הוא האם ייעשה חריץ, וזהו ספק להבא. כשיש ספק להבא זה לא מצב של פסי״ר. אבל אצלנו זהו ספק על המצב העכשווי (האם יש בשר וחלב בלועים בכלי או לא), וספק כזה אינו מוציא אותנו ממצב של פסי״ר.

כעת הוא תולה זאת במחלוקת ראשונים צדדית:

ויש לע׳ דתליא במחלוקת הערוך ובעלי תוספות בשבת (דף ק״ג) ד״ה דקעביד ארעא דחבריה וכו׳ ע״ש דדעת הערוך דדבר שאינו מתכוין בפ״ר היכא שאינו נהנה מותר אפילו מדרבנן ומשמע שם אפי׳ בשאר איסורים כן דהא מביא ראיה מההיא דמזלפין יין וכו׳ שהוא שאר אסורים ע״ש וא״כ הכא מותר דהא אינו (מבשל) [מכוין לבשל] הבלוע של העובד כוכבים ואף דהוי פ״ר מ״מ הא לא נהנה אולם לדעת תוס׳ שם דאסור מדרבנן ובשאר אסורים נראה דעתייהו דאסור ד״ת ע׳ בדבריהם ביומא (דף ל״ד ע״ב) א״כ הכא אסור וע׳ בהרא״ש פי״ד דשבת דגם להערוך בשאר אסורים אסור וע׳ במג״א (סי׳ ש״ך סק״כ).

הראשונים חלוקים מה הדין במצב של ״פסיק רישא דלא ניחא ליה״: לפי תוס׳ וסיעתם, כאשר יש מצב של פסי״ר ר״ש תמיד מחייב. אבל לדעת **הערוך** וסיעתו ר״ש מחייב רק אם לאדם נוח בתוצאה האסורה שנוצרה במעשהו. אבל אם לא נוח לו הוא פטור גם אם התוצאה נוצרה בהכרח (פסי״ר).

כעת מוסיף רעק״א הערה על עצם ההבחנה שלו בין ספק להבא לספק לשעבר:

אכן לדעת הט״ז א״ח (סי׳ שי״ו סק״ג) שכתב שם לדעת הטור בנועל התיבה וספק אם יש זבובים דמותר לנועלו דהוי דבר שאינו מתכוין ואף דהוי פ״ר מ״מ דלמא אין שם זבובים ולא הוי פ״ר א״כ לכאורה

בנ"ד היתר גמור דהא אינו מתכוין לבשל כלי של עובד כוכבים ואפשר דאין בתוכו כלל בלוע בב"ח לא הוי פ"ר.

הוא כותב שלדעת ה**ט"ז** גם מצב כזה אינו פסי"ר, שהרי גם תיבה שיש לנו ספק האם יש בה זבובים זה ספק לשעבר, ולפי ה**ט"ז** במצב כזה אין דין פסי"ר. רואים שה**ט"ז** לא מקבל את ההבחנה בין ספק להבא וספק לשעבר.

רעק"א מוסיף כעת:

כתבתי זה שלא להיות האיסור חמור כי כמעט א"א לזהר העוברי דרכים גם יש לדון דסתם כלי ש"נ אינו ב"י ולא הוי כלל בישול בב"ח...

הוא מסביר שלדעתו ה**ט"ז** לא צודק, אבל הוא מביא את דבריו כדי להקל על עוברי דרכים.

אם כן, לדעת רעק"א, בניגוד ל**ט"ז**, יש הבדל בין ספק להבא לבין ספק לשעבר. בתיבה שיש לנו ספק האם יש בה זבובים, זהו ספק על לשעבר, ולכן לשיטתו שם כן יהיה דין פסי"ר ויש לאסור. זה לא דומה לגרירת ספסל ששם יש ספק האם ייווצר חריץ בעתיד, ואז זה לא מצב של פסי"ר.

אמנם ברור שהאיסור בפסי"ר של צידת הזבובים קיים רק אם אכן יש בתיבה זבובים, והרי אנחנו לא יודעים זאת. לכן ברור שגם רעק"א שאוסר זהו איסור של ספק ולא של וודאי. זהו בדיוק המצב של ספק פסי"ר, ואנו רואים שנחלקו לגביו ה**ט"ז** ורעק"א.

לפי רעק"א, ספק עתידי משמעותו שאין כאן פסי"ר, אבל ספק לשעבר עדיין אסור כספק פסי"ר. ואילו לשיטת ה**ט"ז** אין הבדל בין שני המקרים, וכל עוד אין לאדם וודאות באשר לאיסור, בין אם זה מחמת העבר ובין אם מחמת העתיד, זה לא פסי"ר ויש להקל.

הסבר ראשוני למחלוקת

כאמור, על פניו נראה שרעק״א מחלק בין ספק לשעבר לבין ספק להבא. אבל מדוע באמת יש הבדל בין המקרים? הרי בשני המקרים אין וודאות שיתבצע איסור, ולכן זה לא מצב של פסי״ר.

לכן נראה יותר שההבחנה בין לשעבר לבין להבא היא רק אינדיקציה ולא שורש העניין. כוונתו של רעק״א היא לחלק בין שני מצבים שנראים דומים:

1. מצב בו אני גורר ספסל על קרקע לא לגמרי רכה, ואז לא ברור האם ייווצר חריץ או לא. זהו מצב שאינו פסיק רישא, שהרי לא ברור שייווצר חריץ.

   ניתן לומר שקרקע כזאת שלא בהכרח נחרצת זוהי עמימות במציאות עצמה ולא ספק אצל האדם, ולכן אין כאן פסיק רישא. פסיק רישא הוא מצב בו המציאות היא כזאת שהמעשה המותר גורר אחריו בהכרח את התוצאה האסורה. אם המציאות עצמה עמומה, זה לא מצב של פסי״ר, שכן במצב כזה התוצאה האסורה לא נגררת בהכרח מהפעולה המותרת (אם כי זה אפשרי כמובן, שאם לא כן הדיון לא היה מתעורר).

2. מצב בו המציאות היא ברורה אבל יש לאדם חוסר במידע אודותיה. זהו ספק אפיסטמי, כמו במקרה של הזבובים, שהרי בתיבה או שיש זבובים או שאין, והספק הוא אצל האדם (הוא לא יודע מה יש בתיבה). אם במציאות יש זבובים בתיבה, אז בהכרח הם ייצודו כשיסגרו אותה. אם כן זהו מצב של פסיק רישא. אמנם האדם שסוגר את התיבה לא יודע האם יש זבובים בתוכה, ולכן הוא בספק (אפיסטמי), אבל ספק אפיסטמי אינו סותר את הדין של פסיק רישא. זהו מצב של ספק איסור רגיל (כשאיננו יודעים האם יש כאן איסור או לא), ולכן עלינו להחמיר.

אם כן, רעק״א מחלק בין ספק אפיסטמי לבין עמימות אונטית. פסי״ר עומד בניגוד לעמימות אונטית, אבל ספק אפיסטמי לא מונע תחולת דין פסי״ר.

נמצאנו למדים שלדעת רעק״א ההבחנה בין פסיק רישא למצב שאינו פסיק רישא נמצאת במישור של המציאות עצמה. אם המציאות היא כזאת שהפעולה המותרת גוררת אחריה בהכרח את התוצאה האסורה (כמו בקרקע רכה) זהו מצב של פסיק רישא. אם המציאות עמומה, כלומר אין הכרח שתיווצר התוצאה האסורה – אז זה לא פסי״ר. לעומת זאת, מידע לא שלם על המציאות, כלומר ספק אפיסטמי, הוא ספק הלכתי רגיל.

המסקנה היא שכשיש ספק האם המצב המציאותי הוא מצב של פסיק רישא יש לזה דין כמו כל ספק איסור. אם האדם לא יודע האם יש זבובים בתיבה זהו ספק אפיסטמי (שהרי במציאות או שיש זבובים או שלא). לעומת זאת, תיבה עם חורים שספק האם הזבובים יכולים לצאת דרכם, או אדמה ברמת רכות בינונית שלא מכריחה את היווצרות החריץ, אלו מצבים של עמימות אונטית, כלומר במציאות עצמה, ולא ספק אפיסטמי. חוסר הידיעה של האדם הוא תוצאה של העמימות במציאות עצמה. לכן שם יחול הדין של פסיק רישא, וההוראה ההלכתית היא שזהו ספק איסור.

מזווית אחרת ניתן לומר זאת כך. ראינו למעלה שדין אינו מתכוון ופסי״ר לא פועלים במישור של האשמה אלא במישור של קיומה של עבירה. לכן העמימות האונטית נמצאת גם היא במישור של קיומה של עבירה: האם נעשתה כאן עבירה (כלומר שזה פסי״ר) או לא (כלומר שזה לא פסי״ר). אבל השאלה האפיסטמית של האדם שתוהה לגבי האונטולוגיה (שהיא כשלעצמה ברורה), נמצאת במישור האשמה. האדם לא יודע האם אכן ייעשה כאן איסור או לא, וזהו מצב של ספק הלכתי רגיל. במצבי ספק להלכה אין פטור של חוסר אשמה, כי ספק דאורייתא מחייב החמרה.[33]

---

[33] אמנם כאן מדובר באיסור דרבנן, שהרי כפי שראינו זבוב הוא בעל חיים שאין במינו ניצוד. ראה על כך להלן.

מזווית אחרת נאמר שבמקרה של הזבובים המציאות היא או שיש זבובים או לא. זוהי הסתברות 50% לאחד משני המצבים, והספק הוא בגלל חוסר ידיעה שלנו. לעומת זאת, קרקע ברמת רכות בינונית זוהי מציאות עמומה. המצב הוא קוונטי (סופרפוזיציה בין האפשרות שייווצר חריץ לאפשרות שלא). זוהי לוגיקה עמומה ולא הסתברות.

כעת נוכל להבין גם את חידושו של ה**ט״ז**. למעלה שאלנו מה החידוש בדבריו, הרי סוף סוף בשני המקרים יש חוסר וודאות אצל האדם ולכן זה לא מצב של פס״ר. כעת אנחנו מבינים שגם הוא הבין שניתן לחלק בין המצבים כמו רעק״א, וכוונתו לחדש שההבחנה הזאת לא נכונה. לדעתו, כל עוד יש לאדם ספק אפיסטמי, לא משנה האם הוא תוצאה של חוסר מידע או תוצאה של עמימות במציאות, זהו מצב שאינו פס״ר. לשיטתו פס״ר נאמר על ידיעת האדם ולא על המציאות עצמה. לעומת זאת, רעק״א סובר שפס״ר הוא קריטריון שמאפיין את המציאות עצמה ולא את ידיעת האדם אודותיה.

קושי פילוסופי-פיזיקלי: האם יש בפיזיקה הקלסית ספק אונטי?

בפרקים הקודמים ראינו את ההבחנה בין ספק אפיסטמי לבין עמימות אונטית. עמדנו שם על כך שמבחינת הידע הפיזיקלי העכשווי אין במציאות הפיזיקלית עמימות אונטית אמיתית פרט לאי הוודאות בתורת הקוונטים. במקרים שתוארו בפרק הקודם, שם הספק הוא משפטי, היה מקום להגדיר עמימות ״אונטית״ אחרת, שכן המציאות לא היתה מציאות פיזיקלית אלא משפטית. אבל בנדון של הפרק הנוכחי (הספסל והחריץ) אנחנו עוסקים בפיזיקה. הקשר בין קשיות הקרקע לבין היווצרות החריץ הוא קשר פיזיקלי, והוא מצוי בספירה הקלסית ולא הקוונטית. לכן שם ברור שאין מקום לעמימות אונטית. לשון אחר, אם היינו מומחים שיודעים היטב את טיב הקרקע, משקל הספסל, וחוקי הטבע הנוגעים בדבר (חוזק חומרים, לחצים מכניים וכדומה), כלומר אם היה בידינו כל המידע הרלוונטי, כי אז ברור שיכולנו לצפות מראש האם ייווצר חריץ או לא.

הקריטריון שר״ש שקאפ עצמו מביא כדי להבחין בין שני המצבים הוא התגלות של אליהו הנביא (כדוגמה למי שמביא מהקב״ה את מלוא המידע הרלוונטי). אם המצב הוא כזה שאליהו הנביא היה פותר לנו את הקושי (כמו מקרה שבו קידשתי אישה מסויימת מתוך חמש ולאחר מכן שכחתי מיהי), כי אז מדובר בספק אפיסטמי. אבל אם גם אליהו לא יכול היה לעזור (כשקידשתי אחת לא מסויימת מבין החמש), כי אז מדובר בעמימות אונטית. אם כן, גם במקרה של הספסל זה אינו מצב של עמימות אונטית אלא של ספק אפיסטמי. אמנם אנחנו לא מצויידים במלוא המידע לגבי הקרקע, אבל הקרקע מצד עצמה נמצאת במצב חד משמעי (או שייווצר חריץ או שלא), ואליהו יכול היה לפזר את הספיקות שלנו.

המסקנה היא שלכאורה אין מקום לחילוקו של רעק״א. כל הספיקות שלנו בהקשרים אלו הם ספיקות אפיסטמיים ולא עמימויות אונטיות. מלאכות שבת או שאר איסורי התורה לא עוסקים בהתרחשויות בסקלה הקוונטית, ולכן ברור שהפיזיקה השולטת שם היא הפיזיקה הקלסית. מה מקום, אם כן, לחילוקו של רעק״א? האם באמת תיתכן עמימות אונטית בהקשרים ההלכתיים?

נראה שההלכה אינה נצמדת לפיזיקה האמיתית אלא לתפיסה של בני אדם לגבי הפיזיקה. בני אדם רואים מצב של קרקע ברמת קשיות בינונית כמציאות עמומה ולא כחוסר במידע שלנו, ולכן זה נחשב הלכתית כעמימות אונטית. אם זו צורת ההתייחסות של האדם הסביר (הלא מומחה), כי אז גם ההלכה מתייחסת למצבים כאלו כך. ישנן גם דוגמאות מחיי היומיום לתופעה זו. למשל, אנשים רואים בהטלת קוביה אירוע אקראי, על אף שאין בו שום אקראיות. הטלת קוביה היא מקרה מובהק של ספק מחמת חוסר במידע, אבל כשנשאל אנשים נקבל תשובות שמדובר באירוע אקראי, כלומר במציאות עמומה ולא קבועה מחמת עצמה.

בכמה מקומות רואים שההלכה נקבעת על פי ה- common sense, התפיסה של ההדיוטות ולא לפי הפיזיקה של המומחים. גם כאן אנו טוענים שההבחנה

שעושה רעק״א נסמכת על הבחנה בתפיסה הפיזיקלית של ההדיוטות. כשיש ספק האם יש זבובים בתיבה ברור לכל אחד שמדובר בחוסר מידע שלנו ולא במציאות עמומה. לעומת זאת, גרירת ספסל דומה להטלת קוביה, מה שההדיוטות רואים כמציאות עמומה, למרות שהמומחים יודעים שבפיזיקה קלסית לא יכולה להיות עמימות אונטית ממשית.

אם כן, גם אם ברור שאין בפיזיקה הקלסית עמימות אונטית, עדיין ניתן לומר שבהלכה מכירים במצב של עמימות פסאודו-אונטית. ברור שפיזיקלית אין כאן עמימות, אבל בהסתכלות האנושית ההדיוטית אנו רואים זאת כעמימות אונטית ולא כספק אפיסטמי. טענתו של רעק״א היא שרק מצבים של עמימות אונטית או פסאודו-אונטית, אינם פסיק רישא. אבל מצבים של ספק אפיסטמי לא מפקיעים את הפסיק רישא, אלא יוצרים מקרה של ספק פסיק רישא.

הכרעת ההלכה

בעל **משנה ברורה** שם סקט״ז מבין את דברי ה**ט״ז** קצת אחרת:

ועיין בט״ז שהכריע דמכיון שהפריח הזבובים שראה בעיניו תו אין צריך לעיין ולדקדק אולי יש שם עוד איזה זבובים כיון דזה לא הוי אלא ספק פסיק רישיה במילתא דרבנן דהוא דבר שאין במינו ניצוד אין להחמיר כל כך:

נראה לכאורה שהוא מפרש את ה**ט״ז** כשיטת רעק״א שספק פסי״ר אסור, ופסי״ר הוא רק עמימות אונטית. לכן הוא מסביר שה**ט״ז** מתיר כאן מפני שמדובר באיסור דרבנן, ומכיון שזהו מצב של ספק פסי״ר, אז זהו ספק איסור דרבנן, ולכן יש להקל. כלומר לתפיסתו גם ה**ט״ז** מסכים לרעק״א שספק פסי״ר הוא לא מצב של עמימות אונטית שסותר פסי״ר, אבל עדיין מכלל ספק לא יצאנו, ובספק דרבנן הולכים לקולא. ולפי״ז באמת במצב שבו הספק ייגע בצידה דאורייתא (כגון תיבה שיש ספק האם יש בתוכה כלבים, שבמינם

ניצודים) הוא יחמיר. וכך גם בבישול בשר בחלב שבו עסק רעק״א, שם יודה ה**ט״ז** שהדבר אסור כי מדובר באיסור תורה.

מעיון בלשון ה**ט״ז** קשה לקבל שזו אכן היתה כוונתו. עיון נוסף בדברי ה**ביאור הלכה** שם מעלה שאין כוונתו לפרש כך את ה**ט״ז**, אלא רק לומר שלדעתו זוהי הכרעת ההלכה (מפני שבאיסור דרבנן אין הבדל בין שתי התפיסות).

זה כמובן מעורר את השאלה מדוע באמת רעק״א חולק על ה**ט״ז** ואוסר, שהרי זה לכל היותר ספק איסור דרבנן. נראה שהסיבה לכך היא שבמקום שאפשר לברר את הספק אין היתר להקל גם באיסור דרבנן. כאן אפשר לפתוח את התיבה ולראות האם יש בתוכה זבובים, ולכן לדעתו לא צודק ה**ט״ז** שטוען שלא צריך לבדוק זאת. לפי זה, באיסורי דרבנן שאי אפשר לברר (או לפחות שא״א לברר בקלות) גם רעק״א יתיר ספק פסי״ר.

בכל אופן, לפי דרכנו יוצא שגם בעל **מ״ב** פוסק כתפיסתו העקרונית של רעק״א, שספק פסי״ר הוא ספק איסור, ולא כדעת ה**ט״ז**. אמנם לגבי איסורי דרבנן אין לכך חשיבות (כי מדובר בספק דרבנן), אבל לגבי איסורי תורה מצב של ספק פסי״ר הוא אסור כדין כל ספק איסור.

אם כן, למסקנת ההלכה ההבחנה של רעק״א עומדת בעינה. יש לה השלכות לגבי ספיקות באיסורי תורה (או לפי רעק״א גם ביחס לספיקות שניתנים לבירור באיסורי דרבנן).

ראיות ה'ביאוה״ל': שני ניסוחים למחלוקת הפוסקים

ה**ביאוה״ל** שם מביא ראיה לשיטת ה**ט״ז** מתוסי' על סמך סוגיא בסוכה:

> ***ולכאורה יש להביא ראיה להט״ז מתוספות כתובות ו' דהביאו מתחלה ראיה לשיטת הערוך דפ״ר דלא ניחא ליה מותר מהא דסוכה ל״ג דממעטין ענבי הדס ביו״ט ופריך והא מתקן מנא [היינו שמכשיר ההדס לצאת בו] ומשני כגון שלקטן לאכילה ודבר שאין מתכוין מותר ופריך והא פסיק רישא הוא ומשני כגון דא״ל הושענא אחריתא אלמא כיון דלא ניחא ליה בהאי תקון שרי ודחו התוספות***

וכן האור זרוע בהלכות שבת סי׳ נ״ט וז״ל הואיל וא״ל הושענא אחריתא שרי אפילו לר״ש דשמא לעולם לא יהא צריך לשניה ואשתכח דלא תקן כלי ולאו פסיק רישא הוא אבל לר״י אסור דשמא יצטרך לה ואגלאי מלתא דכלי עבד עכ״ל. הרי מוכח דגם בספק אם יש על הפעולה הזו גופא איסור ג״כ הוא בכלל דבר שא״מ דמותר לר״ש.

המקרה בו מדובר הוא הדס (בלשון חכמים: הושענא) שגדלים עליו ענבים (פירות קטנים של ההדס). האדם תולש את הפירות הללו מההדס שלו ביו״ט כדי לאכול אותם, ובכך הוא עובר באינו מתכוין על איסור של תיקון כלי (כי הדס שיש עליו ענבים פסול למצוות נטילת ארבעת המינים, ובתלישה הוא מכשיר את ההדס למצוותו). תוס׳ אומר שהוא נמצא בספק האם הוא יצטרך את ההדס הזה לחג או שיש לו הדס אחר. זו לא עמימות אונטית אלא ספק אפיסטמי, ובכל זאת תוס׳ אומר שזה לא פסי״ר. מכאן שהם סוברים כ**ט״ז**.

כלומר מדברי תוס׳ כאן יוצא שגם מקרה בו יש ספק האם יש בפעולה איסור הוא בכלל דבר שאינו מתכוין, כמו בספק האם זה יתרחש. גם מצב כזה אינו פסי״ר והוא מותר אף באיסורי תורה, וזה כשיטת ה**ט״ז**.

לאחר מכן ה**ביאוה״ל** דוחה את הראייה הזו ומעלה ציר חלוקה חדש:

ויש לדחות דשם עכ״פ תלוי הדבר בענין דלהבא שמא יצטרך לה ויהיה תקון למפרע ע״י המיעוט הזה או לא יצטרך ולא יהיה תקון ודמי קצת להאי דגרירת כסא וספסל דספק הוא אם יעשה חריץ ע״י גרירתו או לא אבל בעניננו אנו דנין על הפעולה שעושה עכשיו והדבר תלוי בספק דלשעבר אם עושה בזה מעשה איסור דהיינו אם יש שם דבר הניצוד או לא הו״ל כשאר ספיקא.

כלומר החילוק של ה**ט״ז** אינו בין ספק איסור לעמימות במציאות, אלא בין ספק על לשעבר (שזה המצב בזבובים, שם השאלה היא מה המצב כעת) לספק על העתיד (שזה המצב בחריצת השדה בספסל ובהושענא, שם השאלה היא מה יקרה). ההשלכה של שינוי הניסוח הזה היא לגבי תיקון ההושענא, שם

הספק הוא אמנם עמימות במציאות אבל הוא נוגע לעתיד ולא לעבר, ולכן זה אינו פסי״ר. ולפי״ז ספק איסור לשעבר יהיה ספק פסי״ר כרעק״א.

כאן ה**ביאוה״ל** חוזר למשמעות הניסוח המקורי של דברי רעק״א. הוא מבין שחידושו אינו בחילוק בין ספק אפיסטמי (חוסר מידע) לעמימות אונטית, אלא בין שני סוגי ספק: לשעבר ולהבא. ראינו שזו אמנם משמעות לשונו, אבל כעת הסברא שלו אינה ברורה. מדוע זה חשוב שהספק הוא על להבא ולא על לשעבר? אם ההבחנה מתפרשת כפי שהצענו למעלה (אונטולוגיה ואפיסטמולוגיה) אז הסברא מובנת לגמרי, כפי שביארנו אותה לעיל. אבל ההבחנה בין ספק על העבר לספק על העתיד לא מובנת בסברא.

לבסוף ה**ביאוה״ל** מביא ראיה ל**ט״ז** מדברי הרמב״ן (ב**מלחמות**, שבת מא ע״א) והמאירי:

> ***אכן מצאתי ראיה לדברי הט״ז מדברי הרמב״ן במלחמות פרק כירה גבי המיחם שפינהו וכו׳ ומקשה הגמרא הלא מצרף וקאמר ר״ש היא דאמר דבר שאין מתכוין מותר והקשו הראשונים הא מודה ר״ש בפסיק רישא ותירץ הרמב״ן דלהכי אינו אסור לשפוך מים למיחם ולא חיישינן למצרף דשמא לא הגיע לצירוף אע״פ שנתחמם הרבה שהמים מנעו אותו ושמא כבר נצטרפה עי״ש וכן תירץ המאירי שם הרי דגם בדבר התלוי בספק דלשעבר ג״כ אמרינן דבר שאינו מתכוין מותר כדברי הט״ז.***

מדובר על כלי שהיה מלא בגחלים ופינו אותם ממנו, כעת הוא רותח והשאלה האם מותר לשפוך לתוכו מים בשבת. הקירור על ידי המים עלול לצרף את הכלי (לחסם אותו), ובכך לעבור על איסור תורה של מכה בפטיש (גמר עשיית כלי). כאן לכאורה מדובר בספק במציאות ולא בהיעדר מידע, שהרי הכלי עצמו נמצא בטמפרטורה שבה לא בטוח שהוא יצטרף (כמו קרקע שבה לא בטוח שייווצר חריץ).

אם מפרשים את ההבחנה של רעק״א כהבחנה בין ספק לשעבר ולהבא, כפי שהציע ה**ביאוה״ל**, הרי כאן הספק הוא לשעבר (מה מצב הכלי כעת? האם

הוא התחמם מאד, או לא כל כך?), ואם הראשונים לא רואים בזה מצב של פסי״ר זו אכן ראיה **לט״ז**.[34]

אבל אם מפרשים את המחלוקת לפי דרכנו (האם ספק אפיסטמי מוציא מכלל פסי״ר), אזי צירוף כלי בפשטות הוא מצב של עמימות אונטית, ולכן גם רעק״א מודה שמותר לשפוך לתוכו מים (כמו גרירת ספסל בקרקע לא רכה לגמרי). אם כן, לפי הבנתנו אין להביא מכאן ראיה נגד רעק״א.

השלכה אפשרית: פסק מעניין של הגרש״ז לגבי תולעים

בשו״ת **מנחת שלמה** מהדו״ת (ח״ב-ג, סי׳ סג) עוסק באיסור אכילת תולעים. הוא מביא מהפוסקים שכאשר אדם אוכל פרי ובתוכו תולעת הוא נחשב מתעסק ואינו מתכוין, ולכן לשיטה זו זה מותר:

> ***וכן גם מה שכתב השיבת ציון בסי׳ כ״ח והובא גם באמרי בינה דיני בב״ח סוף סי׳ ד׳ בשם גאון אחד, ובדרכ״ת סי׳ פ״ד אות כ״ח הובא כן מבעל בית אפרים דלגבי התולעת שאין דעתו עליו חשיב רק כמתעסק, ואע״ג דאין מתעסק בחלבים מפני שנהנה, שאני הכא שההנאה היא רק מהפרי ולא מהתולעת.***
>
> ***ואע״ג דהו״ל כספק פסיק רישא לשעבר דלא חשיב כאינו מתכוין, כמבואר ברעק״א יו״ד סי׳ פ״ז ס״ו, מ״מ נראה שאם הבירור אינו יכול להיות רק ע״י טורח גדול מאד דחשיב כבדיעבד, שפיר חשיב בנד״ד כנעשה אח״כ בשעת אכילה ע״י מתעסק וכאינו מתכוין דמותר, שהרי גם גרירת מטה וכדומה יכולים גם כן לדעת מראש על***

---

[34] יש להעיר שלפי הבנה זו לא ברור מדוע בספסל זה לא ספק על לשעבר אלא על להבא. אמנם הספק הוא האם ייווצר חריץ, וזה על העתיד, אבל יסוד הספק הוא בשאלה עד כמה הקרקע קשה, וזה ספק על המצב העכשווי, ממש כמו במיחם שפינהו.

ידי מומחה גדול ואפילו הכי מותר, וכיון דשרי לבעל המסעדה, הוא הדין נמי דשרי לאחריני כידוע.

הוא מסביר שאכילת הפרי עם התולעת זה ספק פס״ר לשעבר (שכן הספק הוא האם עכשיו יש תולעת בפרי או לא), ולכן לכאורה זה תלוי במחלוקת **הט״ז** ורעק״א. לדעת הגרש״ז נראה שיש לאסור כרעק״א (נראה קצת שהוא פוסק כמותו). אמנם הוא דוחה זאת, וכותב שבמצב שהבדיקה האם יש תולעת בפרי היא קשה, זה לא נחשב כפס״ר לשעבר אלא כפס״ר להבא. וראייתו היא מגרירת ספסל שע״י מומחה גדול יש מקום להכריע האם ייחרץ חריץ וגם זה לכאורה ספק פס״ר לשעבר. ואם הגמרא רואה את זה כמצב שאינו פס״ר על אף שזהו ספק לשעבר, זו ראיה לכך שכשהבדיקה היא קשה (זוקקת מומחיות – כמו בקרקע, או פירוק הפרי- כמו במקרה של תולעים) זה נחשב כספק להבא שאינו פס״ר.

אם כן, הוא תולה את ההבדל בין ספק לשעבר לבין ספק על העתיד באפשרות הבירור. אם אפשר לברר בקלות זה ספק לשעבר ויש לאסור. אמנם כשהבירור קשה יש להקל דהוי כספק על העתיד.

נזכיר שלפי דרכנו החילוק הוא בין שאלה אפיסטמולוגית (ספק מחמת חוסר מידע) לשאלה אונטית (עמימות). אם אכן זה החילוק, כי אז ניתן לדמות את המקרה של התולעת לספק אונטי כי דעת ההדיוטות היא שיש כאן ספק אמיתי. כאמור, אנחנו לא הולכים אחרי הבנת המומחים. אמנם לא נראה שכוונתו ממש לדברינו, שכן לפי דרכנו השאלה אותה שואלים את ההדיוטות היא מה לדעתם אופי הספק (האם המציאות עמומה ולא חד משמעית, או שרק לנו חסר מידע). והרי לגבי תולעת בפרי ברור שלכל הדעות זה רק ספק של חוסר מידע.

הסבר המחלוקת וראייה מהתלמוד

ר״ש שקאפ בספרו **שערי ישר**, ש״ג פכ״ו, מסביר את החילוק של רעק״א כך:

והטעם בזה נלענ״ד דענין מה דמודה רבי שמעון בפסיק רישא אינו משום דכל היכא דהוי פסיק רישיה חשוב כמכון מחמת שיודע ודאי שיהיו כן הוי כמכוון, דלפי״ז היכא דהוי ספק פסיק רישיה היה ראוי להיות מותר, דבכה״ג שהדבר מסופק להעושה, ובאמת בספק פסיק רישיה הוא ספק איסור תורה, ועיין במסכת שבת דף צ״ה ע״א ובתוס׳ דפליגי רבי אליעזר ורבנן לענין מכבד אי הוי פסיק רישיה, דלכאורה אם תנאי פליגי בזה איך אפשר לומר דהאדם העושה יודע ודאי שיהיו כן, ואיך פליגי בדבר שתלוי בידיעת העושה, אלא ודאי שענין פסיק רישיה אינו תלוי כלל בידיעת האדם, אלא אם הדבר במציאות פסיק רישיה אסור אף שלא ידע העושה מה שיהיה תכלית הפעולה, שהטעם העיקרי בפסיק רישיה שבאופן כזה המעשה נקראת על שם זה גם בלי כונת העושה, ורק היכא דלא הוי פסיק רישיה סובר רבי שמעון דאין המעשה נקראת על שם זה רק ע״י הכונה, דמלאכת חרישה אינה נקראת בשם מלאכה זו אלא רק אם עושה למטרת חרישה, אבל כשעושה למטרת גרירת ספסל, שם המעשה בזה מלאכת העתקת הספסל ממקום למקום, אבל כשחותך ראש בעל חי גם בלי כונת הריגה הפעולה עצמה נקראת בשמה.

הוא מסביר שיש שתי אפשרויות להבין מדוע פסי״ר מחייב באינו מתכוין: א. הפסי״ר הופכו למתכוין. ב. הפסי״ר גורם לקישור של המעשה לעושה על אף שאין לו כוונה אליו.

הגרש״ש טוען לטובת העמדה השנייה, וראייתו היא מכך שספק פסי״ר הוא אסור (ספק איסור תורה). כלומר הוא מניח את עמדת רעק״א, שעמימות אונטית אינה פסי״ר אבל ספק אפיסטמי – כן. כעת הוא ממשיך ואומר שאם אכן פסי״ר היה הופכו למתכוין אז לא היה מקום לחילוקו של רעק״א בין עמימות אונטית לספק אפיסטמי, שהרי בשני המקרים סוף סוף האדם לא יודע ולכן לא מתכוין וצריך לפטור אותו. אם מחלקים בין ספק אפיסטמי

לעמימות אונטית אז ברור שדין פסי״ר עניינו לקשור את המעשה לעושה, וקשר כזה קיים רק במקום שמבחינת המציאות הקשר הוא הכרחי. אם במציאות הקשר לא הכרחי אז לא רואים את העושה כבעל המעשה. אבל אם מדובר בספק אפיסטמי הוא לא נוגע לשאלה האם יש קשר במציאות בין המעשה לעושה.

הנחתו של הגרש״ש היא שאינו מתכוין הוא פטור של חוסר עבירה, מפני שהמעשה לא מתייחס לעושה. מי שלא מתכוין למעשה לא נחשב כעושהו. אבל במקום שהמציאות מכתיבה שהתוצאה האסורה נוצרת בהכרח ממעשהו אז יש קשר בינו לבין המעשה האסור ולכן מחייבים אותו עליו.

מתוך דבריו ניתן להבין את שורש המחלוקת בין **הט״ז** לרעק״א. למעלה עמדנו על שני הסברים אפשריים לחיוב של אינו מתכוין במקרה של פסי״ר: א. הפסי״ר הופך אותו למתכוין. ב. הפסי״ר קושר את המעשה אליו (במקום שהכוונה תקשור אותו אליו). **הט״ז** מבין כאופן א. לשיטתו הפטור באינו מתכוין נעוץ בחוסר הידיעה הסובייקטיבי, ולא משנה האם יסודו בעמימות במציאות או בחוסר מידע. לפי **הט״ז** הפסי״ר אמור להפוך אותו למתכוין, וזה קורה רק אם הוא יודע מראש שהתוצאה האסורה תתרחש. אבל לפי רעק״א הפסי״ר קושר את המעשה האסור לעושה, כאופן ב, וזה רק במקום שמבחינת המציאות יש ביניהם קשר הכרחי. כשהמציאות עמומה אין קשר כזה, אבל המציאות אינה עמומה ורק יש ספק בדעת האדם זה לא שולל את הגדרת המצב כפסי״ר (או ספק פסי״ר).

מניין הגרש״ש יודע בבירור שרעק״א הוא שצודק, שספק פסי״ר אינו מותר אלא הוא ספק איסור? הוא מביא לכך ראיה מעניינת ממחלוקת תנאים בסוגיית שבת צה ע״א, שם נחלקו ר״א ורבנן האם מותר או אסור לטאטא את הריצפה עם ענפי דקל. השאלה היא האם הטאטוא שנעשה לניקיון הבית ולא לשם תלישת עלים, מביא בהכרח (פסיק רישא) לתוצאה האסורה של תלישת עלים מהענף או לא. על כך טוען ר״ש שקאפ, שאם הדרישה של פסי״ר היא דרישה על וודאות בידיעת האדם (ולא על הכרחיות בקשר הפיזיקלי-אונטי)

אז כיצד ייתכן שתנא אחד סבור שיש לאסור זאת כי תלישת העלים היא הכרחית, בעוד שלצדו מופיע תנא שסובר שזה לא יקרה. כיצד האדם שמטאטא אמור לדעת בוודאות שהעלים ייתלשו אם יש תנא שסובר בפירוש שזה לא יקרה. האם ההדיוט הזה בהכרח חכם יותר מהתנא החולק? אם לא ייתכן שיהיה אדם סביר שיחשוב כך, כיצד קרה שהתנא שהוא אדם סביר לכל הדעות חושב זאת?

הטענה שכל אדם סביר יודע שבהכרח ייתלשו עלים מהדקל נסתרת מעצם קיומה של דעה חולקת שסוברת שהעלים לא בהכרח ייתלשו. מכאן הר״ש שקאפ מוכיח שלא ייתכן שנדרשת כאן וודאות אפיסטמית. לכל היותר תיתכן כאן דרישה לוודאות אונטית (שהתנא החולק, ואולי גם אדם סביר אחר, לא יודעים אותה, אבל זה לא חשוב כי מה שחשוב הוא המציאות עצמה). ומכאן שלפי התנא האוסר זה אסור מדין ספק פס״ר, והוכחה שיטת רעק״א.[35]

זוהי בעצם ראיה נוספת לשיטת רעק״א, שתולה הכל בוודאות אונטית ולא בוודאות אפיסטמית.

ספק פסאודו-אונטי בהקשרים מדעיים

ראינו שבפיזיקה הקלסית אין עמימות אונטית אמיתית, אבל ההלכה מכירה במצבים מסויימים כאילו היו ספיקות אונטיים. כאשר הדיוטות רואים מצב כמצב לא קבוע אונטית ההלכה מכירה בזה בספק אונטי. זה מה שכינינו כאן ספק פסאודו-אונטי. ראינו דוגמה לדבר מהסתכלות המקובלת על הטלת קוביה, שגם שם אין שום ספק אונטי (שהרי מדובר בפיזיקה קלסית) אבל בכל זאת מקובל לראות זאת כאירוע אקראי.

---

[35] ראינו כאן שעצם קיומה של מחלוקת מוכיח שהתוצאה העובדתית לא יכולה להיות ידועה בוודאות לאדם הפשוט. נזכיר שטיעון בעל לוגיקה דומה מאד לזה פגשנו בפרק הקודם ביחס להסבר מחלוקת הריטב״א והתורי״ד לגבי ברירה מכללא. בהמשך הפרק נשוב ונעיר על הלוגיקה של הטיעונים הללו.

בשולי דברינו ניתן לומר שהסתכלות כזאת מקובלת בתחומי מדע רבים. את הכאוס כבר פגשנו, כשפיסת נייר מוטלת מקומה שניה אנחנו נוטים לראות את מיקומה הסופי כתוצאה של תהליך אקראי. זאת למרות שמדובר בתהליך דטרמיניסטי לגמרי, ובכל זאת פיזיקאים יאמרו שמדובר כאן בתהליך אקראי. כך הם מעדיפים לראות אותו לצורך נוחיות הטיפול המתמטי.

ניטול דוגמה נוספת מתחום האבולוציה. ביולוגים וחוקרי אבולוציה מניחים שיש בתהלילך האבולוציוני רכיב אקראי. היווצרות המוטציות היא משהו שלא ניתן לצפיה מראש, והיא תלויה במשתנים רבים שנחשבים אקראיים. אך במשקפיים פיזיקליות זו לא הסתכלות מדויקת. הרי מדובר בסקלות שאינן רלוונטיות לתורת הקוונטים (בעלי חיים, ואפילו שרשראות חלבון, הם יצורים גדולים בהרבה מהסקאלה שבה אמורה להופיע עמימות קוונטית). ובכל זאת, ההסתכלות המקובלת אצל אנשי מדע היא שמדובר בתהליך אקראי. זוהי גישה שמקילה על הטיפול המתמטי והמדעי בתופעות הללו, ולכן מקובל להתייחס אליהן כתהליכים אקראיים.

אם כן, ספיקות פסאודו-אונטיים קיימים גם בתחומי מדע רבים, ולא רק בהלכה.

הכשל האונטולוגי: דוגמאות הלכתיות

בפרק זה עסקנו בהבחנה בין אונטולוגיה לפסאודו-אונטולוגיה. כעת נבחן טעות נפוצה שנובעת מהתעלמות מההבחנה הזאת. הדבר נוגע ללוגיקה של הטיעונים שהובאו בפרק הקודם ובזה הנוכחי, בהם הבאנו שני שיקולים שמוכיחים מתוך קיומה של דעה חולקת את המסקנה שמדובר באונטולוגיה ולא באפיסטמולוגיה.

בפרק הקודם עשינו לזאת לגבי דברי הריטב״א שטען שבמצב של חלות עמומה (כמו מקדש אחת משתי נשים, או שתי אחיות) חייב להיות מנגנון קריסה (כלומר שהמקדש יכול לבחור אחת משתיהן בזמן מאוחר יותר גם בלי להתנות זאת מראש. ברירה מכללא). הצגנו שם את האפשרות שהריטב״א

מתבסס על אומדן דעתו של מחיל החלות (המקדש), שדעתו היא להחיל אותה באופן שיאפשר לו לבחור בעתיד, ובעצם יש כאן התנייה מכללא. הוכחנו שזו לא יכולה להיות טענתו, מפני שהתורי״ד חולק עליו וסובר שאין קריסה במצב שאדם לא התנה, כלומר שלדעתו אדם לא מתכוין להשאיר לעצמו אפשרות לבחור. עצם קיומה של דעה כמו של תורי״ד, מפריכה את האפשרות שהריטב״א חושב שכל אדם סביר סובר אחרת.

כך גם ראינו בפרק הנוכחי שהפרשנות לדין פסיק רישא במישור האפיסטמי (לפיה ספק אפיסטמי מפקיע את המצב מלהיות פסיק רישא) נופלת מעצם קיומה של מחלוקת תנאים לגבי טאטוא, האם יש שם פסיק רישא או לא. אם תנא אחד חושב שזה לא פסיק רישא (לא יישרו עלים) זה מוכיח שהתנא השני לא יכול להניח שכל אדם סביר חושב שהם כן ינשרו.

אבל הטיעונים הללו מבוססים על כך שיש הבחנה חדה בין אפיסטמולוגיה לאונטולוגיה. הם פורכים את האפשרות שמדובר באפיסטמולוגיה ומסיקים שכנראה מדובר באונטולוגיה. הבעייה היא שבדוגמה של פסיק רישא, בה עסקנו בפרק הנוכחי, לא מדובר באונטולוגיה אלא בפסאודו-אונטולוגיה. עמדנו על כך שידיעה שלימה של טיב הקרקע תאמר לנו בוודאות האם גרירת הספסל תיצור חריץ או לא. לכן הספק כאן יכול להיות רק אפיסטמי. מתוך כך הסברנו שהדעה שרואה את הספק כאונטי לא מתכוונת לאונטולוגיה ממש אלא לפסאודו-אונטולוגיה, כלומר לספק שהוא בעצם אפיסטמי, אבל האדם הסביר רואה אותו כעמימות אונטית.

אבל אם באמת ההבחנה היא בין אפיסטמולוגיה לבין פסאודו-אונטולוגיה, אזי שני הצדדים עוסקים בעצם באפיסטמולוגיה. אם כן, הטיעון מקיומה של דעה חולקת שמוצג בפרק הנוכחי נופל מייד. הרי השאלה אינה האם בקרקע כזאת ייווצר חריץ אלא מה חושב האדם הסביר לגבי טיבה של הקרקע. נכון שהאדם רואה זאת כעמימות אונטית, אבל באמת מדובר באפיסטמולוגיה. קיומה של דעה של תנא שסובר שיישרו עלים מפריכה גם את האפשרות הפסאודו-אונטית שאדם סביר חושב שבקרקע כזאת הם לא יישרו. אם כן,

בכל מקרה הטיעון הזה תקף, ואין עדיפות לפסאודו-אונטולוגיה על אפיסטמולוגיה. לעומת זאת, הטיעון של הפרק הקודם שעוסק במצבים אונטיים ממש, נותר תקף. שם המסקנה היא שהספק מי מהנשים מקודשת הוא אונטי ממש, ולכן העובדה שיש אדם סביר שטועה בזה אכן מוכיחה את האפשרות האונטית.

ההגדרה של ספיקות מסויימים כעמימות אונטית היא מועילה לצורך הדיון. חשוב מאד להבחין בינה לבין ספק אפיסטמי. אבל חשוב לזכור שבשורה התחתונה מדובר בפסאודו-אונטולוגיה ולא באונטולוגיה ממש, ולכן זוהי הבחנה בין שני סוגי אפיסטמולוגיה, שנעשית רק לצרכים שימושיים. אחתץ ההשלכות לכך היא שלא ניתן להפעיל במצבים כאלה לוגיקה של טיעונים מהסוג שהוצג כאן. אלו הן דוגמאות למה שנכנה כאן "הכשל האונטולוגי".

הכשל האונטולוגי: דוגמאות מדעיות

אם נשוב למישור המדעי, נוכל לראות גם שם דוגמה לאותו כשל. על מה מתנהל הויכוח התיאולוגי סביב האבולוציה?[36] יסודו במה שקאנט כינה "הראיה הפיזיקו-תיאולוגית". אנשים מאמינים רבים מבססים את האמונה באלוקים על טיעון שהעולם שלנו מורכב/תכליתי, ודבר כזה לא יכול להיווצר במקרה (ללא יד מכוונת). היד המכוונת היא ידו של האלוקים. כנגדם טוענים אתיאיסטים רבים שהאבולוציה מציגה מכניזם אקראי, כלומר שמתנהל ללא יד מכוונת, שמצליח לייצר יישים מורכבים. טיעון זה מייתר לכאורה את הצורך בקיומה של יד מכוונת.

---

[36] ראה על כך בספרו מ. אברהם, **אלוהים משחק בקוביות**, ידיעות ספרים 2011.

אבל הטיעון הזה מבוסס על ההנחה שהתהליך האבולוציוני הוא ביסודו אקראי. אך כפי שהסברנו לעיל[37] זה כנראה לא המצב. מדובר בסקאלות גדולות מדיי מבחינת תורת הקוונטים, ולכן לא סביר שיש שם אקראיות אמיתית. התהליך האבולוציוני הוא תהליך דטרמיניסטי לחלוטין. מדוע, אם כן, משתמשים בכלים הסתברותיים וסטטיסטיים בחקר האבולוציה? מדוע ההסברים שניתנים במסגרתה הם לעולם בעלי אופי סטטיסטי? מפני שמדובר בתהליך מורכב. הבאנו לכך דוגמה מהטלת קוביה (או השלכת פיסת נייר מקומה גבוהה), שגם שם מנתחים את התוצאות בכלים הסתברותיים על אף שמדובר בתהליך דטרמיניסטי למהדרין. יתר על כן, כפי שראינו, כלים הסתברותיים מיועדים לשימוש דווקא במקרים של היעדר מידע. עמימות אונטית משתמשת בלוגיקה עמומה ולא בהסתברות.

השימוש בכלים הסתברותיים נערך כאילו יש כאן עמימות אונטית (אקראיות), למרות שלא זה המצב האמיתי. זוהי דוגמה לעוצמתה של ההנחה הפסאודו-אונטית, ולתועלת ולשימושיות שלה. מאידך, גם כאן צריך להיזהר לא לשכוח שבעצם מדובר באפיסטמולוגיה. העובדה שהאריה הזדמן למקום וטרף את הקוף וכך הכחיד את כל האוכלוסיה מסוגו ויצר ברירה טבעית אין בה שום דבר אקראי באמת. האריה הגיע בגלל סיבה כלשהי שגרמה לכך, וכך גם טריפתו של הקוף האומלל. גם היווצרותו של הקוף מסוג זה ומהסוגים האחרים היא תהליך דטרמיניסטי. השימוש בכלים הסתברותיים הוא מפני שהמידע שבידינו על המציאות לא שלם. מועיל מאד מבחינתנו לטפל בזה בכלים הסתברותיים.

לעומת זאת, הפירכא על הראיה הפיזיקו-תיאולוגית מניחה שמדובר כאן באקראיות אמיתית, ומתעלמת מכך שזו רק הנחה שימושית של פסאודו-עמימות. אם כן, זוהי דוגמה נוספת לכשל האונטולוגי. כשדנים האם יש כאן

---

[37] ראה בעמ' 114.

אקראיות אמיתית (עמימות אונטית) אסור לשכוח שזו לא באמת אונטולוגיה אלא אפיסטמולוגיה במסווה.

בה במידה, פיזיקאים לא מעטים מבלבלים בין העמימות הקוונטית לבין חוסר היכולת לנבא (אי-פרדיקטיביליות) בתחום הכאוס. זהו שוב ביטוי לכשל האונטולוגי.[38] גם אם יבוא מישהו ויאמר שזכייתו של פלוני בהגרלה (מפעל הפיס, או הטלת מטבע, או קוביות), מעידה שיש לו "מזל", זו אמירה לא מדוייקת (כלומר שוב כשל אונטולוגי). אין כאן שום דבר אקראי, ולכן לא מדובר במזל. המצב הפיזיקלי גרם לכך שהתוצאה תיפול תמיד לטובתו. גם כאן אסור לשכוח שהניתוח הסטטיסטי אינו עוסק במציאות עצמה אלא רק בידע שלנו אודותיה.

כמובן שעצם ההתייחסות למצבים אלו כעמימות אונטית היא מאד מועילה. טיפול בכלים דטרמיניסטיים במצבים כאלה לא יניב שום תוצאות, שכן מדובר בחישובים מורכבים ביותר שאין לנו שום סיכוי להגיע באמצעותם לתוצאות מועילות. נסו לחשב את הפיאה שעליה תיפול קוביה בכלים של המכניקה הניוטונית. קל וחומר לגבי חישוב של היצורים שייוותרו בעולם בעולם בתהליך של ברירה טבעית בעוד אלף שנה. מסיבה זו, גם אם יש לחוקרי אבולוציה פרדיקציות על העתיד, הן לעולם מתקבלות בכלים סטטיסטיים ולא בחישוב מלא. לדוגמה, אנחנו יודעים שהחיידקים הולכים ונעשים מוגנים מפני החיסונים והתרופות שבידינו. זו תוצאה שניתן לנבא אותה בכלים הסתברותיים. אבל האם מישהו יכול לומר מה תהיה צורתו של החיידק הבא בעוד עשר שנים? וגם אם כן, האם הוא יכול להציג חישוב

---

[38] בספרו של מ. אברהם, **מדעי החופש** (ידיעות ספרים, 2013) מובאות דעות של מדענים שמנסים להסביר את חופש הרצון האנושי בתופעות כאוטיות (במובן של תופעות בעלות רגישות גבוהה לתנאי התחלה, כגון מחקריו של א. לורנץ). זוהי הדגמה מובהקת לכשל האונטולוגי.

שיראה כיצד זה יקרה (כלומר אילו מוטציות ייווצרו, כיצד כל אחת מהן תיכחד, ומה יישאר בסוף התהליך)?

כדי להשאיר את האפשרות להתייחס לספיקות אפיסטמיים כעמימויות אונטיות, ובכל זאת למנוע את הכשל האונטולוגי (כלומר שאנשים לא יתעלמו מכך שבעצם מדובר בספק ולא בעמימות), חשבנו שמן הראוי להגדיר את המצבים הללו כפסאודו-אונטולוגיה.

פרק חמישי

חצי עדות, חצי קידושין וחצי שיעור

מבוא

בפרק זה נבחן דוגמה הלכתית של לוגיקה עמומה שהופכת את האפיסטמולוגיה לאונטולוגיה. על פי ההלכה ברוב התחומים עדות היא קבילה אם היא ניתנת על ידי שני עדים. עדותו של עד אחד אינה קבילה (למעט מקרים מיוחדים). אנו נראה שלפי רבי שמעון שקאפ עדותו של עד אחד אינה בעלת ערך אפסי אלא זוהי כעין חצי עדות. כלומר מושג העדות מתואר על ידי לוגיקה תלת-ערכית. אבל יש לשים לב לכך שעמימות כזאת שייכת במהותה למישור האפיסטמי, שכן העדות כחלק מדיני הראיות מיועדת להביא לבית הדין את המידע על העולם. לכן כשמדברים על חצי עדות בפשטות הכוונה היא למידע לא וודאי שיש לבית דין על העולם, סוג של ספק, ולכן נראה שזוהי עמימות אפיסטמית.

ובכל זאת, כפי שנראה כאן ההלכה הופכת את העמימות האפיסטמית הזאת לעמימות אונטית. במקרה של עדות על קידושין עד אחד הופך את הקידושין לחצי קידושין. כאן זו כבר עמימות אונטית (או מושגית) ולא רק אפיסטמית. יתר על כן, אנחנו נראה שגם במקרה של עדות רגילה זו לא סתם אפיסטמולוגיה, אלא סוג של אונטולוגיה.

הדברים מבוססים על התמונה שנפרסת על ידי ר״ש שקאפ, בספרו **שערי ישר** שער ז פ״א. אנו נתבסס על דבריו שם, בתוספת הערות שלנו שמיועדות בעיקר לחידוד והבהרה, אבל אולי יש בהן גם קצת שינוי מכוונתו המקורית.

דין עדות בהלכה

בית דין אמור להכריע בשאלות שמגיעות לפניו. לצורך כך עליו לברר את העובדות הרלוונטיות. בדרך כלל הדיינים עצמם לא נוכחים בשטח, ולכן

עליהם להיעזר בראיות. דיני ראיות בתורה כוללים עדות (שניים ואחד), חזקות, רוב, מיגו, שבועה ועוד. עדות נחשבת כראיה החזקה ביותר, ובלשון התלמוד: "תרי כמאה" (כלומר שני עדים יש להם נאמנות כמו מאה עדים. לשון אחר, אין ראיה חזקה יותר משני עדים).

מקור הדברים בתורה עצמה. דין עדות מופיע בשני מקומות שונים. המקור הראשון עוסק בדיני נפשות (דברים יז, ו):

> ***עַל־פִּי שְׁנַיִם עֵדִים אוֹ שְׁלֹשָׁה עֵדִים יוּמַת הַמֵּת לֹא יוּמַת עַל־פִּי עֵד אֶחָד:***

מפשט לשון הפסוק נראה שהחידוש הוא שלא ממיתים בעד אחד, כלומר שנדרשים שני עדים כדי להמית את הנאשם. פסוק זה עוסק בדיני נפשות.

חז"ל דורשים על הפסוק הזה (ר"ה כא ע"ב):

> ***על פי שנים עדים - כתיב (קהלת י"ב) בקש קהלת למצוא דברי חפץ, בקש קהלת לדון דינין שבלב שלא בעדים ושלא בהתראה, יצתה בת קול ואמרה לו וכתוב יושר דברי אמת על פי שנים עדים או שלשה עדים יומת המת.***

כלומר הפסוק מלמד אותנו לא לדון על פי סברות ואומדנות אלא רק על פי עדים. יתר על כן, לא די בעד אחד, ונדרשים שניים.

כך אנחנו מוצאים גם בסוגיית סנהדרין לז ע"ב:

> ***על פי שנים עדים - תניא, א"ר שמעון בן שטח, אראה בנחמה אם לא ראיתי אחד שרץ אחר חבירו לחורבה ורצתי אחריו וראיתי סייף בידו ודם מטפטף והרוג מפרפר, ואמרתי לו, רשע, מי הרגו לזה, אני או אתה, אבל מה אעשה שאין דמך מסור בידי, שהרי אמרה תורה על פי שנים עדים יומת המת, היודע מחשבות יפרע מאותו האיש שהרג את חבירו, אמרו, לא זזו משם עד שבא נחש והכישו ומת.***

שוב רואים שהפסוק הזה מלמד אותנו שלא הורגים אדם על סמך ראיות, ואפילו ראיות נסיבתיות מצוינות, אלא בשני עדים.

הדברים מובאים להלכה ברמב"ם בתחילת פ"כ מהל' סנהדרין:

אין בית דין עונשין באומד הדעת אלא על פי עדים בראיה ברורה, אפילו ראוהו העדים רודף אחר חבירו והתרו בו והעלימו עיניהם או שנכנסו אחריו לחורבה ונכנסו אחריו ומצאוהו הרוג ומפרפר והסייף מנטף דם ביד ההורג הואיל ולא ראוהו בעת שהכהו אין בית דין הורגין בעדות זו ועל זה וכיוצא בו נאמר ונקי וצדיק אל תהרוג, וכן אם העידו עליו שנים שעבד ע״ז זה ראהו שעבד את החמה והתרה בו וזה ראהו שעבד את הלבנה והתרה בו אין מצטרפין, שנאמר ונקי וצדיק אל תהרוג הואיל ויש שם צד לנקותו ולהיותו צדיק אל תהרגוהו.

רואים שעדות נסיבתית, חזקה ככל שתהיה, אינה עדות. משמעות הדבר היא שיש בעדות ממד פורמלי, גזירת הכתוב של התורה להתייחס לעדות כראיה היחידה הקבילה.

פסוק נוסף בתורה מדבר על ״הקמת דבר״, בעוונות וחטאים (דברים יט, טו):

לֹא־יָקוּם עֵד אֶחָד בְּאִישׁ לְכָל־עָוֺן וּלְכָל־חַטָּאת בְּכָל־חֵטְא אֲשֶׁר יֶחֱטָא עַל־פִּי שְׁנֵי עֵדִים אוֹ עַל־פִּי שְׁלֹשָׁה־עֵדִים יָקוּם דָּבָר:

גם מהפסוק הזה נראה שבאו לחדש שדווקא שני עדים מקימים דבר אבל לא עד אחד. מהי ״הקמת דבר״? על כך מצינו ב**ספרי** כאן:

לכל עון ולכל חטאת - לדיני נפשות ולדיני ממונות, למכות ולקרבנות, להעלות לכהונה ולהוריד מן הכהונה.

מדובר על דין אזרחי (ממונות), דין פלילי (עונשים: מיתה ומלקות) ומעמד אישי. בעצם כל התחומים המשפטיים בתורה.

הייחוד של דיני ממונות

ובכל זאת, הרמב״ם בתחילת פכ״ד מהל׳ סנהדרין מביא את ההלכה הבאה (מקורו בכתובות פה ע״א, ולאחר מכן בדברי הרי״ף שם. הדברים מובאים גם ב**שו״ע** חו״מ סי׳ טו ס״ה):

יש לדיין לדון בדיני ממונות על פי הדברים שדעתו נוטה להן שהן אמת והדבר חזק בלבו שהוא כן אף על פי שאין שם ראיה ברורה ואין צריך לומר אם היה יודע בודאי שהדבר כן הוא שהוא דן כפי מה שיודע, כיצד הרי שנתחייב אדם שבועה בב״ד ואמר לדיין אדם שהוא נאמן אצלו ושדעתו סומכת על דבריו שזה האיש חשוד על השבועה יש לדיין להפוך השבועה על שכנגדו וישבע ויטול הואיל וסמכה דעתו של דיין על דברי זה, אפילו היתה אשה או עבד נאמנים אצלו הואיל ומצא הדבר חזק ונכון בלבו סומך עליו ודן, ואין צריך לומר אם ידע הוא עצמו שזה חשוד. וכן אם יצא שטר חוב לפניו ואמר לו אדם שסמך עליו אפילו אשה או קרוב זה פרוע הוא אם סמכה דעתו על דבריו יש לו לומר לזה לא תפרע אלא בשבועה, או אם היה עליו שטר חוב לאחר יתן לזה שלא נפגם שטרו כלל ויניח זה שנפגם שטרו בדברי האחד או ישליך השטר בפניו ולא ידון בו כפי מה שיראה, וכן מי שבא וטען שיש לו פקדון אצל פלוני שמת בלא צואה ונתן סימנין מובהקין ולא היה זה הטוען רגיל להכנס בבית זה האיש שמת, אם ידע הדיין שזה המת אינו אמוד להיות לו חפץ זה וסמכה דעתו שאין זה החפץ של מת מוציאו מן היורשין ונותנו לזה האמוד בו ונתן סימנים, וכן כל כיוצא בזה שאין הדבר מסור אלא ללבו של דיין לפי מה שיראה לו שהוא דין האמת, אם כן למה הצריכה תורה שני עדים שבזמן שיבואו לפני הדיין שני עדים ידון על פי עדותן אף על פי שאינו יודע אם באמת העידו או בשקר.

כלומר בדיני ממונות אין צורך בעדים. ראיות אחרות גם הן קבילות, כל עוד הדיין השתכנע היטב (חזק בליבו) שזו אכן האמת העובדתית.[39]

---

[39] בה״ב שם מובא שהעיקרון הזה נכון מעיקר הדין, אבל בתי הדין בימינו לא נהגו לעשות זאת מסיבות שונות.

יש מקום לומר שלפי העיקרון הזה ניתן לסמוך בדיני ממונות גם על עדים פסולים, כל עוד הם לא חשודים לשקר אלא פסולים מסיבות צדדיות (כמו קרובים. ראה רמב״ם הל׳ עדות פי״ג הט״ו, ומקורו בסוגיית ב״ב), או על עד אחד. כל עוד הדיינים השתכנעו שזוהי האמת העובדתית זה לא משנה אם הם סומכים על עדים פסולים, עד אחד, או אפילו ללא עדים כלל. כל עוד נוצר שכנוע חזק בליבו של הדיין די בזה כדי להכריע את הדין.[40]

מאידך, הרמב״ם בתחילת פרק ה מהל׳ עדות כותב לכאורה הפוך:

אין חותכין דין מן הדינין על פי עד אחד לא דיני ממונות ולא דיני נפשות, שנאמר לא יקום עד אחד באיש לכל עון ולכל חטאת ומפי השמועה למדנו שקם הוא לשבועה כמו שביארנו בהלכות טוען.

כאן מבואר שאמנם עדות של עד אחד מחייבת את הצד השני בשבועה, אבל לכל שאר דיני הממונות אין משמעות לעדות של עד אחד. גם בממונות אין לחתוך עדות על פי עד אחד, וזאת לכאורה בניגוד למה שהוא עצמו כותב בפכ״ד מהל׳ סנהדרין שבדיני ממונות אין צורך בעדים וניתן לדון גם ללא עדים כלל. יתר על כן, דברי הרמב״ם בהל׳ סנהדרין סותרים גם את מה שנאמר בפסוקים שהבאנו למעלה, שהרי ראינו שמדובר שם גם בדיני ממונות, והתורה קובעת שרק על פי שני עדים מקימים דבר. יתר על כן, בקידושין סה ע״ב ובסוטה ב ע״ב מבואר שדין שני עדים המקורי נאמר על דווקא דיני ממונות, ובתחומים כמו דבר שבערווה (מעמד אישי) זה נלמד מדיני ממונות בגזירה שווה (״דבר׳-׳דבר׳ מממון״). אם כן, לא ברור כיצד הרמב״ם קובע שבממונות ניתן להכריע על פי אומדנא ושכנוע של הדיין ללא עדים.

המפרשים מתלבטים ביישוב הדברים, ורבים מהם מסבירים שכוונת הרמב״ם היא שבאמת גם בדיני ממונות לא ניתן להסתמך על עד אחד, אלא

---

[40] בשו״ת **חת״ס** אהע״ז ח״א סי׳ צד מסביר שמדובר בשכנוע של הדיין לאור ראיות אובייקטיביות כלשהן ולא בהתרשמות סובייקטיבית גרידא.

על ראיות אחרות. עדות חייבת להינתן דווקא בשניים. אך אלו דברים דחוקים, שהרי עד אחד לא גרוע יותר מראיה שאינה עדות או אופן שכנוע אחר. אם בממונות די לנו בשכנוע של הדיין אפילו ללא עדות, מדוע ייגרע חלקו של דיין שהשתכנע על פי עד אחד?

אבל אם נדקדק בלשון הרמב״ם נראה שאין כאן סתירה. בהלכה זו הוא מדבר על השאלה האם יש דין של עדות בעד אחד, וקובע שלא. לכן כשבאים לחתוך את הדין בממונות על פי עדות, עד אחד אינו עד. אבל בממונות ניתן לחתוך את הדין על פי אומדנא, ובערוץ הזה גם עד אחד הוא קביל שכן הוא יוצר אומדנא טובה.

משמעות הדבר היא שבדיני ממונות יש שני ערוצים לפסוק את הדין:

א. אומדנא שיוצרת שכנוע חזק אצל הדיין. לזה מועיל עד אחד, קרובים, או כל ראיה אחרת.

ב. חיתוך הדין על פי עדות. לזה מועילים אך ורק שני עדים כשרים, ואז אפשר להכריע גם בלי שהדיין שוכנע חזק בליבו.

ההבדל הוא שבעדות יש אפשרות לחתוך את הדין על פי דבריהם גם אם אצל הדיין לא נוצרה וודאות קרובה לגבי המציאות עצמה. קיומם של שני עדים הוא תשתית ראייתית מספיקה כשלעצמה. אבל זה נאמר רק בהכרעה פורמלית על פי שני עדים (ערוץ ב). כל צורה אחרת להכריע (בערוץ א) דורשת וודאות קרובה של הדיין. נציין שזה אמור רק כל עוד אין דין מרומה, וכשלא נפסלו העדים בחקירות (ראה בהמשך דברי הרמב״ם בפכ״ד מהל׳ סנהדרין שם).

מכאן נוכל להבין את דברי הרמב״ם בתחילת פכ״ד מסנהדרין שהובאו למעלה. הוא כותב שם בסוף דבריו:

> ***אם כן למה הצריכה תורה שני עדים שבזמן שיבואו לפני הדיין שני עדים ידון על פי עדותן אף על פי שאינו יודע אם באמת העידו או בשקר.***

יש כאן הוראה של התורה להכריע על פי עדים גם ללא שכנוע חזק בלבו של הדיין לגבי תוכן עדותם (כל עוד הוא לא חושש לשקר בדבריהם באופן פוזיטיבי). אבל לזה נדרשים דווקא שני עדים.[41]

הסבר להבדל בין דין פלילי לאזרחי

ראינו שבדין הפלילי נדרשים שני עדים כדי להכריע את הדין, ולא הולכים אחרי אומדנות או ראיות אחרות, וגם לא אחרי השכנוע של הדיין. לעומת זאת, בדין האזרחי יש שני ערוצי הכרעה: פורמלי על פי שני עדים (כמו בפלילי), והכרעה מתוך שכנוע אחר לגבי המציאות. מדוע באמת יש הבדל כזה בין דין פלילי שבו נדרשים שני עדים לבין דיני ממונות שבהם יש גם ערוץ של פסיקה על פי אומדנא?

נראה שההסבר לכך הוא שבדין הפלילי יש רק צד אחד. אם לא נשפוט על פי אומדנא אלא רק על פי עדים, לא יקרה שום אסון. גם אם האדם באמת רצח והדיין יודע זאת, אבל אין לו שני עדים, הוא לא יענוש אותו. לכל היותר הרצוח לא ייענש, ובמקרה הצורך ניתן להכניסו לכיפה (כלומר לענוש אותו שלא מן הדין כדי להרתיע עבריינים). אבל בדיני ממונות לא ייתכן שאם הדיין יודע את האמת הוא לא יפעל על פיה בגלל שאלות פורמליות (שאין שני עדים), שהרי בזה הוא משאיר את הכסף ביד מי שלא צודק ולוקח את הכסף מי שהוא בעליו האמיתי. לכן כאן מה שקובע הוא האמת העובדתית ולא דינים פורמליים. לכן אפילו בזמן הזה כשכבר לא נוהגים לדון על פי אומדנות, כשיש דין מרומה עדיין הדיין מסתלק מן הדין.

זוהי גם הסיבה לכך שבכל מערכות המשפט בדין הפלילי נדרשות ראיות חזקות ביותר, ואילו בדין האזרחי די לנו בראיות כלשהן שיטו את הכף

---

[41] לאור דברינו ניתן גם להסביר את דברי הרמב"ם בהלכות יסודי התורה פ"ז ה"ז ופ"ח ה"א-ב שנראים סותרים אהדדי, וסותרים לדבריו שהובאו כאן.

לטובת אחד הצדדים. בדין הפלילי לכל היותר לא נעניש את מי שחייב עונש, אבל בדין האזרחי אם לא נפעל על פי ראיה של 51% אז בעצם פעלנו על פי ראיה של 49% (שהרי השארנו את הכסף בידי מי שלטובתו יש רק 49%).
כעת נתחיל לתאר את מהלך דבריו של ר״ש שקאפ.

עדות לקיום הדבר

בהלכה יש לעדים בקידושין תפקיד שונה מעדות רגילה. העדים הם תנאי מכונן לחלות הקידושין, כלומר בלי עדים הקידושין לא חלים. לא מדובר בעדים שמעידים בבי״ד, אלא בעדים שנוכחים בעת הקידושין (המעשה נעשה בפניהם). זאת להבדיל ממעשה קניין או כל מעשה משפטי אחר בדין האזרחי, ששם לעדים יש תפקיד ראייתי בלבד. הם לא מהווים תנאי לעצם החלות המשפטית אלא רק ראיה אם מתעוררת שאלה בבי״ד.
כבר כאן נעיר שלאור מה שראינו למעלה יש לעדים תפקיד מכונן גם בדין הפלילי, שהרי שני עדים מאפשרים החלת עונש על הנאשם. כפי שראינו, זו לא רמת הראיה אלא עצם קיומם של שני עדים. כלומר גם שם יש להם תפקיד מכונן ולא רק ראייתי (ראינו שראייה נסיבתית באותה עוצמה לא מאפשרת להטיל עונש). אבל מקור דין עדי קידושין הוא בממונות, ושם לכאורה לעדים יש תפקיד ראייתי בלבד.

קושיית ר״ש

וכך ר״ש מתחיל את דבריו:

א קיי״ל דקידושין בלא עדים לא מהני משום דאין דבר שבערוה בלי עדים, דילפינן דבר דבר מממון, ולא מצאתי ביאור נכון ע״ז, כיון דבממון כל קנין מהני בלא עדים, כמו דהעלה הש״ס במסכת קדושין דף ס״ה ע״ב, וכן נקטינן להלכה בטוש״ע חו״מ סימן רמ״א, ומאין למדו חז״ל שבקדושין לא יתקיימו בלא עדים, כיון שענין זה ליתא

> ***כלל בממון דהתם לא איברו סהדי אלא לשקרי, וכבר עמד ע"ז גם בקצוה"ח סימן רמ"א.***

הוא מתקשה בדין הזה, שכן כפי שכבר הזכרנו הדין של שני עדים בקידושין (דבר שבערווה, מעמד אישי) נלמד מממונות. אז איך ייתכן שאנחנו מוצאים תפקיד לשני העדים בקידושין שלא קיים בממונות. מניין זה נלמד אם לא מממונות?

כעת הוא מביא את תירוצו של בעל **קצוה"ח**:

> ***ומה שתירץ הקצוה"ח וביאר דגם בממון בעינן עדים לקיום הדבר, אלא כיון דבממון מהני הודאת בעל דין, מהני ידיעת בעל דבר במקום עדים, דהוא במקום עדים, עיין שם, אינו מתקבל כל כך על הלב, דהא תינח בקנין שעושה לחובתו, אבל לזכותו כמו במציאה ומתנה איך מהני אם זוכה בלי ידיעת עדים ובלי ידיעה מקנה, אלא ודאי פשוט דבכל קניני ממון, מהני הקנין בלא עדים, ומה שאמרה תורה על פי שנים עדים יקום דבר הוא רק לענין בי"ד, ומהיכן למדו חז"ל לחדש שיהיו עדים מועילים לעיקר חלות הקדושין, וכבר זכרנו קצת ענין זה לעיל בכמה מקומות, אבל לא נתבאר בדברינו כראוי וכאן נבוא בס"ד לבאר ענין זה בפרטות יותר.***

בעל **קצוה"ח** טוען שגם בממונות נדרשת עדות לקיום הדבר (כתנאי לכך שהחלות המשפטית תחול), אלא שבדיני ממונות בעל הדין ממלא את הפונקציה הזאת שכן חז"ל למדו מהתורה שהודאת בעל דין היא כמאה עדים. הר"ש דוחה את ההסבר הזה, שכן יש בממונות מצבים שבהם בעל המעשה אינו נאמן בהודאתו. לדוגמה, אם הוא זוכה בחפץ מההפקר, הרי שם עדותו היא לטובת עצמו ולא לרעת עצמו, ולכן שם אין דין הודאת בע"ד. אז על סמך איזו עדות חל הקניין שם?

הקדמה לתירוץ

לפני שהוא מציע הסבר משלו, מקדים הר"ש את דברי הרשב"א:

ב וראשונה נביא בזה דברי הרשב״א הובא בשטמ״ק ב״ק דף צ׳ ע״ב וז״ל, ואפילו את״ל דרבי יהודה הנשיא מומחה היה, ודן יחידי היה, וראה ביום, ועל פי ראייתו היה דן, לא מסתברא שיהא דיין מומחה מוציא ממון על פי ראיית עצמו, דעל פי שנים עדים יקום דבר אמר רחמנא ודי אם יהיה מומחה דן יחידי על פי עדים, או דיינים על פי ראיית עצמם, כדי שלא תהא שמיעה גדולה מראיה, אבל שתהא ראיה של דיין מומחה כשמיעה על פי שנים עדים להוציא ממון אינו בדין עכ״ל. וכן כתוב גם בחידושי הרשב״א למסכת ב״ק (צ ב) בשינוי לשון קצת. ולכאורה דבריו אינם מובנים, כיון דגם ביחיד מומחה איכא האי ק״ו שלא תהא שמיעה גדולה מראיה, למה מהני ביחיד מומחה אם שמע מעדים, ואם ראה בעצמו לא מהני...

על פי ההלכה דיין שהוא מומחה גדול לדון לדון יחיד (לא צריך עוד שני דיינים לידו). עוד ידוע בהלכה שאם בי״ד ראו את המעשה במו עיניהם אין צורך בעדות: ״לא תהא שמיעה גדולה מראיה״. ברור שאם העדים שמעידים בפניהם מספיקים כדי ליצור וודאות, אז ראייה ישירה היא טובה יותר. ובכל זאתף קובע הרשב״א, דיין יחיד לא יכול לדון מכוח ראיית עצמו. לא ברור מדוע לא נאמר כאן הכלל ״לא תהא שמיעה גדולה מראייה״.

כעת מסביר ר״ש את דברי הרשב״א:

ג ולענ״ד נראה שדברי הרשב״א הם מדויקים שהורה לנו יסוד גדול בעיקר משפט העדות בדיני ממונות, והוא דמה שאמרה תורה על פי שנים עדים יקום דבר, אין כונת התורה שהעדים יבררו רק האמת לפני בי״ד, אלא שהעדים פועלים לחדש אצל בי״ד כח חדש לחתוך הדין ולכוף לקיימו כשורת הדין, וביחיד מומחה שיכול לדון יחידי על פי שמיעת עדים, לא מהני לדון אם ראה יחידי ביום, אף דלענין ברור האמת איכא ק״ו דלא תהא שמיעה גדולה מראיה, אבל לענין קיום הדבר, אין מתחדש אצל בי״ד כח לחתוך את הדין, ולכוף את הנתבע לקיים הדין, רק על פי עדים, משום שהתורה אמרה על פי שנים

עדים יקום דבר, שלא יתחדש אצל בי"ד כחם רק על פי עדים, ואם בי"ד של שלשה ראו ביום הם דיינים ועדים יחד, דלענין זה אין לדון שאין עד נעשה דיין, דרק לענין הגדה שייך ענין זה, שאין לדיין לדון על פי הגדת עצמו, אבל לענין קיום הדבר ע"י ראיה שפיר נעשה עד ודיין.

טענתו היא ששני עדים אינם רק ראיה שמעבירה את המציאות לדיינים בבית הדין. יש לעדים כוח שמהווה תשתית ליכולת של ביה"ד להכריע את הדין. העדים מהווים מעין פלטפורמה שעליה יושבת הכרעת הדיינים. לא במובן של התשתית העובדתית, אלא דין פורמלי: העדות מאלצת ומאפשרת לדיינים להכריע. הם פועלים מכוחה.

זה קצת מזכיר את מה שראינו למעלה, שבדיני ממונות יש שני ערוצים להכריע את הדין: הערוץ של האומדנא שמכוחו הדיינים משתכנעים לגבי המציאות, והערוץ הפורמלי שמתבסס על עדות של שני עדים גם אם הם לא משכנעים את הדיינים. העדות עצמה היא פלטפורמה מספיקה. אפשר לומר שידיעת העדים לגבי המציאות היא תחליף מספיק לשכנוע של הדיינים.

מכאן אפשר להבין את הדין התמוה שמביא הרשב"א. אמנם דיין מומחה יכול לדון לבדו, ואמנם בי"ד של שלושה דיינים יכולים לדון על פי ראייתם בלי עדות, אבל דיין יחיד לא יכול לדון על פי ראייתו. הסיבה לכך היא שראייתו היא לכל היותר ראייה של עד אחד, ועד אחד אינו תשתית מספיקה כדי להכריע את הדין. מבחינת האומדנא והשכנוע של הדיין ודאי שהוא יודע את המציאות ומשוכנע לגביה לגמרי. אבל בערוץ הפורמלי נדרשים דווקא שני עדים, וכאן אין שני עדים (בניגוד לשלושה דיינים שרואים בעצמם את המציאות, ששם יש שני עדים).

אמנם לאור ההסבר שלנו ברמב"ם למעלה נראה שבדיני ממונות די גם בשכנוע של הדיין, זהו ערוץ א של ההכרעה המשפטית, אבל הסוגיא בה עוסק הרשב"א מדברת על דין פלילי (קנס למי שחבל בחברו) ולא על דיני ממונות.

לאור דברינו למעלה ניתן לומר שבאמת גם בממונות יש לעדים תפקיד מכונן. על פיהם ניתן להכריע דין גם אם הדיין לא השתכנע לגבי המציאות. נכון שלגבי מעשה קניין אין דרישה שיהיו שם עדים, אבל מצאנו בדיני ממונות תפקיד מכונן לעדים.

ובכל זאת, עדי קידושין נלמדים מממונות, ובממונות אין תנאי לחלות הדבר שיהיו עדים. אז כיצד ייתכן שבקידושין פתאום נולד דין כזה יש מאין?

התירוץ

כעת ממשיך הר״ש וכותב:

ד ואחרי שגילתה לנו תורה בהאי קרא דעל פי שנים עדים יקום דבר, שהעדים מחדשים ופועלים ענין מחודש, היה ראוי לומר שכל ענין מחודש בממון ובדבר שבערוה, לא יחול רק על פי עדים, ואם יעשה אדם ענין זה בינו לבין עצמו לא יועיל, אבל כיון שילפינן מקרא אחרינא מהאי קרא ״דכי הוא זה״ דגם ע״י בעל דבר בעצמו מתחדש כח אצל בי״ד, דלו יהא דנתברר אצל בי״ד בירור האמת ע״י הודאת בעל דין שהוא כמאה עדים, אבל הלא נחסר בזה עדים לקיום הדבר דהרי לא עדיף הודאת בעל דין מראיה ממש שרואה יחיד מומחה, מזה למדו חז״ל כלל חדש, והוא דמה שאמרה תורה להצריך עדים לקיום הדבר הוא רק אם קיום הדבר נוגע לאחרים חוץ מעושי הדבר, אבל אם אינו נוגע רק לעושי הדבר אז לא הצריכה תורה עדים לקיים הדבר, ומשו״ה היכא שהבעל דין מודה לפני בי״ד והודאתו אינה נוגעת לאחרים, מהני הודאתו לבירור וכן לקיום הדבר לחדש אצל בי״ד כח חדש, ג״כ, שכח זה המתחדש אצל בי״ד הבעל דין פועל ועשה רק לחוב לעצמו.

ה ומהאי טעמא בכל הקנינים אי״צ עדים לקיום הדבר ולא איברו סהדי אלא לשקרי, דכשאדם מוכר או נותן, בדבר שהוא שלו, ואינו פוגע בשל אחרים כלום, וכן כשזוכה מן ההפקר הוא עושה ענין

לעצמו לזכות, ואף שלענין המגביה מציאה לחבירו חשבינן כתופס לבעל חוב במקום שחב לאחרים, הוא רק לענין זה לבד, ובכה״ג חל הדבר בלי עדים, ורק במקום שהאדם מחדש ענין הנוגע גם לאחרים אמרה תורה על פי שנים עדים יקום דבר, שהעדים מחדשים ענין חדש אצל בי״ד לחוש להנתבע, ומזה למדו חז״ל לענין חלות של קדושין, שלא יחולו בלא עדים, דקנין קדושין אינו כשאר קנינים, שעיקרו לאסור האשה על העולם, וכיון דילפינן דבר דבר מממון, שדין עריות יהיו שוה לממון, ממילא גם עשיית הקדושין לא מהני בלא עדים.

הוא מסביר שבאמת באופן עקרוני גם בממונות צריכים עדים לקיום הדבר, אלא שבממונות הדבר מתבצע על ידי ידיעתו של בעל הדין, וגם זה רק במקום שזה לא נוגע לאחרים. בהקשרים שהמעשה נוגע לאחרים אכן נדרשים עדים לקיום הדבר. טענתו היא שמעשה קניין אינו מעשה שנוגע לאחרים, שהרי זכויותיו של האדם בחפץ מגדירות את המעשה כמשהו שנעשה ברשותו שלו. לאף אחד אחר אין זכויות בחפץ הזה. לעומת זאת, בקידושין עצם המעשה הוא מעשה בעל היבטים ציבוריים ולכן נדרשים עדים לקיום הדבר.

מסקנות

רק כעת אנחנו מגיעים לנושא שלנו. ר״ש הוכיח עד כאן שלשני עדים יש תפקיד מכונן ולא רק תפקיד ראייתי. אנחנו הוספנו שגם במישור הראייתי יש להם תפקיד מכונן, שכן פסק הדין מבוסס על עדותם (גם בלי שכנוע של הדיינים). כעת ר״ש מסיק מכאן מסקנה נוספת:

ז ויסוד זה שאמרנו בדיני עדות שיש בו ענין נוסף לבד בירור האמת, מוכח מכמה פרטים בהלכות עדות וביותר בדין צירוף עדות, דקיי״ל דמצרפינן עדות שכל אחד מעיד על מעשה בפני עצמו, שאין לנו בירור על שום מעשה, דהרי על כל מעשה ליכא רק עד אחד...

הוא שואל מדוע בדיני ממונות ניתן לצרף שני עדים שמעידים כל אחד על מעשה שונה (למשל ראובן מעיד שפלוני לווה מאלמוני מנה, ושמעון מעיד שפלוני לווה ממנו מנה אחר ביום אחר)? הרי על כל אחד מהמעשים הללו יש לנו רק עד אחד וזה לא מספיק?[42]

אחרי שהוא דוחה ניסיון להסבר של בעל **נתיה"מ**, הוא מציע הסבר משלו:

> ***ועל פי יסוד הנ"ל מתבאר הענין בדרך אחר לגמרי, והוא דמה שאמרה תורה על פי שנים עדים יקום דבר, קיבלו חז"ל שהוא חצי קיום על פי עד אחד וחצי קיום על פי עד השני, כמו שכתב רש"י בכתובות דף כ"א ע"א, בהא דאמרינן התם דהיכא דנפק נכי ריבעא דממונא אפומא דחד לא מהני משום דאי טעמא דעל פי שנים עדים יקום דבר חצי על פי זה וחצי על פי השני, יעו"ש. והיינו דידיעת בי"ד מה שמתברר אצלם ידיעת האמת שראובן חייב לשמעון על פי הגדת העדים, עדיין אינו מועיל שיהיו להם הכח לכוף את ראובן לשלם, ורק ידיעת העדים גורם להצטרף עם ידיעת בי"ד לחדש כח אצל בי"ד לחתוך הדין ולכוף את הלוה לשלם.***

טענתו היא ששני העדים הם הרכבה של פעמיים עד אחד. גם כשנדרשים שני עדים אין זה אומר שעד אחד הוא חסר משמעות. לעד אחד יש חצי מהכוח של שניים. בעצם הוא מקים חצי מהדבר. ולכן כשבאים שני עדים, גם אם הם מעידים על מעשים שונים, מצטרפים הכוחות שלהם ביחד כדי לחייבו מנה אחד.

כעת הוא ממשיך ומסביר ששני העדים הם שנותנים כוח כפייה לבית הדין:

---

[42] לפי דרכנו ההנחה כאן צריכה להיות שלדיין אין שכנוע לגבי המציאות, שאם לא כן הוא יכול להכריע גם על פי עד אחד. או שמדובר בזמן הזה שההכרעה על פי אומדנא של הדיין כבר לא נוהגת.

ח ועניין זה שאמרנו שצריך להתחדש אצל בי"ד כח חדש ולא מהני ידיעת האמת לחוד, מובן מהא דקיי"ל דמדין תורה בעינן לענין כפיה בדיני ממונות ובדיני דבר שבערוה שיהיו בי"ד מומחים, ובדיני איסור והיתר יכול כל אדם לכוף לקיים דין תורה. כמו דמפורש במסכת ב"ק דף כ"ח ע"א, ומשו"ה י"ל דכיון דענין זה של כפיה הוא דבר מחודש אצל בי"ד, גדרה תורה שלא יקום ענין זה רק על פי עדים היודעים בדבר זה, והעדים בשעה שמגידים לפני בי"ד פועלים שני דברים, בירור האמת לפני בי"ד ולחדש בזה כח חדש אצל בי"ד, לחדש הכח להם לחתוך הדין ולכוף את הנתבע לקיימו. ובזה נוכל לבאר ענין צירוף דכיון כשמעיד עד אחד נתחדש אצל בי"ד חצי כח על כפית ממון, וכשמעיד אח"כ עד שני ניתוסף אצל בי"ד עוד חצי כח על ענין זה, ונצרף אצלם כח שלם לחייב את ראובן במנה, אף שלענין בירור האמת אין כאן בירור של שני עדים דעל חצי כח לא הצריכה תורה רק בירור של עד אחד, ועל פי זה כתבנו לעיל בשער ו' פרק ז' ליישב מה שמוכח בטוש"ע חו"מ סימן ל' דעדי צירוף אינם מחייבים שבועה על השאר. יעו"ש.

כעת הוא ממשיך ומסביר את הדין שעד פסול שמעיד עדות אמת (קרובים למשל נחשבים דוברי אמת. הפסול שלהם הוא מדין צדדי) עובר איסור. לכאורה הדבר תמוה, שהרי פסק בית הדין יוצא נכון. להיפך, אם העד הפסול יימנע מלהעיד הוא יביא למצב שבי"ד פוסק לא נכון:

ט וכן מתבאר ענין זה בהא דפסק בטוש"ע חו"מ סימן ל"ד דעד פסול שיודע האמת אסור לו להעיד לפני בי"ד, ומהאי טעמא גם עד הכשר שמצטרף עמו אסור להעיד יעו"ש, והיינו משום דמכשיל את בי"ד שחותכין הדין שלא במשפט, כיון דהעדים פסולים אין לבי"ד כח לכוף את הנתבע אעפ"י שהדבר אמת, ומשו"ה גם עד הכשר עושה איסור, אף אם לא יהיה פסול בהגדתו כיון דבי"ד עושים מעשה ע"י שניהם בהצטרפות, הרי גם עד זה גורם מכשול לבי"ד. ובחנם

מתקשה שם הש"ך בסק"ג בדין זה יעו"ש. והוא פשוט, וכל זה שייך רק אם נאמר דמה שאמרה תורה על פי שנים עדים יקום דבר הוא לקיומו של דבר, אבל אם נאמר דלא הקפידה תורה רק לידע האמת עפ"י העדים קשה להבין ענין זה, למה אסור להעד להעיד ולרמות את בי"ד כיון דעכ"פ יהיה דין אמת, ועיין ש"ך שם שרצה לפרש דין זה בעדות של קדושין, יעו"ש, ולפי מה שכתבנו כל עדות בדיני ממונות ודבר שבערוה דומה לקדושין, וכן יש לפרש בהא דפסלה תורה עדות הקרובים, דהוא לענין קיום הדבר דלענין בירור האמת והשקר קשה להבין ענין זה, כיון דגם לפי מה דפסלה תורה, עדיין לא חשדינן אותם למשקרים, כמו דמוכח בסוגיא דגט פשוט, בשטר שחתם עד שלא נעשה חתנו, ובטוש"ע חו"מ סימן מ"ו סעיף ל"ה ובש"ך שם סקצ"ב, וענין זה קשה להבין שיהיה גזיה"כ שיהיו חשודים לשקר ואנו לא חשדינן אותם למשקרים, ועפי"ד י"ל דכל גזיה"כ בעדות קרובים הוא לענין קיום הדבר שלא יועילו שיקום דבר על פי עדות כאלה, ולקמן בדברנו יתבאר עוד ענינים מחודשים המתבארים על פי דרך זה.

הוא מסביר שעד פסול לא נותן כוח לבי"ד לפסוק ולכן הפסק יוצא לא נכון. לא די בבירור המציאות שנעשה על ידו, אלא נדרש גם מתן הכוח הפורמלי. וזה קיים רק בשני עדים כשרים.

לאחר מכן הוא מוסיף ודן בהשלכות נוספות של הבנתו, ולא ניכנס לזה כאן.

סיכום ביניים

עד כאן ראינו שעדות לא נשפטת בלוגיקה בינארית. עד אחד אינו כלום אלא יש לו חצי מהכוח של שני עדים. כלומר יש שלוש רמות של עדות: אין עדים – 0 כוח לבי"ד. עד אחד – 1/2 כוח לבי"ד. שני עדים – כוח מלא לבי"ד.

האם מדובר בעמימות אפיסטמית או אונטית? מסתבר שזו עמימות אפיסטמית, שהרי אם שני עדים נותנים לבי"ד וודאות מלאה לגבי המציאות,

עד אחד נותן להם וודאות חלקית. הם לא בטוחים לגבי המציאות, ולכן יש כאן סוג של מצב ספק. זוהי עמימות אפיסטמית.

אבל אם נשים לב לכוונת ר״ש, נראה שזו לא התמונה שלו. הרי טענתו היא שכל עד נותן חצי כוח לבי״ד. כלומר זה לא שבי״ד נמצא בספק, אלא שיש לו חצי כוח. אם כל עד היה מכניס את בי״ד לספק, אז הצירוף של שני עדים על מקרים שונים לא היה מועיל. על כל מקרה יש להם ראיה מסופקת והם לא יכולים להכריע. אבל התיאור של הר״ש מדבר על עמימות אונטית. כל עד נותן בוודאי חצי כוח לבי״ד (בפרט שכפי שראינו האומדנא לצורך בירור המציאות שמתקבלת מעד אחד היא מלאה. רק הכוח שהוא נותן לבי״ד הוא חלקי). במובן הזה זה דומה למקרה של מקדש אחת משתי נשים, שכל אחת היא חצי מקודשת ולא שיש שם ספק. תוקף הקידושין חצוי. כאן תוקף הכוח שהעד נותן לבי״ד הוא חצוי. זה לא נוגע לשאלה עד כמה בי״ד משוכנע לגבי העובדות אלא כמה כוח יש לו לפסוק.

מעבר נוסף לאונטולוגיה: חצי קידושין

כאמור, בקידושין יש לעדים תפקיד מכונן. מה קורה כאשר יש קידושין שנעשים בפני עד אחד? לכאורה לא אמורים להיות קידושין כלל, שהרי הדרישה לשני עדים מכוננת את הקידושין. אבל בסוגיית קידושין סה ע״א אנו מוצאים דיון ארוך בשאלה מה דין המקדש בעד אחד. להלכה לא חוששים לקידושיו, אבל יש שם דעה שחוששים (ולהלכה ראה **שו״ע** אבהע״ז סי׳ מב ה״ב).

ר״ש בהמשך דבריו שם מביא את הדעה הזאת:

> ***יג ועפי״ד יפתח לנו פתח לפרש סוגית הש״ס החמורה בקדושין לענין מקדש בעד אחד, דאיפליגו אמוראי שם בקדושין דף ס״ה ע״א דאיכא מ״ד שחוששין לקדושין ואיכא מ״ד אין חוששין לקדושין, ומסיק שם מאי הוי עלה רב כהנא אמר אין חוששין לקדושין, רב פפא אמר חוששין לקדושין, אמר לו רב אשי לרב כהנא מאי דעתיך***

דילפת דבר דבר מממון, אי מה להלן הודאת בע״ד כמאה עדים דמי, אף כאן הודאת בע״ד כמאה עדים דמי א״ל התם לא חב לאחריני הכא חב לאחריני.

ועל כך הוא תמיה:

יד והנה כל הענין בזה סתום דמלשון חוששין לקידושין היה ראוי לפרש שהוא איזה חשש דרבנן, אבל ממה דאמר ליה רב אשי לרב כהנא מוכח להדיא דפליגי אי חוששין מה״ת, דהרי אמר מה דעתיך דילפת דבר דבר מממון, ואם מה״ת הוא מה זה ענין חוששין דמשמע שהוא ענין מסופק. ועוד קשה טובא דמשמע דמ״ד חוששין לא יליף דבר דבר מממון, והרי גם למ״ד זה רק במקדש בעד אחד חוששין אבל אם מקדש בלא עדים כלל ליכא למ״ד, כדפריך הש״ס בסוגיא זו לענין מקדש בעד אחד למ״ד דאין חוששין, מהא דאומר לאשה קדשתיך דאסור בקרובותיה, אי דליכא עדים אמאי אסור בקרובותיה, וברש״י שם כתב בזה״ל, אי ליכא עדים ואפילו מודה אמאי אסור בקרובותיה על פי עצמו הלא אינם קדושין אפילו לדבריו, דאי נמי אמר בעד אחד הוי קדושין בששניהם מודים, היכא דאין עד אחד לא אמרת, דעד אחד חשוב לחייב שבועה בדיני ממונות, הילכך בערוה נמי חשוב להתקיים קדושין בפניו ובלבד שיהיו שניהם מודים: אלא לאו בעד אחד וקתני הוא אסור בקרובותיה אלמא זה שמודה לו נאסר דחשיב לאתפוסי קדושין קמיה עכ״ל. ולכאורה הוא דבר פלא מה ענין עד אחד לענין התפסת קידושין, לדמות לדין עד אחד בממון לענין שבועה.

הוא לא מבין כיצד ייתכן שיש חשש מדאורייתא לקידושין, אם יש דרישה מכוננת לשני עדים. הוא גם לא מבין מה רש״י מנסה להוכיח מזה שעד אחד מחייב שבועה בממונות, הרי שם באמת עד אחד מספיק, אבל בדיון ממוני רגיל אין לעד אחד שום משמעות (ראה להלן שהוא מביא את הסברי האחרונים).

כעת הוא מסביר זאת לאור דבריו למעלה:

ועל פי מה שכתבנו שבממון שאמרה תורה עפ״י שנים עדים יקום דבר, קבלו חז״ל שכל אחד מהשני עדים פועל לחצי דבר, ועד אחד שקם לשבועה הוא ג״כ מיסוד זה, שמחמת שהועיל בעדותו על חצי דבר חייבה תורה, כעין פשר לישבע או לשלם, לפי״ז אם ילפינן דבר דבר מממון שיתקיימו קדושין עפ״י שני עדים, הוא ג״כ כעין הקיום שמתקיים דבר של ממון אצל בי״ד, היינו חצי קדושין על פי עד אחד, וחצי על פי עד השני, ועי״ז חלין הקדושין בהצטרפות של שני העדים, ומשו״ה יש לדון אם נתקדשה בפני עד אחד לחוד שנתפס עי״ז חצי קדושין, אם נאסרת מחמת זה באיסור אשת איש.

הוא מסביר שאם באמת לעד אחד יש חצי מהכוח אז הקידושין שנעשים בפניו יכולים להיחשב כחצי קידושין. זה לא חל לגמרי כי נדרשים שני עדים, אבל אולי זה חל לחצאין. וזוהי המשמעות של ״חוששים״ כאן. לא מדובר על ספק או על חשש דרבנן אלא על חצי קידושין, בדומה למה שראינו למעלה במקדש אחת משתי נשים.

כעת הוא מביא עוד ראיה שקידושין יכולים לחול לחצאין:

דבדין התפסת קדושין מצינו דגם התחלת חלות של קדושין מהני לאסור על העולם שלא תנשא בלא גט, דבמקדש מעכשיו ולאחר ל׳ סובר רבי יוחנן דמפרשינן הלשון דמעכשיו מתחילים ונגמרים לאחר ל׳ יום, ואם קדשה אחר בתוך ל׳ תופסים קדושי שניהם, דכיון דחיילי קצת שוב לא פקע, וכמו שכתבו בתוס׳ ב״מ ריש פרק המפקיד.

הוא מביא כאן את המקרה של מקדש מעכשיו ולאחר ל יום, שלשיטת ריו״ח הקידושין מתחילים לחול מרגעא האמירה וזה נמשך עד סוף שלושים הימים. אם כן, בכל התהליך הזה יש חלות הולכת ומתעצמת של קידושין, ולמדנו מכאן שיש גם קידושין ברמות חלקיות.

כעת הוא חוזר למקדש בעד אחד ומסביר את כל מהלך הגמרא שם:

ולכן סוברים כמה אמוראי דמקדש בעד אחד חוששין לקדושין, היינו דמחמת שחצי חלות נעשה על פי עד אחד יש לחוש לאסור, אף שלא נגמרו הקדושין, ואם תתקדש לאחר יתפסו קדושין ג״כ וכמש״כ אליבא דרבי יוחנן, ואם תזנה לא תתחייב קטלא, ומדויק לשון חוששין, אף שהוא מדין תורה, אבל כיון שאינם קדושין גמורים ורק איסור קצת הרי זה כעין חששא.

ההסבר שלו מתיישב היטב עם לשון הגמרא ומהלכה. לאחר מכן הוא מסביר את המשך הסוגיא שם.

בסוף הפרק הוא מביא שהאחרונים התלבטו בשאלה זו והציעו תשובות לא מספקות:

יז ובתשובות נוב״י מהדו״ת סימן ע״ה ראיתי שהאריך שם בענין זה ודעתו מכרעת דלמ״ד חוששין במקדש בעד אחד הוא חשש דרבנן, וכן הביא בשם מהרי״ט, וכן העלה בספר שער המלך הלכות אישות, אבל כל השקלא וטריא בסוגית הש״ס תמוה כמו שכתבנו, ועל פי מה שכתבנו הדברים מובנים בלי שום גמגום, ומקום הניחו לנו להתגדר. בעזה״י.

מדבריו כאן אנחנו רואים עוד מעבר מעמימות אפיסטמית (ספק) לעמימות אונטית. עד אחד אינו ראיה לא וודאית אלא בסיס חלקי להכרעת הדין. כבר שם ראינו שזה עובר מאפיסטמולוגיה לאונטולוגיה (פסק דין על פי עד אחד הוא פסק בתוקף חלקי). כאן ראינו שבעדי קידושין זה מיתרגם למצב של קידושין חלקיים. כלומר זהו מישור נוסף שבו הספק עובר לעמימות אונטית, ובעצם זוהי דוגמה נוספת לעמימות מושגית. זה לא מצב של ספק במציאות אלא של לוגיקה עמומה של מושג הקידושין.

חצי שיעור

בעצם עד אחד הוא חצי משני עדים, ולכן הדוגמה הזאת מבוססת על הלוגיקה של חצי שיעור.

בהלכה נקבעים שיעורים מינימליים שדרושים כדי לחייב מישהו על איסורים. לדוגמה, איסורי אכילה כמו חזיר או שרצים דורשים אכילת כזית. מה קורה אם אדם אוכל שיעור קטן יותר? לכאורה אין בזה איסור מן התורה, שהרי זו המשמעות של קביעת שיעור לאיסור. אבל בסוגיית יומא עד ע״א אנו מוצאים מחלוקת אמוראים בשאלה זו:

גופא, חצי שיעור, רבי יוחנן אמר: אסור מן התורה, ריש לקיש אמר: מותר מן התורה. רבי יוחנן אמר: אסור מן התורה; כיון דחזי לאיצטרופי - איסורא קא אכיל. ריש לקיש אמר: מותר מן התורה, אכילה אמר רחמנא - וליכא.

לפי ריו״ח חצי שיעור אסור מן התורה, וכך נפסק להלכה. אלא שכעת עולה הקושי הבא: אם כשאוכלים פחות מהשיעור גם עוברים איסור, אז מה משמעותו של השיעור שקבעה התורה? מתברר שמשמעותו היא לעניין העונש. אם על אכילת חזיר חייבים עונש מלקות, זה רק כשאכל כזית. אבל אם אכל פחות מהשיעור הוא עובר על איסור תורה אבל לא לוקה.

האחרונים דנים האם איסור חצי שיעור הוא איסור מחודש או שהוא רמה נמוכה יותר של האיסורים האחרים.[43] כלומר אם אדם אכל רבע כזית חזיר, האם הוא עבר על איסור תורה של אכילת חזיר ברמה נמוכה (שלא מחייבת מלקות), או שמא הוא עבר על איסור אחר לגמרי: איסור חצי שיעור. על איסור זה לא מוגדרות בתורה מלקות.

מהם צדדי המחלוקת? בפשטות נראה שמדובר באותם איסורים עצמם. למה להגדיר כאן איסור מחודש? נראה שמה שמטריד את בעלי השיטה שזה איסור מחודש הוא שאם יש כאן איסור חזיר היו צריכים גם להלקות אותו. שהרי התורה קבעה שמי שעובר איסור דאורייתא של אכילת חזיר לוקה. איך ייתכן

---

[43] ראה לדוגמה בשו״ת **צפנת פענח** (ניו יורק תשי״ד) סי׳ רפח, חידושי הרמב״ן (ליקוטים) ליומא פב ע״א, ד״ה יואם תשאל׳, שו״ת **משנת יעבץ** או״ח סי׳ יד אותיות ב-ג.

שהוא עובר על האיסור אבל לא לוקה? על כורחנו שמדובר באיסור אחר, ועליו התורה כלל לא הטילה עונש מלקות.

אבל בעלי הדעה השנייה סוברים שיש רמת ביניים של איסור, כלומר שאיסורי התורה מופיעים גם ברמות חלקיות. שוב, זוהי לוגיקה תלת ערכית: אסור לגמרי, אסור חלקית (בלי עונש) ומותר (מן התורה).

כאן לא ניכנס לפרטי הדיון הראיות וההשלכות של המחלוקת הזאת, אלא נסתפק רק בהשוואה שעולה כבר בראשונים בין דין חצי שיעור לבין לאו שאין בו מעשה.

לאו שאין בו מעשה

הכלל בהלכה הוא שלאו שאין בו מעשה לא לוקים עליו (ראה מכות ד ע״ב, סנהדרין סג ע״א-ע״ב ועוד). משמעות הדבר היא שאם יש לאו שמעבר עליו כרוך במעשה אז העובר חייב מלקות. אבל אם המעבר על הלאו הוא ללא מעשה אז אין על העובר עליו חיוב מלקות.

מה קורה אם יש לאו שניתן לעבור עליו במעשה וגם בלי מעשה? כאן הראשונים נחלקים לשלוש סיעות:

א. בעל **החינוך** בכמה מקומות (ראה במצוות ז, טו, כג, לח, פא, צד, רמז, שמד, שמה, שמו, שפז, שצו, תקיד, תקפז) כותב שעל לאו כזה לא לוקים בשום מקרה. לדעתו זהו לאו שאין בו מעשה, ולכן התורה כלל לא מחייבת את העובר עליו במלקות.

ב. **המ״מ ולח״מ** בהל׳ שכירות פי״ג ה״ב (ראה גם **לח״מ** סנהדרין פי״ח ה״ב) סוברים שלוקים בכל אופן כי זה לאו שיש בו מעשה.

ג. הרמב״ם בהל׳ חמץ ומצה פ״א ה״ג סובר שהמלקות תלויות באופן שהוא עובר את העבירה. אם הוא עושה זאת במעשה – הוא לוקה, ואם הוא עובר בלי מעשה – אז הוא לא לוקה.

שתי הדעות הראשונות תופסות את הגדרת לאו שאין בו מעשה כהגדרה של סוג לאו. השאלה האם יש או אין מלקות נקבעת על פי סוג הלאו. המחלוקת

ביניהן היא בשאלה איך להגדיר את סוג הלאו כשיש אופנים שעוברים במעשה ויש שעוברים בלא מעשה. אבל שיטת הרמב״ם היא שחיוב המלקות לא נקבע לפי סוג הלאו אלא לפי אופן המעבר עליו.

לפי הרמב״ם יוצא שיש לאו בתורה שבמקרים מסויימים עוברים עליו באופן שמחייב מלקות ובאופנים אחרים עוברים עליו מן התורה אבל לא מתחייבים מלקות. כלומר המעבר על לאוין נשלט על ידי לוגיקה תלת-ערכית. שתי הדעות הקודמות לא מוכנות לקבל לוגיקה לא בינארית: אם עוברים על לאו כזה וזה לאו שמחייב מלקות אז בהכרח לוקים עליו. ואם לא לוקים בהכרח שזה מוגדר כלאו שאין בו מעשה ואז התורה עצמה לא הטילה עליו חיוב מלקות. כלומר לשיטות אלו אין מצב של לאו שעקרונית מוטלות עליו מלקות אבל יש אופן לעבור עליו בלי מלקות.

הנאה מאיסור ושלא כדרך הנאתו: השוואות של הלוגיקה

בסוגיית פסחים כה ע״א הגמרא קובעת שלא לוקים על איסור אכילה אם אוכל אותו שלא כדרך הנאתו. לרוב הדעות יש בזה איסור דרבנן. אמנם הראשונים דנים מדוע באמת אין כאן איסור תורה, ומה גדרו של האיסור דרבנן.

הריטב״א שם (וכן הוא בר״ן שם) כותב על כך:

> ***אמר ר׳ אבהו אמר ר׳ יוחנן כל איסורין שבתורה וכו׳ עד איכא דאמרי וכו׳ עד אין לוקין עליהם אלא כדרך הנאתן. כתב הרי״ט ז״ל והלכתא כלישנא בתרא ולקולא דאפי׳ בענין איסורי הנאה אין לוקין עליהם אלא כדרך הנאתן. ומיהו איסורא דרבנן איכא, ולא איסורא דאורייתא דהא מהיכי תיתי לן, דכי איתסרו בלאו איתסרו וכל היכי דאסירי לאו איכא, והכין כתבוהו רבוותא.***

ראשית, חשוב להבין מה מטרתו של הריטב״א כאן. האם הוא עוסק בשאלה למה חכמים אסרו זאת, או בשאלה למה אין כאן איסור תורה. די ברור שהוא עוסק בשאלה השנייה, שכן ההסבר שהוא מביא לכך הוא שאם אכילה לא

בדרך ההנאה היתה אסורה מן התורה אז בהכרח היו עליה גם מלקות. הוא לא מוכן לקבל מצב שבו עוברים על האיסור הזה ולא לוקים. מבין סיעות המפרשים שהובאו למעלה הוא כנראה שייך לסיעה הבינארית: או שיש איסור ואז חלות כל ההשלכות, או שאין איסור בכלל. לא ייתכן מצב שיש איסור תורה ברמת ביניים, כל שאין עליו חיוב מלקות.

למעלה ראינו שיש מהראשונים שלא מקבלים זאת. הם סוברים שייתכנו מצבים שיש לאו שבאופן עקרוני התורה מגדירה לגביו עונש מלקות, ובכל זאת יש אופנים לעבור עליו ולא ללקות. לדוגמה, הרמב״ם לגבי לאו שאין בו מעשה, וכן ראינו לגבי דין חצי שיעור לשיטות שאיסורו הוא האיסור המקורי (ולא איסור מחודש).

הרמב״ם בהל׳ מאכלות אסורות פ״ח הט״ז פוסק:

> ***כל מאכל שהוא אסור בהנאה אם נהנה ולא אכל כגון שמכר או נתן לעכו״ם או לכלבים אינו לוקה ומכין אותו מכת מרדות והדמים מותרין.***

כלומר אין חיוב מלקות על איסורי הנאה. ברור שמדובר באיסורי תורה, שהרי אחרת אין בכך שום חידוש. יש בתורה איסורי הנאה, ובכל זאת לפי הרמב״ם אפילו אלו שאסורים מן התורה לא לוקים עליהם.

וה**מ״מ** שם מסביר זאת כך:

> ***כל מאכל שהוא אסור בהנאה וכו׳. פ׳ כ״ש (דף כ״ד:) כל איסורין שבתורה אין לוקין עליהם אלא דרך הנאתן וכל דבר הראוי באכילה אין דרך הנאתו אלא דרך אכילה כתקנו. ועוד יתבאר פי״ד. ואפי׳ סיכה שהיא קרובה לשתייה אמרו בגמ׳ גבי רבינא שהיה סך בתו בפרי של ערלה במקום חולי שאין בו סכנה דלאו דרך הנאתן הוא ולפי זה הרי איסור הנאה כדין חצי שיעור שאסור מה״ת ואין לוקין עליו.***

הוא מסביר שכשאדם נהנה באיסור הנאה הרי זו עבירה בשינוי (כי הדרך הנורמלית היא הנאה באופן של אכילה), ולכן לא לוקים עליה. הבעייה היא

שעבירה בשינוי אסורה רק מדרבנן ולכן לא לוקים עליה (ראה להלן בפרק התשיעי), אבל כאן ברור שמדובר באיסור תורה. אז אם יש איסור תורה מדוע לא לוקים?

המ״מ טוען שאמנם מדובר כאן באיסור תורה, אבל בגלל השינוי לא לוקים עליו. הוא חש בבעיה הלוגית שיש כאן, שהרי אם יש איסור תורה אז למה לא לוקים? אמנם היה מקום לומר שאיסורי הנאה הן איסורי תורה שלא לוקים עליהם (כמו לאו שאין בו מעשה). אבל בשיטת הרמב״ם זה לא אפשרי, שכן לשיטתו (ראה בהל׳ מאכלות אסורות פ״ח הט״ו, וביתר פירוט ב**ספהמ״צ** לאו קיד, וכן ב**פיהמ״ש** כריתות פ״ג מ״ד, ״הנקודה הנפלאה״) איסורי ההנאה הם פרט באיסורי אכילה. לדוגמה, ערלה שאסורה בהנאה ובאכילה, היא בעצם איסור אכילה. אלא שכאן נאסרו גם ההנאות ולא רק אכילות, בניגוד לאיסורי אכילה אחרים (כמו חלב) שלא נאסרו בהנאה. אבל במניין המצוות ערלה אינה מופיעה כשני איסורים. האיסור הוא איסור אכילה, והוא כולל גם הנאות שאינן אכילה. אם כן, על האיסור הזה מוגדרות מלקות (כשאוכלים), ובכל זאת כשנהנים בלי אכילה עוברים על איסור תורה ולא לוקים.

אם כן, **המ״מ** כאן מצטרף לשיטות שמקבלות לוגיקה עמומה לגבי מעבר על לאוין. ובאמת הוא מביא כאן דוגמה כדי להמחיש את האפשרות שעוברים על לאו דאורייתא ולא לוקים עליו, מדין חצי שיעור. רואים שהוא הבין שאיסור חצי שיעור אינו איסור עצמאי ומחודש אלא חלק מהאיסורים הקיימים (שאם לא כן, זו לא דוגמה טובה). בכל אופן, הדוגמה הזאת מוכיחה שהוא היה ער לחידוש הלוגי שלו, ולכן טרח להביא לו ראיה. גם בדין חצי שיעור וגם בדין הנאה מאיסור יש עבירה על לאו דאורייתא שעקרונית מחייב מלקות, אבל במקרים אלו עוברים באופנים שלא מחייבים מלקות.

כעת עלינו להסביר מה סובר **המ״מ** לגבי לאו שאין בו מעשה, שהרי שם נראה שהוא מצדד בתפיסה בינארית שעל לאו שמחייב מלקות תמיד לוקים. נראה שדבריו שם לא נובעים מתפיסה בינארית עקרונית, שהרי לגבי חצי שיעור והנאה מאיסור ראינו שהוא לא מקבל לוגיקה בינארית לגבי מעבר על לאוין

ומלקות. לכן נראה ששיטתו לגבי לאו שאין בו מעשה מתבססת על הבנה ספציפית שלו לגבי המושג לאו שאין בו מעשה, ולא על הנחות של לוגיקה בינארית.

השוואה לחצי קידושין וחצי עדות

אם כן, חצי שיעור הוא דוגמה ללוגיקה תלת-ערכית ביחס לעבירות. במובן הזה יש דמיון בין זה לבין הלוגיקה שראינו למעלה לגבי עדות וקידושין. ניתן לומר שעד אחד הוא חצי מכת של שני עדים, וקידושין בפניו הם חצי קידושין (או חצי מקידושין בפני שני עדים). כל המקרים הללו הם דוגמאות לעמימות אונטית ולא אפיסטמולוגית (ספק).

פרק שישי
סיכום ביניים במבט פילוסופי

מבוא

בפרק זה נסכם את מה שראינו עד כאן, ונעמוד מעט על המשמעויות הפילוסופיות של הדברים.

ארבעה סוגי עמימות

בפרקים עד כאן ראינו כמה סוגים של עמימות:

1. עמימות אפיסטמית (מידע לא שלם על מציאות ברורה). זו לא עמימות אלא ספק. מצב כזה מטופל בכלי הסתברות ולא בלוגיקה עמומה. ראינו כמה דוגמאות למצבים כאלה: בהקשר המדעי – כאוס וניסוי שני סדקים עם גלאי. בהקשר ההלכתי – מקדש אישה מסויימת מתוך קבוצה ולאחר מכן שכח איזו מכולן הוא קידש ("הוכרה ולבסוף נתערבה", בלשון הגמרא).
2. עמימות מושגית. כאן העמימות לא נובעת ממידע לא שלם, אבל היא לא ממש אונטית. היא נובעת ממושגים עמומים בשפה שלנו (ואולי גם באופן כלשהו בעולם). מצבים כאלה מטופלים בכלים של לוגיקה עמומה (ולא הסתברות). הדוגמאות הן: שיוך לקבוצת הגבוהים, טובי הלב, או הקירחים.
3. עמימות אונטית. כאן העמימות נובעת ממציאות לא חדה ולא מחוסר במידע או מעמימות מושגית. זה מטופל בכלים של לוגיקה עמומה. הדוגמאות לכך הן: הלכתית – מקדש אחת מכמה נשים בלי להגדיר מי. מקדיש פרוטה אחת בארנק מלא פרוטות. ומדעית – ניסוי שני סדקים בלי גלאי.

4. עמימות פסאודו-אונטית. כאן העמימות עוסקת במציאות, אבל לא במציאות כפי שהיא באמת אלא במציאות כפי שהיא נתפסת על ידי בני אדם. הטיפול במצבים כאלה הוא באמצעות כלים של לוגיקה עמומה. הדוגמאות לכך הן: הלכתית – ספק פסיק רישא, ומדעית – הטלת קוביה, אבולוציה.

הערה קאנטיאנית

הפילוסוף הבריטי בן המאה השמונה-עשרה דייויד יום, העלה כמה בעיות ביחס לעקרון הסיבתיות ולמושגי הסיבה. אחת הבעיות העיקריות שהציג יום היתה בעיית הסיבתיות:[44] כיצד ניתן להסיק על קיומו של יחס סיבתי בין שני מאורעות? יחס כזה לא ניתן לצפייה בחושים שלנו. לדוגמה, כשאדם בועט בכדור והכדור עף, כל מה שניתן לומר בוודאות הוא שהיתה בעיטה ולאחר מכן הכדור עף. על מה מתבססת המסקנה שמעופו של הכדור הוא תוצאה סיבתית של הבעיטה? מישהו ראה בעיניו, או בכל אמצעי אחר, את היחס הסיבתי שבין האירועים? יום, כאמפיריציסט מובהק, טען שלכל היותר ניתן לדבר על עקיבה זמנית שמופיעה תמיד, אבל לא על גרימה סיבתית.
כדי לפתור את הבעייה הזו ודומותיה, הציע הפילוסוף עמנואל קאנט להבחין בין המציאות כשלעצמה (הנואומנה) לבין המציאות כפי שהיא נתפסת לעינינו (הפנומנה). הוא טוען שאין לנו שום דרך להכיר את המציאות כפי שהיא לעצמה, אלא רק את האופן בו היא מופיעה לעינינו. לדוגמה, כשאנחנו רואים צבע של עצם כלשהו, הצבע לא קיים בעולם כשהוא לעצמו, אלא רק בהכרה שלנו. אדם שהכרתו תהיה בנויה אחרת, לא יראה את העצם באותה צורה, אלא יראה אותו בצבע אחר, או בכלל ישמע אותו.

---

[44] ראה על כך בחלק הראשון של הספר הרביעי בסדרה שלנו.

הוא הדין ביחס לסיבתיות. קאנט סבר שגם מושגי הסיבה והסיבתיות שייכים כולם לעולם הפנומנה. אנחנו לא מסיקים אותם מתוך תצפית, אלא מביאים אותם "מהבית". פשוט כך אנחנו חושבים וכך בנויים ההכרה והמושגים שלנו. לכן יש הצדקה לדבר על היחס הסיבתי בין אירועים, על אף שהוא לא באמת קיים בעולם עצמו אלא רק בעולם שאנחנו בוראים בהכרתנו.

כבר כאן ניתן לראות את ההבחנה בין אונטולוגיה (התפיסה הנאיבית של המציאות ששררה לפני קאנט), לבין פסאודו-אונטולוגיה, עליה דיבר קאנט. זו בעצם אפיסטמולוגיה שמאד מועיל מבחינתנו להתייחס אליה כאילו היתה אונטולוגיה.

נציין שכבר העירו על כך שעל פי הנחותיו של קאנט, ההבחנה בין פנומנה לנואומנה בעצמה מצויה כולה בפנומנה, שהרי אין לנו דרך להכיר ולדבר על דברים שמחוץ להכרתנו. מ. אברהם, בספרו **רוח המשפט** (עמ' 435), מביא ביקורת חריפה על תפיסתו של קאנט, שמובאת בספרו של הלל צייטלין, **על גבול שני עולמות**, בפרק על 'חיפושי האלוהים של לב שסטוב'. צייטלין טוען שלפי התמונה הקאנטיאנית ישנן התרחשויות בעולם עצמו, הנואומנה, אשר משפיעות על היווצרות ההכרה בתודעה, צורתה של הפנומנה. מהו היחס בין שני המישורים הללו? לכאורה, על פי תפיסתו של קאנט הנואומנה היא סיבתה של הפנומנה. אולם אם אכן כך הוא, אזי אנו משתמשים במושג 'סיבה' ובעקרון הסיבתיות, שעל פי קאנט שייכים לפנומנה, בכדי להסביר את היחס בין שני המישורים. אם כן, יוצא שגם כאשר אנחנו מדברים על המציאות עצמה ולא על המידע שלנו אודותיה, אנחנו עדיין מדברים על משהו שבהכרתנו. כך בדיוק ראינו שעצם הדיבור על העולם כשהוא לעצמו הוא

בעצם סוג של אשלייה, שהרי אין לנו דרך לדעת שקיים עולם כזה. אליבא דקאנט, רק הפנומנה חשופה בפנינו, ובעצם רק עליה ניתן לדבר.[45]

זוהי אותה הבחנה בין אונטולוגיה לבין פסאודו-אונטולוגיה, אלא שכאן היא נעשית בסדר השני. המושג אונטולוגיה עצמו עובר את אותו פירוק, וגם בתוכו עצמו אנחנו מבחינים בין פנומנה לנואומנה. וכך בעצם יוצא שספק האם יש בכלל מקום לדבר על אונטולוגיה, שכן מה שידוע לנו יכול להיות לכל היותר פסאודו-אונטולוגיה. יש לזכור שגם תורת הקוונטים התבררה לנו על ידי תצפיות וחשיבה שלנו, ולכן בעצם גם היא נמצאת כולה בתוך הפנומנה.

ייתכן שכל מה שאנחנו רואים סביבנו, כולל תורת הקוונטים, אינו אלא פסאודו-אונטולוגיה. המושג אונטולוגיה עצמו אינו אלא אפיסטמולוגיה במסווה. לצורך המשך דברינו נתעלם מהנקודה הספקנית הזאת, ונניח לצורך הדיון שההבחנות הללו אכן קיימות ומבוססות.

יישום לתמונה שתיארנו כאן

התמונה שתיארנו עד כאן מציגה מצב מורכב יותר. יש עמימות במציאות הפיזיקלית עצמה (כמות P מתוך החלקיק עוברת דרך סדק A). לעומת זאת, יש גם עמימות בתמונה שלנו אודותיה. לפעמים לנו נראה כאילו המציאות עצמה עמומה, למרות שהיא חדה (פסאודו-אונטולוגיה). במצבים כאלה נראה לנו שהמצב עמום ולא שחסר מידע; כלומר בעינינו כמות P מהחלקיק עוברת דרך הסדק, על אף שהאמת היא שכולו עובר או כולו לא עובר בסדק הזה. בנוסף, יש עמימות במידע שלנו אודות התמונה הזאת (על פי המידע שבידינו

---

[45] ספרו של מ. אברהם, **שתי עגלות וכדור פורח**, מוקדש להצעת אלטרנטיבה לתמונה הקנטיאנית. הוא מסביר שם שבעצם הנואומנה גם היא חשופה בפנינו. התמונה שהיא יוצרת אצלנו כאשר אנחנו פוגשים אותה היא הפנומנה.

יש הסתברות P שהחלקיק עבר דרך סדק A, אבל אנחנו יודעים שהספק הוא רק אצלנו).

אך בסופו של חשבון כל המגוון הזה עצמו מתרחש בפנומנה. כלומר ההכרה שלנו עושה הבחנות בין רמות מציאות שונות, האחת אובייקטיבית יותר מחברתה, ובכל זאת כולן מצויות בהכרה הסובייקטיבית שלנו (שהרי על פי קאנט איננו יודעים לומר מאומה על המציאות האובייקטיבית עצמה).

המשך הדרך: עמימות עובדתית ונורמטיבית

ישנה הבחנה נוספת שאותה נעשה בהמשך הדרך. בספרים הקודמים ראינו שההלכה בנויה כמבנה בעל שתי קומות: בקומה א נמצאים מצבים מהמציאות. בקומה ב נמצאות קביעות נורמטיביות של ההלכה שעוסקות בנסיבות שבקומה א. כל סוג של נסיבות (מקומה א) מקבל שיפוט נורמטיבי (מקומה ב). זהו סוג של פונקציה מהנסיבות אל הנורמות.[46]

לדוגמה, פעולות מסויימות שנעשות בשבת נאסרות מדין שביתה ממלאכה בשבת. למשל, ברירת פסולת מאוכל. הפעולות הן מצבים עובדתיים. האיסור הוא קביעה נורמטיבית האם פעולה כזאת מותרת או אסורה. ברירת פסולת מאוכל אסורה ואילו ברירת אוכל מפסולת לא אסורה מן התורה.

בהמשך הספר נראה שניתן למצוא עמימויות בכמה מקומות במבנה הזה: החלוקה של הפעולות לברירה או לא ברירה אינה בינארית. יש פעולות שנחשבות כרמות ביניים של ברירה. כל רמה כזאת יכולה להיות מותרת או אסורה. זהו מצב שיש רף נורמטיבי בינארי (אסור או מותר) שמוגדר על רצף של מצבים עמומים (בקומה א). אבל ייתכנו מצבים שבהם אין רף בינארי, וכל רמה של פעולת ברירה תהיה אסורה ברמת איסור שונה. כלומר ייתכנו רמות

---

[46] ראה על כך בספר התשיעי בסדרה, בעיקר בפרק הרביעי.

לא בינאריות של איסור (בקומה ב). המעבר מלוגיקה בינארית ללוגיקה עמומה יכול להופיע בשני המישורים: העובדתי והנורמטיבי.

מבנה כזה יכול להופיע רק במסגרת משפטית כמו זו ההלכתית, שהרי רק בה יש קומה נורמטיבית שמתייחסת לקומה העובדתית. בפיזיקה יש מקום לעמימות במישור אחד בלבד, שהרי הפיזיקה עוסקת בעובדות ולא בשיפוט ערכי או נורמטיבי שלהן.

כמובן שההבחנה אותה עשינו בפיזיקה, בין עמימות (באונטולוגיה) לבין היעדר מידע (באפיסטמולוגיה), יכולה להיות מיושמת בכל אחד מהמישורים הנ"ל. ייתכן מצב שאנחנו לא יודעים מהי המציאות (מקדש אישה מסויימת ושכח מיהי), ויש מצב שהמציאות עצמה לא נותנת תשובה חדה לזה (מקדש אישה לא מסויימת). בנוסף, ההלכה שנוגעת לכל אחד מהמצבים הללו יכולה להיות עמומה אפיסטמית (יש לנו ספק מהי ההלכה), או עמומה אונטית (יש רמות שונות של איסור).

ניישם זאת לגבי הדוגמה של מלאכת ברירה בשבת. יש פעולה שהיא ספק ברירה ויש פעולה שהיא ברירה קלושה (קצת ברירה). על הפעולה מהסוג הראשון כמו גם על הסוג השני, ייתכן שנסתפק מהי ההלכה וייתכן שההלכה תהיה לא אסור או מותר פשוט אלא רמת ביניים כלשהי. כמובן הספק בשאלה מהי ההלכה יכול להיות ספק שלנו (אנחנו לא יודעים מהי ההלכה) או עמימות בהלכה עצמה.

בחלקו הבא של הספר נראה כמה דוגמאות הלכתיות שבהן יופיעו כל ההבחנות הללו.

חלק שני:
לוגיקה עמומה בהלכה

פרק שביעי

מושגים עמומים בהלכה: כוחו וכוח כוחו

מבוא

בפרק זה נציג הקשר הלכתי שבו התייחסות דיכוטומית למושגים מביאה לקשיים, ולוגיקה רב-ערכית יכולה לפתור אותם (כפי שראינו בפרק הראשון הדבר נכון לגבי כל מושג יומיומי). כאן נעסוק במושגים "כוחו" ו"כוח כוחו", שכבר במבט ראשוני היינו מצפים מהם לתמונה לא דיכוטומית. זוהי בעצם דוגמה מובהקת לעמימות מושגית-עובדתית, במשמעות שמתקרבת מאד לדוגמאות של זאדה שהובאו בפרק הראשון.

סוגיית צרורות: כוחו כגופו

בדיני נזקי ממון יש כמה "אבות נזק" (ראה משנה בתחילת ב"ק, ושתי ברייתות שם ד ע"ב, ובהמשך הספר נפרט יותר). אבות נזק אלו צורות שונות של היזק על ידי חפצים, שהתורה מחייבת את הבעלים שלהם לשלם. לדוגמה, אם שור שלי נוגח שור של חברי (=אב הנזק קרן), או בור שחפרתי ברשות הרבים מזיק לבהמת חברי (=אב הנזק בור) וכדומה, עליי לשלם לו. מעבר לאבות הללו יש גם תולדות שונות, שאלו אופני היזק דומים שחכמים למדו שגם הם מחייבים את הבעלים לשלם.

ישנה תולדה חריגה שנקראת "צרורות". ההלכה קובעת שנזק שנגרם על ידי דברים (=צרורות) שעפו מרגלי בהמה שהולכת מחייב את הבעלים לשלם לניזק תשלום בגובה חצי מהנזק. לדוגמה, אם בהמתו של ראובן הולכת במקום כלשהו ומעיפה אבן שפוגעת בכלי של שמעון והורסת אותו, אז ראובן חייב לשלם לשמעון את חצי משוויו של הכלי. בגמרא נחלקים בזה תנאים: סומכוס סובר שנזק צרורות מחייב את מלוא התשלום, וחכמים סוברים שחייבים לשלם רק חצי מהנזק, וההלכה נפסקה כמותם.

הגמרא ב״ק יז ע״ב דנה ביסוד המחלוקת בין סומכוס לחכמים. היא מתלבטת האם רבנן סוברים שכוחו הוא כגופו, כלומר שנזק שנעשה בכוחו הוא בדיוק כמו נזק שנעשה בגופו ממש או לא:

אמר רבא: בשלמא סומכוס, קסבר: כחו כגופו דמי, אלא רבנן, אי כגופו דמי, כוליה נזק בעי לשלם! ואי לאו כגופו דמי, חצי נזק נמי לא לשלם! הדר אמר רבא: לעולם כגופו דמי, וחצי נזק צרורות - הלכתא גמירי לה.

הגמרא כאן מסבירה שסומכוס סובר שכוחו כגופו, ולכן לשיטתו נזק בכוחה של בהמה הוא כנזק שנגרם בגופה עצמו, ולכן לדעת סומכוס היזק כזה מחייב את בעל הבהמה בתשלום מלא (נזק שלם) לניזק. אבל את דעת חכמים קשה להבין. כיצד הם מגיעים לחיוב חלקי? או שחייבים לגמרי (אם זה נכלל באבות או בתולדות) או שלא (אם זה לא נכלל בהם). למסקנת הגמרא גם חכמים מסכימים שכוחו כגופו, אלא שלדעתם יש הלמ״מ שמורה לנו להוריד את התשלום במקרה זה לחצי נזק.

חשוב להעיר שהיסוד להבחנה בין צרורות לבין אופן נזק רגיל כנראה נעוץ בדין כוחו, ובשאלה האם כוחו כגופו. אמנם אנחנו פוסקים שכוחו כגופו, אבל עצם העובדה שההלכה מורידה את התשלום בצרורות לחצי אומרת שיש משהו בכוחו שאינו ממש כגופו לפחות לדעת חכמים. הגמרא אמנם מסבירה שלדעת חכמים כוחו כגופו, אבל אם כוחו היה ממש זהה לגופו אז לא היה מקום להלכה כזאת. גם הלמ״מ יש מאחוריה היגיון מסוים. לכן סביר שכוונת הגמרא היא לומר שלמרות שמדובר במצב חלקי (רמת אחריות חלקית של הבעלים), עדיין זה מעל הרף של חיוב נזיקי, ולכן השיוך של המצב הזה מעיקר הדין הוא למצב של חיוב גמור. הסיבה שמשלמים רק חצי נזק היא ההלכה למשה מסיני שבאה ומורידה את רמת החיוב. זאת בניגוד לאפשרות ההפוכה, לפיה מעיקר הדין צרורות היו צריכים להיות פטורים לגמרי (הם מתחת לרף החיוב הנזיקי), וההלכה למשה מסיני היתה באה כדי להעלות את רמת החיוב. במקרה כזה צרורות לא היו נחשבים ממון (פיצוי נזיקי) אלא

קנס (תשלום עונשי). כל תשלום שמיסודו ניתן כחובה עונשית, כלומר שמעיקר הדין אין במקרה כזה חיוב פיצוי – הוא קנס.

אמנם זה כמובן חוזר ומעורר את השאלה מדוע הגמרא כאן קובעת שגם חכמים סוברים שכוחו כן נחשב כגופו, כלומר בוחרת את האופציה הראשונה, ולא בוחרת בשנייה שכוחו לאו כגופו וההלמ״מ באה להחמיר. הרי זה הסבר אפשרי באותה מידה לדין חצי נזק צרורות. כדי לחדד את הקושי, נדון כעת במקרה של חיוב חצי נזק של קרן תמה, שבו המהלך הוא דומה אבל הפוך.

שור תם: חצי נזק קנס

בהלכות נזקי ממון מחלקים בין שני סוגי היזק שנגרם בכוונה (כגון נגיחה על ידי קרן של בהמה): היזק בכוונה (כמו נגיחה של שור) בשלוש הפעמים הראשונות מכונה קרן תמה, והוא מחייב את הבעלים בתשלום של חצי נזק. מהנגיחה הרביעית והלאה זהו שור מועד, והבעלים חייב לשלם לניזק את מלוא סכום הנזק (נזק שלם). יש במסכת ב״ק כמה וכמה סוגיות שמוצאות דמיון בין דין זה לדין צרורות שתואר למעלה, אבל כאן נעמוד רק על היבט עקרוני אחד שנוגע אלינו.

הגמרא בב״ק טו ע״א מביאה שגם לגבי קרן תמה נחלקים אמוראים במחלוקת דומה למחלוקת התנאים שפגשנו למעלה לגבי צרורות:

> ***אתמר: פלגא נזקא - רב פפא אמר: ממונא, רב הונא בריה דרב יהושע אמר: קנסא. רב פפא אמר ממונא, קסבר: סתם שוורים לאו בחזקת שימור קיימן, ובדין הוא דבעי לשלומי כוליה, ורחמנא הוא דחס עליה דאכתי לא אייעד תוריה; רב הונא בריה דרב יהושע אמר קנסא, קסבר: סתם שוורים בחזקת שימור קיימי, ובדין הוא דלא לשלם כלל, ורחמנא הוא דקנסיה כי היכי דלנטריה לתוריה.***

ר״פ סובר שחצי הנזק הוא ממון, כלומר חיוב פיצוי על הנזק. לשיטתו מן הדין היה הבעלים חייב תשלום מלא, אלא שהתורה חסה עליו. ואילו רהבדר״י סובר שזהו קנס, כלומר מן הדין הבעלים היה פטור, והתורה חייבה אותו

בחצי הנזק כדי להמריצו לשמור על בהמתו שלא תזיק. להלכה פוסקים כרהבדר״י.

גם כאן הניתוח דומה למה שראינו למעלה. סביר מאד שלכל הדעות שור תם הוא מזיק ברמת חומרה חלקית, כלומר יש יותר מקום לפטור אותו מאשר שור מועד. אם זו לא היתה רמת ביניים לא היה מקום למחלוקת האמוראים. לכן כולם מסכימים שיש כאן מצב חלקי, והמחלוקת ביניהם היא בשאלה לאיזה משני הצדדים הקוטביים עלינו לייחס אותו מעיקר הדין: לחיוב המלא או לפטור המלא. להלכה אנחנו בוחרים באופציה שמייחסת אותו לפטור, ולכן מה שבכל זאת מחייבים אותו לשלם חצי נזק הוא חיוב עונשי, כלומר קנס. במובן הזה יש כאן מסקנה הפוכה ממה שראינו לגבי חצי נזק צרורות.

מבט לוגי ראשוני

המסקנה משני הדיונים הללו היא ששניהם עוסקים במצב משפטי מורכב, ולכן לוגיקה בינארית לא לגמרי מתאימה כדי לתאר אותו. בהלכות נזקי ממון יש שני מצבים בסיסיים: חיוב פיצוי כספי או פטור. זוהי תמונה בינארית. בכל מצב משפטי מתעורר דיון האם הוא מחייב תשלום או שאין שם חיוב, ולכן הנטייה הראשונית היא לשייך את המצב המורכב לאחד משני הקטבים הבינאריים. לא תמיד ברור לאיזה משני הקטבים נכון לשייך אותו, ולא פלא שבשתי הדוגמאות שפגשנו ההחלטה היא לשני כיוונים הפוכים (צרורות משוייכים למצב החיוב ושור תם למצב הפטור).

התמונה שתוארה עד כאן היא ברורה וכללית לגמרי, והיא מופיעה בהקשרים הלכתיים רבים. ברור שהמציאות היא מורכבת, וכמעט תמיד מופיעות בה יותר משתי אפשרויות קוטביות. אלא שבמקרים רבים עלינו לקבל החלטות לאך לשייך כל מצב על הרצף הזה. זהו מיפוי שלוקח מצב מתוך רצף של מצבים שונים ומשליך אותו אל אחת משתי רמות בינאריות.

אפילו במימוש פיסיקלי של מערכת עיבוד נתונים בינארית (כמו מחשב) אנחנו מגדירים רמת מתח מסויימת כרמת סף: כל המתחים מעליה הם "1"

ומתחתיה הם "0". כלומר יש רצף של רמות פיסיקליות (רמות מתח) אבל רק שתי רמות לוגיות, ולכן עלינו לקבל החלטה לאיזו משתי הרמות הלוגיות נכון לשייך את כל אחת מהרמות הפיסיקליות. זה תפקידו של הסף. כך גם בהלכה, יש רצף של רמות עובדתיות, אבל אנחנו משייכים אותן לאחת משתי רמות נורמטיביות (הלכתיות).

אלא שבשתי הדוגמאות שהבאנו יש תוספת שבדרך כלל לא מופיעה במצבים הללו: כאן ישנה גם רמה נורמטיבית (לוגית) שלישית, חיוב חצי תשלום. זהו חיוב נורמטיבי שנמצא בין שתי הרמות הבסיסיות. כלומר במקרים אלו יש גם ביטוי נורמטיבי עשיר ומגוון (יותר מהביטוי הבינארי הרווח) לרצף הפיסיקלי. זה משול למערכת חישוב שתעבוד בלוגיקה טרנארית, כלומר שיש בה שלושה ערכי אמת ("1", "0" ו-"1/2", למשל).

אם כך התמונה בה אנחנו עוסקים היא הבאה: יש רצף של רמות עובדתיות, או פיסיקליות, שכל אחת מהן מושלכת לאחת משתי רמות נורמטיביות (הלכתיות-משפטיות, או לוגיות, בהתאמה). משמעות הדבר היא שהספירה הנורמטיבית לא עשירה דיה כדי לבטא את העושר של המצבים שמונחים ביסודה. עקרונית ראוי היה לקבוע רמה הלכתית-משפטית מתאימה לכל רמה של מצב עובדתי. בהקשר של דיני הנזיקין היינו מצפים שהמערכת ההלכתית-משפטית תבטא את כל העושר של רמות האחריות, וכל רמת אחריות של אדם לנזקים שממונו גרם תחייב אותו ברמת תשלום מתאימה ושונה. במצב כזה יהיו רצף של רמות חיובי תשלום נזיקי.

משמעות הדבר היא שכדי להשיג ביטוי נורמטיבי מלא עלינו לעבור מלוגיקה בינארית ללוגיקה רציפה. אלא שבדרך כלל ההלכה, כמו גם כל מערכת משפטית אחרת, לא עובדת כך. ישנו מספר בדיד של רמות הלכתיות (לוגיות), שתיים או לכל היותר שלוש. הדבר מעלה את השאלה מדוע לא נבטא את כל רצף הרמות העובדתיות גם בספירה ההלכתית-משפטית? למה לא נקבע על כל סוג של היזק רמת תשלום שמשקפת את חומרתו?

יש לחלק את הדיון לשני סוגי מצבים: א. מצב שבמהותו הוא בינארי – כמו חילול שבת. שם הדין הוא שמי שעושה מלאכה בשבת חייב חטאת (בשוגג) או סקילה (במזיד). לכן כל איסור חייב לקבל הגדרה במונחי חייב או פטור. ב. מצב שבמהותו אינו בינארי – כמו חיובי תשלום נזיקיים. שם אין מניעה עקרונית לקבוע רצף של רמות תשלום.

נראה שיש כאן שיקולים של וודאות משפטית, כלומר שיש חשיבות לכך שמערכת משפטית תפעל על פי כללים קשיחים ותיתן לשופט ולבעלי הדין את הכלים לדעת מה מותר ומה אסור ומה העונש הצפוי בכל מקרה. ייתכן שבגלל שיקולים אלו התורה מעדיפה גם בתחום הנזיקי לא לקבוע רצף של רמות תשלום, אלא להסתפק בכמה רמות בדידות.

דין כוחו כגופו בהקשרים נוספים

כעת נשוב לדין צרורות. ראינו שיש חיוב חצי, ושצרורות הוא דין כוחו. עוד ראינו שיש מקום להסתפק בדעת חכמים האם החיוב חצי הזה שייך לצד שיש בו חיוב נזיקי או לצד העונשי (שאין בו חיוב נזיקי), ולמסקנה התלמוד מסיק שזהו חיוב נזיקי. שאלנו מה גרם לתלמוד לבחור בפרשנות הזאת דווקא. נראה שהדבר קשור לסוגיית כוחו כגופו שנדונה בכמה מקומות בתלמוד, בכמה הקשרים הלכתיים שונים. כפי שנראה, בדרך כלל ההנחה היא שכוחו כגופו.

נפתח בדוגמה מההקשר של נזקי ממון עצמו. הגמרא ב״ק י ע״א-ע״ב דנה במצבים בהם אדם מבצע חלק מהנזק ומתחייב בתשלום. שם בע״ב מובא המקרה הבא:

מתקיף לה רב פפא, והא איכא הא דתניא: ה׳ שישבו על ספסל אחד ולא שברוהו, ובא אחד וישב עליו ושברו - האחרון חייב, ואמר רב פפא: כגון פפא בר אבא! היכי דמי? אילימא דבלאו איהו לא איתבר, פשיטא! אלא דבלאו איהו נמי איתבר, מאי קעביד. סוף סוף מתניתא היכא מתרצא? לא צריכא, דבלאו איהו הוי מיתבר בתרי

שעי, והשתא איתבר בחדא שעה, דאמרי ליה: אי לאו את, הוי יתבינן טפי פורתא וקיימין. ולימא להו: אי לאו אתון, בדידי לא הוה מיתבר! לא צריכא, דבהדי דסמיך בהו תבר. פשיטא! מהו דתימא כחו לאו כגופו דמי, קמ"ל דכחו כגופו דמי, דכל היכא דגופו תבר, כחו נמי תבר.

הגמרא דנה איך קרה שהשישי שבר את הספסל. אם זה לא היה קורה בלעדיו אז יש עליו אחריות מלאה, ואם זה היה נשבר גם בלעדיו אז אין עליו אחריות כלל. שוב יש כאן דיון בינארי, שמתחבט לאן לשייך את המצב נשוא הדיון. למסקנת הגמרא האדם השישי שבר את הספסל על ידי הישענות על האחרים ובכך גרם לו להישבר מהר יותר. הוא חייב מפני שכוחו כגופו, וזה החידוש של הגמרא.

המושג "כוחו" בסוגיא כאן שונה ממה שראינו בסוגיית צרורות, שהרי כאן מדובר שהוא שבר את הספסל דרך האנשים האחרים ולא בדרך של זריקה של משהו על הספסל.

רש"י שם מסביר את הגמרא כך:

סמך בהו - נסמך עליהם ולא יכלו לעמוד לישנא אחרינא דזגא מזגא גרסינן כדאמרינן בעלמא חזי למיזגא עליה.

רואים שסמיכתו לא אפשרה להם לקום, ולכן בעצם המשקל שלהם השתתף בשבירה, והוא רק גרם לכך. ועדיין זה שונה מהמקרה שמכונה "כוחו" בסוגיא שלנו. ובכל זאת הגמרא משתמשת באותו מושג גם כאן.

בסוגיית במכות ח ע"א יש דיון דומה לגבי רוצח בשגגה:

אמר רב פפא: מאן דשדא פיסא לדיקלא ואתר תמרי, ואזול תמרי וקטול - באנו למחלוקת דרבי ורבנן. פשיטא! מהו דתימא ככח כחו דמי, קמ"ל. אלא כח כחו לרבי היכי משכחת לה? כגון דשדא פיסא ומחיה לגרמא, ואזיל גרמא ומחיה לכבאסא ואתר תמרי, ואזול תמרי וקטול.

מי שזרק חתיכת עפר לדקל והשיר תמרים שנפלו והרגו מישהו, נחלקו בזה רבי ורבנן האם זה כוח כוחו או כוחו. ראשית, גם כאן המשמעות של "כוחו" אינה דומה לזו שבסוגייתנו. גם כאן הוא לא זורק משהו שהולך ופועל מכוחו, אלא מונע מאחרים לקום ובכך גורם לשבירת הספסל. זה משמעות שונה לגמרי של המושג כוחו. ובכל זאת הגמרא משתמשת באותו מושג גם כאן.

בכל אופן, בסוגיא כאן משתמע שלכל הדעות כוחו כגופו וכוח כוחו אינו כגופו, ולכן השאלה שבמחלוקת היא רק האם מקרה כזה מסווג ככוחו או ככוח כוחו. כך גם בעוד סוגיות בתלמוד. נראה, אם כן, שלהלכה נפסק בכל התלמוד שכוחו כגופו.

זה מעורר את השאלה מדוע הגמרא בסוגיית צרורות בכלל מתחבטת האם חכמים סוברים כוחו כגופו או לאו כגופו? לכאורה צריך להיות ברור שהם סוברים כפי שמקובל להלכה שכוחו כגופו (כפי שבאמת הגמרא מסיקה שם בסופו של דבר). האחרונים באמת תוהים מדוע הגמרא כאן בכלל מעלה אפשרות בדעת רבנן שכוחו לאו כגופו, ובעצם במה בכלל הסתפק רבא מלכתחילה?[47]

היה מקום להסביר שדווקא במקרים כמו בסוגיית הספסל כוחו כגופו, כי מדובר בכוחו באופן ישיר אלא שדרך אנשים אחרים (אם כי לפי פירוש רש"י לא נראה שזהו המצב. ואולי זו גופא הסיבה שאילצה את רש"י לפרש כך את הגמרא), אבל כוחו במשמעות של חפץ שנזרק על ידו אולי לא נחשב כגופו. לגבי התמרים דווקא נראה שזה מקרה שבו קשה יותר לחייב (כי בסופו של דבר הם מזיקים מכוח הכובד ולא מכוחו בכלל. אמנם הגמרא דנה שם במקרים שונים שבהם כוחו כן מעורב בהמתה), ואם שם כוחו כגופו אז בכל

---

[47] ראו **ברכת שמואל** סי' יט סק"ב, שמביא גם את הסוגיא במכות לגבי רוצח בשגגה "ונשל הברזל מן העץ" שכוחו כגופו. הוא מביא את הקושיא הזו בשם ר' דוד טעביל (בעל **נחל"ד**). וכן בחידושי רבי אריה ליב מאלין ח"א סי' ס סק"ב.

מקום צריך להיות כך. אבל המפרשים לא חילקו בזה. ובאמת משמע בגמרא שהדיון הוא מושגי, כלומר לקבוע התייחסות לכל מה שמוגדר כ״כוחו״.

תירוץ אפשרי

יש סברא לחלק בין מצבים בהם יש דרישה למעשה של גופו, ואז השאלה היא מושגית: האם כוחו נחשב גם הוא כגופו. אבל יש מצבים שבהם אין בכלל דרישה לגופו, אלא רק דרישה שהמעשה יתייחס אליו, כלומר שייחשב שהוא זה שעשה אותו, ואז ברור שניתן לומר שכוחו כגופו (שהרי אין כאן מישהו אחר שניתן לייחס את המעשה אליו). בסוג הראשון אנחנו מחפשים תשובה לשאלה המושגית האם כוחו נכנס תחת ההגדרה של גופו. בסוג השני כוחו וגופו הם ביטויים שונים של התייחסות המעשה לאדם, אבל אין זהות אמיתית ביניהם. נציין כאן שבשאלה מהסוג השני יש מקום להסתכלות לא בינארית. בשאלות מושגיות, מה נקרא ״גופו״ התשובה המתבקשת היא בינארית. אבל בשאלות של עד כמה המעשה מתייחס לאדם יש מקום למגוון רחב יותר (ואולי אפילו רציף) של תשובות.

זוהי בעצם הלוגיקה של התירוץ שמציע בעל **ברכת שמואל** שם. הוא טוען שהיזק של שור דורש שזה ייעשה בכוחו, ובלי זה אין כאן משהו שנכלל תחת אב הנזק שור. ארבעה אבות נזיקין הם הגדרות מושגיות (שהרי לא כל מעשה של שור מחייב, ועלינו לבחון האם ניתן להכניס אותו תחת רגל, שן, או קרן. כלומר מה שקובע הוא השאלה המושגית). לכן היתה הו״א בגמרא שהיזק בכוחו לא ייחשב כשור. ולמסקנה ההלכה חידשה שגם כוחו נחשב כשור עצמו (ולכן זו תולדה של רגל), אבל לא לגמרי (ולכן משלם חצי).[48]

---

[48] טיבעם המושגי של דיני הנזיקין נדונים בהרחבה בעבודת הדוקטור של אבישלום וסטרייך, **התפתחות ומגמות פרשניות בדיני הנזיקין התלמודיים לאור מקרי פטור חריגים**, בר אילן, טבת תשסז (ראה שם בעיקר בפרקים 2.1 ו-3.4).

אם כן, במקום בו הדיון הוא מושגי התמונה הלוגית המתבקשת היא בינארית. אבל במקום בו אנחנו עוסקים במציאות מורכבת יותר עולה אפשרות שהתמונה הלוגית-משפטית גם היא תהיה עשירה יותר. אמנם כפי שאנחנו רואים בסוגיית צרורות, להלכה כוחו כגופו גם בהקשרים מהסוג השני. ועדיין, ראינו שמסקנת הגמרא היא שצרורות הוא באמת מצב ביניים. כלומר שגם בדיון המושגי לא נכון שהלוגיקה היא לעולם בינארית.

חריגה מבינאריות בדיון מושגי: היחס בין אב לתולדה

ראינו עד כאן שסביר לצפות שבדיון מושגי ההלכה תפעל לפי לוגיקה בינארית. כל מצב חדש ייבחן במשקפיים המושגיים: או שהוא נכלל במושג או שלא. אבל המסקנה בסופו של דבר היא שגם בדיון מושגי יכולה להיות חריגה מהלוגיקה הבינארית. כאן נכנסת לארגז הכלים שלנו הבחנה הלכתית נוספת, ההבחנה בין אב לתולדה. את ההבחנה בין אב לתולדה אנחנו פוגשים בהקשרים של מלאכות שבת, אבות נזיקין, מלאכות בשביעית, ועוד. אנו נעסוק בה ביתר פירוט בפרקים הבאים, וכאן רק נעיר על כך כדי להשלים את התמונה.

בכמה הקשרים בהלכה אנחנו ממיינים את המצבים השונים במיון ראשוני (לאבות שונים) ובמיון משני (תולדות של כל אחד מהאבות). משמעותו של המיון המשני היא שבעצם גם בדיון מושגי יכולות להתקיים כמה רמות לוגיות-הלכתיות שונות. מצב מסויים נתון יכול להיכנס תחת כנפיו של המושג או לא להיכנס תחת כנפיו, אבל הוא גם יכול להיות תולדה שלו, כלומר להיכנס חלקית תחת כנפי מושג האב. כאמור, המשך הדיון בפרקים הבאים. כעת נשוב לשאלת כוחו כגופו, אבל נראה אותה ברזולוציה דקה יותר.

כוח כוחו

בסוגיית ב״ק יט ע״א הגמרא מתלבטת בדעת סומכוס שמחייב על צרורות נזק שלם, מה יהיה הדין בבהמה שהעיפה צרורות ואלו העיפו עוד צרורות שהזיקו:

בעי רב אשי: כח כחו, לסומכוס, ככחו דמי או לא? מי גמיר הלכה ומוקי לה בכח כחו, או דלמא לא גמיר הלכה כלל? תיקו.

הספק הוא האם לסומכוס נאמרה בכלל ההלכה של צרורות, אלא שלדעתו היא נאמרה רק על כוח כוחו, או שמא לשיטתו אין כלל הלכה כזו. למסקנה הגמרא לא מכריעה.

על פניו הספק הזה הוא תמוה מאד. ראשית, היה מקום להסתפק בעניין זה גם לדעת חכמים. הרי ראינו שגם הם בעצם סוברים שכוחו כגופו, אלא שההלמ״מ הורידה את החיוב בצרורות לחצי. אז מדוע לא להסתפק גם בשיטתם האם כוח כוחו הוא ככוחו (ויהיה חייב חצי) או לא (ויהיה פטור). שנית, הגמרא כאן מניחה שההלמ״מ שמורידה את החיוב לחצי מבוססת על תפיסה מהותית שיש הבדל גם בלעדיה. כלומר רק אם כוח כוחו לאו ככוחו סומכוס יהיה מוכן לומר שההלמ״מ תחייב חצי על כוחו כוחו. לא עולה כאן האפשרות שכוח כוחו ככוחו ובכל זאת ההלמ״מ מורידה את החיוב לחצי. אבל בדעת חכמים ראינו שהם סוברים שכוחו כגופו, ובכל זאת ההלמ״מ מורידה את החיוב לחצי. אז למה לא לומר בסעת סומכוס שכוח כוחו ככוחו ובכל זאת לשיטתו באה ההלמ״מ ומורידה את החיוב לחצי (כמו שהיא עושה לפי חכמים בכוחו)?

על פניו נראה שכוונת הגמרא כאן היא שונה לגמרי. הגמרא לא מתלבטת בשאלה הכללית לגבי המעמד של כוח כוחו. הספק כאן הוא בשאלה האם נאמרה הלמ״מ של צרורות גם לסומכוס או לא. אם נאמרה הלכה גם לשיטתו, אז יוצא דה-פקטו שכוח כוחו אינו ככוחו בדין צרורות. כלומר אין כאן אמירה שכוח כוחו אינו ככוחו, אלא שההלמ״מ קבעה שהלכתית בשורה

התחתונה הוא לא ככוחו. זוהי תוצאה של ההלמ״מ ולא הבסיס שעליו היא באה.

אם זו כוונת הגמרא, אז שני הקשיים שהעלינו מתיישבים. הגמרא לא מסתפקת בדעת חכמים שכן לדעתם ההלמ״מ אכן נאמרה, אבל לגבי כוחו ולא כוח כוחו. לגבי הקושי השני, גם ברור שבאמת יישום ההלמ״מ אינו דורש הנחה שכוח כוחו לא ככוחו. זוהי תוצאה ולא הנחה. התפיסה הבסיסית יכולה להיות שגם לסומכוס כוח כוחו הוא ככוחו.

לאור דברינו יש כעת מקום לדון דווקא לדעת חכמים, מה באמת יהיה הדין בכוח כוחו? אם מבחינת ההתייחסות ההלכתית העקרונית כוח כוחו הוא ככוחו, אז גם בזה יהיה חיוב חצי נזק (=ח״נ). ואם הוא לא ככוחו אז כנראה יהיה פטור. כאן זה כבר דיון עקרוני האם כוח כוחו ככוחו, ולא כמו בדיון לגבי סומכוס שעסק ביישום ההלמ״מ ולא במעמד העקרוני של כוח כוחו. מייד נראה שהדיון הזה באמת עולה בראשונים.

האם שאלת כוח כוחו נוגעת להלכה?

ראינו שהספק עסק בדעת סומכוס. להלכה אנחנו פוסקים כחכמים שצרורות חייבים חצי נזק. אם כן, לכאורה הספק לגבי כוחו כוחו אינו נוגע להלכה. ואכן, הרי״ף על אתר כלל לא הביא את האיבעיא הזו, שכן הוא מביא רק את מה שנוגע להלכה.

ובאמת הרא״ש שם בסי׳ ב כותב להסביר זאת כך:

בעי רב אשי כח כחו לסומכוס ככחו דמי וכו׳ רב אלפס ז״ל לא הביא הך בעיא משום דלסומכוס מבעיא ליה ולית הלכתא כוותיה.

הוא מסביר שהרי״ף הוא פוסק, ולכן הוא מביא רק דעות וסוגיות שנוגעות למעשה. אבל עדיין ניתן לשאול בדעת הרי״ף, האם הוא סובר שלפי חכמים היזק בכוח כוחו מחייב ח״נ או שהם פוטרים עליו?

על כך מעיר הרא״ש בהמשך דבריו שם:

ולי נראה דיש נפקותא גדולה בבעיא זו דמתוך בעייתו משמע דפשיטא ליה כח כחו ככחו דמי לכ״ע ולרבנן משלם על כח כחו חצי נזק כמו על כחו ומבעיא ליה אי סומכוס גמר הלכתא דצרורות לכח כחו לחצי נזק כמו לרבנן כחו או דלמא לא גמר הלכתא כלל ואף על כח כחו משלם נזק שלם.

הוא טוען כנגד הרי״ף שדווקא יש השלכה הלכתית לחקירה הזו של הגמרא, ולכן היה על הרי״ף להביאה. ההשלכה היא מה דין כוח כוחו לפי חכמים דסומכוס. הוא טוען שמניסוח האיבעיא בגמרא מוכח שכוח כוחו הוא ככוחו, שהרי האיבעיא עסקה בשאלה האם גם לפי סומכוס יש הלמ״מ שמורידה את החיוב לחצי או לא. משמע שמעיקר הדין לולא ההלמ״מ היה כאן חיוב נזק שלם, כלומר שכוח כוחו הוא ככוחו. וזה ממש כהצעתנו לעיל, שהאיבעיא לפי סומכוס לא עסקה בשאלה האם כוח כוחו הוא ככוחו או לא, אלא בשאלה האם גם לסומכוס יש הלמ״מ של ח״נ צרורות. מכאן מסיק הרא״ש שלפי חכמים יש חיוב ח״נ על כוח כוחו, בדיוק כמו בצרורות רגילים.

לכאורה נראה שהרי״ף חולק עליו, שהרי הוא לא הביא זאת להלכה. כלומר לדעת הרי״ף כוח כוחו לאו ככוחו לפי חכמים, והספק הוא רק לדעת סומכוס. אבל זה לא הכרחי. ייתכן שהרי״ף לא הביא זאת כי ההשלכה ההלכתית היא עקיפה, כלומר מפני שזאת הנחה של האיבעיא, ולכן הוא לא ראה צורך הלכתי להביא את האיבעיא עצמה.

כוח כוחו ככוחו: דיון לוגי אפריורי

השאלה שמתעוררת היא על הגמרא עצמה. גם אם צודק הרא״ש שמניסוח האיבעיא לגבי סומכוס עולה שהגמרא מניחה שלכל הדעות כוח כוחו הוא ככוחו, לא ברור מניין הגמרא עצמה ידעה זאת. למה לדעתה אין אפשרות שכוח כוחו לאו ככוחו, ולפי חכמים הוא פטור לגמרי?

מסתבר שזה מפני שלפחות למסקנת סוגיית יז ע״ב ראינו שכוחו כגופו גם לחכמים (לאור שאר סוגיות הש״ס שמהן עולה שכוחו כגופו), ולכן ברור שכוח

כוחו גם הוא ככוחו, מאותה סברא עצמה. אם יש זהות בין כוחו לגופו, אז בה במידה כוח כוחו זהה לכוחו (שזהה לגופו). זוהי בעצם טרנזיטיביות של היחב בין גופו לכוחו. בשורה התחתונה, לפי זה כוח כוחו הוא כגופו, ובעצם הדיון בסוגיא הוא בשאלה האם כוח כוחו הוא כגופו ולא האם הוא ככוחו.

מה שהפעלנו כאן היה כללים של הלוגיקה הסטנדרטית, שהיא טרנזיטיבית. טרנזיטיביות היא תכונה של יחסים לוגיים. אם שני אובייקטים A ו-B, מקיימים יחס P ביניהם, נסמן זאת P(A,B). היחס P הוא טרנזיטיבי אם כשמתקיימים היחסים P(X.Y) ו-P(Y,Z), בהכרח מתקיים גם היחס P(X,Z). לדוגמה, היחס "להיות אבא של" אינו טרנזיטיבי, כי אם ראובן הוא אביו של שמעון ושמעון הוא אביו של לוי, אין זה אומר שראובן הוא אביו של לוי. לעומת זאת, יחס השוויון הוא יחס טרזיטיבי. ולכן אם נסמן : A – גופו, B - כוחו, C – כוח כוחו, הלוגיקה הבינארית נותנת לנו שאם B=A וגם C=B, אז בהכרח C=A. לכן אם כוחו כגופו וכוח כוחו הוא ככוחו, אז כוח כוחו הוא כגופו.

אבל כאן נכנסת לדיון הלוגיקה הרב ערכית שתיארנו למעלה. ראינו שכוחו כגופו הוא קביעה נורמטיבית, אבל ברמה העובדתית אין באמת שוויון ביניהם. לכן אסור לנו לכתוב A=B. יש רצף של רמות ולכן עובדתית ברור שכוחו הוא חיוב חלש יותר מאשר גופו. אלא שרף החיוב בתשלום עובר מתחת לכוחו, ולכן גם כוחו נחשב נורמטיבית כגופו וחייב בתשלום. האם נכון לכתוב N(A)=N(B)? כנראה שלא. אחרת עדיין היה כאן יחס טרזיטיבי בין החיובים הנורמטיביים, והיה צריך להתקיים גם N(C), כלומר שהחיוב על כוחו כוחו הוא כחיוב על כוחו ועל גופו. אבל ראינו שזה לא בהכרח מתקיים. מדוע? כדי להסביר זאת, נניח לצורך הדיון שכוחו הוא בעוצמת חיוב של 70% לעומת גופו. רף החיוב הוא 50%, ולכן הלכתית כוחו כגופו. מה יהיה הדין בכוח כוחו? אם נמשיך את אותו היגיון אז כוחו כוחו הוא 70% מכוחו (כמו

היחס בין כוחו לגופו), ולכן הוא בעוצמה של 49% ביחס לגופו (0.7X0.7). אם כן, כוח כוחו כבר נמצא בעוצמה שהיא מתחת לרף החיוב, ומכאן מתבקשת המסקנה שכוח כוחו לאו כגופו. היחס בין החיובים של כוחו של גופו הוא יחס של פרופורציה של של שוויון, וכך גם לגבי כוח כוחו מול כוחו. אבל יחס של פרופורציה אינו טרנזיטיבי. ולכן גם אם מקבלים שהיחס בין כוח כוחו לכוחו הוא כמו היחס בין כוחו לגופו, לא נכון להסיק מכאן בהכרח שכוחו כוחו הוא כגופו. משמעות הדבר היא שבלוגיקה עמומה (שמדברת על פרופורציות במקום על זהויות) הטרנזיטיביות לא בהכרח נשמרת.

יתר על כן, גם אם נאמר שכוח כוחו הוא ככוחו, ייתכן שעדיין הלוגיקה היא רב ערכית, אלא שהיחס בין כוחו לגופו הוא גבוה מ-70%, או שהרף נמוך מ-49%. לדוגמה, אם הרף הוא 40% אז כוחו כוחו יהיה ככוחו וכגופו, אבל כוח כוח כוחו כבר לא יהיה חייב (כי אנחנו מגיעים לכ-0.35 מגופו, וזה כבר מתחת לרף). כך גם אם נניח שכוחו הוא 75% מגופו והרף נותר על 50%. גם אז כוחו כוחו יהיה ככוחו וכגופו, אבל כוח כוח כוחו כבר לא יהיה כגופו.

נמצאנו למדים שהשאלה האם כוח כוחו ככוחו אינה מנוסחת במדויק. כוח כוחו הוא ככוחו הוא אכן בדיוק כמו שכוחו הוא כגופו. אבל זו קביעה של פרופורציה ולא של שוויון. השאלה בה מתלבטת הגמרא היא האם כוח כוחו הוא כגופו או לא. מהות הספק היא לא בשאלת הטרנזיטיביות אלא בשאלה מה היחס בין כוחו לגופו (כמה אחוזים), ומהו רף החיוב. זו לא שאלה לוגית כללית, אלא שאלה ספציפית לדיני כוחו.

יש לשים לב שמבחינת מפת הקטגוריות שלנו כאן המקרה הזה הוא מקרה מורכב לניתוח. לא ברור האם הרב ערכיות בה אנחנו עוסקים כאן נמצאת במישור העובדתי או במישור הלוגי-הלכתי. המישור הלוגי הלכתי הוא עדיין בינארי, שהרי בכל עוצמה של אחריות במישור העובדתי יש רק אחד משני דינים: חייב או פטור. אין כאן חיוב של חצי. ריבוי הערכים אותו תיארנו נמצא רק במישור העובדתי, כלומר רמות האחריות של המזיק. מישור זה מתואר כאן בלוגיקה רציפה של עוצמות אחריות של הבעלים. אם האחריות

על מעשה גופו היא 1, אז רמות האחריות של כוחו, או כוח כוחו וכדומה, הן משהו בקטע (0,1), כלומר מדובר בלוגיקה רציפה (שמתוארת אצלנו למעלה על ידי האחוזים מגופו). מכאן עולה כפי שראינו, שלמרות שהמישור הנורמטיבי (קומה ב) הוא בינארי (חייב או פטור), בכל זאת ריבוי הערכים במישור העובדתי יכול להקרין על המישור ההלכתי הבינארי ולתת תוצאה בלתי צפויה על פי הלוגיקה הבינארית שתוארה למעלה.

ההסתכלות בלוגיקה רב ערכית על המישור העובדתי, נותנת לנו לוגיקה שהיא אמנם בינארית אבל לא טרנזיטיבית במישור הלוגי-הלכתי. כעת אמנם מתקיים B=A וגם C=B, ובכל זאת התוצאה יכולה להיות: $A \neq C$. יתר על כן, כפי שראינו למעלה גם הלוגיקה הנורמטיבית היא לא לגמרי בינארית. לפחות לדעת חכמים (ולצד אחד בספק לפי סומכוס) יש גם רמת חיוב שלישית של 1/2.

כוח כוחו ככוחו: טיעונו של הרא״ש

והנה, הרא״ש עצמו דן שם בשאלה דומה לגבי סומכוס. הוא שואל מדוע הגמרא מניחה שכוח כוחו ככוחו, ומסביר מדוע היה ברור לגמרא שסומכוס לא פוטר לגמרי בכוח כוחו אלא לכל היותר שההלמ״מ מחייבת חצי:

> ***אבל הא לא מיבעיא ליה אי גמר הלכתא ומוקי לה בכח כחו ולחייב חצי נזק ואף על גב דמן הדין פטור דכח כחו לאו כגופו דמי דבהא ליכא לאיסתפוקי דפשיטא דהלכתא לגרועי תשלומין אתא ולא לחייב במקום שראוי לפטור ומשום הכי לא קאמר לעיל (דף יז ב): לא דכ״ע כחו לאו כגופו דמי וחצי נזק צרורות הלכתא גמירא לה דמשלם חצי נזק משום דפשיטא ליה דהלכתא לגרועי אתא כדאמרינן גבי סוכה אתאי הלכתא וגרעתא לשלישית ואוקימתא אטפח (סוכה דף ו ב) וקרוב לענין זה מצאתי בפי׳ הר״ז הלוי ז״ל ובשמעתין דכלב שנטל חררה (לקמן דף כא ב) לא פי׳ התוס׳ כן:***

הוא מסביר שפשוט לגמרא שההלכה באה לגרוע ולא להחמיר, לפחות אחרי מסקנת רבא למעלה. לכן ברור לגמרא שאם בכלל אז מעיקר הדין כוח כוחו חייב וההלכה רק גורעת.[49]

יש לשים לב לכך שהוא תולה זאת באופייה של ההלכה ולא בעצם הסברא שהעלינו שכוח כוחו הוא ככוחו, כמו שכוחו הוא כגופו. מדוע? אולי מפני שהוא מבין שהלוגיקה במישור העובדות היא רב ערכית, ולכן הטרנזיטיביות לא בהכרח נשמרת. כלומר מעצם הסברא שכוחו הוא כגופו לא עולה בהכרח שכוח כוחו שהוא ככוחו יהיה גם כגופו. ואכן כעת נראה שכך עולה מדברי בעלי התוס׳.

שיטת התוס׳

הרא״ש מפרש את האיבעיא לגבי כוח כוחו כפי שהסברנו למעלה. בעצם כוח כוחו הוא ודאי ככוחו, והשאלה היא רק האם גם לדעת סומכוס נאמרה הלמ״מ או לא. כעת נוכל להבין את דבריו במשפט האחרון שם הוא כותב שתוס׳ בסוגיית כלב שנטל חררה לא פירש כן. נראה שכוונתו היא לתוד״ה ׳ורבי יוחנן׳, ב״ק כב ע״א, שכותבים כך:

ורבי יוחנן בדאנחה אנוחי - לא מצי למימר באדייה אדויי ועל כל הגדיש ח״נ דאי כח כחו לאו ככחו דמי הוי על כל שאר הגדיש פטור.

בלי להיכנס לפרטי הסוגיא שם, מדברי תוס׳ עולה שהם מבינים שיש אצלנו ספק עקרוני וכללי האם כוח כוחו הוא ככוחו או לא, בין לסומכוס ובין

---

49 בסוגיית ב״ק ג ע״ב מובאת ההלמ״מ לגבי צרורות, והראשונים שם נחלקים בהבנתה. רש״י שם כותב שצרורות הם דין מחודש ולא תולדה של רגל, אבל הרא״ש כתב שצרורות הוא תולדה דרגל. לכן לפי הרא״ש ברור שההלמ״מ באה לגרוע, שהרי אם זה תולדה דרגל היה צריך להיות חיוב מלא. אבל לדעת רש״י שההלמ״מ הפקיעה את צרורות לגמרי מדין רגל, אז יוצא שיש בהלמ״מ עוד רכיב שדווקא בא להחמיר. לשיטתו יש מקום להסתפק אולי לפי סומכוס כוחו כוחו לאו ככוחו ופטור לגמרי, וההלמ״מ באה להחמיר.

לחכמים. זה בניגוד חזיתי להסבר הרא"ש שראינו, שלפיו כוח כוחו ודאי הוא ככוחו, והספק הוא רק לגבי קיומה של הלמ"מ לפי סומכוס.
בדעת תוס' בהחלט אפשר להסביר כדברינו, שכוח כוחו לאו כגופו מפני שמדובר כאן במצב אונטי עמום שנשלט על ידי לוגיקה רב ערכית, ולכן כוח כוחו הוא כבר מתחת לרף החיוב של התורה, ולכן זה לאו כגופו.

האם כוח כוחו ככוחו או כגופו?

עד כאן הנחנו שהספק בגמרא הוא בשאלה האם כוח כוחו כגופו, אבל כוח כוחו הוא ודאי ככוחו. הסטיה מגופו היא בגלל לוגיקה רב-ערכית שנובעת מעמימות במישור העובדתי (כלומר שהיחס בין כוחו לגופו או בין כוח כוחו לכוחו הוא פרופורציה ולא זהות). אמנם אפשר היה לפרש שהספק בגמרא הוא האם כוח כוחו ככוחו, ולא האם כוח כוחו כגופו. כלומר הגמרא מסתפקת שמא כוחו אמנם כגופו, ובכל זאת כוח כוחו אינו ככוחו. להבחנה הזאת יכולות להיות כמה סיבות, לדוגמה: כאשר מי שמפעיל את הכוח הוא בעל חיים ניתן לייחס אליו את הכוח ולומר שזה כוחו. אבל אם מי שמפעיל את הכוח הוא דומם אולי לא אומרים שכוחו כגופו (כי הכוח עצמו, הצרורות, לא יכולים להיחשב כמזיק). לפי זה כוח כוחו הוא כוח של כוח ולא של בעל חיים, ולכן הוא לא ככוחו. הצרורות עצמם לא יכולים להיחשב כאב או תולדת נזק, ולכן הצרורות שלהם לא מחייבים בתשלום.
תמונה זו מניחה לוגיקה בינארית בסוגיא, שכן כל שאלה מוכרעת במונחי חיוב או פטור. אין כאן שום מקום להכפלות שהוצעו כאן למעלה. ובאמת רוב האחרונים בחרו ללכת דווקא בכיוונים כאלה בביאור הסוגיא. אך להערכתנו הבחירה הזאת נובעת מחוסר מודעות לאופציה של לוגיקה רב-ערכית, שמאפשרת לפרש את הסוגיא כפשוטה (שהשאלה היא האם כוחו כוחו כגופו ולא האם כוח כוחו ככוחו).

הערת בעל 'נחלת דוד'

הרא"ש הביא ראיה לכך שהגמרא מניחה שההלמ"מ באה לגרוע ולא להוסיף, ממה שלמעלה אמר רבא שלכו"ע כוחו כגופו ולא שלכו"ע כוחו לאו כגופו. והנה בעל **נחל"ד** שם יט ע"א, הביא את דברי הרא"ש וכתב:

> ***והנה מה שכתב ראיה לדבריו מדלא קאמר לעיל (יז, ב) דכו"ע כוחו לאו כגופו דמי, נתקשה בזה בפלפולא חריפתא דאיך הוי מצי למימר דכו"ע כוחו לאו כגופו דמי דהא לסומכוס ודאי דכגופו דמי.***

הוא מביא את קושיית **הפ"ח**, כיצד הרא"ש מעלה בדעתו שרבא יאמר שלכו"ע כוחו לאו כגופו, הרי לפחות סומכוס ודאי סובר שכוחו כגופו.
הנחל"ד כותב ליישב את דברי הרא"ש:

> ***ולענ"ד לא קשה מידי דהכי קאמר הרא"ש דהוה ליה למימר כ"ע כוחו לאו כגופו ובהא פליגי, דרבנן סברי דהלכתא אתיא לחייבו חצי נזק וסומכוס ס"ל דהלכתא אתיא לנזק שלם, אלא ע"כ דלא ס"ל להש"ס למימר דהלכתא לאוסופי אתא, כן נראה לי פשוט בכוונת הרא"ש ולא קשה מידי.***

הוא מסביר שהיה מקום לראות את הטיעון כבנוי משני שלבים: ראשית כוחו לאו כגופו ולכן מעיקר דיני נזקי ממון צרורות פטורים לגמרי. כעת באה ההלמ"מ ומחייבת, לחכמים בחצי נזק ולסומכוס בנזק שלם. ואז כמובן יוצא שגם לפי סומכוס יש הלמ"מ (אמנם מעט מוזרה). ומזה שלא נקטו אפשרות זאת, מוכיח הרא"ש שהגמרא הניחה שההלמ"מ באה לגרע.
כעת **הנחל"ד** דוחה את ראיית הרא"ש:

> ***מיהו בעיקר ראייתו אינו מוכרח כל כך, דהא דלא קאמר הש"ס דכו"ע לאו כגופו דמי, לא משום דלא מסתבר ליה להש"ס למימר דהלכתא לאוסופי אתי, רק משום דהוי ס"ל להש"ס לסברא פשוטה טפי למימר דכחו כגופו דמי. גם בעיקר סברתו דלא מסתבר ליה למימר דהלכתא לאוסופי אתיא, הנה אשכחן כה"ג בסוכה (ו, ב)***

לחד שינויא דמר סבר הילכתא לגרועי אתא ומר סבר הילכתא לאוסופי קאתי.

הוא טוען שעקרונית יש אפשרות שהלמ״מ תוסיף ולא תגרע (כולל ההלמ״מ של דפנות סוכה שאותה מביא הרא״ש עצמו).

לבסוף הוא מערער על ההנחה שכוח כוחו ככוחו (נזכיר שלמעלה ראינו ש**ברכ״ש** הובא בשמו שכוחו כגופו בכל התלמוד):

גם מאי דפשיטא ליה להרא״ש מסברא[50] דכח כוחו ככוחו דמי לכו״ע, הנה לענין חיוב גלות אמרינן במס׳ מכות (ח, א) דלכו״ע בין לרבי ובין לרבנן כח כחו לאו ככוחו דמי, אלא דפליגי במן העץ המתבקע דמר סבר דהוי כוחו ומר סבר דהוי כח כוחו, וא״כ מנ״ל דלענין נזקין יהיה שוה כח כוחו לכוחו דמנ״ל לפלוגי בינייהו וצ״ע. ודעת התוס׳ יתבאר אי״ה לקמן, מיהו פשטא דלישנא דתלמודא ודאי משמע כהרא״ש מדלא קאמר או דילמא לא גמיר הילכתא כלל ופטור משום דלאו ככוחו דמי ודו״ק.

כלומר הוא מציג כאן הקשר הלכתי (גלות, מסוגיית מכות שראינו למעלה) שבו כוח כוחו אינו ככוחו (ראה להלן דיונים דומים בסוגיות אחרות לגבי כוח שני). כאן הוא כבר מצדד בדברי תוס׳ שראינו שסוברים שיש צד שכוח כוחו לאו ככוחו (ולא כרא״ש שלכל הדעות זה ככוחו, והספק הוא רק לגבי טיבה של ההלמ״מ).

מה הסברא בזה שכוח כוחו לאו ככוחו? שתי האפשרויות שראינו למעלה: א. יש כאן לוגיקה רב-ערכית, ובעצם מה שכתוב כאן הוא שכוח כוחו לאו כגופו. ב. כעין הסברא שהבאנו למעלה שכוח שמחייב הוא רק כוח של מזיק. דין כוחו כגופו משמעותו היא שהפועל הוא המתחייב, שכן לא הכוח עושה את

---

[50] למה מסברא? לכאורה זה מכוח השיקול שההלכה לאוסופי אתא. על כורחנו הוא למד כדברינו למעלה שיסוד הדברים הוא מסברא.

ההיזק אלא הגוף שהפעיל את הכוח. אבל בכוח כוחו הרי מי שהפעיל את הכוח שעשה את ההיזק הוא כוח ולא גוף, וכוח אינו מזיק, ולכן בזה לא קיימת הסברא שכוח שהזיק חייב.

כמובן שגם ההסבר הלוגי לכך שכוח כוחו אינו ככוחו יכול להסביר מדוע בנסיבות הלכתיות שונות נגיע למסקנות שונות. ייתכן שלגבי גלות יש רף בגובה גבוה יותר, ולכן שם כוח כוחו אינו ככוחו. לעומת זאת, בנזקי ממון נדרש רף נמוך יותר, ולכן כוח כוחו של צרורות הוא כן ככוחו.

כוח ראשון ושני

עד כאן ראינו שתי אפשרויות להבין את ההבדל בין כוחו לבין כוחו כוחו:

א. אפשרות מהותית, לפיה הדיון הוא בשאלה האם כוח כוחו ככוחו או לא. הסברא שמבחינה היא שכוח כוחו הוא כוח של כוח ולא של בעל חיים, ולכן אין בינו לבין הכוח אותו יחס כמו בין כוח לגוף שמפעיל אותו.

ב. לוגיקה רב-ערכית, לפיה הדיון הוא האם כוח כוחו הוא כגופו או לא. לפי אפשרות זאת, כוח כוחו הוא בעצם יחס רחוק יותר ביחס לגופו מאשר כוחו ביחס לגופו.

הערנו שפשט הסוגיא נראה מתאים יותר לאפשרות ב, אבל רבים מהאחרונים בוחרים דווקא באפשרות א. ניתן לראות פירוש כזה בסוגיות מקבילות (ראה סנהדרין עז סוע״ב, יבמות לד ע״א, וחולין טז ע״א), שם משתמשים בניסוח אחר: במקום כוחו וכוח כוחו מדברים על כוח ראשון וכוח שני.

לדוגמה, בסוגיית חולין טז ע״א אנו מוצאים:

אמר מר: השוחט במוכני - שחיטתו כשרה. והתניא: שחיטתו פסולה! ל״ק: הא בסרנא דפחרא, הא בסרנא דמיא.

מדובר על מי ששוחט בסכין שקשורה לגלגל מסתובב. הגמרא מסיקה שאם הגלגל מסתובב על ידי אדם זוהי שחיטה כשרה, אבל אם הגלגל מסתובב על ידי המים השחיטה פסולה.

כעת מובאת עוד לישנא:

ואיבעית אימא: הא והא בסרנא דמיא, ולא קשיא: הא בכח ראשון, הא בכח שני.

בשני המקרים מדובר בגלגל שמסתובב על ידי המים, אבל בכוח ראשון השחיטה כשרה ובכוח שני היא פסולה. הראשונים מסבירים שהאדם מסיר מחסום ונותן למים לזרום ואז הם מסובבים את הגלגל. אם הגלגל שחט בסיבוב הראשון זה נחשב כוחו הראשון של האדם, אבל בסיבוב שני זה כוח שני וכבר לא ככוחו שלו עצמו, ולכן השחיטה פסולה.

מייד אחר כך הגמרא מביאה דוגמה נוספת לחילוק הזה:

וכי הא דאמר רב פפא: האי מאן דכפתיה לחבריה ואשקיל עליה בידקא דמיא ומית - חייב, מ״ט? גירי דידיה הוא דאהני ביה; וה״מ בכח ראשון, אבל בכח שני גרמא בעלמא הוא.

גם כאן אדם קושר את חברו ומסיר מחסום ומאפשר למים לזרום אליו. אם האדם נקשר סמוך למים זה כוח ראשון והקושר נחשב כרוצח כי המים פעלו מכוחו. אבל אם הוא קשר אותו רחוק, זה נחשב ככוח שני והקושר פטור.

כאן לא מדובר על כוח כוחו במובן שמופיע אצלנו, שכן אין כאן כוח מתווך בין האדם לבין הכוח הסופי אלא רק מרחק (אמנם ראה ביד רמ״ה בסוגיית סנהדרין שם שהביא עוד פירוש שמדובר שהיה מחסום נוסף בין המים לאדם הקשור, והם עברו אותו מכוחם). לכן כאן די ברור שכוח שני מובחן מכוח ראשון רק כמותית, כלומר זהו יחס עקיף יותר. כאן די ברור שההבדל בין כוח ראשון לשני הוא תוצאה של לוגיקה רב-ערכית. כאשר האדם קשור רחוק יותר מהמים, אזי המים שיוצאים בהתחלה שנחשבים ככוחו של מסיר המחסום, ממשיכים ללכת בעצמם, וכעת הרציחה נעשית בכוחם שלהם, ולכן זהו כוח שני. כך גם לגבי המקרה של שחיטה בכוח שני שהובא למעלה.

אמנם אולי לא ניתן להסיק משם מסקנות הכרחיות לגבי סוגייתנו, שכן אצלנו יש כוח מתווך, ואולי בגלל זה המינוח גם שונה (כוח כוחו ולא כוח שני). יתר על כן, הראשונים לא קושרים בין הסוגיות, ולא מקשים על הספק של

רבא אצלנו לגבי כוח כוחו, מסוגיות אלו שבהן רואים שכוח שני אינו כגופו. אבל בכל מקרה, גם אם הפירוש בסוגיות נזקי ממון הוא באמת כדברי האחרונים, בסוגיית חולין נראה די ברור שהבסיס להבחנה בין כוח ראשון לכוח שני הוא לוגיקה רב-ערכית.

סיכום

בפרק זה ראינו שהמושג כוחו פועל בחלל רב-ערכי. אמנם הרב-ערכיות היא במישור העובדתי, ובמישור הלוגי-הלכתי המצב הוא בדרך כלל בינארי. אבל בכל זאת ראינו שתי השלכות של הרב-ערכיות: 1. חיוב חצי על צרורות. זהו שיקוף של הרב ערכיות העובדתית במונחי המישור הלוגי-הלכתי (הוספת ערך הלכתי שלישי, וקבלת לוגיקה נורמטיבית טרנארית). 2. לוגיקה בינארית אבל לא טרנזיטיבית של חיוב: כוח כוחו הוא ככוחו, וכוחו הוא כגופו, ובכל זאת במישור הנורמטיבי כוח כוחו אינו בהכרח כגופו.

נציין כי מושג כמו כוח צפוי אפריורי להישפט במונחים רב-ערכיים כי במהותו יש רמות ועוצמות שונות של תופעת הכוח. אבל כפי שראינו הדבר נכון גם לכל מושגי היומיום האחרים. בפרק הבא נדון במושג הלכתי עמום נוסף: שליחות.

פרק שמיני

מושגים עמומים בהלכה: שליחות

מבוא

בפרק הקודם עסקנו במושג "כוחו", וראינו שלפחות לפי פרשנויות מסויימות הוא לא דיכוטומי, אלא יש בו רצף של רמות אפשריות. בכך הראינו דוגמה ללוגיקה לא בינארית של מושגים. בפרק זה נציג עוד דוגמה כזאת, הלוגיקה של מושג השליחות. נציין כאן שבסדרה שלנו הקדשנו כבר ספר לנושא זה (הספר השביעי), וכאן נעמוד רק על היבט אחד בסוגיית השליחות שנוגע ללוגיקה רב-ערכית.

מהי שליחות?

שליחות היא מוסד הלכתי שבו ראובן ממנה את שמעון לפעול בשמו. כאשר שמעון מבצע את הפעולה בשליחותו של ראובן – הדבר נחשב כאילו ראובן עצמו עשה אותה, עם כל ההשלכות ההלכתיות הכרוכות בכך. לדוגמה, ראובן רוצה לקדש את לאה לאישה. באופן עקרוני רק הוא עצמו יכול לעשות זאת. אם שמעון – על דעת עצמו – יקדש את לאה עבור ראובן, הקידושין לא יתפסו, שכן ראובן לא עשה את פעולת הקידושין בעצמו. לא יעלה על הדעת שמישהו אחר יוכל לבצע פעולות כאלה עבורי בלי רשות שלי או מינויו על ידי לשליח. אבל אם אני ממנה אותו כשליח אז על פי ההלכה הוא כן יכול לעשות את הפעולה עבורי והיא תחול.

הגמרא בתחילת פרק שני של קידושין (מא ע"א – מב ע"א) דנה במקור דין שליחות בקידושין ובתורה בכלל. במהלך הסוגיא מובאים לכך כמה מקורות שונים, כמו:

שליחות מנלן? דתניא (דברים כד) ושלח - מלמד שהוא עושה שליח, ושלחה - מלמד שהיא עושה שליח, ושלח ושלחה - מלמד שהשליח עושה שליח.

אם כן, המסקנה היא שפעולה של שלוחו של אדם היא כמו פעולה שלו. לא בכדי השליחות מזכירה את המושג כוחו בו עסקנו בפרק הקודם. השליח הוא כוחו של המשלח, ולכן יש מקום לראות אותו כמבצע חלש יותר של הפעולה. המשלח פועל דרך השליח, בדיוק כמו שהאדם פועל דרך מה שעף מכוחו. מתוך כך גם כאן יש מקום לדון על שליח של השליח (כמו כוח כוחו), ולשאול האם פעולתו תיחשב כפעולה של המשלח המקורי. המקור לכך ששליח יכול למנות שליח מופיע בציטוט מקידושין כאן למעלה, ועסקנו בנושא זה בהרחבה בשני פרקים (השישי והשביעי) בספרנו הנ״ל. ראינו שם שיש מצבים שבהם פעולה של שלוחו של השליח היא תקפה ויש מצבים שלא. לפי הצעתנו כאן הדבר יהיה תלוי ברף ההלכתי של הדמיון לפעולת המשלח שנחוץ באותו הקשר.[51]

האם באמת שלוחו של אדם כמותו?

בסוגיית ב״מ צו ע״א אנחנו מוצאים את השאלה הבאה:

אמר ליה רבינא לרב אשי: האומר לשלוחו צא והשאל לי עם פרתי, מהו? בעליו ממש בעינא - וליכא, או דלמא: שלוחו של אדם כמותו, ואיכא?

מדובר על דין שאלה בבעלים. מדין התורה כאשר אדם נשאל לאדם אחר ביחד עם פרתו, אזי אין אחריות של השואל על נזקים שקורים לפרה במהלך

---

[51] ראינו שם גם דעות שונות לגבי השאלה האם השליח השני הוא שלוחו של הראשון הוא שהוא הופך להיות שלוחו של המשלח המקורי. ממש כמו שני הניסוחים שפגשנו בפרק הקודם לגבי כוח כוחו (ככוחו או כגופו).

העבודה. הגמרא כאן מסתפקת האם גם במקרה בו אדם שולח אדם אחר להישאל עם פרתו (של המשלח) לאדם שלישי יש פטור של שאלה בבעלים, כלומר האם שלוחו כמותו לעניין זה.

במבט ראשון השאלה הזו נראית תמוהה. הרי ראינו למעלה ששלוחו של אדם כמותו בכל התורה. אז מהו הספק כאן? האם יש מי שחולק על הכלל ששלוחו של אדם כמותו?

אמנם בהמשך הגמרא בב"מ שם אנחנו באמת מוצאים מחלוקת בעניין זה:

> ***אמר ליה רב אחא בריה דרב אויא לרב אשי: ... שליח - פלוגתא דרבי יונתן ורבי יאשיה... שליח, פלוגתא דרבי יונתן ורבי יאשיה; דתניא: האומר לאפוטרופוס: כל נדרים שתהא אשתי נודרת מכאן עד שאבא ממקום פלוני - הפר לה, והפיר לה, יכול יהו מופרין - תלמוד לומר +במדבר ל'+ אישה יקימנו ואישה יפרנו, דברי רבי יאשיה. רבי יונתן אומר: מצינו בכל מקום ששלוחו של אדם כמותו.***

אם כן, לא רק שעולה כאן בגמרא אפשרות ששלוחו של אדם לא כמותו, בהמשך מופיעה דעה תנאית שסוברת כך בפועל, לפחות לגבי הפרת נדרים ושאלה בבעלים. יתר על כן, הגמרא אפילו לא מעירה שהדעה הזאת עומדת בניגוד לכלל ששלוחו של אדם כמותו, ולכן נראה שהיא לא רואה כאן סתירה עקרונית לכלל ההוא.

נראה שכאן הגמרא דנה על הכלל שלוחו של אדם כמותו גופא. השאלה היא האם משמעות הכלל הזה היא שהשליח הוא ממש כמו המשלח, או שרק דינו כדין המשלח. ולכן במקומות שבהם נדרש גופו של המשלח, אז לא יועיל החידוש ששלוחו של אדם כמותו, כי הוא חידוש הלכתי ולא מושגי.

כעין זה אנו מוצאים בראשונים ואחרונים,[52] שדנים בשאלה מדוע לא מועיל שאדם אחר יקיים מצוות עבורי (למשל יניח תפילין עבורי) מדין שלוחו של אדם כמותו. לדוגמה, תורי״ד בקידושין מב ע״ב מקשה:

שאני התם דאין שליח לדבר עבירה יש מקשים א״כ לכל דבר מצוה יועיל השליח ויאמר אדם לחבירו שב בסוכה בעבורי הנח תפילין בעבורי.

והוא מתרץ:

ולאו מילתא היא שהמצוה שחייבו המקום לעשות בגופו האיך יפטר הוא על ידי שלוחו והוא לא יעשה כלום בודאי בגירושין ובקדושין מהני כי הוא המגרש ולא השליח שמה כתב בגט אנא פלוני פטרית פלונית וכן נמי האשה למי היא מקודשת כי אם לו והיא אשתו וכן בתרומה הוא נותן התרומה מפירותיו וכן בפסח הוא אוכלו ועל שמו ישחט ויזרק הדם אבל בסוכה הכי נמי יכול לומר לשליחו עשה לי סוכה והוא יושב בה אבל אם ישב בה חבירו לא קיים הוא כלום וכן לולב וציצית וכל המצות:

כלומר השליח אינו ממש המשלח אלא יש רק זהות משפטית ביניהם. במונחי הפרק הקודם נוכל לומר שאמנם שלוחו של אדם כמותו, בדיוק כמו שכוחו כגופו, אבל אין כאן זהות ממש. פעולת השליח מספיק דומה לפעולת המשלח כדי להועיל ברוב ההקשרים ההלכתיים. גם כאן יכול להיות שפעולת השליח נחשבת כ-70% מפעולת המשלח, ומכיון שהדמיון הזה עולה מעל הרף הנדרש (לדוגמה, 50% דמיון לפעולת המשלח) אזי ההלכה נקבעת שפעולת השליח היא כמו פעולתו של המשלח. אבל במקרים בהם יש דרישה לזהות ברמה גבוהה יותר, כמו מצוות שבגופו, שם לא יספיק דין שליחות.

---

[52] ראה על כך בספרנו הנ״ל בפרק השני.

בין מצוות שבגופו לדרישת דמיון גבוהה

כעת נוכל להבין שלפי ר׳ יאשיה בב״מ גם לגבי הפרת נדרים ושאלה בבעלים נדרשת רמה גבוהה יותר של דמיון (כמו בהנחת תפילין), ולכן לדעתו רמת הדמיון שקיימת בין שליח למשלח לא מספיקה כדי לצאת ידי חובה. האם רבי יונתן שסובר שלוחו של אדם כמותו יאמר זאת גם לגבי הנחת תפילין? לא סביר. הנחה פשוטה ומוסכמת על הכל שאדם אחר לא יכול להניח תפילין בשליחותי. מהו אם כן ההבדל בין תפילין לבין הפרת נדרים ושאלה בבעלים?

היה מקום לומר שרבי יונתן לא חולק על ר׳ יאשיה בהבנת מושג השליחות. גם הוא מסכים ששלוחו של אדם לא ממש כמותו, אלא שלדעתו הרף בהפרת נדרים ובשאלה בבעלים נמוך יותר מאשר לדעת ר׳ יאשיה, ולכן שליחות כן מועילה שם. הסבר זה לא סביר שכן הגמרא מניחה שמה שרבי יונתן יאמר על שאלה בבעלים הוא יאמר גם על הפרת נדרים, כלומר שאם שלוחו של אדם כמותו כאן אז זה נכון גם שם. אבל אם המחלוקת לא נוגעת לגדרי שליחות אלא לגדרי הפרת נדרים או שאלה בבעלים (מה רמת הדמיון הנדרשת), לא ברור מדוע הגמרא מניחה שרבי יונתן שאומר את דבריו על הפרת נדרים יאמר זאת גם לגבי שאלה בבעלים. הרי אין קשר הכרחי בין רמת הדמיון הדרושה כאן ושם. לכן סביר יותר שהגמרא מבינה שדבריו נוגעים להבנת מושג השליחות, ולדעתו פעולת השליח יותר דומה לפעולת המשלח מאשר לשיטת ר׳ יאשיה. כך גם מדויק מלשון הגמרא שמציגה את הספק במונחי ״שלוחו של אדם כמותו״ או לא, ולא במונחי הפרת נדרים ושאלה בבעלים.

אלא שכעת חוזר הקושי מה יאמר רבי יונתן על הנחת תפילין? אם לדעתו השליח ממש זהה למשלח ולכן הוא יכול להפר נדרים ולהישאל בבעלים, אז למה הוא לא יכול להניח תפילין עבור אדם אחר?

נראה שיש הבדל מהותי. פעולת הנחת תפילין אינה פעולה משפטית. התורה מצווה שגופו של האדם יהיה עטור בתפילין. זוהי דרישה עובדתית, ולכן אם שלוחו עטור בתפילין אין בזה קיום של רצון התורה. שלוחו של אדם כמותו הוא עיקרון הלכתי, או דין פורמלי, ולא זהות עובדתית. לעומת זאת, הפרת

נדרים ושאלה בבעלים הן לא ממש פעולות שצריכות להיעשות בגופו. אלו לא עובדות פיזיות אלא דרישות הלכתיות, ולכן מבחינת הסוג אלו פעולות שהיתה יכולה להיות שליחות לגביהן, כמו קידושי אישה, הפרשת תרומה וכדומה. אלא שלדעת ר׳ יאשיה הדמיון בין פעולת השליח לפעולת המשלח הוא ברמה נמוכה יותר, ולכן שליחות לא מועילה בהקשרים אלו. רבי יונתן חולק עליו בזה, ולדעתו רמת הדמיון היא גבוהה יותר, ולכן לדעתו השליחות מועילה גם כאן, כמו בשאר הפעולות ההלכתיות (קידושין, הפרשת תרומה וכו׳).

אם כן, הויכוח בין רבי יונתן לר׳ יאשיה לא נוגע לגדרי הפרת נדרים ושאלה בבעלים (כלומר רף הדמיון הדרוש בהם) אלא לגדרי שליחות (רמת הדמיון שבין פעולת שליח לפעולת המשלח). רבי יונתן טוען שרמת הדמיון בין שליח למשלח היא גבוהה יותר, ולכן היא מועילה גם בהפרת נדרים ושאלה בבעלים.

השלכה: מצווה בו יותר מבשלוחו

דוגמה להשלכה לא טריביאלית של התפיסה הזאת ניתן למצוא בתחילת פרק שני של קידושין. הגמרא שם דנה מדוע במשנה מופיע גם דין קידושין באדם עצמו וגם קידושין על ידי שליח, הרי אם שליח יכול לקדש אז המשלח עצמו ודאי יכול לקדש (קידושין מא ע״א):

> ***גמ׳. השתא בשלוחו מקדש, בו מיבעיא? אמר רב יוסף: מצוה בו יותר מבשלוחו; כי הא דרב ספרא מחריך רישא, רבא מלח שיבוטא.***

הגמרא מסבירה שהמשנה באה לחדש שמצווה בו יותר מבשלוחו. כלומר, למרות שקידושין על ידי שליח הם ודאי תקפים, עדיין קידושין שנעשים על ידי האדם עצמו עדיפים על פני קידושין שנעשים על ידי השליח.

אם המצווה לקדש היתה ממש מצווה שבגופו כמו הנחת תפילין, אז בכלל לא היתה שייכת שליחות לגביה. ואם המצווה אינה בגופו, אז מה היתרון בזה שהוא עושה זאת בעצמו? הרי זה שגופו עושה זאת, אינו מגוף המצווה. יתר על כן, הרי ברור שגם אם השליח מקדש עבורו האישה מקודשת, כלומר התוצאה

זהה למצב שבו הוא עצמו היה מקדש. אז באיזה מובן יש עדיפות לקידושין שנעשים על ידו?

נראה סביר שמצד קיום המצווה הפורמלי באמת אין שום הבדל: שלוחו הוא ממש כמותו. אבל בכל זאת יש מעלה לעשות את המצווה בגופו, מעלה שאינה חלק מהגדרת המצווה עצמה. את המעלה הזאת מפסידים אם עושים על ידי שליח. כלומר האישה לא פחות מקודשת אם היא התקדשה על ידי שליח, אבל פעולת הקידושין שנעשתה על ידי האדם עצמו זו מצווה מעולה יותר (הוא יקבל עליה יותר שכר בשמים שכן הוא טרח ועשה זאת בעצמו).

לפי הצעה זו, משמעותו של החידוש במשנה היא שיש במצווה ממדים שהם מעבר לתוצאה הפורמלית שלה. לולא המשנה היינו חושבים שמכיון שתוצאת הקיום הפורמלי על ידי שליח היא כמו מה שמתקבל על ידי קידושין של הבעל עצמו, אז אין שום עדיפות לקדש על ידי האדם עצמו. המשנה באה לומר שיש חשיבות גם לדרך בה בוצעו הקידושין.

פרשנות אחרת לכלל מצווה בו יותר מבשלוחו

עד כאן הנחנו שהעדיפות היא רק מבחינת איכות פעולת המצווה, אבל התוצאה בשתי צורות הקידושין היא זהה. אבל מפשט לשון הגמרא נראה לא כך. המשמעות הפשוטה של לשון הגמרא היא שהקידושין שנעשו על ידי שליח הם פחות טובים מקידושין שנעשו על ידי הבעל עצמו. אלא שזה נראה בלתי אפשרי, שהרי מושג הקידושין נתפס כמושג בינארי: או שהאישה מקודשת או שלא. האם יש מצב של "חצי קידושין"?

ניתן לקשור את הדברים למחלוקת התנאים שפגשנו למעלה בסוגיית ב"מ. שם ראינו שדעת ר' יאשיה היא ששלוחו של אדם אינו ממש כמותו, ולכן בהפרת נדרים ושאלה בבעלים מעשה השליח לא מועיל. כנראה שבהפרת נדרים ובשאלה בבעלים רף הדמיון הנדרש הוא גבוה מכדי ששליח יוכל לעמוד בו. לפי תפיסה זו, האמירה מצווה בו יותר מבשלוחו יכולה להתפרש כפשוטה: תוצאת מעשהו של השליח היא באיכות פחות טובה מזו של מעשה

המשלח. למרות הכלל שלוחו של אדם כמותו, עדיין השליחות היא ביצוע חלש יותר של הפעולה ההלכתית-משפטית. ורבי יונתן חולק על זה וסובר שרמת הדמיון בין שליח למשלח היא גבוהה דיה.

ואמנם לפי רוב הראשונים נראה שאין מצב של חצי קידושין, והאמירה שמצווה בו יותר מבשלוחו מתפרשת כאמירה על איכות המצווה, כפי שביארנו למעלה. אולם מצאנו דעה חריגה בעניין זה, והיא דעת הראב״ד שנשמעת תמוהה מאד במבט ראשון. אם מבינים שכוונתו לומר שבקידושין על ידי שליח התצאה היא באיכות נמוכה יותר, הדברים מתבהרים יותר. נראה כעת את דבריו.

שיטת הראב״ד בדין מצווה בו יותר מבשלוחו

לפי הצעתנו, מצווה בו יותר מבשלוחו פירושו שהקידושין נעשו בצורה מהודרת יותר, כלומר שאם הקידושין נעשו בשליח אז התוצאה אינה שלימה. העדיפות של עשיית המצווה בעצמו אינה רק מבחינת איכות מעשה המצווה והשכר עליו, אלא מבחינת התוצאה עצמה.

ישנו פסק תמוה שהביא הריב״ש בשם הראב״ד. בשו״ת שלו בסי׳ פב (ובקצרה גם בסי׳ פח ות״ח)[53] הוא מביא את השאלה הבאה:

> ***עוד שאלת: ראובן שעשה שליח לקדש לו בעיר אחרת, ואותו שליח קדשה לראובן כדת וכראוי, שחזקת שליח עושה שליחותו, וברכו ברכת ארוסין, ובאה האשה ההיא עם השליח למקום ראובן להנשא לו. האשה ושליח אומרים שנתקדשה לראובן ע״י שליח; היצטרך הבעל לקדשה פעם שניה בידו, ולברך ברכת ארוסין פעם אחרת***

---

[53] עי׳ גם סי׳ פח, ובב״י אהע״ז סוס״י לד. ורמ״א שם ס״ג. ועי״ש בח״מ ובב״ש סק״ו מה שכתבו לעניין הזכרת המלכות בברכה. ולא ראו דברי הריב״ש אלה. ראה גם שו״ת **חלקת יעקב** ח״ג סי׳ יח בהערה א. ראה גם בתשב״ץ סי׳ תנב, ובשו״ת מהר״ם מרוטנבורג סי׳ תלב וסי׳ תקט.

קודם שתכנס לחופה, אם לאו? ואמרת, כי בזה הדרך ממש בא מעשה לידך במיורק״ה, ורצית לברך ברכת נשואין, ולא הניחך החכם רבי וידאל אפרים זצ״ל, עד שיקדשנה הבעל פעם שניה בידו. ואתה אמרת לו: והלא כבר קדשה השליח בעדו, ואם יקדשנה הבעל שנית, הרי אתה נותן דופי וספ׳ בקדושין הראשונים, שנעשו ע״י שליח, ויאמרו שקדושין ע״י השליח לא שמן קדושין! והוא השיב לך, כי הראב״ד ז״ל כתב בהלכותיו, כי המקדש אשה ע״י שליח, צריך לקדשה פעם שניה בידו, ממה שאמרו חז״ל (בפ׳ האיש מקדש מא): מצוה בו יותר מבשלוחו. אמנם, שלא להוציא שם שמים לבטלה, שהמברך ברכה שאינה צריכה עובר משום לא תשא, צוה שלא להזכיר שם שמים בברכה, רק שיאמר: ברוך אתה השם ולא ברוך אתה יי׳. ועוד אמרת, שעתה בא מעשה כזה לידך, והיית אומר שיקדשנה הבעל בעצמו שנית, מאחר שהשליח לא הביא שטר עדות ממקום הקדושין שנתקדשה. אף על פי שהשליח והאשה אומרים שנתקדשה שם מן השליח בעד משלחו כראוי, ושטר השליחות נעשה בכאן כהוגן.

מעבר לדיון על הברכה וכל השיקולים האחרים, לא ברור כיצד בכלל ניתן לקדש אותה שוב, הרי היא כבר מקודשת? מהי המשמעות של פעולת הקידושין השנייה אם האישה כבר מקודשת לבעל?

ובאמת הריב״ש עצמו בסוף התשובה שם מלגלג על הפסק הזה וכותב:

ומה שאמר לך ה״ר וידאל אפרים ז״ל, שהראב״ד ז״ל כתב בהלכותיו, שהמקדש ע״י שליח צריך לחזור ולקדש הוא בעצמו בשעת נשואין, ממ״ש (בפרק האיש מקדש): מצוה בו יותר מבשלוחו. תמהני, פה קדוש כמו הראב״ד ז״ל, איך יאמר דבר זה? כי שם לא אמרו, אלא כשבא לקדשה בתחלה, מצוה בו יותר מבשלוחו, אבל אחר שנתקדשה בשלוחו, ויש עדי׳, כאן מה מצו׳ יש לחזור ולקדש׳ וכבר היא מקודשת ועומדת? ואין זה כי אם פעל

הבטלה ויגיעה לריק, דומיא דמאי דמייתי עלה: כי הא דרב ספרא מחריך רישא, ורבא מלח שיבוטא, שאם הי׳ חרוך או מלוח על ידי אחרי׳ לא הי׳ מחריך או מולח שנית. אמת שראיתי בבלנסיא״ה שהיו נוהגין כן, ולא מטעם זה, אלא שהיו אומרי׳, שכיון שנהגו לעול׳ לקדש בשעת הנשואין, אם לא יקדש עתה יחשבו שאינה מקודשת, שאין הכל יודעין בקדושי השליח. ולא היו מזכירין שם שמים בברכת ארוסין שניים, זולתי על היין שטועמים ממנו. גם בברצלונה נהגו כן ע״פ הרב רבינו נסים ז״ל. אבל מורי הרב רבי פרץ הכהן ז״ל היה מלעיג על זה: מה תועלת לברך, אחר שא״א להזכיר בה שם שמים?!...

ובכל זאת, מה סבר הראב״ד שהורה לקדש בשנית? האם גם לגבי הכנות לשבת (שבגמרא בתחילת פ״ב דקידושין מובאות כדוגמה נוספת לכך שמצווה בו יותר מבשלוחו) הוא יורה לעשות את ההכנות בשנית אחרי שהשבת כבר מוכנה?

נראה בעליל שהראב״ד סובר שקידושין שנעשו על ידי שליח אלו קידושין פחותים ולא מלאים, ולכן יש מקום לקדש אותה שוב כדי שיהיו קידושין מלאים (ואולי יש מקום אפילו לברך. ראה שם בהמשך תשובת הריב״ש). אמנם לגבי הכנות לשבת הוא ודאי לא יאמר זאת, שכן שם גם הוא יסכים שהעדיפות של העשייה בעצמו לעומת שליח היא רק באיכות המעשה לא בתוצאה. הרי שם התוצאה היא עובדתית והיא ודאי הושגה במלואה, ולכן אי אפשר לומר שזו תוצאה חלקית. אבל קידושין זו תוצאה הלכתית ואם הם נעשו בדרך פחות טובה יש מקום לומר שגם איכות התוצאה היא פחותה. הדבר דומה לחילוק שראינו למעלה בין הנחת תפילין ששם נדרשת העובדה שהתפילין יהיו על ראשו וידו של המניח, לבין קידושין ושאלה בבעלים ששם הדרישה היא הלכתית ולא עובדתית.

לפי דרכנו נראה ששיטת הראב״ד היא שקידושין שנעשים על ידי שליח הם עצמם פגומים, ולכן עושים אותם שוב כדי שיהיו מלאים. כעת אפשר להבין

גם את הפסיקות שמובאות אצל הריב״ש, לפיהן יש גם לברך על הקידושין שוב ברכת האירוסין. מה שמברכים שוב אינו ברכה לבטלה מפני שכשהוא מקדש כעת בשנית יש כאן מעשה קידושין ממש, ולכן שייכת לגביו ברכה, וזאת על אף שהאישה כבר מקודשת לו מקודם לכן.

סיכום ביניים

ראינו עד כאן שהכלל מצווה בו יותר מבשלוחו יכול להתפרש על תוצאת הפעולה של השליח בעצמה. כאשר פעולה הלכתית (ואולי זה רק במצווה) נעשית על ידי שליח היא פחות טובה מבחינת איכותה והשכר שמגיע עליה, אבל גם התוצאה שלה פגומה. כשהקידושין נעשים על ידי שליח אז האישה ״חצי מקודשת״.

כאן הדברים חוזרים למה שראינו למעלה. שלוחו של אדם כמותו אינו קביעה של זהות עובדתית אלא הכרעה הלכתית. ברור ששליח אינו ממש כמו המשלח, ולא רק לגבי דברים שבגופו (כמו תפילין). גם לגבי פעולות הלכתיות (כמו שאלה בבעלים והפרת נדרים) לא ברור שפעולת השליח היא ממש כמו זו של המשלח. דעת ר׳ יאשיה היא שפעולת שליח לא מועילה בנסיבות אלו, וכנראה זה מפני שהוא מבין שהדמיון בין שליח למשלח גם ברמה ההלכתית אינו מלא, ולכן התקפות של השליחות תלויה ברף הדמיון שנדרש בכל סוג של נסיבות הלכתיות. בשאלה בבעלים והפרת נדרים נדרש רף גבוה, ולכן שם שליחות לא מועילה. ורבי יונתן סובר שפעולת השליח דומה יותר לפעולת המשלח, ולכן לדעתו היא מועילה גם בנסיבות אלו.

מכאן נוכל להבין את דברי הראב״ד ואת הגישה שלו לדין מצווה בו יותר מבשלוחו. אם אכן פעולת השליח אינה דומה לגמרי לפעולת המשלח, ודין שלוחו של אדם כמותו משמעותו שהדמיון הוא מעל הרף הדרוש בנסיבות ההלכתיות הרגילות, כי אז בהחלט יש מקום לומר שגם במקום ששליחות מועילה – איכות התוצאה שמושגת על ידי שליח אינה דומה לזו של פעולת המשלח.

נעיר שגם לפי הראב״ד הדברים נאמרים רק במקום שבו מדובר בשליחות למצוות ולא בכל שליחות. אם מדובר בשליחות לפעולה רגילה (כמו קניין) אז גם אם האיכות נמוכה יותר, אנחנו רואים אותה כמושלמת במשמעות ההלכתית. אין צורך בשיפוצים.

לענייננו, חשוב להבין שלא רק מושג הפעולה הלכתית ומושג השליחות עוברים כאן ללוגיקה עמומה, אלא גם עולם התוצאות ההלכתיות. ברמה העובדתית והמושגית ודאי יש כאן לוגיקה עמומה, שהרי ייתכן רצף של קשרים בין שליח למשלח, או בין המעשה לעושה. אבל כאן ראינו שגם במישור הנורמטיבי יש לוגיקה מרובה. גם התוצאה, פעולת הקידושין בדוגמה שלנו, יכולה להיות בכמה רמות, כלומר קשר הקידושין עצמו גם הוא נמדד במונחי לוגיקה רב-ערכית (מקודשת, חצי מקודשת ולא מוקדשת). כמו שיש חצי פעולת קידושין (במישור העובדות) כך יש גם חצי קידושין (במישור הנורמטיבי).

חשוב לציין ששיטת הראב״ד היא גישה יחידאית בהלכה, והריב״ש כמו שאר הראשונים כנראה לא מקבלים זאת. לדעתם אין חצי קידושין, והתוצאות ההלכתיות נבחנות בלוגיקה בינארית. לא ברור לנו האם הם היו מודעים לאופציה הלוגית הזאת ושללו אותה, או שמא היא כלל לא עלתה על דעתם. סביר שהם רואים את הקידושין כהגדרה מושגית, וככזו הם לא מוכנים לקבל יותר משתי רמות: או שיש קידושין או שאין. אך לאור מה שראינו בפרקים הקודמים ולפי מה שנמשיך לראות גם הלאה, ישנם מקומות בתלמוד שבהם גם שאלות מושגיות נדונות בלוגיקה עמומה.

דוגמה נוספת לשדרוג של ״חצי מצווה״: חטאת שמינה וכחושה

בדומה למה שראינו בראב״ד, אנו מוצאים בסוגיית מנחות סד ע״א. הגמרא שם דנה באדם שהביא חטאת כחושה ולאחר מכן מצא בהמה שמנה ומשובחת יותר. במקרה כזה אומרים לו לחזור ולהביא את השמנה לחטאת אפילו בשבת, אף שכבר יצא ידי חובה:

איתמר: שחט שתי חטאות של ציבור ואינו צריך אלא אחת - אמר רבה, ואיתימא רבי אמי: חייב על השניה ופטור על הראשונה, ואפילו נתכפר לו בשניה, ואפילו נמצאת ראשונה כחושה. ומי אמר רבה הכי? והא אמר רבה: היו לפניו שתי חטאות, אחת שמינה ואחת כחושה, שחט שמינה ואח"כ שחט כחושה - חייב, כחושה ואח"כ שמינה - פטור; ולא עוד, אלא שאומרים לו: הבא שמינה לכתחלה ושחוט! איבעית אימא: סמי כחושה מקמייתא; ואיבעית אימא: ההיא רבי אמי אמרה.

לכאורה פסק זה הוא תמוה מאד, שהרי גם בהמה כחושה כשרה לחטאת אלא שהיא פחות מהודרת. אם כן, אחרי שהוא הביא את הכחושה הוא כבר התכפר, ומה טעם להביא את השמנה? זוהי לא רק הקרבה מיותרת שאין לה טעם, אלא הדבר כרוך בשני איסורים חמורים: חולין בעזרה (הבאת בהמה שאינה קרבן והקרבתה בבית המקדש) וחילול שבת (שחיטת בהמה בשבת שלא לצורך קרבן שמותר להביאו). כיצד מותר לעבור על שני איסורים כאלה כדי להביא חטאת שהיא בעצם כבר מיותרת אחרי שהוא התכפר?

גם כאן רואים שהקרבה פגומה אינה נחשבת כהקרבה מלאה, ואחרי שהוא הביא את הכחושה הוא במצב של כפרה קלושה, או חצי כפרה. לכן כעת אפשר וצריך להביא את הבהמה המעולה ולא חוששים לשני האיסורים הנ"ל. הבאת המעולה הופכת את הכפרה לכפרה מלאה, וכעת זו נחשבת כהקרבה האמיתית שלו, ולכן אין כאן חולין בעזרה ולא חילול שבת.

דוגמה נוספת לשדרוג של "חצי מצווה": חזרה על ציצין שלא מעכבים

בשו"ת **שאג"א** סי' נ דן בסוגיית החטאת השמנה והכחושה במנחות בהקשר של חזרה על ציצין שלא מעכבים את המילה. הגמרא בשבת קלג ע"ב מביאה ברייתא:

דתנו רבנן: המל, כל זמן שהוא עוסק במילה - חוזר בין על הציצין המעכבין את המילה בין על הציצין שאין מעכבין את המילה. פירש,

על ציצין המעכבין את המילה - חוזר, על ציצין שאין מעכבין את המילה - אינו חוזר.

כאשר אדם מבצע מילה לתינוק הוא אמור לחתוך גם את הציצים שמסביב. יש ציצים שמעכבים את המילה (אם הם לא נחתכו לא יצא ידי חובה, המילה פסולה), ויש ציצים שלא מעכבים את המילה וחיתוכם הוא רק הידור מצווה. הברייתא קובעת שכל עוד הוא עוסק במילה חוזר על שני סוגי הציצים, אבל לאחר מכן הוא חוזר רק על הציצין המעכבים.

בפשט הסוגיא נראה שהברייתא מדברת על שבת. הוא לא חוזר על ציצים שאינם מעכבים כי יש בזה חילול שבת. ביום חול אין סיבה לא לחזור ולחתוך אותם גם אחרי שהסתיימה המצווה כדי לעשות אותה בהידור. אבל בשבת אין היתר לחלל שבת בשביל הידור מצווה בעלמא. כך אכן פוסקים ה**טור** וה**שו״ע** באו״ח סי׳ של״א ה״ב וביו״ד סי׳ רסו ה״ב.

אבל הרמב״ם בהל׳ מילה פ״ב ה״ד כותב:

המל כל זמן שעוסק במילה חוזר בין על הציצין שמעכבין בין על ציצין שאין מעכבין, פירש על ציצין המעכבין חוזר, על ציצין שאינן מעכבין אינו חוזר, מל ולא פרע את המילה כאילו לא מל.

ברור שהוא מדבר גם על יום חול, שכן בה״ו שם הוא מפרט מה הדין בשבת, וכך הוא כותב שם:

עושין כל צרכי מילה בשבת, מלין ופורעין ומוצצין וחוזר על ציצין המעכבין אף על פי שפירש, ועל ציצין שאין מעכבין כל זמן שלא פירש.

בעל **שאג״א** שם מוכיח את שיטת הרמב״ם שגם בחול לא חוזרים על הציצים הללו, וממילא גם בשבת לא. הוא טוען שאם בחול כן היה ערך לחזור על הציצים הללו אז היה מותר לעשות זאת גם בשבת. ואם הברייתא אוסרת זאת בשבת, מוכח שאין בזה ערך ולכן ברור שזהו הדין גם בחול.

מדוע בחול לא חוזרים על הציצים הללו? הרי אין בזה איסור, אז למה לא להדר? את זה הסבירו כמה אחרונים (ראה שו״ת **בית הלוי** ח״ב סי׳ מז

וחידושי מרן ריי"ז הלוי, נכדו, על הרמב"ם בתחילת הל' חנוכה) בכך שאי אפשר לעשות פעולת הידור אחרי שהסתיימה המצווה. ההידור הוא שיפור לפעולת המצווה, ולכן אחרי שהיא הסתיימה כבר אין בזה ערך הלכתי. בזה מתבאר גם מדוע בסוגיית מנחות אפשר להקריב שוב את הבהמה השמנה, שכן שם מתבצעת פעולת הקרבה חדשה באותו זמן שבו עושים את ההידור. זה לא הידור אחרי עשיית המצווה אלא עשייה מחודשת שלה, ולכן יש להידור הזה משמעות.

אמנם בדיוק בגלל סברא זאת יש מקום לדחות את ההוכחה של **השאג"א**. חזרה על ציצים שאינם מעכבים היא פעולה שכל כולה רק הידור, ואולי בגלל זה היא לא דוחה את השבת על אף שלעשייתה בחול יש ערך הלכתי של הידור. לעומת זאת, במקרה שנדון במנחות מובא קרבן חדש, וכל פעולת ההקרבה נעשית מהתחלה על הבהמה השמנה. אם כן, זוהי ההקרבה האמיתית ולכן היא דוחה שבת כמו כל הקרבת חטאת. אבל במילה הרי ודאי שהמצווה כבר נעשתה וכעת יש רק תוספת לשיפור, ולכן לא הכרחי להסיק שגם הידור כזה דוחה את השבת.

השאג"א עצמו כנראה הבין שגם במנחות מה שנעשה הוא רק ההידור ולא המצווה עצמה, שהרי המצווה כבר נעשתה (בדומה לטענת הריב"ש נגד הראב"ד שראינו למעלה לגבי קידושין חוזרים). אז כיצד התירו במנחות להקריב שוב את החטאת השמנה? כנראה בגלל שלשיטתו הידור מצווה גם הוא דוחה את השבת, אבל אין ערך להידור בלי עשיית המצווה עצמה. לכן מה שמובאת החטאת השמנה הוא רק כדי לאפשר את ההידור (מפני שבלי שיקריבו אותה לגמרי לא ניתן להדר, כי אי אפשר לעשות הידור בפעולה נפרדת, אחרי שכבר פירש מפעולת המצווה). ועדיין דבריו צ"ע, שהרי זו לא באמת פעולת מצווה אם הוא כבר יצא ידי חובה קודם בחטאת הכחושה.

דוגמה נוספת לשדרוג של ״חצי מצווה״: אתרוג מהודר ואתרוג כשר

בשו״ת **בית הלוי** שם דן באדם שיש לו אתרוג מהודר שהוא ספק פסול, ועוד אתרוג שהוא ודאי כשר אבל לא מהודר. מה יעשה כדי לצאת ידי המצווה בהידור. אם הוא ייטול את המהודר ספק אם הוא יוצא ידי חובה, ואם הוא ייטול את הכשר אז הוא לא עשה מצווה בהידור.

המסקנה המתבקשת היא שכדאי ליטול את שניהם. אבל גם כאן יש בעייה, כי אם הוא נוטל את הכשר אז הוא כבר יוצא ידי חובת המצווה, וכעת אין משמעות לבצע את ההידור. לכן הוא מסיק שעליו ליטול קודם את המהודר והספק כשר, ולאחר מכן את הכשר.[54]

אך מסוגיית מנחות עולה שאפשר גם לעשות ההיפך: קודם ליטול את הכשר ואחר כך את המהודר, שהרי נטילת המהודר אינה רק פעולת הידור אלא נטילה חדשה מהודרת יותר. לפי מה שהצענו בשיטת הראב״ד יש אולי מקום לומר שכשהוא עושה זאת הוא יכול אף לברך בשנית על המהודר.

דוגמה נוספת לשדרוג של ״חצי מצווה״: הוספה אחרי כוס שלישית

דוגמה נוספת לעיקרון הזה ניתן למצוא בעניין שתיית כוס יין אחרי כוס שלישית בליל הסדר.

בליל הסדר יש דין להסב, כלומר לשתות את ארבע הכוסות בדרך של הסבה צד שמאל. יש מקום להבין את הדין הזה בשתי צורות: 1. ההסבה היא האופן שבו תיקנו חכמים לשתות את ארבע הכוסות. 2. ההסבה היא דין עצמאי שמטרתו לבטא התנהגות בדרך חירות, אלא שחכמים תיקנו לקיים אותו בזמן שתיית הכוסות.

והנה, הרמב״ם בהל׳ חמץ ומצה פ״ז ה״ז כותב כך:

---

[54] כך גם ידוע בשם בנו, הגר״ח מבריסק. ראה למשל **מקראי קודש** סוכות, ח״ב סי׳ ט מה שהביא בשם הרב זוין.

לפיכך כשסועד אדם בלילה הזה צריך לאכול ולשתות והוא מיסב דרך חירות וכו׳. ואימתי צריכין הסבה? בשעת אכילת כזית מצה ובשתיית ארבע כוסות האלו ושאר אכילתו ושתייתו אם היסב הרי זה משובח וכו׳.

הגרי״ז בחידושיו על אתר מדייק מלשונו של הרמב״ם שיש מצווה עצמאית להסב, אלא שחכמים תיקנו אותה על אכילת כזית ושתיית ארבע כוסות. שתי ראיות לדבר בלשונו של הרמב״ם: ראשית, הוא כותב שיש מצווה להסב בכל הסעודה (וכ״פ ב**שו״ע** תע״ב ס״ז), ולא רק באכילות המחוייבות (ארבע כוסות ואכילת מצה). ראיה שנייה היא מכך שלאחר שהרמב״ם קבע את דין הסבה, הוא שואל: ואימתי צריכין הסבה? כלומר הוא כנראה סובר שיש דין הסבה כשלעצמו, ואח״כ באים חכמים ומתקנים אותו על האכילה ושתייה. ניתן להביא לכך עוד ראיה מכך שבסוגיית פסחים קח ע״א מובא שהסבה היא רק בשתי כוסות ולא בכולן, אלא שמספק באיזה שתיים מדובר אנחנו מסבים להלכה בכולן. אם כן, מוכח שזה לא דין בארבע כוסות.

הגרי״ז מסיק מכאן שלפי הרמב״ם אם אדם אכל כזית מצה או שתה ארבע כוסות בלא הסבה אין כאן פגם במצוות אלו, אלא רק חוסר בקיום מצוות הסבה. לפי זה הוא לא צריך ולא יכול לחזור ולאכול בהסבה כזית פת או ארבע כוסות כדי לקיים את מצוות ההסבה, שכן המצווה כבר קויימה. אם הוא יחזור עליה שוב, לא יהיה בזה קיום מצוות ארבע כוסות, ולהסבה לא תהיה משמעות.

לעומת הרמב״ם, הרא״ש על אתר (סי׳ כ) כתב:

ואפילו עני שבישראל לא יאכל עד שיסב איתמר מצה צריכה הסיבה מרור א״צ הסיבה יין אתמר משמיה דרב נחמן צריך הסיבה ואיתמר משמיה דר״נ לא צריך הסיבה ולא פליגי הא בתרי כסי קמאי הא בתרי כסי בתראי אמרי לה להאי גיסא ואמרי לה להאי גיסא [אמרי לה להאי גיסא] תרי כסי בתראי בעי הסיבה דהויא ליה חירות תרי כסי קמאי לא בעו הסיבה דאכתי לא הויא חירות דאכתי עבדים

היינו קאמרינן ואמרי לה להאי גיסא תרי כסי קמאי בעי הסיבה דההוא שעתא ה"ל חירות תרי כסי בתראי לא בעו הסיבה דמאי דהוה הוה השתא (דאמרינן) דאיתמר הכי ואתמר הכי כולהו בעו הסיבה ומצה בעי הסיבה בכזית ראשון וכזית של אפיקומן ואם אכל בלא הסיבה לא יצא כדאמר ריב"ל השמש שאכל כזית מצה כשהוא מיסב יצא משמע מיסב אין לא מיסב לא ואם אכל בלא הסיבה יחזור ויאכל בהסיבה וכן בכוס ראשון ושני אם לא שתה בהסיבה יחזור וישתה בהסיבה אבל בכוס שלישי או רביעי אם ישתה יותר נראה כמוסיף על הכוסות ומיהו איכא למימר כיון ששתה שלא כתיקונו הוברר הדבר שלא ממנין הכוסות היה ומה ששותה עתה הוא כוס של חובה.

הרא"ש פוסק שאם אכל כזית מצה בלא הסבה לא יצא, וצריך לחזור ולאכול. הגרי"ז מוכיח מכאן שהרא"ש כנראה סובר שההסבה היא האופן שבו עלינו לשתות אתה כוסות ולאכול את המצה, ולא דין עצמאי. אם לא היה כך, כאמור, אי אפשר היה לקיים זאת שוב כדי לבצע את מצוות ההסבה. הסברא שלו כמובן דומה למה שראינו למעלה אצל אביו (הר"ח מבריסק) וסבו (**בעל בית הלוי**) לגבי המקרה של שני האתרוגים.

כפי שהרא"ש עצמו כותב, יסוד המחלוקת הוא בהבנת דברי ריב"ל בפסחים קח ע"א:

תא שמע, דאמר רבי יהושע בן לוי: השמש שאכל כזית מצה כשהוא מיסב - יצא. מיסב - אין, לא מיסב - לא, שמע מינה: בעי הסיבה, שמע מינה.

רואים מכאן שבלי הסבה הוא לא יוצא יד"ח (ואם זה הדין בשמש, אז ברור שכך הוא בכל אדם). זוהי הוכחת הרא"ש. הגרי"ז מסביר שלפי הרמב"ם כוונת ריב"ל לומר שלא יצא יד"ח הסבה, ולא שלא יצא ידי חובת ארבע כוסות. אמנם לכאורה הדברים תמוהים, שהרי אם לא הסב ודאי שלא יצא חובת הסבה, ומה חידוש יש כאן? ונראה שדווקא לשיטת הרמב"ם אפשר

להבין זאת. לפי הרמב״ם חידוש הגמרא הוא שאם האדם לא הסב בכוסות והסב במצה, או שלא הסב במצה והסב בכוסות הוא לא יצא ידי חובת הסבה. כלומר החידוש הוא שעל אף שההסבה היא מצווה עצמאית (שהרי זו שיטת הרמב״ם) בכל זאת היא אמורה ללוות את כל מצוות האכילה בליל הסדר.

והנה, בתוד״ה 'כולהו', פסחים קח ע״א, מסתפק ממש בדין זה:

> ***כולהו נמי צריכי הסיבה - וכל ד' כוסות צריכים הסיבה בשעת שתיה וצ״ע אם שכח ולא היסב אם יחזור וישתה וכן אם בכוס שלישי לא היסב אם יכול לחזור ולשתות בהסיבה אף על גב דבין שלישי לרביעי לא ישתה.***

לכאורה הספק של תוס' הוא בדיוק בשאלה האם הסבה היא מצווה עצמאית או לא (הרא״ש או הרמב״ם). כפי שראינו, אם זו מצווה עצמאית הוא לא חוזר ושותה, כי כבר יצא יד״ח. ואם זהו פרט ממצוות האכילה יחזור ויקיים בהסבה. כך באמת מסביר הגרי״ז את ספק התוס'.

זה יכול להיות אולי הספק הראשון. אבל נראה שהספק השני של תוס' ודאי לא מתיישב עם תפיסתו של הגרי״ז. נניח שאדם שתה כוס שלישית בלי הסבה. יש בתוס' צד שהוא לא חוזר ושותה שוב כי יש איסור לשתות בין כוס שלישית ורביעית. אבל לפי הגרי״ז לא היה טעם לשתות עוד כוס גם בלי זה, שהרי הוא כבר יצא ידי חובת המצווה, ולכן אין טעם לקיים אותה שוב כדי לקיים בצדה את חובת ההסבה. הכוס הנוספת אינה כוס של מצווה. אבל תוס' תולה זאת בכך שיש איסור לשתות בין כוס שלישית ורביעית. משמע בתוס' שגם אם הוא יצא ידי חובת כוס שלישית, לולא האיסור לשתות בין הכוסות היה עליו לשתות שוב כדי להסב. שוב רואים שניתן לקיים את המצווה שוב כדי להדר או כדי לקיים איתה עוד פרט או עוד מצווה אחרת. ובאמת הספק בתוס' מנוסח כספק האם ״מותר״ לשתות עוד כוס כדי להסב, ולא האם צריך לשתות עוד כוס. זוהי עוד ראיה לדברינו, שאם היה מותר אז ודאי שהיה צריך, ורק האיסור לשתת בין הכוסות הוא שמונע זאת.

לכן נראה שהספק השני של תוס׳ הוא על הצד שבאמת יצא ידי חובת כוס שלישית גם בלי הסבה, ובמצב כזה ברור שיש לחזור ולשתות עוד כוס כדי להסב. השאלה היא האם הצורך לקיים מצוות הסבה דוחה את האיסור לשתות בין הכוסות או לא. נמצאנו למדים שתוס׳ לא מקבל את הנחת הגרי״ז שאי אפשר לקיים שוב מצווה אחרי שיצאנו ידי חובה כדי להדר או כדי להרוויח מצווה אחרת בצידה. ממש כפי שראינו בראב״ד לגבי שליחות בקידושין ובגמרא במנחות לגבי חטאת שמנה אחרי כחושה. שוב רואים שבראשונים עולה האפשרות לקיים מצווה אחרי שכבר יצאנו ידי חובתה. ומשמעות הדברים היא ששתיית כוס בלי הסבה היא קיום לא מלא של מצוות השתייה. אמנם יוצאים ידי חובת מצוות השתייה, ורק לא יוצאים ידי חובת מצוות ההסבה, אבל גם מצוות השתייה לא קויימה לגמרי, ולכן יש אפשרות לשדרג אותה על ידי קיום נוסף.

ספירת העומר

דיון דומה לגבי ספירת העומר אנחנו מוצאים ב**שו״ע** סי׳ תפט ה״ג-ד, שכותב:

ג. המתפלל עם הצבור מבעוד יום, מונה עמהם בלא ברכה. ואם יזכור בלילה יברך ויספור.

ד. מי ששואל אותו חבירו בין השמשות כמה ימי הספירה בזה הלילה, יאמר לו: אתמול היה כך וכך, שאם יאמר לו: היום כך וכך, אינו יכול לחזור ולמנות בברכה; אבל קודם בין השמשות, כיון שאין זמן ספירה אין בכך כלום.

לכאורה דברי המחבר סותרים זה את זה: בה״ד הוא קובע שאם אמר למישהו כמה היום לספירה יצא, ולכן אינו יכול לחזור ולספור בברכה. הנחתו היא כנראה שספירת העומר בזמן הזה היא מדרבנן, ולכן בבין השמשות שהוא זמן מסופק יצא ידי חובת הספירה מספק. ואילו בה״ג הוא אומר שלאחר שספר ביום, אם יזכור הוא יכול לספור בלילה בברכה.

בפשטות בשתי ההלכות הללו מדובר הן על קיום המצווה והן על הברכה, אלא שהקיום של ספירת העומר, גם אם הוא נעשה ללא חיוב, אינו כרוך בעבירה, ולכן אין מניעה שיעשה מעשה ספירה גם אם הוא כבר יצא ולכן אינו עושה בכך מעשה מצווה.

הגר״א בהגהותיו שם מסביר שיש כאן סתירה **בשו״ע**, ומקורה בדברי **אבודרהם** שחזר בו: בה״ג **השו״ע** פוסק כדעת **האבודרהם** לפני החזרה, שאם כבר קיים את המצווה יכול שוב לחזור ולקיימה בברכה (כדי לעשותה בצורה שלימה יותר, או מהודרת יותר), ואילו בה״ד הוא פוסק כמסקנת **האבודרהם** שאינו יכול לקיים את המצווה שוב בברכה. אם כן, ישנו כאן מקור שסובר שניתן לקיים מצווה שוב כדי להדר בה, גם אם כבר יצא ידי חובה.[55]

סיכום

נמצאנו למדים שלפחות על פי חלק מהשיטות עולה שמושג השליחות הוא מימוש חלקי של פעולת המשלח. שלוחו של אדם כמותו משמעותו שהשליחות מספיק חזקה כדי להיחשב הלכתית כמו פעולת המשלח (היא מעבר לרף המינימלי), למעט מקרים מסויימים שבהם הרף גבוה יותר.

אבל כפי שראינו משמעות הדבר היא רחבה הרבה יותר. גם תוצאת השליחות, ובעצם מצבים הלכתיים בכלל, נמדדים במונחי לוגיקה לא בינארית. ניתן לדבר על חצי קידושין, חצי תרומה, חצי חטאת, חצי נטילת אתרוג, חצי מילה וכדומה.

אם כן, אנחנו חוזרים כאן ופוגשים התייחסויות של לוגיקה רב-ערכית. השאלה האם האישה מקודשת או לא יכולה לקבל רצף של תשובות. יש קידושין בעוצמות שונות, למשל מספר כלשהו בקטע (0,1). ישנו רף שקובע

---

[55] אמנם רוב נושאי הכלים מפרשים זאת אחרת, ואכ״מ.

החל מאיזו עוצמה אנחנו מתייחסים למצב כקידושין תקפים, ופעולה על ידי שליח עומדת מעל הרף הזה. רק בגלל זה ההלכה נפסקה בקידושין ששלוחו של אדם כמותו.

כבר הערנו שמושג השליחות הוא בעל אופי דומה למושג הכוח שנדון בפרק הקודם. בשניהם יש לצפות לרמות שונות (רציפות) של עוצמה שבהן המושג הנדון יופיע. ניתן לעשות את אותו ניתוח להיזקים עקיפים, כמו גרמא וגרמי. גם שם יש רצף של רמות ישירות של ההיזק.

פרק תשיעי

מושגים עמומים בהלכה: איסורי מלאכה בשבת

מבוא

בפרקים הקודמים הזכרנו שבדיון מושגי צפוי שהלוגיקה תהיה בינארית: או שמצב כלשהו נכנס תחת המושג או שלא. אך כבר הערנו שיש בהלכה חריגות מהתמונה הזאת, ולפעמים גם בהקשר מושגי אנו פוגשים לוגיקה רב ערכית. דוגמה בולטת ומובהקת לכך היא מלאכות שבת. ההנחה של התלמוד היא שמלאכה אסורה חייבת להיות אחת מל״ט אבות או תולדותיהן. לכן הדיון ביסודו הוא מושגי, שכן כל פעולה נבחנת במונחי אבות ותולדות המלאכה, האם היא נכנסת מושגית תחת אחד מהם או לא. הדיון באיסורי מלאכה בשבת הוא בכל זאת ייחודי, שכן כפי שכבר הערנו למעלה עצם החלוקה לאבות ותולדות ומלאכות אחרות מכניסה כאן שלוש רמות נורמטיביות. משמעות הדבר היא שבסוגיית מלאכות שבת קיים מצע תיאורטי מפורש ללוגיקה לא בינארית בדיון מושגי.

אבות ותולדות בהלכה[56]

אבות ותולדות מופיעים בכמה הקשרים בהלכה. לדוגמה, בשביעית (ראה מו״ק ג ע״א), בנזיקין (תחילת ב״ק, כפי שכבר הזכרנו וראינו למעלה), בשבת ובטומאה (ב״ק ב ע״א), בנגעים (תוס׳ ורשב״א שבת סח ע״א, ומהרש״ל ומהרש״א שם), במעשר (תוס׳ שבת סח), באיסור גזיזת בכור (בכורות כה

[56] היחס בין אבות ותולדות נדון גם בספר השמיני בסדרה שלנו.

ע״א) ובאיסור זריעת נחל איתן (**שער המלך** הל׳ רוצח פ״י ה״ט, **ומנ״ח** מצווה תקלט).

על משנת ארבעה אבות בתחילת מסכת ב״ק שמונה את אבות נזיקין, אומר רש״י הראשון על המסכת שם:

ארבעה אבות נזיקין - אבות קרי להנך דכתיבן בקרא בהדיא ובגמרא מפרש הי ניהו תולדות.

אנו למדים מכאן שהאבות הם אלו שכתובים בפירוש בתורה. אמנם זה נכון לגבי אבות נזק, אבל במלאכות שבת אין לנו מקור בתורה שמונה את המלאכות האסורות.[57] חז״ל לומדים את האבות בצורות שונות, מהתורה או מסברא (ראה להלן).

הגמרא במסכת ב״ק (שם, ב ע״א) מדייקת:

מדקתני אבות - מכלל דאיכא תולדות,

כלומר המינוח אבות מבטא את העובדה שלכל אב כזה יכולות (או צריכות) להיות תולדות. התולדות של כל אב הן מלאכות שדומות לאב הזה ולא כתובות בתורה. אבל דמיון הוא תכונה שיכולה להופיע בכמה וכמה רמות, וברור שיש רמת דמיון כה חלשה שלא יהיה בה איסור. אם התורה אוסרת לברור בשבת, הוצאת משהו מהמקרר, או עמידה על רגל אחת, לא יכולות להיחשב דומות מספיק כדי להיות אסורות מדין ברירה. בקוטב השני יש רמות דמיון גבוהות שנאסרות מן התורה, והן אלו שקרויות תולדות (בכל ההקשרים דלעיל). מה קורה ברמות הביניים? לפחות בהלכות שבת אנחנו יודעים שאם יש מלאכה בשבת שדומה לאב כלשהו אבל לא בדמיון גבוה, יהיה על פעולה כזאת איסור מדרבנן. רמות הביניים הללו הן אלו שמעניינות אותנו כאן, שכן ננסה לראות כיצד ההלכה מתייחסת אליהן, והאם ניתן

---

[57] למעט הבערה, הוצאה, ואולי חרישה וקצירה. בכל אחד מאלה חז״ל דורשים דרשה, שכן הנחתם היא שמלאכות שבת לא אמורות להופיע במקרא.

לראות כאן רמזים ללוגיקה מרובה או עמומה. הדברים מופיעים בפירוט רב בהקשר של איסורי מלאכה בשבת ולכן נעסוק בעיקר בהם, אבל מה שנציג כאן יכול להיות רלוונטי בכל המקומות בהם ההלכה נזקקת לקשרי אב ותולדה (כמו בכל הדוגמאות שהובאו לעיל).

איסורי מלאכה בשבת: סקירה

התורה אוסרת עשיית מלאכה בשבת. אך האיסור כתוב בצורה כללית (״לא תעשה מלאכה״ וכדומה), ולא מופיע בתורה פירוט מהי אותה מלאכה שנאסרה. חז״ל לומדים שיש לט אבות מלאכה שאסורות, והן מנויות במשנה שבת עג ע״א:

> ***אבות מלאכות ארבעים חסר אחת: הזורע, והחורש, והקוצר, והמעמר, והדש, והזורה, הבורר הטוחן והמרקד, והלש, והאופה. הגוזז את הצמר, המלבנו, והמנפצו, והצובעו, והטווה, והמיסך, והעושה שתי בתי נירין, והאורג שני חוטין, והפוצע שני חוטין, הקושר, והמתיר, והתופר שתי תפירות, הקורע על מנת לתפור [שתי תפירות]. הצד צבי, השוחטו, והמפשיטו, המולחו, והמעבד את עורו, והממחקו, והמחתכו. הכותב שתי אותיות, והמוחק על מנת לכתוב שתי אותיות. הבונה, והסותר, המכבה, והמבעיר, המכה בפטיש, המוציא מרשות לרשות. הרי אלו אבות מלאכות, ארבעים חסר אחת.***

המלאכות הללו קרויות אבות, ומכאן שיש לכל אחת גם תולדות (ראינו דיוק כזה בגמרא ב״ק ב ע״א). ואכן בסוגיית שבת ע ע״א-ע״ב לומדים לאסור תולדות מדרשת הפסוק ״ועשה מאחת מהנה״:

> ***דתניא, רבי יוסי אומר: ועשה מאחת מהנה - פעמים שחייבים אחת על כולן, ופעמים שחייבין על כל אחת ואחת. ואמר רבי יוסי ברבי חנינא, מאי טעמא דרבי יוסי אחת מאחת הנה מהנה - אחת שהיא הנה, הנה שהיא אחת. אחת - שמעון, מאחת - שם משמעון. הנה -***

אבות, מהנה - תולדות, אחת שהיא הנה - זדון שבת ושגגת מלאכות. הנה שהיא אחת - שגגת שבת וזדון מלאכות.

רואים שיש חיוב גם על עשיית תולדות מלאכה בשבת. מאידך, רואים שנדרש לימוד מיוחד מפסוק כדי לאסור את התולדות, כלומר עצם הדמיון לאב לא היה מספיק כדי לאסור אותן באנלוגיה לאב. מכאן שהדמיון שלהן לאב הוא כנראה לא מלא (כמו מה שראינו בפרק שלפני הקודם לגבי ההלמ״מ של צרורות לגבי כוחו).

ואכן, כאשר ישנן מלאכות שהדמיון שלהן לאב הוא מלא,[58] הרמב״ם מכנה אותן ״מעין אב״, ולא תולדה. בתחילת פ״ז מהל׳ שבת הרמב״ם מסכם זאת כך:

א. מלאכות שחייבין עליהן סקילה וכרת במזיד או קרבן חטאת בשגגה, מהן אבות ומהן תולדות, ומנין כל אבות מלאכות ארבעים חסר אחת, ואלו הן: החרישה, והזריעה, והקצירה...

ב. כל אלו המלאכות וכל שהוא מענינם הם הנקראין אבות מלאכות, כיצד הוא ענינן, אחד החורש או החופר או העושה חריץ הרי זה אב מלאכה, שכל אחת ואחת מהן חפירה בקרקע וענין אחד הוא.

ג. וכן אחד הזורע זרעים או הנוטע אילנות או המבריך אילנות או המרכיב או הזומר, כל אלו אב אחד הן מאבות מלאכות וענין אחד הוא, שכל אחת מהן לצמח דבר הוא מתכוין.

ד. וכן אחד הקוצר תבואה או קטנית או הבוצר ענבים או הגודר תמרים או המוסק זיתים או האורה תאנים, כל אלו אב מלאכה אחת הן, שכל אחת מהן לעקור דבר מגידוליו מתכוון, ועל דרך זו שאר האבות.

---

[58] המפרשים דנים באיזה מובן אמור להיות דמיון: האם באופן הביצוע, במטרה, או קריטריון דמיון אחר, ואכ״מ.

ה. התולדה היא המלאכה הדומה לאב מאלו האבות, כיצד המחתך את הירק מעט מעט לבשלו הרי זה חייב שזו המלאכה תולדת טחינה, שהטוחן לוקח גוף אחד ומחלקו לגופים הרבה, וכל העושה דבר הדומה לזה הרי זה תולדת טוחן, וכן הלוקח לשון של מתכת ושף אותו כדי ליקח מעפרו כדרך שעושים צורפי הזהב הרי זה תולדת טחינה.

בהלכות ב – ד הוא מונה כמה אבות מלאכה שנכנסים תחת כותרת של אב אחד, לדוגמה: זורע, נוטע, מבריך, מרכיב וזומר, כולם מעין אב של זריעה, וכן הלאה. נציין כי ראשונים אחרים לא מקבלים את המיון הזה, ולדעתם מעבר לאבות שנמנו במשנה יש רק תולדות. ובדוגמה שלנו, לדעתם כל המלאכות שנמנו כאן ברמב״ם הן תולדות של זריעה.

במיון של הרמב״ם נראה שההבדל בין ״מעין אב״ לבין תולדה הוא בדיוק כפי שהגדרנו למעלה: מעין אב הוא מלאכה שדומה לגמרי לאב כך שדי היה לנו בדמיון כדי לאסור אותה מסברא. לגביה אין צורך בדרשת הפסוק ״ועשה מאחת מהנה״ שהובאה למעלה. לעומת זאת, תולדות הן מלאכות שהדמיון שלהן לאב הוא קלוש יותר, והאיסור עליהן הוא תוצאה של לימוד מפסוק. בלי הפסוק לא היינו אוסרים אותן, כי הדמיון שלהן לאב לא מספיק כדי לעשות אנלוגיה (=בנין אב).

ובאמת כך כותב גם ה**מ״מ** על אתר (ה״ד):

וכן הקוצר תבואה או קטנית וכו׳. תנא הקוצר והבוצר והגודר והמוסק והאורה כלן מלאכה אחת הן. ודע שכוונת רבינו היא שכל מלאכה שהיא דומה לאב בדמיון גמור אלא שחלוקה ממנה באיכות הפעולה או באיכות הנפעל הרי זו אב כמותה אבל מלאכה הדומה לה במקצת זו היא הנקראת תולדה. והמשל בזה הקוצר והבוצר שהם בדמיון גמור אלא שחלוקין הנפעלים וכן הזורע והנוטע וכן החורש והחופר שהם חלוקי איכות הפעולה אבל הם בדמיון גמור. עליהם אמרו כולם מלאכת אחת הם. שאם באנו לחלק בהן נחלק במיני

הזרעים גם כן ובמיני הכלים אשר יעשה בהם וכיוצא בזה. אבל בשאין שם אלא קצת דמיון כגון המחתך את הירק שאינו דומה לטחינה רק בהעשות מגוף אחד גופים רבים אף על פי שהטחינה משנה הגוף הראשון לגמרי ואין החתוך כן זו הוא תולדה והיקש זה ניתן לכלן. זהו דעת רבינו. ויש מי שפירש כלן מלאכה אחת הן שהן תולדות לאב אחד ואף על פי שאין לנו בזה אלא שינוי השמות הפירוש הראשון נראה עיקר וזהו חידוש הברייתות:

יש לציין שבמסגרת האבות עצמם נכנסות גם מלאכות שאינן זהות לגמרי לאב, אבל נאסרות מחמתו (לא בגלל הדמיון אלא בגלל זהות). לדוגמה, במשכן זרעו סממנים ומכאן נלמד האב של זורע. האם מי שזורע זרעים אחרים, לא סממנים לצבע אלא קטניות או ירקות, עובר גם הוא משום זורע? ודאי שכן. הקטגוריה היא לא מעין אב אלא האב עצמו. האב עצמו מוגדר כזריעה, שהיא פעולה כללית מעבר לפעולה הספציפית שהיתה במשכן.

שלושת סוגי המלאכות הללו, האב (כלומר המלאכה הספציפית שהיתה במשכן וכל הזהות לה), מעין אב (אלו שמאד דומות לאב) והתולדות (אלו שפחות דומות לאב), אסורות מן התורה. מעבר לאלה יש עוד מלאכות שנאסרו מדרבנן, ונעסוק בהן בהמשך הפרק. למען השלימות נזכיר שישנה עוד קטגוריה של איסורי דאורייתא, רביעית במספר, שקרויים איסורי שבות, שלפחות לפי דעות מסויימות בראשונים נאסרו מדאורייתא.[59] אבל אלו לא נמצאים על הציר הזה, שכן איסורם לא נובע מהדמיון למלאכה. איסורי שבות אינם איסורי מלאכה אלא איסורים עצמאיים שיסודם כנראה בשמירת הצביון של שבת.

---

[59] ראה רמב״ן פ׳ אמור (ויקרא כג, כד), ריטב״א ר״ה לב ע״ב ד״ה ׳וברם צריך׳, וכן ברמב״ם הל׳ שבת פכ״ד ה״א והי״ב ובנושאי הכלים שם. ראה גם שו״ת **חת״ס** בהשמטות סימן קצה.

היחס ההלכתי בין אבות לתולדות

עד כאן ראינו שהיחס בין תולדות לאבות במישור העובדתי הוא יחס של דמיון. ברור שיש רמות שונות של דמיון, ולכן יש מקום לצפות כאן ללוגיקה לא בינארית. כבר ראינו למעלה לפחות חמש רמות על ציר הדמיון: 1. זהות (אב). 2. דמיון גבוה (מעין אב). 3. דמיון פחות (תולדות).[60] 4. דמיון קטן (איסורי דרבנן). 5. חוסר דמיון (מעשים מותרים). האם יש ללוגיקה הזאת ביטוי גם במישור הנורמטיבי? האם יש כאן יותר משתי רמות איסור (חייב ופטור)?

על פניו אין הבדל הלכתי בין אבות לתולדות, לא בנזיקין ולא בשבת. ובכל זאת התלמוד ומפרשיו מקדישים מאמץ מסויים כדי להגדיר את המושגים ולסווג את המלאכות השונות מי מהן אב ומי תולדה. למה לעשות זאת? מהו בעצם ההבדל? מהי ההשלכה של העובדה שמלאכה כלשהי היא אב, או תולדה?

הגמרא בב"ק ב ע"א, אחרי שהיא מדייקת שהמינוח אב מלמד שיש גם תולדות, ממשיכה ותוהה לגבי היחס בין אבות ותולדות:[61]

> ***מדקתני אבות - מכלל דאיכא תולדות, תולדותיהן כיוצא בהן או לאו כיוצא בהן?***

אחרי שמגדירים אבות ותולדות השאלה היא האם יש לכולם אותו דין או לא. מיד לאחר מכן הגמרא מפרטת יותר:

> ***גבי שבת תנן: אבות מלאכות ארבעים חסר אחת; אבות - מכלל דאיכא תולדות, תולדותיהן כיוצא בהן, לא שנא אב - חטאת, ולא שנא תולדה - חטאת, לא שנא אב - סקילה, ולא שנא תולדה -***

---

[60] בספר **מי טל – הוצאה**, בפרקים הראשונים, הרב קלמנסון עומד על כך שלחלק מהדעות במלאכת הוצאה (שהיא "מלאכה גרועה") לא די לנו בדמיון חלש לאב כדי להגדיר תולדה, כמו שמספיק בשאר המלאכות.

[61] בפרק התשיעי של הספר השמיני בסדרה התייחסנו בפירוט רב לסוגיא הזאת.

סקילה. ומאי איכא בין אב לתולדה? נפקא מינה, דאילו עביד שתי אבות בהדי הדדי, אי נמי שתי תולדות בהדי הדדי - מחייב אכל חדא וחדא, ואילו עביד אב ותולדה דידיה - לא מחייב אלא חדא.

הגמרא קובעת שבהקשר של שבת התולדות הן בדיוק כמו האבות, והעושה אחת מהן חייב סקילה במזיד וחטאת בשוגג. ההשלכה היחידה של ההבחנה בין אב לתולדה היא שמי שעשה שני אבות בהעלם אחד חייב שני קרבנות חטאת, שכן קרבן חטאת מובא על העלם (כלומר על פרט הלכתי שהתעלמתי ממנו, או שנעלם ממני), הרי אלו הם שני העלמות שונים. אבל מי שעושה אב ותולדה שלו בהעלם אחד זה נחשב כהעלם אחד ולכן הוא חייב רק חטאת אחת (הרמב"ם בהמשך פ"ז מהל' שבת אומר שזהו גם הדין גם ביחס לאב ומעין אב בהעלם אחד, ובוודאי לשתי פעולות של אותו אב עצמו, כמו זריעת ירקות וזריעת סממנים). משמעות הדבר היא שלמרות שבמניין המצוות איסור מלאכה בשבת הוא לאו אחד, עדיין מבחינה הלכתית אבות שונים הם איסורים שונים, ואילו תולדה היא אותו איסור כמו האב שלה.[62]

כעת מובאת דעת ר"א שרואה גם בתולדות איסורים נפרדים (שנלמדים מדרשת "ועשה מאחת מהנה" שהובאה לעיל), ושוב עולה השאלה מדוע להבחין בין אב לתולדה:

ולרבי אליעזר דמחייב אתולדה במקום אב, אמאי קרי ליה אב ואמאי קרי לה תולדה? הך דהוה במשכן חשיבא - קרי ליה אב, הך דלא הוי במשכן חשיבא - קרי לה תולדה.

---

[62] האחרונים עומדים על כך שיכולה להיות למחלוקת הזאת השלכה גם לגבי התראה על מי שעובר על איסורי מלאכה שהם תולדה במזיד. האם ניתן להתרות במי שעומד לעבור על תולדה משום האב, או לא. לכאורה זה תלוי במחלוקת בין התורי"ד לרש"י. התורי"ד בשבת קלח כתב שכל אב מלאכה הוא איסור נפרד בפני עצמו, כמו חלב ודם, ולכן מתרים בכל עבריין לפני ענישתו שהוא עובר במעשהו על אב מלאכה מסוים (ולא די לומר שהוא עושה מלאכה בשבת). אמנם ברש"י שבת עב ע"ב ד"ה 'חלב ודם' כתב שהם כמו גופים מחולקים, ומשמע שזה איסור אחד שיכול להיעבר בשתי צורות. וכן משמע ברש"י שבת סח ע"א ובכריתות יז.

התשובה היא שלשיטתו זו רק הבחנה סמנטית. בפשטות האבחנה הזאת נכונה גם לדעת חכמים, אלא שלדעתם יש לה גם השלכה הלכתית. בשורה התחתונה בשבת התולדות הן כאבות, כלומר שאין ביניהם הבדל הלכתי.

כעת עוברים לאבות ותולדות בטומאה:

גבי טומאות תנן, אבות הטומאות: השרץ, והשכבת זרע, וטמא מת; תולדותיהן לאו כיוצא בהן, דאילו אב מטמא אדם וכלים, ואילו תולדות - אוכלין ומשקין מטמא, אדם וכלים לא מטמא.

בטומאה התולדות לא כאבות. בספר השמיני כבר עמדנו על כך שבטומאה מדובר ביחס שונה מאשר בשבת ובנזיקין, שכן התולדות הן משהו שנגרם על ידי האבות ולא משהו שדומה לאבות. לכן זה לא נוגע לדיון שלנו.

כעת הגמרא מסיימת בבירור לגבי אבות ותולדות בנזיקין:

הכא מאי? אמר רב פפא: יש מהן כיוצא בהן, ויש מהן לאו כיוצא בהן.

המסקנה היא שהתולדות הם כמו האבות גם בנזיקין, והיוצא דופן היחיד הוא חצי נזק צרורות שבו עסקנו למעלה. כך מסכמת זאת הגמרא שם, ג ע״ב:

וכי קאמר רב פפא - אתולדה דרגל. רגל? הא אוקימנא תולדה דרגל כרגל! בחצי נזק צרורות, דהלכתא גמירי לה.

מעניין לציין שחצי נזק צרורות הוא תולדה של רגל, אבל לא במובן של תולדה בשבת שדומה לאב שלה, אלא במובן של תולדה של טומאה, כלומר תולדה שנוצרת על ידי האב (הרגל בועטת את הצרור). לכן לא פלא שבצרורות התולדה לא דומה לאב (היא חייבת חצי נזק), למרות שבנזיקין ככלל התולדות הן כיוצא באבות.[63]

---

[63] ראה על כך בספר השמיני בסדרה שלנו, בפרק התשיעי.

לוגיקה של בעיות מושגיות: תולדה דתולדה

המסקנה היא שבתולדות של דמיון (שבת ונזיקין פרט לצרורות) התולדות הם כמו האב, ודיניהן כמו אלו של האב. אין כאן לוגיקה רב ערכית במישור הנורמטיבי. הסיבה לכך נראית פשוטה: מדובר כאן בדיון מושגי, ובדיון כזה הלוגיקה היא בינארית. אם אתה דומה לאב דינך כמו דינו, ואם לא – אתה פטור. לעומת זאת, בתולדות של גרימה (כמו בטומאה, ובצרורות בנזיקין), שם הדיון הוא לגבי כוחו של האב, כאן יש מקום לרמות ועוצמות שונות של יחס לאב: כוחו, כוח כוחו וכדומה (כפי שראינו בפרק שלפני הקודם).

אולם כבר הערנו שגם בדיון מושגי יש מקום לדבר על רמות דמיון שונות, ולכן ברור שיש מקום ללוגיקה עמומה גם שם. הרי יש מלאכות שמאד דומות לאב ויש מלאכות שפחות דומות לו. אלא שעד כאן ראינו שעל אף הכל הרף הנורמטיבי הוא בינארי: יש רמת דמיון מסויימת שממנה והלאה זה נחשב כדומה לאב וחייב, ומתחת לה זה לא דומה לאב ופטור. הלוגיקה מרובת הערכים במישור העובדתי לא באה לידי ביטוי במישור הנורמטיבי, וזאת כנראה מפני שמדובר בדיון מושגי.

במישור הנורמטיבי ניתן לראות ביטוי ללוגיקה העובדתית העמומה בדיון לגבי תולדה דתולדה. בסוגיית שבת עג ע״ב מובאות תולדות זורע:

> ***הזורע והזומר והנוטע והמבריך והמרכיב, כולן מלאכה אחת הן...הזומר חייב משום נוטע והמבריך והמרכיב חייב משום זורע.***

בפירוש הגמרא נחלקו הראשונים: לפי רש״י – כולם אבות פרט לזומר. לתוס׳ שם – זורע ונוטע הם אבות, והשאר תולדות. לרמב״ם (ראינו את דבריו למעלה) – כולם אב ומעין אבות. ואילו לר״ח – רק זורע הוא אב, נוטע הוא תולדה, ומבריך הוא תולדה דתולדה. בדברי ר״ח כאן מתחדש מושג חדש: תולדה דתולדה. הנחתו היא שגם תולדה דתולדה חייבת.

בפשטות היה מקום להבין שרמת הדמיון בין אב לתולדה היא מושלמת, ולכן גם תולדה דתולדה היא כמו אב (מתקיימת הטרנזיטיביות). לפי זה גם תולדות מסדר שלישי ורביעי תהיינה אסורות. מאידך, ראינו בפרקים

הקודמים שייתכן כאן גם מודל לוגי אחר (כמו שראינו לגבי כוחו וכוח כוחו): רמת הדמיון בין אב לתולדה אינה מושלמת, אבל יש סף דמיון שממנו והלאה הפעולה תהיה אסורה. תולדה דתולדה עומדת ברף הזה, ולכן גם היא אסורה. ההשלכה תהיה לגבי תולדה דתולדה דתולדה, שכאן רמת הדמיון כבר יכולה לרדת מתחת לרף הדמיון האוסר, ואז זה יהיה מותר.

אם כן, גם בהקשר של היחס בין אב לתולדות בשבת נראה שהלוגיקה הנורמטיבית היא בינארית. אמנם במישור העובדתי יש רצף של רמות דמיון, אבל במישור הנורמטיבי יש רף חיוב, ומשמעות הדבר היא שהלוגיקה במישור הזה היא בינארית: חייב חטאת או פטור. אותה פונקציה מהנסיבות לנורמות, שהוגדרה בספר השמיני והוזכרה כאן למעלה, משקפת את התופעה הזאת: הנסיבות יכולות להיות עמומות, כלומר לא בינאריות, אבל הנורמה שמושלכת על כל אחת מהן היא בינארית: אסור או מותר.

האם תיתכן גם עמימות במישור הנורמטיבי בדיונים מושגיים? כבר הערנו שמן הראוי היה שבמציאות עמומה שבה יש כמה רמות של מלאכה בשבת, יהיה אותו מספר של רמות איסור במישור הנורמטיבי: ככל שהמלאכה יותר דומה לאב היא אמורה להיות יותר אסורה. ובאמת ראינו מקרים שבהם מספר האפשרויות הנורמטיביות גדול משתיים. לכן ננסה כעת לבחון האם יש רמות איסור שונות גם בנושא של איסורי מלאכה בשבת. אנחנו מחפשים האם ישנה פעולה שתיחשב "חצי מלאכה", במובן הזה שאיסורה יהיה קל יותר. האם נמצא פעולות כאלה, משמעות הדבר היא שעל אף שמדובר כאן בדיון מושגי, הלוגיקה העמומה במישור העובדתי יכולה להיות מתורגמת ללוגיקה עמומה גם במישור הנורמטיבי-הלכתי. כדי לראות את התופעות הללו, עלינו לעבור מהמישור דאורייתא למישור דרבנן.

שני סוגי איסורי מלאכה דרבנן בשבת (שבות)[64]

למעלה כבר הזכרנו שיש מלאכות שנאסרו בשבת מדרבנן. כמעט בכל אב אנו מוצאים איסורי דרבנן (הרמב״ם עוסק בהם לפי הסדר החל מפכ״א בהל׳ שבת). האחרונים עומדים על כך שאנו מוצאים שתי קטגוריות כלליות של איסורים כאלה: איסורים שנאסרו מחמת דמיונם למלאכה דאורייתא, ואיסורים שנאסרו מחשש שהאדם שעובר עליהם יגיע לעשות מלאכה דאורייתא. למעשה הדברים מפורשים ברמב״ם בתחילת פכ״א מהל׳ שבת:

> ***נאמר בתורה +שמות כ״ג+ תשבות אפילו מדברים שאינן מלאכה חייב לשבות מהן, ודברים הרבה הן שאסרו חכמים משום שבות, מהן דברים אסורים מפני שהן דומים למלאכות ומהן דברים אסורים גזרה שמא יבוא מהן איסור סקילה, ואלו הן.***

הוא מסביר שחלק מהמלאכות שאסורות מדרבנן אסורות מחמת דמיון בינן לבין המלאכות שאסורות מן התורה (מלאכות מדרבנן), וחלק אחר אסורות מחשש שמא מי שיעשה אותן יגיע לעבור על מלאכה שאסורה מן התורה (איסורי דרבנן). ראה על כך גם בפירוש **יד פשוטה** על הרמב״ם כאן.[65]

משמעות הדברים

האחרונים עושים שימוש בהבחנה הזאת בכמה וכמה מקומות, ומתוך כך מוצאים כמה הבדלים בין שני סוגי השבות. יש דורשים זאת לחומרא ויש לקולא. יש שרואים בשבות מהסוג הראשון (אלו הדומות לדאורייתא, כלומר מלאכות דרבנן) שבות חמורה יותר, כי כל אחת מהן דומה למלאכה, ולכן יש

---

[64] ראינו למעלה שאצל כמה ראשונים המושג שבות משמש גם כביטוי לאיסורי דאורייתא מחמת צביון השבת. כאן עניינו הוא במשמעות המקובלת של המושג שבות, והיא איסורי מלאכה שנאסרו בשבת רק מדרבנן.

[65] בתחילת פרק כד מוזכרים שוב שני הסוגים הללו, ומופיע גם סוג שלישי, איסורים משום צביון השבת (בדומה לאיסורי שבות דאורייתא שהוזכרו למעלה).

בעייתיות בעשייתה כשלעצמה. ואילו בשבות מהסוג השני אין בעייתיות במעשה מצד עצמו אלא רק יש חשש שמי שעושה אותה יגיע לעבור על מלאכה דאורייתא ואז תיווצר הבעייתיות. זהו שיקול לטובת החומרה של איסורי מלאכה דרבנן. לעומת זאת, אחרים רואים את המצב בדיוק להיפך. לשיטתם, דווקא השבות מהסוג השני היא החמורה יותר כי מי שעובר עליה עלול להגיע לעבירה דאורייתא, בעוד השבות מהסוג הראשון הוא במהותו איסור דרבנן ואין חשש שיגיע ממנו לאיסור תורה.

כדי לחדד את הדברים, נביא כאן דוגמה. אחת מאבות המלאכה בשבת היא בורר (ראה פירוט ב**שו"ע** או"ח סי' שיט ונושאי הכלים), שגדרה הוא הפרדת שני רכיבים שמעורבבים זה בזה בתערובת ואני מעוניין רק באחד מהם (=האוכל). יש כלל באיסורי ברירה שמה שנאסר מן התורה הוא רק ברירת פסולת (מה שאיני מעוניין בו) מתוך אוכל (מה שהוא כן רוצה בו). אבל חכמים אוסרים מדרבנן גם ברירת אוכל מפסולת. ההנחה היא שהברירה המקורית (זו שהיתה במשכן) היתה ברירת פסולת מאוכל, ולכן זהו האב. ומה לגבי ברירת אוכל מפסולת? מכיון שיש בה דמיון כלשהו לאב אסרו גם אותה. אם זה אכן כך, אז סביר מאד שברירת אוכל מפסולת יש גם בה מן הבעייתיות של ברירה בשבת, אלא שזוהי בעייתיות נמוכה יותר שכן היא לא עוברת את הרף של הבעייתיות שנדרש כדי לאסור מן התורה. משמעות הדבר היא שכאשר חכמים אוסרים לברור אוכל מפסולת, הם בעצם מנמיכים את הרף. כעת גם ברירת אוכל מפסולת נאסרת בשבת (אמנם מדרבנן). לפי הבנה זו, ברירת אוכל מפסולת היא בעצם מלאכת בורר מדרבנן.[66]

---

[66] נעיר כי פרשנות זו לא הכרחית. ניתן להבין שברירת אוכל מפסולת נאסרה מחשש שמא יבוא לברור פסולת מאוכל, ובעצם אין בברירה כזאת שום בעייתיות מצד עצמה. מבחינתנו כאן זו רק דוגמה ולכן לא נאריך בזה.

לעומת זאת, יש איסורי דרבנן אחרים בשבת, שבהם ברור שיש רק את החשש שמא יגיע לאיסור דאורייתא. לדוגמה, המשנה בביצה לו ע"ב מביאה איסור לעלות באילן ולרכב על גבי בהמה. הגמרא שם מסבירה זאת כך:

גמרא. לא עולין באילן - גזרה שמא יתלוש. ולא רוכבין על גבי בהמה - גזרה שמא יצא חוץ לתחום. - שמע מינה תחומין דאורייתא? - אלא: גזרה שמא יחתוך זמורה.

האיסור לעלות באילן או לרכב על בהמה בשבת הוא מחשש שמא יתלוש או יחתוך זמורה תוך כדי הרכיבה בהיסח הדעת.

האם ניתן להגדיר רכיבה על בהמה בשבת כמלאכת קוצר מדרבנן? ברור שלא. אין שום דמיון בין רכיבה לבין קצירה. כאן ברור שהאיסור מבוסס על חשש שמא יבוא לקצור ולא על הרחבת מלאכת קוצר עצמה (כלומר הורדת רף האיסור שקבעה התורה לגבי מלאכת קצירה). ברירת אוכל מפסולת גם היא פעולת ברירה, אלא שהיא לא לגמרי דומה לברירה המקורית. לכן שם יש אפשרות להתייחס אליה כברירה מדרבנן. אבל רכיבה על סוס אינה פעולה מהסוג של קצירה, אלא פעולה בעלת אופי אחר לגמרי. לכן כאן ברור שהאיסור לא יכול להיות מוגדר כמלאכת קוצר מדרבנן, אלא זהו איסור מהסוג השני: אין בו בעייתיות מצד עצמו, וכל מה שהוא נאסר זה רק משום שהוא עלול להגיע לאיסור מלאכה דאורייתא.

המשמעות הלוגית

יש לשים לב לחידוש שיש בדברינו כאן. בדרך כלל מבינים שאיסור דרבנן כלל לא קיים במישור דאורייתא. התורה מתירה וחכמים אסרו זאת. לפי התפיסה המקובלת איסור דרבנן אינו רמת ביניים של איסור בין איסור תורה להיתר. ברירת אוכל מפסולת פשוט מותרת מדאורייתא כי אין בה שום בעייתיות, וחכמים מצאו לנכון לאסור אותה כדי למנוע הגעה לבעייתיות דאורייתא. לפי התפיסה הזאת, איסור דרבנן כלל לא קיים במישור דאורייתא אלא מדובר באיסור מסוג שונה.

החידוש בהבחנה שעשינו כאן הוא שבאיסורי שבות שהם מלאכות דרבנן האיסור דרבנן אינו סוג אחר של איסור אלא איסור דאורייתא בעוצמה נמוכה יותר. זהו בעצם איסור מאותו סוג של איסורי התורה, עם אותה בעייתיות שיש באיסור דאורייתא, אלא שעוצמת האיסור שם היא נמוכה יותר. לכן הוא לא עובר את הרף שדרוש כדי להיאסר מן התורה, והוא נאסר רק מדרבנן.

משמעות דבר היא שהאיסור שרבנן הטילו על ברירת אוכל מפסולת אינו איסור מחודש מחשש שיגיע לאיסור תורה, אלא הנמכת הרף של הדאורייתא בגדרי מלאכת בורר. בעצם יש כאן בעייתיות גם בהסתכלות של התורה, אלא שלא ברמה מספקת כדי להיאסר. לכן רק אחרי הורדת הרף שהתבצעה על ידי חכמים היא מצטרפת למלאכות שנאסרו מן התורה, ונאסרת גם היא.

כעת ברור שהשבותים שהם מלאכות דרבנן מהווים קטגוריה נוספת על הציר בין מלאכה שהיא אב לבין פעולות מותרות. מדובר במלאכות שלא מספיק דומות לאב דאורייתא כדי להיאסר מן התורה, אבל יש בהן די דמיון כדי להיאסר מדרבנן. כאן ניתן לראות את אותה ״חצי מלאכה״ שחיפשנו, שזוהי מלאכה שאיסורה הוא איסור ברמת ביניים בין מותר לבין חייב מדאורייתא. זהו ביטוי ללוגיקה רב ערכית במישור הנורמטיבי.

דוגמה: המחלוקת לגבי עיר של זהב[67]

נדגים את דברינו ומשמעותם לאור סוגיא במסכת שבת קלח ע״א:

מתקיף לה רב ששת: מי איכא מידי דרבנן מחייבי חטאת, ורבי אליעזר שרי לכתחילה? מתקיף לה רב יוסף: אלמה לא? הרי עיר של זהב, דרבי מאיר מחייב חטאת ורבי אליעזר שרי לכתחילה! מאי היא - דתניא: לא תצא אשה בעיר של זהב, ואם יצאה - חייבת

[67] ראה על כך במאמרו של דניאל וייל, ״הגיון ההשלמה של חז״ל וההגיון היווני״, **הגיון** א, 124 – 102.

חטאת, דברי רבי מאיר. וחכמים אומרים: לא תצא, ואם יצאה - פטורה. רבי אליעזר אומר: יוצאה אשה בעיר של זהב לכתחילה.

הגמרא פותחת בקביעה שלא מצאנו מחלוקת בין חכמים שהיא מן הקצה לקצה, כלומר שאחד מחייב חטאת (אוסר מן התורה) והשני מתיר לכתחילה. כבר כאן ניתן לשאול: מהי מחלוקת שלא מן הקצה לקצה? לכאורה מדובר במחלוקת שאחד אוסר מן התורה והשני מדרבנן, או שאחד מתיר והשני אוסר מדרבנן. אבל אם איסור דרבנן היה איסור מסוג שונה שכלל לא רלוונטי לאיסור התורה ולא מסוגו, מדוע קל יותר לקבל מחלוקת שבה אחד אוסר מן התורה והשני מדרבנן ממחלוקת שבה השני מתיר לגמרי? הרי גם במיקרה שלנו השני בעצם מתיר את הדבר מן התורה, אלא שלדעתו חכמים גזרו בו איסור מחודש. מדוע שאלת האיסור המחודש קשורה לעומק המחלוקת בין הצדדים? על כורחנו שיש כאן תפיסה שאיסור דרבנן (לפחות במקרים מסויימים) הוא לא איסור מחודש של חכמים אלא איסור שמשקף רמה נמוכה של איסור תורה. נראה זאת כעת בהמשך הסוגיא.

ראינו שכנגד הכלל הזה מביא ר' יוסף את המחלוקת לגבי עיר של זהב (סוג של תכשיט). התנאים שם נחלקים האם מותר לאישה לצאת איתו מרשות היחיד לרשות הרבים בשבת: ר"מ מחייב את האישה שיוצאת בתכשיט הזה חטאת (כלומר רואה בזה איסור דאורייתא), ואילו ר"א מתיר לכתחילה. לכאורה יש כאן מחלוקת מן הקצה לקצה.

על כך עונה אביי:

אמר ליה אביי: מי סברת רבי אליעזר אדרבי מאיר קאי, דאמר חייבת חטאת? אדרבנן קאי, דאמרי פטור אבל אסור, ואמר להו איהו: מותר לכתחילה.

אביי מסביר שר"א שמתיר לכתחילה לא מתייחס לר"מ אלא לחכמים שאומרים שיש בזה איסור דרבנן (פטור אבל אסור).

כיצד התשובה הזו מיישבת את הקושי? סוף סוף יש כאן מחלוקת תנאים שאחד מחייב חטאת והשני מתיר לגמרי. משום מה, העובדה שישנה דעה

שאוסרת מדרבנן פותרת את הקושי. בניסוח אחר ניתן לשאול מדוע דעה כזאת בכלל נחשבת כדעת ביניים? באיזה מובן איסור דרבנן הוא מצב ביניים בין איסור תורה לבין היתר? כפי שכבר הסברנו, ברור שהגמרא כאן מבינה שיציאה עם עיר של זהב אינה גזירה מחשש שיעבור איסור תורה, אלא היא עצמה מהווה מלאכת הוצאה מדרבנן. זהו מצב ביניים נורמטיבי בין איסור תורה לבין היתר. רמה קלושה של איסור הוצאה דאורייתא, שהתורה עצמה לא אוסרת אותה, אבל חכמים מנמיכים את הרף ובכל זאת אוסרים. עובדת קיומה של דעת ביניים שיש בזה איסור דרבנן באמת פותרת את הבעייה שכן דעת הביניים מקהה את הקוטביות של המחלוקת.

ניתן לומר זאת כך. בעצם הקביעה הבסיסית שבה פותחת הסוגיא שאין מחלוקת מן הקצה לקצה מבוססת על ההנחה שאם אחד חושב שיש רמת בעייתיות מספיק גבוהה כדי לאסור מן התורה, לא ייתכן השני לא יראה כאן אפילו איסור דרבנן ויתיר לכתחילה. גם אם יש חכם שרואה את המצב אחרת, כלומר מעריך אחרת את מידת הבעייתיות, זה לא יכול להיות כל כך קיצוני. ומה שהגמרא מיישבת הוא שכאן מדובר במשהו שמצוי ברמת בעייתיות בינונית, שלדעת ר״מ אמנם עוברת את הרף של הדאורייתא אבל היא לא ממש בעייתיות מלאה. והראיה לדבר היא שיש דעה שאוסרת זאת רק מדרבנן. ממילא אין מניעה שתהיה דעה שלישית שמתירה לגמרי.

נניח שמעשה שנאסר מדאורייתא הוא ברמת בעייתיות (כלומר עוצמת הדמיון להוצאה אסורה) 1, ומעשה מותר הוא בעוצמת בעייתיות (או רמת דמיון) 0. ונניח גם שהרף של דאורייתא הוא 0.7 (כל מה שיותר דומה מזה להוצאה ייאסר מן התורה). ורמת האיסור דרבנן היא 0.5 (כלומר כל מה שדומה להוצאה ברמה כזאת ומעלה ייאסר כהוצאה דרבנן). הגמרא מניחה שלא סביר ששני חכמים יראו את אותה פעולה בשתי צורות כל כך שונות: האחד יראה כאן 0 והשני יראה כאן 1. אבל אם מדובר בפעולה שמידת הבעייתיות שלה היא רמת ביניים, אז ר״מ יכול לראות אותה במשהו שמעבר לרף הדאורייתא (למשל 0.7), וחכמים רואים אותה מתחת לזה (למשל 0.5), ואז

ר״א רואה זאת אפילו מתחת לרף דרבנן (למשל 0.4). זו כבר לא מחלוקת כל כך קיצונית, ואין סיבה שהיא לא תוכל להופיע.

השלכה

מה תהיה ההשלכה של הצעתנו? כיצד נוכל לבחון האם זו אכן כוונת התלמוד? הדבר פשוט למדיי. לפי דרכנו יוצא שאם תהיה דעה ״אמצעית״ שאוסרת את הדבר מדרבנן, אבל האיסור יהיה מהסוג של גזירה (שבות מהסוג השני) ולא מהסוג של מלאכה דרבנן (שבות מהסוג הראשון), אז קיומה לא ימצע בין חולקים קיצוניים (אחת שאוסרת מן התורה ושנייה שמתירה לכתחילה).

ובאמת בחידושי בעל **שפת אמת** על סוגיית עיר של זהב, מעיר על דברי הגמרא:

> ***ולכאורה קשה מאי משני דר״א אדרבנן קאי מדרבנן גופא קשה דהא רבנן לא אסרי משום משוי כר״מ אלא משום דילמא שלפא ומחוי כדלעיל (נ״ט ב) וא״כ פליגי בפלוגתא רחוקה דר״מ חשיב לה משוי לחייב עלה ורבנן חשבי לי׳ לתכשיט גמור והא דאסרו הוא משום דגם תכשיט אסור משום גזירה הנ״ל.***

הוא מקשה ממה שמצאנו בסוגיית שבת נט ע״ב שמסבירה את האיסור דרבנן לצאת בעיר של זהב שמובא כאן, בחשש שמא תוציא את התכשיט כדי להראות אותו למישהו, ותעבור על מעביר ד אמות ברה״ר. מהי קושייתו? זו לא מחלוקת רחוקה כי יש דעה ממצעת, כפי שמוסבר אצלנו. מה הבעייה שהוא רואה כאן? נראה שכוונתו בדיוק לדברינו כאן, שאם האיסור דרבנן שקיים לפי דעת הביניים הוא איסור מהסוג השני (חשש שיעבור על דאורייתא) אזי קיומה לא ממצע בין הדעות הקיצוניות במחלוקת הזאת. הרי כאן מדובר באיסור צדדי, ולא ברמת ביניים בין ר״מ לר״א. באיסור דרבנן מסוג של גזירה לא ניתן לראות רמת ביניים ממצעת, שהרי מבחינה מהותית

אין בזה איסור כלל (רמת הבעייתיות המהותית היא 0), אלא שיש כאן בעייה צדדית (שזה מוביל לאיסור תורה) שמחמתה חכמים אסרו זאת.

ועל כך עונה ה**שפ״א** שם:

... ולכן י״ל באמת דאביי לא סבר כסוגיא דפ׳ במה אשה דלעיל וס״ל טעמא דחכמים האוסרים משום דנהי דמדאורייתא לא הוי משוי רבנן חשבי לה כמשוי ולפ״ז שפיר איכא ממוצע בין ת״ק ור״א, ובזה מיושב מאי דפסקינן כאן כר״כ משום דלמאי דאמרי׳ לעיל טעמא דחכמים משום דילמא שלפא ומחוי ליכא למימר כתירוצא דאביי כנ״ל, וע״כ דאין קפידא בהא אי חד מחייב וחד מתיר לגמרי.

הוא מסביר שאביי בסוגייתנו לא סבר כמו הסוגיא שם. לדעתו האיסור כאן הוא מלאכת הוצאה דרבנן ולא גזירה שמא תבוא להעבירו ברה״ר. אביי סובר שחכמים אוסרים מדרבנן כי לדעתם זה לא ממש תכשיט אלא משא (=משוי), ולכן יש בו ממד של איסור הוצאה, אלא שלא די בו כדי לעבור על דאורייתא. חכמים הורידו את הרף ואסרוהו מדרבנן. אם כן, לפי אביי מדובר באיסור מלאכה דרבנן שהוא אכן רמת ביניים בין דאורייתא לבין היתר גמור. לכן אביי כאן יכול ליישב את הקושי שבמחלוקת מן הקצה לקצה. הסוגיא שם סברה שמדובר בגזירה, ולכן שם באמת יש מחלוקת מן הקצה לקצה.

רואים שה**שפ״א** רואה את ההסבר הזה כהכרחי, עד כדי כך שהוא מוצא עצמו נאלץ ליצור מחלוקת בין שתי סוגיות, אף שאין לכך רמז בתלמוד עצמו. ברור היה לו שלא ייתכן שקיומה של שבות מהסוג השני (גזירה) יוכל למצע בין הקטבים הקיצוניים של המחלוקת. רק שבות מהסוג הראשון (מלאכה דרבנן) יכולה לעשות זאת. והן הן דברינו.

דיונו של בעל ״צפנת פענח״

ההבחנה שהצגנו בין שני סוגי השבות ומשמעויותיה מתפרטת יותר בחידושי **צפנת פענח** על הרמב״ם הל׳ שבת פ״א ה״ד. הרמב״ם שם כותב כך:

וכל מקום שנאמר מותר לעשות כך וכך הרי זה מותר לכתחילה, וכן כל מקום שנאמר אינו חייב כלום או פטור מכלום אין מכין אותו כלל.

הרמב"ם מבחין בין שלוש לשונות לגבי פעולות שאין בהן איסור תורה: מותר, פטור מכלום (או אינו חייב כלום). הלשונות הללו מבטאות פעולות מותרות לגמרי (מותר), פעולות שאסורות מדרבנן ויש עליהן מכת מרדות (פטור), ופעולות שאסורות מדרבנן ואין עליהן מכת מרדות (פטור מכלום, או אינו חייב כלום). מהו ההבדל בין שני הסוגים האחרונים? מדוע שיהיו איסורי דרבנן שיחייבו מכת מרדות ואחרים לא?

בצ"פ שם מסביר זאת כך:

וכן כל מקום וכו'. עי' מו"ק ד' י"ב ע"ב ושם ר"ל כה"ג דאף מכת מרדות ליכא דהא המלאכה גמורה בחוה"מ ליכא רק מכת מרדות ור"ל כך שיש מלאכה שהוא משום שבות וזה ג"כ הך דר"ה דף ל"ב קדשהו כו' ע"ש ובחגיגה דף י"ח ע"א אך יש עליו שם מלאכה דרבנן אסמכוה על מלאכה דאורייתא עי' לקמן פכ"א ובכמה פרקים דרבינו סמך מלאכות דרבנן על שם מלאכה.

עד כאן הוא קובע שיש איסורי דרבנן שנתנו להם שם של מלאכה מדרבנן (לעומת גזירה, כפי שהסברנו קודם לכן) ומשמעות הדבר היא שהסמיכו את האיסור הזה על איסור תורה. מה ההבדל בין שני סוגי איסורי דרבנן הללו? הוא מסביר זאת כך:

והוא כך דהנה יש שני מיני דרבנן למשל כמו חלוצה הוה דרבנן ושנייה הוה דרבנן ומחלוצה דרבנן הוה חלל דרבנן ומשנייה דרבנן לא הוה ממזר דרבנן והטעם דחלוצה יש עליה שם גרושה ושניה לא הוה אלא בגדר משמרת למשמרתי עי' יבמות ד' כ"א.

חלוצה לכהן הדיוט אסורה עליו רק מדרבנן, ובכל זאת בנו מחלוצה הוא חלל דרבנן (כמו שבנו מגרושה שאסורה עליו מן התורה הוא חלל דאורייתא). לעומת זאת, שנייה לעריות שהיא ערווה מדרבנן, בנו ממנה אינו ממזר

מדרבנן (שלא כמו בנו מערווה דאורייתא שהוא ממזר דאורייתא). כוונתו לומר שאיסור חלוצה הוא בעצם הרחבה דרבנן של איסור גרושה, ולכן בנו ממנה הוא חלל (כמו בנו מגרושה מדאורייתא). אבל שניות לעריות אינן הרחבה של איסורי ערווה אלא גזירה, ולכן בנו מהן אינו ממזר דרבנן.[68]

כעת הוא ממשיך ומביא עוד כמה וכמה דוגמאות להבחנה הזאת:

וזהו מה דר״ל הגמ׳ בעירובין ד׳ ק״ה שלא התירו לך אלא משום שבות ר״ל רק הני דאין עליהם שם מלאכה דרבנן אבל היכא דיש עליהם שם מלאכה דרבנן לא התירו וכן בהך דלא גזרו על שבות ביהש״מ הוא ג״כ כן ועי׳ בהך דשבת ד׳ מ׳ ע״א אמר רבא האי מאן דעבר כו׳ ועי׳ מש״כ רבינו ז״ל בהל׳ סוטה פ״ב הל׳ ח׳ ט׳ והוא הדין כאן גבי שבת כגון רדיית הפת ותקיעת שופר דהוה חכמה ולא מלאכה ר״ל דאף דאסורה בשבת מ״מ אין איסורה משום מלאכת שבת עי׳ מש״כ הרי״ף ריש פ״ק דשבת ובה״מ ומ״ה וגם נ״מ לגבי הך דלא גזרו שבות במקדש עי׳ עירובין ד׳ ק״ב ע״ב ברש״י ותוס׳ ומנחות ד׳ צ״ז ע״ש ברש״י דהוא נגד הגמ׳ דשבת ד׳ קכ״ג ע״ב גבי קנים דלה״פ ע״ש אך דר״ל שיש שם מלאכה עליו מדרבנן לא משום מוקצה בלבד וזה ר״ל הירושלמי בכ״מ לא כל שבות התירו חכמים ועי׳ פסחים ד׳ ס״ה ע״א וכן נ״מ לשיטת רש״י עירובין ד׳ ס״ט ע״א דאף מומר לחלל שבת באיסור דרבנן הוה מומר לכל התורה ע״ש ועי׳ בהך דהוריות ד׳ י״א ע״א גבי כלאים דרבנן ע״ש ר״ל רק במלאכות שבת דרבנן אבל בדבר דלא הוה שם מלאכה אף דאסור לא הוה מומר ועי׳ בהך דמנחות ד׳ ע׳ ע״א גבי הא דאמר שם הזורע כלאים בעציץ שאינו נקוב אסור ואמר שם אי אשמועינן לוקה מ״מ שפיר אלא

---

[68] לגבי איסור שניות לעריות נראה שתפיסתו של הצ״פ שנויה במחלוקת בין הרמב״ם לרמב״ן בשורש הראשון.

אסור כו' והביא מתרומה ע"ש וקשה הא זה מבואר במשנה בכלאים סוף פ"ז דאסור אך ר"ל כך אם רק אסור לזרוע או אם זרע כלאי הכרם בעציץ שאינו נקוב אסור דשם כלאי הכרם עליו ואמר אביי אם אשמועינן לוקה ר"ל אם אכלן שפיר אבל הא דאסור בדיעבד זה ראיה מתרומה דהוה תרומה ועי' בתוס' יבמות ד' פ"ט ע"ב מה שכ' בשם ריב"ן ע"ש:

רואים שיש כאן הבחנה שיטתית בין שני סוגי איסור דרבנן, האחד הוא הרחבה של איסור תורה מפני שיש בו את הבעייתיות שיש באיסור התורה (אלא שבמינון נמוך יותר), והשני הוא איסור מחודש (שאין בו מהבעייתיות של האיסור תורה). והן הן דברינו.

דרגת ביניים נוספת: מלאכה שאינה צריכה לגופה

ראינו שלפחות חלק מהאיסורים דרבנן הם סוג של דרגת ביניים בין איסור דאורייתא להיתר. נביא כעת בקצרה דוגמה נוספת שממחישה את הטענה הזאת, מלאכה שאינה צריכה לגופה.

מלאכה שאינה צריכה לגופה היא מלאכה שנעשית בשבת לא למטרה שלשמה היא נעשתה במשכן (או לא למטרה שהיא נעשית בדרך כלל). לדוגמה, מי שחופר גומה בשדה, אבל הוא לא צריך את הגומה אלא את העפר שיוצא ממנה בעת החפירה. התנאים חולקים בשאלה האם מלאכה שאינה צריכה לגופה אסורה מן התורה או מדברי סופרים: רבי שמעון סובר שהיא אסורה מדרבנן ורבי יהודה סובר שהיא אסורה מן התורה (ראה חגיגה י ע"א - ע"ב ומקבילות). להלכה רוב הפוסקים הכריעו שזה איסור דרבנן, אבל הרמב"ם (פ"א מהל' שבת) פוסק כרבי יהודה שיש איסור תורה.

בכך אין שום דבר מיוחד, אלא שאנחנו מוצאים התייחסויות גם לדעת ר"ש שמדובר באיסור חמור יותר מאיסור דרבנן רגיל. לדוגמה, בחלו הראשון של פרק טז של מסכת שבת אנו מוצאים דיון רחב בדין שריפה בשבת. מבואר שם שאם פורצת שריפה בשבת אסור להציל מהבית הבוער שום דבר למעט כתבי

הקודש, בגדים ומזון שלוש סעודות לאותה שבת. המשנה שם בדף קיז ע״א קובעת:

משנה. מצילין מזון שלש סעודות, הראוי לאדם - לאדם, הראוי לבהמה - לבהמה. כיצד: נפלה דליקה בלילי שבת - מצילין מזון שלש סעודות, בשחרית - מצילין מזון שתי סעודות, במנחה - מזון סעודה אחת. רבי יוסי אומר: לעולם מצילין מזון שלש סעודות.

הגמרא שם שואלת מדוע לא להציל יותר (הרי אין כל איסור בעצם ההצלה):

גמרא. מכדי בהיתרא קטרח, נציל טפי! - אמר רבא: מתוך שאדם בהול על ממונו, אי שרית ליה - אתי לכבויי.

היא מסבירה שהסיבה לאיסור להציל יותר היא החשש שמא יבוא לכבות את השריפה ויעבור על איסור כיבוי (כפי שראינו למעלה, כיבוי הוא אחד מאבות מלאכה).

יש מהמפרשים שמקשה שם, כיצד עושים גזירה אטו איסור כיבוי, כשגם אם הוא יבוא לכבות יהיה בזה לכל היותר איסור דרבנן. הגמרא עצמה אומרת שהאב מלאכה של כיבוי הוא רק כאשר מכבים לצורך ייצור גחלים. ומכאן שהמכבה אש לא למטרת ייצור גחלים הרי זה מלאכה שאינה צריכה לגופה, שאסורה רק מדרבנן. אם כן, גם אם נניח שהאדם שפרצה שריפה אצלו בבית בשבת והוא בהול על ממונו, ולכן כשנתיר לו להציל כל מה שהוא יכול יבוא לכבות את הדליקה. מה בכך? הכיבוי הזה הוא איסור דרבנן, ומקובל בהלכה שלא גוזרים גזירות אטו איסורי דרבנן (גזירה לגזירה).

יש שרצו לומר שבמצב בו אדם יכבה אש בשבת הרי הוא עושה שבתו חול, ולכן הבעיה אינה חומרת האיסור אלא איבוד כל השבת כולה (ובפרט חשש שיעשה עוד איסורים תוך כדי כך). אחרים טענו שאיסור משאצל״ג הוא איסור דרבנן חמור יותר, ולכן בכל זאת גזרו (ראה **קובץ על יד** על הרמב״ם, הל׳ שבת פכ״ג ה״כ והפנה לדברי **המ״מ** שם הכ״ו). בהמשך דבריו הוא מביא בשם **הפנ״י** (אולי כוונתו **לפנ״י** ב״ק לד ע״ב) שכתב שאיסור משאצל״ג הוא איסור תורה גם לדעת ר״ש, אלא שאין עליו עונש או חיוב חטאת.

למדנו מכאן שמשאצל״ג היא מצב ביניים בין דאורייתא לדרבנן, או בעצם איסור דאורייתא קל יותר. יש כאן איסור דאורייתא אבל אין עליו עונש. אמנם אנחנו מוצאים איסורים כאלה, כגון איסור חצי שיעור (ראה יומא עג ע״ב), וראה בזה גם בדברי ה**מ״מ** מאכלות אסורות פ״ח הט״ז.

פטור שינוי

עד עתה ראינו שיש מינונים שונים של בעייתיות במלאכות שבת. כלומר יש מקום ללוגיקה עמומה גם ביחס למלאכות שבת שהן הגדרות מושגיות. בתחילת התיאור עסקנו במישור דאורייתא וראינו שיש רמות שונות של דמיון לאבות (מעין אב, תולדות וכדומה), אבל יאן לכך השלכה ברמה הנורמטיבית (כלומר לגבי חומרת האיסור). לאחר מכן עברנו למישור דרבנן וראינו שיש רמות של בעייתיות חלקית שמוליכות לאיסורי דרבנן, כלומר זה מקרה של לוגיקה נורמטיבית עמומה בדיון מושגי. דוגמה מובהקת נוספת ללוגיקה הזאת היא פטור שינוי (שמכונה בתלמוד: ״כלאחר יד״), במלאכות שבת ובכלל.

הביטוי ״כלאחר יד״ מתפרש בהקשר ההלכתי לאו דווקא במשמעות של דבר שנעשה מבלי משים או באופן משונה (הביטוי כלאחר יד בלשון ימינו מציין יותר את ׳מתעסק׳ ההלכתי, ולא את שינוי). לפעמים הפעולה היא ישירה ואקטיבית ורגילה שלא דומה למה שהיה במשכן או לאופן הרגיל שעושים אותה, ולפעמים מדובר באופן ביצוע שונה.

נוסיף כאן עוד הערה חשובה. בתפיסה המקובלת הפטור של שינוי אינו ״פטור״ מעונש, כלומר חוסר אשמה (כמו אונס או שוגג). בכל הפטורים הללו נעשה איסור אלא שבאופנים מסויימים האדם שעשה אותו נפטר מעונש. גם פטור אינו מתכוין שעסקנו בו למעלה, הוא פטור של חוסר עבירה ולא חוסר אשמה, אבל עדיין עקרונית הוא זוקק מקור. מדוע שהכוונה תפטור אדם שעשה מלאכה בשבת? לעומת שני אלו, הפטור של שינוי בתפיסה המקובלת נובע מכך שבאופן כזה כלל לא נעשתה מלאכה אסורה, ולכן האדם פטור. לכן

הפטור של שינוי אינו זוקק מקור, מפני שאין חידוש בכך שהוא לא חייב. אם לא נעשתה המלאכה אז אין בכך איסור. החידוש הוא לא שפטורים על מעשה כזה אלא להיפך, שחכמים אוסרים את הדבר, כלומר שיש בזה איסור דרבנן.
אמנם כעת עלינו לשאול לאור מה שראינו למעלה איזה סוג איסור דרבנן זה? האם זה איסור מחודש, או שמא מדובר במעשה שיש בו בעייתיות של מלאכת שבת, אלא שרמת הבעייתיות לא חוצה את הרף של איסור תורה?
ברור אפריורי שיהיו בכל מלאכה שלוש קטגוריות: מה שעומד בגדרי האיסור הוא איסור תורה. מה שאינו עומד בגדרי האיסור (שונה – שינוי) אינו חייב. ואם הוא קרוב מספיק לדאורייתא הוא יהיה אסור מדרבנן. לא סביר שעל כל שינוי יהיה איסור דרבנן, שהרי בשינוי מספיק גדול ודאי לא נעשתה כלל מלאכה. לדוגמה, אף אחד לא יאמר שעמידה על רגל אחת היא בורר בשינוי, מפני שההבדל בין הפעולות הוא כה גדול עד שלא ניתן לראות זאת כבורר כלל. זו כמובן דוגמה קיצונית, שכן ברור שאם המעשה רחוק דיו מהמלאכה הוא יהיה מותר. ברור שיש קטגוריה של "רחוק מדיי" שכלל לא אסורה, שאם לא כן כלל לא נוכל למצוא פעולות מותרות בשבת.
אבל מהשיקול הזה נוכל ללמוד שיש רמות ביניים רבות, ותמיד יש קו שחוצה בין הרמות שייאסרו מדרבנן לאלו שתהיינה מותרות. מדברינו עולה שניתן לקבוע את מיקומו של הקו הזה מתוך שני סוגי שיקולים: א. עד כמה יש חשש שייעבר איסור תורה. ב. עד כמה זה דומה לאיסור תורה (איזו רמת בעייתיות כמו של איסור התורה יש בזה). שיקול א יגדיר גזירות ושיקול ב יגדיר איסורי מלאכה דרבנן.
עוד ניתן ללמוד מכאן שהדיון בדין שינוי אינו יכול להיות מנותק מהדיון בגדרי המלאכה עצמה. זהו דיון שמתנהל לחוד בכל מלאכה ומלאכה, שלא כמו דיונים באינו מתכוין או גרמא שהם דיונים כלליים שלא משתנים ממלאכה למלאכה. הדיון בשינוי אמור לקבוע עבור כל מלאכה מה גדריה, ולגזור מתוכם מתי פעולה כלשהי מספיק דומה למלאכה המסויימת הזאת (או נגועה דיה בבעייתיות שעולה מגדריה) כדי להיאסר מדין שינוי.

מכאן גם נלמד שאין להקשות משינוי במלאכה אחת לשינוי במלאכה אחרת. כשמגיעים למסקנה שפעולה כלשהי אינה מחייבת חטאת כי היא משונה, ואם נמצא שאין לגביה איסור דרבנן, אין כאן בהכרח קושי. ייתכן שהפעולה הזאת רחוקה מדיי מגדרי המלאכה דאורייתא ולכן היא כלל לא נאסרת. ראשונים ואחרונים רבים מקשים קושיות כאלה, ולדעתנו הם נכשלים בגלל שלא שמו לב ללוגיקה העמומה שנמצאת כאן ברקע. הם שופטים מצבים של שינוי במונחים של לוגיקה בינארית (חייב דאורייתא או אסור מדרבנן).

יש לשים לב שמדברינו אלה עולה שההבחנה המקובלת בין שינוי לבין אינו מתכוין או שוגג (עם כל ההבדלים בין שני אלו) שהוזכרה למעלה אינה כה חדה. גם שינוי יכול להיות נגוע בבעייתיות של המלאכה דאורייתא ולהיאסר בגלל הורדת הרף (ולא רק מחמת גזירה שמא יבוא לעבור על דאורייתא).

דין שינוי: סוגיות ראשוניות

בסוגיית שבת עג ע"ב נחלקו אמוראים לגבי מי שזרק דברים על דקל והשיר תמרים:

> ***אמר רב פפא: האי מאן דשדא פיסא לדיקלא ואתר תמרי - חייב שתים, אחת משום תולש ואחת משום מפרק. רב אשי אמר: אין דרך תלישה בכך, ואין דרך פריקה בכך.***

לכאורה יש כאן מחלוקת האם קצירה (תולש הוא תולדה של קוצר. ראה רש"י על אתר) או מפרק (תולדה דדש. ראה רש"י על אתר) כלאחר יד חייבים עליהן או לא. אמנם היה מקום לומר שהמחלוקת היא בשאלה ה'עובדתית' או ההגדרתית האם פעולות אלה אינן דרך קצירה או פירוק, אך ההנחה ההלכתית מוסכמת על כולם, כלומר שלכל הדעות כלאחר יד פטור.

כך גם מצאנו בסוגיית שבת עד ע"ב לגבי טוויה כלאחר יד (=על גבי בהמה):

> ***אמר רבה בר בר חנה אמר רבי יוחנן: הטווה צמר שעל גבי בהמה בשבת - חייב שלש חטאות; אחת משום גוזז, ואחת משום מנפץ, ואחת משום טווה. רב כהנא אמר: אין דרך גזיזה בכך, ואין דרך***

מנפץ בכך, ואין דרך טווי בכך. ולא? והתניא משמיה דרבי נחמיה: שטוף בעזים וטוו בעזים! אלמא: טוויה על גבי בהמה שמה טוויה! חכמה יתירה שאני.

כאן עוד יותר ברור שהויכוח הוא רק במישור העובדתי (האם זו דרך טוויה או לא), ולא בשאלה ההלכתית האם חייבים על כלאחר יד. הלכתית כולם מסכימים שהעושה מלאכה כלאחר יד פטור.

המסקנה היא שברור לכל חכמי התלמוד שאם מישהו עושה מלאכה כלאחר יד הוא פטור עליה. כלומר אין חיוב דאורייתא אבל יש איסור דרבנן. ואכן הדברים מבוארים במשניות, כמו בשבת דף צב ע״א:

המוציא כלאחר יד פטור, שלא הוציא כדרך המוציאין.

וכן במשנה שם קג ע״א:

הכותב בין בימינו בין בשמאלו חייב.

ומקשה הגמרא שם:

בשלמא אימין ליחייב משום דדרך כתיבה בכך, אלא אשמאל אמאי הא אין דרך כתיבה בכך?

וכן במשנת שבת קד ע״ב:

הכותב כלאחר יד, במרפקו, בפיו, פטור.

וכן מצאנו בסוגיית כתובות ס ע״א שיונק הוא מפרק כלאחר יד, ובמקום צער לא גזרו עליו איסור. כלומר יש איסור דרבנן על מלאכה כלאחר יד, וויתרו עליו במקום צער. וכן ניתן לראות במקורות רבים נוספים בתלמוד.

הסיבה להנחה שחייב להיות קונצנזוס על פטור שינוי היא שאין בו כל חידוש, כפי שהסברנו למעלה. כשעושים פעולה באופן משונה לא עושים את המלאכה האסורה ולכן אין סיבה לחייב על כך.

שינויים מותרים

בסוגיית שבת לט ע"א מובא:

אמר רב נחמן: בחמה - דכוליה עלמא לא פליגי דשרי, בתולדות האור - כוליה עלמא לא פליגי דאסיר, כי פליגי - בתולדות החמה; מר סבר: גזרינן תולדות החמה אטו תולדות האור, ומר סבר: לא גזרינן.

מבואר בגמרא שבישול אסור רק באש, אבל בחמה בישול מותר לכל הדעות. ובתולדות האור (בישול בדברים שהתחממו על ידי האש) נאסר מדרבנן. ובתולדות החמה (בישול בדברים שהתחממו על ידי החמה) יש מחלוקת האם גוזרים אטו תולדות האור (דבר שהתחמם על ידי השמש ייתפס בטעות על ידי הרואים כמשהו שהתחמם באש).

והנה, רש"י שם מפרש מדוע התירו בישול בחמה:

דשרי - דאין דרך בישולו בכך, וחמה באור לא מיחלפא דליגזר הא אטו הא.

הוא מסביר שזהו דין של כלאחר יד, ולא הוי מלאכה כלל. למה זה שינוי לעומת בישול באש? יכולים להיות שני הסברים: או מפני שלא רגילים לבשל בחמה, או מפני שבמשכן לא בישלו בחמה.

אבל כך או כך הקביעה ההלכתית היא שזה מותר, כלומר אין בזה אפילו איסור דרבנן. ולכאורה זה לא ברור: אם מדובר בשינוי (כלאחר יד) מדוע אין כאן איסור דרבנן? למה כל הדיון בסוגיא הוא רק בשאלה האם גוזרים אטו בישול באור, ולא אוסרים (מדרבנן) בישול בחמה מחמת עצמו?

זה מעורר שאלה כללית יותר: מה ההבדל בין שינוי שנאסר מדרבנן, לבין משהו שהותר כי הוא שונה מהמלאכה המקורית (גם אם לא היה במשכן)? לכאורה כל דבר שנעשה בשינוי לא היה במשכן. כלומר הקריטריון של "לא היה במשכן" מבוסס בעצמו על כך שהמלאכה בה דנים שונה מהותית מהמלאכה שהיתה במשכן, כלומר ברקע יש את עניין השינוי העובדתי (עובדתית יש הבדל בין המלאכות). אם אין שינוי עובדתי היינו אוסרים גם

מה שלא היה במשכן, שהרי בעצם זה זהה למה שכן היה שם (כלומר בעצם זה כן היה שם).

מדברי רש״י למעלה עולה שהאיסור על שינוי הוא מפני שיבוא לעבור על הדאורייתא, ולכן מידת השינוי היא הקובעת האם יהיה איסור דרבנן או לא. אבל היה מקום להבין שהאיסור הוא מפני שדומה למלאכה ולכן נאסר כמלאכה דרבנן, ולא מגזירה.[69] כאן הקריטריון יהיה בשאלה עד כמה זה דומה למלאכה דאורייתא ולא עד כמה יש חשש שיבוא לעבור על הדאורייתא.[70] בד״כ אלו קריטריונים דומים, אבל זה לא הכרחי.

במישור הפטור דאורייתא אין מקום לשתי הבנות. ברור שפטור של שינוי פירושו עשיית פעולה שאינה דומה למלאכה שנאסרה מדאורייתא. אבל במישור דרבנן יש להבחין בין שתי הגישות לגבי החילוק בין האסור (מדרבנן) למותר.

מהר״ח או״ז בסי׳ לא, כותב:

> ***וגם נ״ל שאין שינוי מועיל אלא כשגוף המלאכה נעשית ע״י שינוי כמו יונק דהוי כלאחר יד וכיוצא בזה. אבל אם היה בשבת ומעמיד קדירה אצל האש כלאחר יד וכשהיא מתבשלת אין שום שינוי היה חייב.***

החילוק הזה נאמר במישור דאורייתא, כלומר הוא לא מחלק בין שינוי מותר לשינוי אסור, אלא בין שינוי אסור לשינוי שחייבים עליו חטאת (שאינו שינוי כלל). טענתו היא שכאשר השינוי הוא באופן עשיית המלאכה רק אז אין

---

[69] בדוחק אפ״ל שזו גם כוונת רש״י, והחילוק של אתי לאחלופי הוא סימן ולא סיבה. אם לא יבואו להחליף סימן שאלו שתי פעולות רחוקות, ולכן אין לאסור בישול בחמה מדרבנן. אך אין זה פשט לשונו.

[70] ראה בפתיחה לספר **אגלי טל** סק״ב שמחלק בין שני סוגי תקנות דרבנן כאלו.

איסור תורה, אבל כשאופן העשייה הוא כמו האופן הרגיל והשינוי הוא רק בנסיבות הנלוות או המקדימות אז חייב.[71]

ויסוד הדברים הוא שהפטור של שינוי אינו פטור אלא היעדר חיוב. אם לא נעשתה המלאכה האסורה אין חיוב. לכן אם המלאכה היא הבישול באש ולא ההנחה של הקדרה, אזי שינוי בבישול יכול להוות פטור כי לא נעשתה המלאכה האסורה. אבל שינוי באופן הנחת הקדרה אינו אומר שלא נעשה האיסור, ולכן ברור שלא יהיה כאן פטור. כלומר החידוש של המהר״ח או״ז אינו בעצם החילוק הזה בדיני שינוי, אלא בגדרי מלאכת מבשל. עיקר חידושו הוא שמלאכת מבשל אינה הנחת קדרה על האש אלא הבישול באש עצמה (וההנחה היא תנאי לחיוב).

זוהי הדגמה למה שכתבנו למעלה: הדיון בדין שינוי והחילוקים השונים בדין זה אינם כלליים, והם אינם נובעים מגדרי שינוי הכלליים (שינוי אסור ושינוי מותר). החילוקים מן הטיפוס הזה נובעים מגדרי המלאכה הנדונה, והדיון בהם צריך להיערך ספציפית בגדרי אותה מלאכה.

עוד נציין שהגמ׳ שבת צב ע״א אומרת שהמוציא משא על ראשו פטור ואפי׳ באנשי הוצל שדרכן בכך, הואיל ובטלה דעתו אצל כל אדם. מוכח מכאן שעניין כלאחר יד נקבע על פי הנוהג הרגיל בעולם ולא על פי דרכו של האדם עצמו. זה לכאורה מצביע על ההגדרה ששינוי מבוסס על השאלה מה צורת המלאכה, ומה שאינו עומד בקריטריונים לא יהיה חייב. זה אינו דין שנובע מגדרי הפטור של שינוי אלא מגדרי מלאכת הוצאה. לכן סביר (אם כי לא הכרחי) שהקריטריון הוא אובייקטיבי.

---

[71] הוא כנראה תופס שהאיסור בבישול אינו העמדת הכלי אצל האש אלא הבישול על האש עצמה, וההעמדה היא רק התנאי לחיוב. מי שמעמיד על האש הוא שמתחייב על הבישול שהאש עושה.

ניתן להמשיך ולדון האם יש מקום לאסור הוצאה כזו מדרבנן, הן לאנשי הוצל והן לשאר העולם. כאן (ורק כאן) ייכנסו שיקולים של דמיון להוצאה דאורייתא, או שיקולים של סיכוי להגיע להוצאה אסורה (לפי רש״י הנ״ל).

וכן מצאנו בסוגיית שבת צד ע״ב:

> ***משנה. הנוטל צפרניו זו בזו, או בשיניו, וכן שערו, וכן שפמו, וכן זקנו, וכן הגודלת, וכן הכוחלת, וכן הפוקסת - רבי אליעזר מחייב, וחכמים אוסרין משום שבות.***
>
> ***גמרא. אמר רבי אלעזר: מחלוקת ביד, אבל בכלי חייב. - פשיטא, זו בזו תנן! - מהו דתימא: רבנן בכלי נמי פטרי, והא דקתני זו בזו - להודיעך כחו דרבי אליעזר, קא משמע לן. ואמר רבי אלעזר: מחלוקת לעצמו, אבל לחבירו - דברי הכל פטור. - פשיטא, צפרניו תנן! - מהו דתימא: רבי אליעזר לחבירו נמי מחייב, והא דקתני צפרניו - להודיעך כחן דרבנן, קא משמע לן.***

ופירש רש״י שם:

> ***מחלוקת לעצמו - בהא הוא דמחייב ר׳ אליעזר, שיכול לאמן ידו לעצמו לתקנו בלא כלי.***
>
> ***אבל לחברו - אין יכול לאמן את ידו ליטול יפה בלי כלי.***

עצם העובדה שהוא יכול לאמן את ידו, הופכת את זה למעשה אומנות ולכן יש דעה שחייב. זאת גם כאשר הוא עדיין לא מאומן. עצם העובדה שהוא יכול להתאמן הופכת את זה למלאכה שחייבים עליה. כלומר דין שינוי תלוי באופי המלאכה המתבצעת ולא ביחס לאדם הפרטי עצמו. כמו אצל אנשי הוצל (אמנם כאן מה שקובע הוא האומנים ולא רוב העולם. בכל פעולה זה תלוי מיהו הקובע לגביה, שכן הוצאה היא פעולה שכל בני האדם עושים אותה ולכן מנהג הרוב הוא הקובע).

רמות שינוי שונות

בעל **שיבולי הלקט**, עניין שבת סי׳ צב, כותב לגבי מלאכת בורר:

וכן כתב רבינו ישעיה זצ״ל מהא דרב יהודה ודרבא למדנו שכדרכו במדוך חייב משום טוחן אבל על ידי שינוי בקתא דסכינא שרי אפי׳ טובא וה״ה למלח ובתוספתא תאנא אין כותשין את המלח במדוך של עץ אבל מרסק הוא בידו של סכין ובעץ הפרור ואינו חושש. ואי איכא דקשיא לי׳ כיון דבדרכו חייב משום טוחן על ידי שינוי פטור אבל אסור ליהוי [תשובה] קתא דסכינא שינוי גמור הוא דבין מדוך של אבן למדוך של עץ הוי שינוי כדתנן בפרק קמא דביצה וקתא דסכינא הוי שינוי גמור הלכך מותר לכתחלה כדאמרינן גבי בורר בנפה ובכברה חייב בקנין ובתמחוי דהוי שינוי פטור אבל אסור ביד דהוי שינוי גמור מותר לכתחלה.

אם כן, מצאנו כאן חילוק בין שלוש רמות איסור: בנפה וכברה - חייב, בקנון ותמחוי – אסור, וביד – מותר. הוא מבאר שביד מותר מפני שזהו שינוי גדול. הדברים הובאו להלכה ב**שו״ע** סי׳ קכא ה״ז (מהגמרא שבת קמא ע״א לגבי לדוך פלפלין בקתא דסכינא). וכן ב**ב״י** סי׳ שכ הביא מ**שיבולי הלקט** את דין מציצת ענבים שמותר מפני שהוא שינוי גמור (אמנם יש חולקים שם).

גם בישול בחמה שהוא מותר לגמרי יכול להיות מוסבר בכך שזהו שינוי גדול, ולא רק בכך שזה לא נכלל במלאכת מבשל במשכן. יתר על כן, כפי שראינו העובדה שהוא לא נכלל במבשל שהיה במשכן נסמכת גם היא על ההבחנה בין שינוי קטן וגדול. שינוי קטן מאד הוא אב, ממש כמו מה שהיה במשכן. שינוי קטן הוא תולדה. שינוי רגיל הוא איסור דרבנן. ושינוי גדול הוא מותר לכתחילה. כמובן ההבדל בין שינוי גדול ורגיל יכול לנבוע משתי הגישות שתיארנו לעיל.

ולפי זה ייתכן שהאמוראים שחולקים למעלה סוברים שהשינוי הוא קטן מדי, ולכן לדעתם הוא חייב. כלומר שתי הצורות להבין את המחלוקת (האם זה שינוי והאם גם בשינוי חייב) הופכות גם הן לצורה אחת: המחלוקת היא האם

זה שינוי קטן או שינוי רגיל. כפי שכבר הערנו למעלה, העובדה שיש שלוש קטגוריות כאלו היא מובנת מאליה אפריורי. ברור שיש מצבים שבהם כבר יצאנו מגדר המלאכה, ויש מצבים רחוקים שכלל אינם קשורים אליה.

כמה אחרונים מסבירים שביטוי כמו "אין דרך המלאכה בכך", משמעותו אינה הפטור של כלאחר יד. לדוגמא, רש"י שבת ג ע"א ד"ה ידו': "אין דרך הוצאה בלי עקירה והנחה". כאן חסרים רכיבים מהותיים בהגדרת הפעולה. נכון שזה בסה"כ שינוי משמעותי, ובכל זאת כאן כבר יצאנו מגדרי הפעולה לגמרי. וכעין זה ראינו באפשרות אחת לגבי מבשל בחמה, שמותר מפני שאין דרך בישול בכך (האש היא רכיב מהותי בדין בישול).

ובכל זאת, ברור שזה אינו אלא צעד אחד הלאה בציר של השינוי. מה שמספיק רחוק כבר לא נכלל באיסור (גם מדרבנן) ולכן הוא מותר.

יסוד הפטור

הגמרא אינה מביאה מקור לפטור מלאכה כלאחר יד. כפי שהסברנו, על פניו נראה שאין צורך למקור כי זה אינו פטור. ברור שמי שלא עושה את המלאכה האסורה אינו עובר איסור.

ובכל זאת, מצאנו בסוגיית ביצה יג ע"ב לגבי מקלף שעורים, שאם מקלף אותן אחת אחת זהו כלאחר יד, ואינו גמר מלאכה למעשר ולשבת. לאחר מכן הגמרא שם מקשה:

ומי איכא מידי דלענין שבת לא הוי גמר מלאכה, ולמעשר הוי גמר מלאכה? - מתקיף לה רב ששת בריה דרב אידי: ולא? והא גרנן למעשר, דתנן: איזהו גרנן למעשר? הקשואין והדלועין משיפקסו, ושלא פקסו - משיעמיד ערמה. ותנן נמי גבי בצלים: משיעמיד ערמה. ואילו גבי שבת - העמדת ערמה פטור! אלא מאי אית לך למימר - מלאכת מחשבת אסרה תורה, הכא נמי: מלאכת מחשבת אסרה תורה.

כלומר הגמרא מבחינה בין גמר מלאכה למעשר ולשבת. לשבת נדרשת מלאכת מחשבת, והעמדת ערימה אינה מלאכת מחשבת, וכך גם קילוף שיבולים. ומסביר כאן רש״י:

אלא מאי אית לך למימר - אף על גב דלמעשר הויא מלאכה, לשבת - מלאכת מחשבת שהיא מלאכת אומנות, אסרה תורה, שנסמכה פרשת שבת למלאכת המשכן בויקהל, והתם מלאכת מחשבת כתיב.

רש״י מסביר שמלאכת מחשבת אינה רק התקיימות מחשבתו, כלומר עניין של תכנון (כפי שרואים בב״ק ס ע״א, וברש״י שם), אלא גם צורת הפעולה. מלאכת מחשבת היא מלאכת אומנות, ופעולה של העמדת ערימה אינה מלאכת אומנות. מסתבר שהחילוק הקודם בין שבת למעשר לעניין כלאחר יד, מבוסס גם הוא על אותה הבחנה: פעולה כלאחר יד אינה מלאכת אומנות.

מעניין לציין שלמעלה ראינו לגבי טוויה (בסוגיית עד ע״ב), מצב הפוך: האומנים יכולים לטוות על גבי הבהמה, ולכן לגביהם זוהי פעולה רגילה ולא כלאחר יד. לגבי הדיוטות טוויה על גבי הבהמה היא פעולה כלאחר יד. אמנם ייתכן שהכוונה היא שמכיון שהאומנים יודעים לעשות זאת, הטוויה יוצאת ברמה טובה, ולכן היא אינה כלאחר יד, והיא מלאכת אומנות. ואצל ההדיוטות זוהי פעולה גרועה (התוצר אינו משמעותי), כמו כזו שנעשית כלאחר יד, ולכן פטור עליה מדין שינוי.

אמנם הר״ח בסוגיית ביצה שם מפרש מלאכת מחשבת כפירוש הרגיל:

מלאכת מחשבת – ולא קא מכוין לפקוסי משום מלאכה, אלא לאכשורי אוכלא.

כלומר החיסרון הוא בכוונה למלאכה ולא באופי המלאכה, וזה דומה לפירוש המקובל. ולפי זה הקולף שעורים אחת אחת עושה מלאכה כלאחר יד מפני שאין כוונתו למלאכה. זוהי דרך אכילה, ולכן פטור. כלומר לשיטתו הפטור של 'דרך אכילה' גם הוא נגזר מהפטור של כלאחר יד (שינוי). ובאמת כך הוא מפרש גם בסוגיית עד ע״א לגבי ההיתר של בורר סמוך לאכילה.

בכל אופן, נראה שבין לרש״י ובין לר״ח (וכן פשט הגמרא עצמה) יסוד הפטור בשינוי הוא מדין מלאכת מחשבת. משמעות הדבר היא שיש מקור לפטור הזה, והוא לא תוצאה פשוטה של גדרי האיסור. ובאמת ב**אג״ט** מלאכת דש סי׳ יז סקל״ד דן לפי זה לחייב בחבורה והבערה גם אם עושה אתם כלאחר יד, שכן בהקשרים ההם לא נדרשת מלאכת מחשבת כדי להתחייב.

האם פטור כלאחר יד הוא בכל התורה?

הרמ״א באבהע״ז סי׳ קכג ה״א כותב:

ולכתחלה יכתוב הסופר בידו הימנית; ואם הוא אטר יד, יכתוב בשמאלו (מ״כ בתקון ישן).

הרמ״א מכשיר בדיעבד כתיבת גט בשמאל. וה**חלקת מחוקק** שם סק״ה (הביאו ה**פר״ח** שם) פירש:

לכתחל׳ יכתוב הסופר בידו הימני׳ - משמע בדיעבד כשר הגט אם כתב בשמאל אף שאינו שולט בשתי ידיו אף על גב דלענין שבת כתב בשמאלו לאו כתב היא ובגמרא מדמה גט לשבת לענין כתב ע״ג כתב אפשר לומר דלאו לכל מילי מדמינן לשבת דבשבת בעינן מלאכת מחשבת דומיא דמשכן ע״כ כל שכתב כלאחר ידו או בשמאלו לאו מלאכת מחשבת היא אבל מ״מ כתב מיקרי לענין גט:

הוא מסביר שלגבי שבת זהו שינוי ופטור, אך הפטור הוא משום מלאכת מחשבת. ולכן לגבי שאר דיני התורה, שבהם אין דרישה למלאכת מחשבת, יש על כך שם כתיבה. וזה מתאים לכאורה למסקנת הסוגיא בביצה שהובאה לעיל שיסוד הפטור של שינוי הוא בדין מלאכת מחשבת.

אמנם ה**ב״ש** שם סק״ד הביא את **סה״ת** סי׳ רה ו**הגמי״י** (הביאו ה**ב״י** בסי׳ לב) שכתבו:

ולכתחיל׳ יכתוב בידו הימנית - לכאורה משמע בדיעבד כשר אם כתב בידו השמאלית אפילו אם אינו שולט בשתי ידיו וכן כתוב בח״מ, וכתב אף על גב אם כתב בשבת בידו השמאלית פטור ש״מ

לאו כתב הוא שאני שבת דבעינן מלאכת מחשבת ועיין ב"י בא"ח סי' ל"ב שם הביא דברי התרומ' שלמד משבת לענין תפילין ספר תורה מזוזות דבכולהו כתיב כתיבה ופוסל אפילו בדיעבד אם כתב ביד שמאלית וכן כתוב בשם הגמיי', ומ"ש בש"ע שם דכשר אם אי אפשר למצוא אחרים משום דמביא שם דהרא"ש והסמ"ג לא כתבו דפסול בדיעבד מ"ה מחלק שם בין אם אפשר למצוא אחרים בין אם א"א מ"מ נראה אפי' אם א"א מניח בלא ברכה כי ספק ברכות להקל ולא כלבוש שכ' שם דמברך עליהם נשמע דפליגו בזה הפוסקים ודעת המכשירים לא מצינו בהדיא לפ"ז משמע בגט אפילו בדיעבד פסול מיהו י"ל גט שאני דאין למידים לענין גט כמ"ש בסי' קנ"ה לענין דיו וכמ"ש בהרא"ש פ"ב דגיטין בסוגיא דמעורה, ומ"מ נראה דאינו כשר אלא במקום עיגון או בדיעבד דכבר ניתן כמו גבי שרטוט והקיף גויל וכתב אשורית בסימן קכ"ו:

הם מסבירים שהואיל ואין דרך כתיבה בכך זה פסול לס"ת (הרא"ש ו**סמ"ג** לא פסלו בדיעבד), וכתבו שהוא הדין לגבי גט. אם כן, לשיטה זו כתיבה בשמאל אין דרך כתיבה בכך, ולכן פסול גם לגט. אם כן, הפטור אינו מדין מלאכת מחשבת, שהרי הוא פטור גם בכה"ת.

ובאמת היינו מצפים שהפטור של שינוי יהיה בכל התורה, שהרי כבר ראינו שהפטור נובע מכך שפשוט לא נעבר כאן איסור, ולא צריך מקור לכך. מצד זה ברור שכך יהיה הדין בכל התורה. ובכלל, לכאורה לא ברור מדוע הפוסקים מוצאים לנכון להביא מקור לפטור של שינוי מדין מלאכת מחשבת.

יתר על כן, כפי שהוכיחו כמה אחרונים הפטור של שינוי ודאי קיים בכל התורה. **האג"ט** בפתיחה סק"ג מוכיח זאת מכמה דוגמאות (אוכל ונהנה שלא כדרך ועוד, ראה שם). וכן הוכיח **בקו"ש** כתובות ס ע"א (הוא מביא את הגמ' פסחים מא ע"א שהמבשל את הפסח בחמה פטור מפני שאין זה דרך בישול. וזה אינו איסור שבת). אם כן, שוב קשה על אלו שלומדים את הפטור מדין מלאכת מחשבת, שלכאורה קיים רק בשבת.

האג"ט שם (וכן הוא וכן הוא בספר **שבט יהודה** (חיון) סי' ד) רוצה לטעון מכוח כל זאת שיש לחלק בין שני סוגי פטור של שינוי: יש שינוי בנפעל (בתוצאה, או בחפץ שבו עושים את המלאכה) ויש שינוי באופן הפעולה של האדם. לטענתו שינוי בנפעל הוא פוטר בכל התורה, ולכן גם בשבת. לעומת זאת, שינוי באופן הפעולה הוא פטור ייחודי לשבת, והוא נלמד ממלאכת מחשבת. זהו מבנה דומה מאד למה שעשה הגר"ח לגבי אינו מתכוין (שחילק בין שני דינים בכה"ת ובשבת).

אך חילוק זה לכאורה צ"ע, שהרי בפסחים רואים שזהו שינוי בפועל (=באופן הבישול ולא במבושל עצמו) ופוטר בכל התורה. ובכתיבה זהו שינוי בפועל והוא קיים רק בשבת. ואולי שינוי באופן הבישול הוא שינוי בפעולה ולא בפועל, ולכן פוטר בכל התורה. ובכתיבה בשמאל הוא שינוי בפועל ולכן פוטר רק בשבת.

הצעה אלטרנטיבית

אך לפי דרכנו נראה לומר כך. ראינו שפטור של שינוי אינו צריך מקור, כי הוא מבוסס על כך שפשוט לא נעברה עבירה. מכאן עולה בבירור שהפטור הזה יהיה קיים בכל התורה. כמובן שאם יש שינוי באופן הפעולה הוא יפטור רק במקום שיסוד האיסור הוא ביצוע הפעולה, אבל באיסורי תוצאה לא יהיה פטור כזה. רוב הדיונים (ואולי כולם) בדין שינוי עוסקים בשינוי בפועל ולא בנפעל (גם בדוגמאות של **האג"ט** שם). אם כן, הפטור של שינוי כזה יהיה רק באיסורי פעולה ולא באיסורי תוצאה, וזאת בכל התורה.

אם כן, אפשר להבין את הצורך במקור ממלאכת מחשבת כך: היה מקום להבין את איסורי שבת כאיסורי תוצאה – כלומר שהאיסור הוא ליצור תוצאה כלשהי על ידי האדם. ביצוע המלאכה היא רק תנאי לחיוב (מי שעשה את הפעולה התוצאה מיוחסת אליו) ולא עצם האיסור. לעומת זאת, יש מקום להבין שהאיסור הוא על המלאכה של האדם (איסור פעולה, ולא איסור תוצאה). דין מלאכת מחשבת מלמד אותנו שאיסורי שבת הם איסורי פעולה

ולכן לומדים ממנו גם את הפטורים של אינו מתכוין ומשאצל״ג וכדומה. התוצאות קיימות אבל אופן העשייה פוטר, כי זה דין בפעולה). כלומר דין מלאכת מחשבת מלמד אותנו שמלאכות שבת הן איסורי פעולה ולא איסורי תוצאה. כעת ניתן להחיל כאן את העיקרון ששינוי בפעולה פוטר, כי לא נעברה עבירה.

אם כן, אמנם נדרש לימוד ממלאכת מחשבת כדי לפטור על שינוי, אבל זה רק מלמד אותנו שאיסורי מלאכה בשבת הם איסורי פעולה, וכעת מוחל עליהם פטור ששייך בכל התורה. העובדה שמשתמשים כאן בדין מלאכת מחשבת אינה אומרת שדין שינוי לא פוטר בשאר דיני התורה. הוא יפטור בכל הדינים שהם איסורי פעולה ולא איסורי תוצאה. באופן תיאורטי, אם יהיה שינוי בתוצאה (בנפעל) גם הוא יפטור באותם איסורים שהם איסורי תוצאה.

לפי דברינו החילוק של **הח״מ** מבוסס על כך שבגט לא נדרשת פעולת כתיבה, אלא יש תנאי שהגט ייכתב בידי אדם, וזה קיים גם ביד שמאל. ובשבת האיסור הוא איסור פעולה ולכן כתיבה בשמאל אינה מחייבת.

שיטת בעל התרומה: שינוי בחובל והבערה

והנה ב**ספר התרומה** שם כתב שהשוחט בשבת על ידי הפלת הסכין, שחיטתו כשרה ופטור על מלאכת שוחט בשבת. משמע שכלאחר יד הוא דין מדיני שבת, אבל לשחיטה אין זה משנה.[72] בכל אופן, רואים שהוא פוטר כלאחר יד גם בחבורה, שהרי שחיטה היא משום נטילת נשמה, ומכאן מוכח שזה אינו פטור של מלאכת מחשבת. וכך ראינו בשיטתו לגבי כתיבה בשמאל שאינה כתיבה לכל דיני התורה.

---

[72] ייתכן שהוא סובר שזהו פטור בכל התורה, אבל רק במקום שמדובר באיסורי פעולה. בשבת זהו איסור פעולה וכן בגט וס״ת. אבל בשחיטה צריך שיישחט ולא שתיעשה פעולת שחיטה. ובכל זאת זהו דוחק, שכן בפשטות בשחיטה גם נדרשת פעולה.

לפי דרכנו אין קושי בכך, שכן אמנם בחובל ומבעיר לא נדרשת מלאכת מחשבת מבחינת הכוונות והמטרות של האדם הפועל, אבל בהחלט ייתכן שעדיין התפיסה היא שהאיסור הוא איסור פעולה, ולכן שינוי פוטר. מדוע בכתיבה בשמאל לשיטתו חייבים גם בשבת? אולי בכתיבה זוהי מלאכת תוצאה ולא פעולה (והוא מחלק את המלאכות לשני סוגים). בכל אופן, שחיטה היא כמו גט, שהפעולה היא רק תנאי שיהיה פועל ולא שתהיה פעולה, ולכן בשינוי זה גם מועיל.

השלכות: רמות חומרה שונות של איסורי דרבנן

אנחנו רגילים לחלוקה הדיכוטומית של אסור-מותר, דאורייתא-דרבנן, וכדומה. אבל אם אכן האיסור על מלאכה דרבנן נובע מהדמיון בינה לבין מלאכה דאורייתא, כי אז רמת האיסור אמורה לעמוד בפרופורציה ישירה לרמת הדמיון.

אם כן, אחת ההשלכות של התמונה שתוארה כאן היא שבעצם אמור להיות רצף של רמות חומרה הלכתיות ביחס למלאכות שבת. ככל שהפעולה דומה יותר למלאכה דאורייתא היא צריכה להיאסר ברמת חומרה גבוהה יותר. השלכה הלכתית אפשרית היא שכאשר עלינו לחלל שבת עבור חולה, שם מקובל להנחות לבצע איסור קל ככל האפשר (ראה ברמ״א או״ח סי׳ שכח הי״ב, ונושאי הכלים שם), ישנה חלוקה גם בתוך איסורי דרבנן: ככל שהוא קרוב יותר לאיסור תורה הוא חמור יותר, ועדיף לא לבצע אותו במידת האפשר.

נציין כי חלוקה זו קיימת בפוסקים, שכן במקרים מסויימים מחלקים בין איסור אמירה לנכרי לעשות מלאכה דאורייתא, שהוא איסור דרבנן קל יותר, לבין איסור דרבנן רגיל. גם בתוך איסור אמירה לנכרי מחלקים בין כמה רמות איסור, למשל בין אמירה לנכרי לעשות איסור תורה (שבות דאורייתא) לבין אמירה שיעשה איסור דרבנן (שבות דשבות). ראה על כך **בשו״ע** או״ח סי׳ שכח הי״ז.

יש מקום לתלות זאת בתפיסות השונות לגבי מקור תוקפם של איסורי דרבנן. שיטת הרמב״ם בתחילת הל׳ ממרים ובשורש הראשון, שמדובר בחובה לציית לחכמים (שנלמדת מהפסוק ״לא תסור״). לשיטתו מי שאוכל עוף בחלב שזה איסור דרבנן, עובר על איסור בכך שלא שמע לחכמים, אבל אין בעייה של ממש בעוף בחלב מצד עצמו. מכאן ניתן להסיק שאין הבדל ברמת החומרה בין איסורי דרבנן שונים, שכן בכל המקרים הללו מדובר באי ציות לחכמים ותו לא. למה שתהיה תלות בתוכן האיסור, הרי אין כאן בעייתיות מצד המעשה עצמו. אמנם נכון שלפי שיטה זו נראה שאין גם מקום לחילוק שהוצע למעלה בין איסורי מלאכה דרבנן לבין איסורי דרבנן משום גזירה, שכן הכל נאסר רק כחובת ציות.[73]

לעומת זאת, לשיטת הרמב״ן (בהשגותיו לשורש הראשון) שלאיסורי דרבנן יש מעמד עצמאי, סביר יותר לומר שקיימת בתוך האיסורים מדרבנן חלוקה לרמות חומרה שונות (כמו בין איסורי תורה, שגם בהם קיימות רמות חומרה שונות). ראה על כך להלן להלן בפרק שעוסק במעמדם של איסורי דרבנן.

סיכום

בפרק זה ראינו שקיימת בהלכה לוגיקה רב ערכית גם בדיונים מושגיים. מלאכות שבת הן הגדרות מושגיות שהתולדות נכנסות תחתן. ובכל זאת, ראינו כמה וכמה מצבי ביניים, שההירככיה ביניהם היא לפי הדמיון בין הפעולה הנדונה לאב:

- זהות (רמת שינוי 0) הוא האב עצמו.
- שינוי קטן מאד הוא מעין אב.

---

[73] אמנם ראה בספרו של מ. אברהם, **רוח המשפט**, הוצאת תם, כפר חסידים תשע״ב, בשער הראשון, שלא זו ההבנה בשיטת הרמב״ם. גם הוא מקבל שיש משמעות הלכתית לאיסורי דרבנן מצד עצמם, ולא רק כחובות ציות.

- שינוי קטן הוא תולדה.
- שינוי כפול (או שינוי משני סוגים) הוא תולדה דתולדה, ולדעת הר״ח גם היא נאסרת מן התורה.
- שינוי רגיל הוא איסור מלאכה דרבנן.
- שינוי גדול הוא פעולה שמותרת לכתחילה.

כל אלו מבטאים עמימות (חריגה מהבינאריות) במישור העובדתי (עד כמה זה דומה לאב). מה קורה ברובד הנורמטיבי? גם שם יש עמימות מסויימת, אם כי שוב היא מוגבלת. ראינו שאנחנו מגדירים אב, מעין אב, תולדה, תולדה דתולדה, מלאכה דרבנן ומלאכת היתר. כל אלו הן הגדרות במישור הנורמטיבי, כלומר מצאנו שבאיסורי מלאכה בשבת יש ביטוי נורמטיבי עשיר לעמימות במישור העובדתי. אבל מבחינת רמות החומרה יש רק שלוש: אסור מן התורה, אסור מדרבנן ומותר.

כבר הזכרנו שמטבע הדברים הביטויים הנורמטיביים המעשיים הם לא רציפים. יש רמות בדידות של התייחסות הלכתית, מפני שהעולם אינו עשיר דיו כדי לבטא את כל הרמות העובדתיות. זאת להבדיל מחיובי תשלום שם ראינו שכל הרמות העובדתיות יכולות לבוא לידי ביטוי במישור הנורמטיבי (גובה התשלום), ולכן הסברנו ששם מספר הרמות מוגבל בגלל הצורך בוודאות משפטית. בהקשר של מלאכות שבת אנו מוצאים חיוב חטאת (או סקילה), שמייחד איסורי תורה, איסור דרבנן והיתר. אבל הזכרנו שבין השיטין ניתן לראות שיש גם גווני ביניים, למשל לגבי קדימה בחילול שבת למען חולה, או בהקשר של חילוק לגבי חיובי חטאת וכדומה.

בפרק הבא נבחן את המשך התהליך הכללי, ואת ההבחנה בין דאורייתא ודרבנן שפגשנו כאן נרחיב כדי לראות גוונים נוספים במדרג רמות התוקף הללו.

פרק עשירי

עמימות נוספת בקטגוריות החובה

מבוא

בפרק הקודם ראינו עמימות בדרגות החובה ההלכתיות, כלומר ראינו שלפחות חלק מאיסורי דרבנן יכולים להיתפס כמצבי ביניים בין אסור מדאורייתא לבין מותר. בפרק זה נמשיך את הדיון ברזולוציה גבוהה יותר, ונציג רמות ביניים נוספות באותו תחום. בעצם התחום של איסורי דרבנן עצמו יחולק לכמה גוונים שונים. הדברים כאן מבוססים על שני השורשים הראשונים של הרמב״ם, שהאחד עוסק במעמדם של איסורי דרבנן והשני במעמדן של הלכות שנלמדות מדרשות. הדברים מפורטים יותר בספרו של מיכאל אברהם, **רוח המשפט**, וכאן ניכנס אליהם בצורה מאד סכמטית, רק עד כמה שיידרש כדי להבין את האספקט של העמימות הלוגית.

דברי הרמב״ם ומשמעותם

הרמב״ם בשורש השני כותב:

> ***וכשהיה זה כן הנה לא כל מה שנמצא החכמים שהוציאו בהקש משלש עשרה מדות נאמר שהוא נאמר למשה בסיני ולא גם כן נאמר בכל מה שנמצאם בתלמוד יסמכוהו אל אחת משלש עשרה מדות שהוא דרבנן כי פעמים יהיה פירוש מקובל. לפיכך הראוי בזה שכל מה שלא תמצאהו כתוב בתורה ותמצאהו בתלמוד שלמדוהו באחת משלש עשרה מדות אם בארו הם בעצמם ואמרו שזה גוף תורה או שזה דאורייתא הנה ראוי למנותו, שהמקבלים אמרו שהוא דאורייתא. ואם לא יבארו זה ולא דברו בו הנה הוא דרבנן, שאין שם כתוב יורה עליו.***

הרמב״ם קובע כאן שהלכות שנלמדות מדרשות יש להן מעמד של דברי סופרים. יצויין שדבריו אלו עומדים בניגוד חזיתי למקובל בתלמוד וכל מפרשיו ובפוסקים, שהלכות כאלה הן הלכות דאורייתא לכל דבר ועניין.

ובאמת מפרשיו, ובראשם הרמב״ן בהשגותיו על השורש הזה, מערימים עליו לא מעט קושיות. חלקם מביאים מקורות מהתלמוד שמהם עולה שאלו הלכות דאורייתא, דרך השלכות שונות. יש כמה הבדלים בין הלכות דאורייתא להלכות דרבנן, למשל שהלכות דאורייתא ספיקן לחומרא ודרבנן לקולא. איסורי דאורייתא לא נדחים בפני כבוד הבריות ואיסורי דרבנן כן. על איסורי דאורייתא עונשים מלקות ושאר עונשים, ועל איסורי דרבנן אין עונש, ועוד. בתלמוד רואים שמבחינת ההשלכות הללו נראה שכל ההלכות שנלמדות מדרשות הן הלכות דאורייתא: ספיקן לחומרא, יש עליהן עונש, כבוד הבריות נדחה מפניהן וכו׳. עוד מקשים על הרמב״ם שהוא עצמו בכמה מקומות פסק כך, ולכן יש כאן גם סתירה מיניה וביה במשנתו שלו. גם מסברא הרמב״ן לא מבין כיצד ייתכן שמשתמשים בכלים שניתנו לנו בסיני (מידות הדרש, וגם הרמב״ם מסכים לזה) על טקסט שניתן בסיני (התורה), והתוצאה יש לה מעמד של דברי סופרים. במה שונה הדרש מכל פרשנות אחרת? כלי הדרש הם רק אמצעים לחשוף הלכות שטמונות בפסוקים, ולכן ברור שההלכות שנוצרות מהם הן הלכות דאורייתא. הרמב״ן עצמו כבר מרגיש שדבריו לא יכולים לתקוף את הרמב״ם, שכן הרמב״ם מתייחס בכמה מקומות באופן דומה גם להלמ״מ, כלומר שגם להלמ״מ לדעתו יש מעמד של סברי סופרים (ראה פיהמ״ש כלים פי״ז, וכן בתשובת הרמב״ם שמובאת ב**כס״מ** בתחילת הלכות אישות ועוד). אבל הרמב״ן תוקף גם את זה עצמו, שהרי הלמ״מ היא ודאי מסורת שקיבלנו עם התורה מפי הגבורה, אז כיצד ייתכן לראות אותה כדברי סופרים?

בגלל כל הקשיים הללו, מפרשי הרמב״ם נחלקים לשתי סיעות עיקריות: מאז התשב״ץ רוב מפרשי הרמב״ם סוברים שהרמב״ם לא מתכוין לומר שמדובר בהלכות דרבנן במשמעות ההלכתית הרגילה. כוונתו רק לומר שאלו הלכות

שמי שיסד אותם הוא הסופרים, כלומר שהן לא כתובות בפירוש בפסוקים. כלומר הוא מדבר על מקורן של ההלכות הללו ולא על מעמדן ההלכתי. סיעה אחרת, שהרמב״ן הוא החבר הבולט בה, הבינה את דברי הרמב״ם כפשוטם אבל אין בדבריהם הצעה ממשית ליישב את כל הקשיים הללו.

הוכחה לפרשנות השנייה

ראשית, נראה כעת שצודקים חברי הסיעה השנייה. הרמב״ם מתכוון לטענה בעלת משמעות הלכתית. הרמב״ם עצמו בהקדמתו ל**ספר המצוות** (שנדפסה בסוף השורש הי״ד), כותב:

וכל מה שבא כתוב בתורה שמי שעשה מעשה פלוני יומת או יתחייב כרת ידענו באמת שהמעשה ההוא מוזהר ממנו ושהוא בלא תעשה. והנה פעמים התבאר בכתוב האזהרה ולא יתבאר העונש ופעמים העונש נזכר והאזהרה נזכרת כמו חלול שבת ועבודה זרה שאמר (עשה״ד) לא תעשה כל מלאכה ולא תעבדם ואחרי כן חייב סקילה למי שעשה מלאכה (ס״פ שלח) או למי שעבד (ר״פ שופטי׳). ופעמים לא תתבאר האזהרה בכתוב בלאו גרידא אבל יזכור העונש לבד ויניח האזהרה. אבל השרש אצלנו (יומא פא א סנה׳ נו ב זבחי׳ קו ב, קז א כריתו׳ ג ב הובא בל״ת ס׳ צ קצה) לא ענש הכתוב אלא אם כן הזהיר ואי איפשר מבלתי היות אזהרה לכל מה שהתחייב עליו עונש. ולכן יאמרו בכל מקום עונש שמענו אזהרה מנין תלמוד לומר כך וכך. וכשלא התבארה האזהרה מן הכתוב ילמדו אותה בהקש מן ההקשים התוריים. כמו שזכרו (סנה׳ פה א) באזהרת מקלל אביו ואמו ומכה אביו ואמו (ל״ת שיח - ט) שלא התבארה בכתוב כלל שלא אמר לא תקלל אביך ולא אמר לא תכה אביך אך חייב המיתה למי שהכה או קלל הנה ידענו שהם מצות לא תעשה והוצאנו להם ולדומים להם (ל״ת כ״ו וש״נ ל״ת קצה - ו) האזהרה ממקום אחר בדרך הקש. וזה אינו סותר אמרם (פס׳ כד א, יבמו׳ כב

ב מכות ה ב, יז ב זבחי׳ קו ב) אין מזהירים מן הדין ולא אמרם תמיד (שם יז ב, קו ב יבמו׳ סח ב) וכי מזהירין מן הדין. שאנחנו לא נאמר אין מזהירין מן הדין אלא כדי שנאסור מה שלא התבאר לו איסור מיוחד באופן ההקש. אמנם כשנמצא העונש בביאור בתורה לעושה המעשה הזה נדע בהכרח שהוא מעשה אסור מוזהר ממנו ואמנם נוציא בהקש האזהרה בשביל שיתחזק לנו שרש אמרם לא ענש הכתוב אלא אם כן הזהיר ואחר הגיעה האזהרה מהדבר ההוא אז התחייב מי שעבר ועשה אותו אם כרת או מיתה.

הרמב״ם כאן עוסק במצבים שבהם מופיע בתורה העונש אבל אין אזהרה. כהקדמה הוא מביא את הכלל שלא עונשים אלא אם כן מזהירים, כלומר הופעת עונש בכתוב לא די בה כדי להטיל את העונש הזה בפועל. דרושה גם אזהרה שתופיע בתורה עצמה חוץ מהעונש (נוסיף בסוגריים שאם יש אזהרה ואין עונש עדיין מטילים עונש מלקות. עונשים אחרים זוקקים הוראה מפורשת בתורה).

כעת הרמב״ם גם מוסיף את הכלל שאין עונשים או מזהירים מן הדין (כלומר לא עונשים על הלכה שנלמדת מקו״ח). הוא מניח שהכלל הזה מתייחס לכל דרכי הדרש ולא רק לקו״ח (הרמב״ן בהשגותיו לשורש השני כבר עמד על כך ותוקף אותו שמבואר בתלמוד ומוסכם על כל המפרשים שהכלל זה נאמר רק על קו״ח, ולא נפרט כאן יותר). לפי זה, אומר הרמב״ם, הלכה שנלמדת מדרשה לא מענישים עליה, שכן האזהרה היא מן הדין (לא מפורשת בתורה אלא נלמדת באמצעות הדרש). אמנם אם העונש מופיע בפירוש בתורה אז מענישים גם אם האזהרה נלמדת רק מדרשה. העונש הוא אינדיקציה לכך שהדרשה מלמדת אותנו עבירה דאורייתא.

נמצאנו למדים שאם אין עונש מפורש בתורה, ויש אזהרה שנלמדת מדרשה אז לא מענישים על איסור כזה. מדוע לא? הרי מדובר באיסור תורה? על כורחנו שהרמב״ם כאן הולך לשיטתו שהלכות שנלמדות מדרשות הן הלכות

מדברי סופרים. נמצאנו למדים שהפרשנות השנייה לדבריו, שהוא מתכוון לטעון טענה הלכתית, היא הנכונה.

ראיה נוספת לכך היא דברי הרמב"ם ב**פיהמ"ש** פי"ז מכלים, שם הוא עוסק בשיעורי האיסורים בתורה. הכלל הוא "שיעורין חציצין ומחיצין הלמ"מ" (ראה עירובין ד ע"א ומקבילות). כלומר השיעורים הם לא דין תורה רגיל ולא תקנת חכמים, אלא ניתנו לנו בהלכה למשה מסיני. המשנה שם דנה בשיעורים לגבי טומאה, ועל כך כותב הרמב"ם את הדברים הבאים (פי"ז מי"ב):

> ***וצריך אני להזכיר כאן כלל גדול התועלת והוא אמרם בתוספת מקות כזית מן המת וכעדשה מן השרץ ספק יש בהן כשעור ספק אין בהן ספקו טמא, שכל דבר שעיקרו מן התורה ושעורו מדברי סופרים ספקו טמא. וזכור כלל זה כי בו תדע בכל מקום שיהיה לך ספק באיזה שעור שיהיה אם תנהוג בו להחמיר או להקל.***

דבר שעיקרו מן התורה ושיעורו מדברי סופרים נחשב כדין תורה ולכן ספקו לחומרא (ספקו טמא).

כעת ממשיך הרמב"ם ודוחה קושיא אפשרית:

> ***ואל יטעך אמרו שעורו מדברי סופרים עם הכלל שבידינו שכל השעורין הלכה למשה מסיני, כי כל מה שלא נתבאר בלשון התורה מדברי סופרים קוראין אותו ואפילו דברים שהן הלכה למשה מסיני, כי אמרו מדברי סופרים משמעו שהדבר קבלת הסופרים ככל הפירושים וההלכות המקובלות ממשה, או תקון סופרים ככל התקנות והגזרות. וזכור גם את זה.***

כאן הוא מוסיף ואומר שגם הלמ"מ היא דברי סופרים, כי כל מה שלא התבאר בלשון התורה נקרא "דברי סופרים".

עולה מדבריו שאם היתה כאן הלכה שהיא עצמה נלמדת מהלמ"מ, ולא שהיא מדאורייתא ושיעורה מהלמ"מ, כי אז זו היתה הלכה דרבנן. יתר על כן, מדבריו כאן עולה שבספק לגבי הלכה כזאת אנחנו יכולים להקל, כי זהו ספק דרבנן. נמצאנו למדים שכשהרמב"ם מתייחס להלמ"מ כדברי סופרים הוא

מתכוין לאמירה במשמעות הלכתית ולא רק לאמירה תיאורית גרידא. שוב רואים שצודקת הפרשנות השנייה לדבריו גם לגבי הלכות שנלמדות מדרשות.

אם כן, שיטת הרמב״ם היא שגם הלכות שנלמדות מדרשות וגם הלמ״מ מעמדן הוא כדברי סופרים. ראינו שעל הלכות שנלמדות מדרשות לא מטילים עונש (כי זו אזהרה מן הדין שאינה נחשבת כאזהרה, ואז יש כאן ענישה ללא אזהרה). ועוד ראינו שבהלמ״מ הכלל הוא ספק לקולא (אלא אם מדובר בהלכה דאורייתא שרק שיעורה הוא מהלמ״מ).

הסבר שיטת הרמב״ם

מתוך דבריו ב**פיהמ״ש** כאן (וכך גם מהניסוחים שלו בשורש השני ובתשובה הנ״ל ובהקדמה למשנה ובעוד מקומות) ניתן להבין גם מדוע הוא סובר כך. הוא מגדיר כאן כהלכה דאורייתא רק את מה שמופיע בפירוש בתורה. כל דבר שנלמד מדרשה או שנמסרת במסורת שבעל פה, הוא לא כתוב בתורה, וככזה מעמדו הוא כדברי סופרים.

יתר על כן, ראינו שהרמב״ן מבין את מידות הדרש כאוסף של כלים שבאמצעותם אנחנו חושפים רבדי עומק שקיימים בפסוק. לכן הוא לא מבין מדוע לפי הרמב״ם הלכות מדרשיות אינן הלכות דאורייתא. אבל, כפי שמסביר אברהם בספרו הנ״ל, הרמב״ם כנראה רואה את הדרש כארגז כלים שמרחיב את תוכן הפסוק ולא חושף עוד רבדים שנמצאים בתוכו. לכן לשיטתו התוצרים ההלכתיים של הדרשות הם לא משהו שהיה בתוך פסוקי המקרא אלא הרחבה של תוכן הפסוקים. לכן לשיטתו יש להם מעמד של דברי סופרים ולא של דאורייתא, כי הם לא נמצאים בפסוקים. אמנם אם יש מסורת שנוספת לדרשה (דרש יוצר) כי אז גם הרמב״ם מסכים שעלינו לראות את הדרש כדרש חושף ולא מרחיב, ולכן התוצר שלו הוא הלכה דאורייתא.

מדוע באמת זה כך? למה העובדה שמשהו לא כתוב בתורה בפירוש הופכת אותו לדברי סופרים? כדי להבין זאת, עלינו להיכנס לשתי הבחנות רווחות: א. ההבחנה בין תורה שבכתב ותורה שבעל פה. ב. ההבחנה בין הלכה

דאורייתא והלכה דרבנן. ההבחנה הראשונה אינה הלכתית ואין לה שום משמעות הלכתית. היא מבחינה בין הלכות שכתובות בתורה בפירוש לבין הלכות שנלמדות ממנה או עוברות במסורת שבעל פה. לעומת זאת, ההבחנה השנייה היא הלכתית, שכן היא קובעת מעמד הלכתי שונה לשני סוגים של הלכות. בעיקרון ההבחנה הראשונה כולה נמצאת בתוך הקטגוריה של דאורייתא (אלא שהרחיבו אותה והכניסו גם את ההלכות דרבנן תחת הכותרת תורה שבעל פה). זוהי הפרשנות המקובלת, ולפיה אין קשר בין שתי ההבחנות. אבל מדברי הרמב״ם עולה שמדובר באותה הבחנה עצמה. מבחינתו, הלכות דרבנן הוא שם נרדף לתורה שבעל פה, והלכות דאורייתא הן השם של תורה שבכתב. לכן לפי הרמב״ם, ההופעה בתורה זהו הקריטריון להיותה של ההלכה במעמד של דאורייתא, כלומר זה מה שקובע את המעמד ההלכתי שלה.

מדוע באמת זה כך? מפני שלשיטתו ההופעה בתורה היא בסיס לראות בכך עבירה שיש אזהרה עליה. רק פסוק מפורש בתורה נחשב מבחינתו כאזהרה. דרשה או הלמ״מ לא נחשבות כאזהרה, ולכן לא עונשים עליהם. אבל זה רק לגבי הענישה. ומה עם דיני הספיקות? למה גם הם נקבעים על פי ההופעה בתורה?

מ. אברהם בספרו הנ״ל מציע לכך הסבר אחר. הוא מראה שבאמת הלכות שנלמדות מדרשות ספיקן לחומרא גם לשיטת הרמב״ם, ורק הלמ״מ ספיקה לקולא. ההסבר לכך הוא מורכב ולא נוכל להיכנס אליו כאן. אבל משמעותו היא שיש הבדל בין שני סוגי ההלכות הללו, על אף ששתיהן הלכות מדברי סופרים. מעבר לשתי אלו מתוארים שם עוד סוגים של הלכות דרבנן, כגון הלכות שיש להן אסמכתא בכתוב, הלכות שיסודן בסברא ועוד. כל אלו הם סוגים של הלכות דרבנן, אבל לפי הרמב״ם המשמעות של המושג ״הלכה דרבנן״ או ״דברי סופרים״ אינה כפי שרגילים לחשוב.

בדרך כלל אנחנו רגילים שההלכות בתורה מחולקות לשתי קטגוריות: הלכות דאורייתא והלכות דרבנן. אחרי שסיווגנו את ההלכה כדאורייתא או דרבנן זה

קובע את מעמדה ההלכתי, ומכאן ניתן לגזור סט שלם של הוראות לגביה (מה עושים בדיני ספיקות, ענישה, כבוד הבריות וכדומה). לפי הרמב״ם זה לא כך. אין קטגוריה אחידה של דברי סופרים מבחינה הלכתית. מה שמשותף לכל ההלכות מדברי סופרים הוא שלא עונשים עליהן. אבל שאר ההשלכות יכולות לחול רק על חלק מהסוגים ועל חלק אחר לא.

אברהם בספרו מראה שבעצם לפי הרמב״ם יש רצף שלם מבחינת המעמד ההלכתי של הלכות שונות, שעיקרו נקבע לפי מידת הקשר של ההלכה לכתוב. בלי להיכנס לכל השיקולים והמקורות נביא כאן את הרשימה:

א. הלכה שכתובה בפירוש בפסוקים.

ב. הלכה שנמסרה במסורת ויש לה עוגן מדרשי בפסוקים (מדרש סומך).

ג. הלכה שנלמדת מדרשה ואין לגביה מסורת (הלכה מדרשית. מדרש יוצר).

ד. הלכה שיש לגביה מסורת ואין דרשה שמעגנת אותה בפסוקים (הלמ״מ).

ה. הלכה שנלמדת מסברא ואין לה מקור בפסוק (לא סברא פרשנית בהלכה שיוצאת מפסוקים, אלא סברא שמחדשת הלכה מחודשת).

ו. הלכה דרבנן שיש לה אסמכתא בפסוקים.

ז. הלכה דרבנן שאין לה אסמכתא בפסוקים (גזירות, תקנות ומנהגים).

סוג א הוא הלכות שהכי קשורות לכתוב. הן מופיעות בו בפירוש. סוג ב אלו הלכות שאמנם לא כתובות בו בפירוש, אבל כפי שראינו למעלה קיומה של מסורת מצביע על כך שהדרשה במקרים אלו היא בעלת אופי חושף ולא מרחיב. לכן גם אלו הלכות דאורייתא. סוג ג הוא הלכות שנוצרות מדרש יוצר, ולכן יש להן קשר לכתוב אבל הן לא נמצאתו בתוכו אלא מהוות הרחבה שלו. כעת יש פסק זמן של שתי קטגוריות (סברא והלמ״מ) של הלכות שאין להן שום קשר לכתוב, אבל מקורן אינו תקנה או גזירה, ולכן יש להן מעמד חזק יותר מהלכות דרבנן רגילות. סוג ו הוא הלכות שיש להן קשר קלוש לפסוקים

(הן נסמכות עליו), אבל הן אפילו לא הרחבה מדרשית שלו. אלו הלכות דרבנן חזקות. וסוג ז הוא הלכות דרבנן רגילות שאין להן שום קשר לכתוב.

סיכום

פגשנו כאן לוגיקה עמומה של רמות תוקף הלכתיות. בפרקים הקודמים ראינו שאיסורי דרבנן הם מאותו סוג של הלכות דאורייתא אלא שבעוצמה פחותה, כאן המשכנו את המהלך וראינו שרמת התוקף של דרבנן (או דברי סופרים) בעצמה מחולקת לכמה תת גוונים. ראינו גם שהקו שקובע את ההירכיה הוא מידת הקשר לכתוב.

פרק אחד-עשר

לוגיקה עמומה של קטגוריות: פריפריות הלכתיות

מבוא

בהסתכלות הדיכוטומית המקובלת, ההלכה נראית מוגדרת ותחומה היטב. זוהי תמונה של שחור-לבן, שבה יש גדר ברורה בין מה שבתוך התחום ההלכתי לבין מה שמחוצה לו. כל פעולה מוגדרת בקטגוריות ברורות של מותר, אסור או חובה.[74] בפרק זה נבחן שני הקשרים שנראים על פניהם כמצויים מחוץ לתחומי ההלכה, אך במבט שני ניתן לראות שמדובר בתחומי ביניים אפורים בין ההלכה לבין עולם הרשות. אנו נדון כאן במעמדם של מכשירי מצווה, הידורי מצווה, ולאחר מכן ביחס בין מוסר להלכה.

כפי שניתן ללמוד מכותרת הפרק, הסטייה מהלוגיקה הבינארית כאן יכולה להתפרש לא כלוגיקה עמומה של רמות חומרה, כפי שראינו בשני הפרקים הקודמים לגבי איסורי מלאכה שבת ולגבי איסורי דרבנן לגווניהם, אלא כלוגיקה עמומה של הקטגוריות ההלכתיות עצמן. אנו נראה שהכשר מצווה, כמו גם חובה מוסרית, יכולים להתפרש כאיסורים או מצוות שרמות החומרה שלהם לא בהכרח שונות מזו של איסורים ומצוות הלכתיים ממש, אבל קטגוריאלית הם נמצאים בתחום שונה: לא בתחום ההלכה ולא מחוצה לה. זהו תחום אפור בחלוקה הקטגוריאלית אבל לא בהכרח ברמת החומרה.

---

[74] על הלוגיקה של המושגים הללו (לוגיקה דאונטית) בהלכה ובתלמוד, ראה בספר החמישי בסדרה שלנו.

התמונה הכללית שמתקבלת מתוארת בציור הבא:

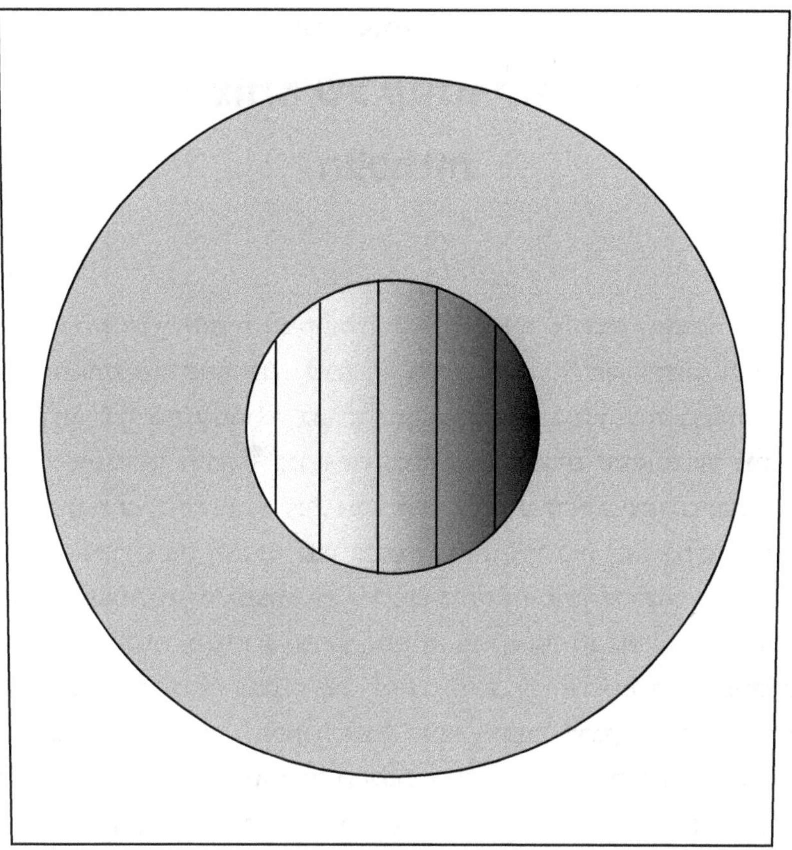

לוגיקה עמומה של קטגוריות הלכתיות: החלק הפנימי (המושחר בחלקו) הוא העולם ההלכתי. החלק החיצוני (הלבן) הוא עולם הרשות. האפור הוא תחום הביניים שביניהם. מעבר לחלוקה הקטגוריאלית הגדולה, בכל אחד משלושת התחומים הללו יכולים להיות גוונים שונים שמבטאים חלוקה לרמות חומרה שונות (ציירנו זאת רק בתום ההלכתי הטהור, שכן את הגוונים שם כבר ראינו).

הפרק הנוכחי עוסק בתחום האפור. מטרתנו העיקרית היא להראות שהוא קיים.

א. מעמדו ההלכתי של הכשר מצווה

מבוא: מהו הכשר מצווה?

הדוגמה הראשונה שבה נעסוק היא מכשירי מצווה. הכשר מצווה הוא פעולה שנדרשת כהכנה לקראת קיום המצווה. לדוגמה, בניית סוכה לפני חג הסוכות היא מכשיר (או: הכשר) מצווה, שכן המצווה עצמה היא ישיבה בסוכה. אבל לא ניתן לשבת בסוכה אם לא תהיה לנו כזו, ולכן כהכשר (הכנה) עלינו לבנות לעצמנו סוכה.

מהו מעמדן ההלכתי של פעולות כמו בניית סוכה? לכאורה אין להן שום מעמד הלכתי, שכן אין בהלכה שום מצווה לבנות סוכה. זהו רק כורח מציאותי, ולכן מי שעוסק בבניית סוכה כלל לא עוסק במצווה. המסקנה המתבקשת היא שבניית סוכה שייכת לתחום הרשות (הלבן באיור שלמעלה).

והנה, הרמ״א ב**שו״ע** סוף הל׳ יוה״כ (או״ח סי׳ תרכ״ד) כותב בשם מהרי״ל:

> ***והמדקדקים מתחילים מיד במוצאי י״כ בעשיית הסוכה, כדי לצאת ממצוה אל מצוה (מהרי״ל ומנהגים והג״מ פ״ב דברכות מהרי״ו).***

מהרי״ל כותב להתחיל לבנות סוכה במוצאי יו״כ כדי לצאת ממצווה למצווה. האם משמעות הדבר היא שעשיית הסוכה היא מצווה במובנה ההלכתי המלא? לא בהכרח. ייתכן שזה רק עניין תחושתי ולא הגדרה הלכתית מהותית. מדובר כאן על ״עיסוק במצווה״ במובן הרעיוני ולא ההלכתי. עלינו לצאת מעיסוק במצווה לעיסוק במצווה אחרת, אבל עיסוק במצווה אין

פירושו בהכרח קיום מצווה במובנו ההלכתי המלא.[75] ובכל זאת, אנחנו מוצאים בכמה הקשרים שיש מצווה בבניית הסוכה, ונראה כמה מהם כעת.

א. חטיבת עצים ובניית סוכה

כידוע, ההלכה מחייבת את הרוצח בשוגג לגלות לעיר מקלט. במשנה (מכות ח ע״א) נאמר:

ואשר יבא את רעהו ביער" (דברים יט, ה)... אבא שאול אומר: מה חטבת עצים רשות אף כל רשות. יצא האב המכה את בנו, והרב הרודה את תלמידו, ושליח ב״ד.

חטיבת עצים ביער היא פעולת רשות, ומי שרצח בשגגה בזמן פעולת רשות – גולה. מכאן לומד אבא שאול שמי שהרג בשוגג בעת שעסק במצווה יהיה פטור מגלות, שכן הוא כמו אב המכה את בנו לחנכו לתורה, או רב את תלמידו, או שליח בית דין הממלא את תפקידו.

בגמרא שם מובא על כך:

אמר ליה ההוא מרבנן לרבא: ממאי דמחטבת עצים דרשות? דלמא מחטבת עצים דסוכה ומחטבת עצים דמערכה, ואפילו הכי אמר רחמנא: ליגלי! אמר ליה: כיון דאם מצא חטוב (אינו חוטב) לאו מצוה, השתא נמי לאו מצוה.

מתשובתו של רבא עולה שרדיית הרב בתלמיד והאב בבנו היא אכן מצווה, אבל חטיבת עצי סוכה היא רשות.

---

[75] כעין זה ראינו בפרק על השליחות, לגבי הכלל מצווה בו יותר מבשלוחו. גם שם נראה על פניו שמדובר בכלל מטא הלכתי שאין לו השפעות על התוצאות ההלכתיות עצמן. אבל שם הבאנו דעות בהלכה (הראב״ד) שסוברות שקיימת עמימות גם בתוצאות ההלכתיות עצמן.

הריטב״א שם מסביר שחטיבת עצים לסוכה היא הכשר מצווה, לא המצווה בעצמה, ולכן ההורג בשוגג בעת חטיבת העצים בכל זאת יגלה (וכן הוא במאירי שם):

אף כשלא מצא חטוב שהוא צריך לחטוב ולא סגיא בלאו הכי, אין החטיבה ההיא חשובה מצוה, והכשר מצוה בעלמא הוא, ואפילו הידור מצוה אין בזה יותר מבזה. ולאפוקי מאב המכה את בנו והרב הרודה את תלמידו דמפרש תלמודא ואזיל דהתם לעולם איכא מצוה.

הוא כותב שזהו הכשר מצווה, ומוסיף שאין עניין אפילו לעסוק בזה אלא אם הוא צריך לכך (אין לו עצים).

האחרונים כתבו שלשיטת הריטב״א והמאירי לא גולים על חטיבת עצי סוכה גם אם המצב הוא שאין לו עצים ולכן הוא חייב לחטוב, שהרי סו״ס זו לא מצווה. כלומר גם אם אין לו עצים וההכשר נחוץ בהכרח, אין לראות בהכשר מעשה מצווה, אלא מעשה של רשות. זה נחשב אפילו פחות מצווה מרדיית הרב בתלמידו והכאת האב את בנו, שגם מעמדם ההלכתי לא נראה כמצווה במובנה הפורמלי.

לעומת זאת, בתוספות שאנץ שם כותב:

הדר אמ׳ רבא לאו מילתא היא דאמרינן וכו׳. ואי ס״ד מצוה מי סגי דלא עייל, אלא ע״כ לא איירי קרא בחטיבת מצוה וא״כ מצי למתני׳ במתני׳ באותם שאינן גולים הלך ביער לחטוב עצי סוכה וערבה וכל חטיבת מצוה.

מכאן יש ללמוד שאם לאדם אין עצים חטובים, והוא חטב עצים לסוכה והרג בשגגה - לא יגלה, על אף שפעולתו היא רק הכשר מצווה. מבחינת הר״ש משאנץ, הכשר שהוא חיוני לקיום המצווה נחשב בעצמו כמעשה מצווה לעניין גלות.

אבל רש״י שם מוסיף עוד נדבך שיכול להיות מוסכם על כולם:

השתא נמי - כי לא מצא חטובה אין החטבה מצוה אלא עשיית הסוכה.

רואים שלדעתו גם אם מסקנת הסוגיא היא שחטיבת העצים אינה מצווה, בין לתוס׳ שאנץ ובין לריטב״א עשיית הסוכה היא ודאי מצווה.

אמנם עדיין יש מקום לדחות ולומר שאין כוונתו לומר שעשיית הסוכה היא מצווה ממש, אלא רק שזהו הכשר מצווה, אלא שלשיטתו גם הכשר פוטר מגלות (כמו אב שמכה את בנו ורב שרודה בתלמידו). מה שהוא מתכוין לטעון כאן הוא רק שלא כל שלב מרוחק (כמו ללכת לעבודה כדי לקנות את העצים לסוכה) יכול להיחשב כהכשר מצווה. לכן חטיבת העצים גם אם היא נחוצה, לא יכולה להיחשב הכשר מצווה בעל מעמד הלכתי (כמובן זהו הכשר במובן העובדתי. בלעדיו אין סוכה), ואילו עשיית הסוכה כן.

חשוב לציין שעשיית הסוכה היא מכשיר מצווה חריג. בדרך כלל התורה לא מצווה על הכנת המצווה, ורק הכורח המעשי הוא שעומד ביסוד העשייה. אבל ביחס לבניית סוכה התורה עצמה כותבת ״וחג הסוכות תעשה לך״ (דברים טז, יג), ולכאורה יש כאן ציווי על עשיית סוכה. אמנם בפשטות הפסוק הזה מדבר על עשיית החג ולא על עשיית סוכה, אבל חז״ל לומדים ממנו פסולים של הסוכה, כגון ״תעשה ולא מן העשוי״ (כאשר הסוכה נעשית מאליה. ראה סוכה יא ע״ב – יב ע״א), ולכן נראה שלדעתם יש מקום לפרש זאת גם על עשיית הסוכה עצמה. ולפי זה נראה שהם הבינו שהפסוק ממש מצווה על עשיית סוכה. האם זה אומר שיש בעשיית הסוכה מצווה, כלומר שזה לא רק הכשר מצווה? לא בהכרח. ייתכן שהפסוק רק בא לומר שאם הסוכה נעשית מאליה זה פוסל אותה, אבל עדיין נכון שאין מצווה לעשות סוכה (זה סוג של לאו הבא מכלל עשה. ראה על כך בספרנו החמישי בסדרה).

והנה, ר׳ זלמן פינס כתב לרב קוק (**אגרות הראיה** ג עמ׳ רצד-רצה):

במכות ח ע״א רש״י ד״ה השתא: ׳כי לא מצא חטובה אין החטיבה מצוה אלא עשיית הסוכה׳. לכאורה ׳אלא עשית המצוה׳ שפת יתר היא. ותו עשיה נמי אם מצא עשויה לאו מצוה היא? וי״ל דכונת רש״י דעשיה לעולם מכל מקום מצוה משום דכתיבת בקרא בהדיא ׳חג הסוכות תעשה לך׳.

הוא מפרש את הפסוק בתור פסוק המדבר בעשיית הסוכה.

על כך עונה לו הראי"ה (אגרות הראי"ה ג עמ' רעד, וראה גם דבריו בספרו **טוב רואי** סוכה, עמ' רכט):

זכורני שכתב כת"ר הערה על דברי רש"י מכות ח ע"א בסוגיה דחטיבת עצים רשות, על מה שכתב רש"י דהמצוה היא עשית הסוכה. ובאמת אין מצוה כי אם הישיבה, וסוכת גנב"ך כשרה. אמנם קרא צריך לישב גם אליבא דבית שמאי דסבירה ליה סוכה לשמה בעינן, וגם אליבא דבית הלל. יש לומר כעין דברי ספר חרדים (בעל חיי אדם בקיצור ספר חרדים פ"א אות י') בענין הסברת מצוות אין צריכות כוונה, שאמר כלומר שהכונה, מצוה היא מ'לעבדו בכל לבבכם', אלא דסבירה ליה שאינה מעכבת. והכא נמי יש לומר דלא נפיק קרא מפשטיה, והעשיה מצוה (ומברכים עליה שהחיינו), אלא שאינה מעכבת את ההכשר, ואפילו אם לא עשה מצות העשייה, מקיים המצווה דישיבה...

הראי"ה קוק סובר שבניית הסוכה היא מצווה גמורה, אך גם אם לא בנה סוכה כי סוכתו מוכנה – אין זה מעכב את מצוות הישיבה בסוכה. חידושו של הראי"ה הוא שהפסוק ממש מצווה על עשיית סוכה (ולא רק לאו הבא מכלל עשה) ולכן זוהי מצווה גמורה (ולא הכשר מצווה), אלא שהעשייה אינה מעכבת את כשרות הסוכה (גם אם לא עשה הוא יכול לצאת ידי חובה בסוכה שלא הוא עשה). זוהי גישה קיצונית מאד, וכאמור לעיל היא לא עולה בהכרח מדברי רש"י.

ב. הברכה בעת עשיית הסוכה

בירושלמי (סוכה פ"א ה"ב; ברכות פ"ט ה"ג) נאמר:

העושה סוכה לעצמו מהו אומר: ברוך אקב"ו לעשות סוכה. לאחר: לעשות סוכה לשמו. נכנס לישב בה אומר: ברוך אקב"ו לישב

בסוכה. משהוא מברך עליה בלילי יום טוב הראשון אינו צריך לברך עליה עוד מעתה.

על פי הירושלמי יש לברך בעת עשיית הסוכה, ואף יש הבדל בנוסח הברכה אם אדם בונה את הסוכה לעצמו או לאחרים. נראה מהירושלמי שזוהי ברכת המצוות, ולכן נראה שלשיטתו יש מצווה בעשיית הסוכה. זה בהחלט תומך בדברי הראי״ה שהובאו לעיל.

אמנם בתוספתא ברכות ([ליברמן], פ״ו ה״ט-י):

ט. העושה כל המצות מברך עליהן. העושה סוכה לעצמו אומר: ברוך שהגיענו לזמן הזה. נכנס לישב בה אומר: ברוך אשר קדשנו במצותיו וצונו לישב בסוכה. משברך עליה יום ראשון שוב אינו צריך לברך.

י. העושה לולב לעצמו אומר: ברוך שהחיינו וקיימנו והגיענו לזמן הזה. כשהוא נוטלו אומר: ברוך אשר קדשנו במצותיו וצונו על נטילת לולב. וצריך לברך עליו כל שבעה. העושה ציצית לעצמו אומר ברוך שהחיינו. כשהוא מתעטף אומר: ברוך אשר קדשנו במצוותיו וציונו להתעטף בציצית. וצריך לברך עליהן בכל יום. העושה תפלין לעצמו אומר: ברוך שהחיינו. כשהוא מניחן ברוך אשר קדשנו במצוותיו וציונו להניח תפלין. מאימתי מניחן בשחרית לא הניחן בשחרית מניחן כל היום כולו.

כאן מדובר בברכת השבח, ולא ניתן ללמוד שיש מצווה בעשיית הסוכה. שיטת התוספתא היא שמברכים ברכת השבח גם על הכנת החפץ למצוותו ולא רק על קיום המצווה. לכאורה גם בירושלמי ניתן היה לפרש כך, אבל נוסח הברכה בירושלמי מלמד שזוהי מצווה שאנו מצווים בה. ובאמת בבבלי מובאת התוספתא הזאת (פסחים ז ע״ב; סוכה מו ע״א), אך לא מובא הדין לברך על עשיית הסוכה. לכן מקובל במפרשים לומר שיש כאן מחלוקת בבבלי וירושלמי (וכאמור, רש״י במכות לא בהכרח הולך כירושלמי).

במקום נוסף בתלמוד (מנחות מב ע"א), דנים בברכה על עשיית מצווה (בפרט ציצית). במהלך הדיון מוכיחה הגמרא שאין לברך על עשיית ציצית, מכך שאין מברכים על עשיית סוכה:

דתניא: העושה סוכה לעצמו, אומר: ברוך אתה ה' אלהינו מלך העולם שהחיינו וקימנו והגיענו לזמן הזה. בא לישב בה, אומר: ברוך אתה ה' אלהינו מלך העולם אשר קדשנו במצותיו וצונו לישב בסוכה. ואילו לעשות סוכה לא מברך.

כאן הגמרא אומרת במפורש שאין מברכים על עשיית הסוכה. המסקנה העולה מהגמרא שם היא שכל מצווה שאין עשייתה גמר המצווה, כמו ארבעה מינים, סוכה, ציצית ותפילין, אין מברכים בשעת העשייה, אלא ברכת 'שהחיינו' בלבד.

התוספות (מנחות מב ע"ב, ד"ה אילו), מציינים את דברי הירושלמי שהובא לעיל, וכותבים שלפנינו מחלוקת בין שני התלמודים:

ופרק הרואה (ירושלמי ברכות פ"ט ה"ג) מצריך לברך אעשיית ציצית סוכה ותפילין. ובערוך הביאו בערך צץ ג'. וחולק על הש"ס שלנו.

רואים שיש מחלוקת האם לברך על עשיית סוכה או לא. בפשטות המחלוקת היא האם יש כאן מצווה או לא.

אבל שם בע"ב הגמרא מסבירה את שיטת הבבלי:

אלא לאו היינו טעמא, כל מצוה דעשייתה גמר מצוה, כגון מילה, אף על גב דכשירה בעובד כוכבים - בישראל צריך לברך, וכל מצוה דעשייתה לאו גמר מצוה, כגון תפילין, אף על גב דפסולות בעובד כוכבים - בישראל אינו צריך לברך, ובציצית בהא קמיפלגי, מר סבר: חובת טלית הוא, ומר סבר: חובת גברא הוא.

כאן הניסות הוא ״מצווה דעשייתה גמר מצווה״. נראה שלא מדובר בהכשר מצווה אלא בהתחלת ביצוע המצווה עצמה.[76]

בספר **אור זרוע** (ח״א הלכות תפילין סימן תקפג, ד״ה ׳בפרק התכלת׳), מביא:

> ***תלמוד ירושלמי פליג אתלמוד דידן דפרק התכלת ולא סמכינן אלא אתלמוד דידן. וסברת תלמוד ירושלמי דמשום דמצוה לעשות המצוה לשמה, מברך על עשייתה.***

לא ברור האם כוונתו לומר שיש מצווה בעשיית הסוכה, וההוכחה היא מזה שנדרשת עשייה לשמה (לפי ב״ש, ולב״ה לשם צל – ראה סוכה ח ע״ב גנב״ך ורקב״ש, וברמב״ם פ״ה ה״ט), או שמא הוא לומד מכאן שיש מצווה לעשות את הסוכה לשמה (כלומר זו דרישה לכשרותה של הסוכה עצמה, כמו כל דיני ״לשמה״, ולא מצווה ממש על האדם לבנות סוכה).

בפשטות העובדה שנדרשת עשייה לשמה אינה מוכיחה מאומה, שהרי גם אפיית מצה וכתיבת גט צריכים להיעשות לשמה. דין ׳לשמה׳ הוא דין בהכנת חפצי מצווה לתפקידם ההלכתית (להבדיל מדין כוונה שהוא דין במעשה המצווה. ראה שיעורי הרב ליכטנשטיין לזבחים ועוד).

אבל פשט דבריו נראה שמכיון שיש דינים על העשייה (ולא רק על החפץ שנעשה) זה מוכיח שפעולת המצווה כבר החלה בעת העשייה ולכן שייך לברך על כך כבר בזמן העשייה. לפי זה עשיית החפץ היא תחילת קיום המצווה. זהו מה שראינו גם בלשון הבבלי במנחות, שלא מברכים מפני שהיא אינה ״גמר מצווה״. הבבלי רואה את ההכשר כתחילת קיום המצווה, אלא שלא מברכים כי זו רק ההתחלה והיא מחוסרת גמר.

---

[76] ראה **אור ישראל** לרי״ס, מאמר ״חוק ומשפט״ מה שלמד מכאן לתפיסות שרואות את תלמוד תורה כמכשיר מצווה, כלומר כאמצעי כדי לדעת מה לעשות, ולא כמצווה שערכה בעצם קיומה.

נעיר כי הגריפ"פ בפירושו ל**ספר המצוות** לרס"ג (מובא אצל הרב צבי פסח פרנק, **מקראי קדש**, סוכה א, עמ' קיא) כותב שגם לפי הירושלמי אין מצווה לבנות סוכה, ומסביר את שיטתו בכך שלדעת הירושלמי מברכים גם על הכשרי מצווה.

הרמב"ם מכריע להלכה כבבלי, ומשתמש בניסוח של הבבלי (ברכות פי"א ה"ח):

> ***כל מצוה שעשייתה היא גמר חיובה מברך בשעת עשייה, וכל מצוה שיש אחר עשייתה צווי אחר אינו מברך אלא בשעה שעושה הצווי האחרון. כיצד? העושה סוכה או לולב או שופר או ציצית או תפילין או מזוזה אינו מברך בשעת עשייה אשר קדשנו במצותיו וצונו לעשות סוכה או לולב או לכתוב תפילין מפני שיש אחר עשייתו צווי אחר. ואימתי מברך? בשעה שישב בסוכה או כשינענע הלולב או כשישמע קול השופר או כשיתעטף בציצית ובשעת לבישת תפילין ובשעת קביעת מזוזה. אבל אם עשה מעקה מברך בשעת עשייה אשר קדשנו במצותיו וצונו לעשות מעקה, וכן כל כיוצא בזה.***

אם כנים דברינו, אז הניסוח הזה ברמב"ם גם הוא מורה שההכשר הוא תחילת הביצוע של המצווה עצמה.

לעומת זאת, הניסוח ב**טור** (או"ח סי' תרמא) הוא שונה:

> ***העושה סוכה לעצמו, אין צריך לברך על עשייתה. אף על גב דגרסינן בירושלמי העושה סוכה לעצמו מברך אקב"ו לעשות סוכה עשאה לחבירו מברך על עשיית סוכה, סמכינן אגמרא דידן דקאמר שא"צ לברך על עשייתה.***

מכאן נראה שאין בעשייה שום עניין. הוא לא מנסח שזוהי מצווה שאינה גמר עשייה. קצת נראה שהוא לומד שלשון הסוגיא במנחות לאו דווקא, ולהכשר אין מעמד הלכתי.

ג. דיוקים לשוניים

בשבועות פ״ג מ״ח אנו מוצאים:

> ***נשבע לבטל את המצוה - שלא לעשות סוכה, ושלא ליטול לולב, ושלא להניח תפילין, זו היא שבועה שוא שחייבין על זדונה מכות, ועל שגגתה פטור.***

יש כאן הבדל בלשון בין סוכה, שמדובר על עשייתה (ולא ישיבתה), לבין לולב, שמדובר על נטילתו, או תפילין (שמדובר על הנחה).

גם המשנה נדרים פ״ב מ״ב מביאה את הדוגמאות הללו:

> ***זה חומר בשבועות מבנדרים, וחומר בנדרים מבשבועות. כיצד? אמר קונם סוכה שאני עושה, לולב שאני נוטל, תפילין שאני מניח. בנדרים אסור, בשבועות מותר. שאין נשבעין לעבור על המצות.***

אמנם בגמרא נדרים טז ע״ב אנו מוצאים הסבר למשנה הזאת:

> ***אמר רבא: הא דאמר ישיבת סוכה עלי, והא דאמר שבועה שלא אשב בסוכה.***

נראה שבכל זאת מדובר על ישיבה בסוכה. אבל עדיין נראה שהשיגרא דלישנא גם היא אומרת משהו.

וכן אנו מוצאים בגמרא בכתובות (פו ע״א; וראה גם חולין קלב ע״ב):

> ***אמר ליה רב כהנא לרב פפא, לדידך דאמרת: פריעת בעל חוב מצוה, אמר לא ניחא לי דאיעביד מצוה, מאי? אמר ליה, תנינא: במה דברים אמורים במצות לא תעשה, אבל במצות עשה, כגון שאומרין לו עשה סוכה ואינו עושה, לולב ואינו עושה, מכין אותו עד שתצא נפשו.***

אמנם גם על לולב כתוב כאן ״עושה״, אבל בריטב״א באמת גרס ״נוטל״.

בדומה לזה אנחנו מוצאים בירושלמי (פאה פ״א ה״א; קידושין פ״א ה״ז):

> ***׳כבד את ה׳ מהונך׳ (משלי ג, ט). ממה את מכבדו? משיחננך. מפריש לקט שכחה ופיאה, מפריש תרומה ומעשר ראשון ומעשר שני ומעשר עני וחלה, ועושה סוכה ולולב ושופר ותפילין וציצית***

ומאכיל את העניים ואת הרעבים ומשקה את הצמאים. אם יש לך את חייב בכל אילו, ואם אין לך אין את חייב באחת מהן.

אמנם כאן נקטו "עושה" בכל המצוות, אבל ב**ביאור הלכה** (סי' תרנו, ד"ה 'אפילו') מסביר שהירושלמי כאן הולך לשיטתו:

דהירושלמי אזיל לשיטתו דאיתא שם בברכות פ"ט הלכה ג' העושה סוכה לעצמו אומר ברוך אשר קדשנו במצותיו וציונו לעשות סוכה. ...הרי דסובר הירושלמי דעשיית המצות הוא מצוה בפני עצמה מדמברך עליה (ועיין במנחות דף מ"ב ע"ב בתוספות דהירושלמי חולק בזה על הגמרא שלנו) ואינו יכול לפטור עצמו במה שיקנה תפילין או סוכה מחבירו במעותיו. ולזה קאמר הירושלמי דענין זה לא חייבתו התורה לעשות בעצמו הסוכה. ...אם אין לו לא חייבתו התורה בזה לחזור אחר עצים לסוכה, וקלף לתפילין, וכי האי גוונא. אלא קונה במעותיו תפילין ומזוזה שעשו אחרים, וכן בסוכה וכל המצות דהעשייה אינה אלא הכשר, אבל עצם המצות העשה ללבוש תפילין וכן כי האי גוונא בקיום שאר המצות, מזה לא פטרתו התורה כלל, שהוא חוב המוטל על גופו.

לדבריו, על פי הירושלמי אדם שאיננו יכול לקנות מכספו עצים לסוכה, יהיה פטור מלעשות כן, אם כי אין הוא נפטר מעצם קיום מצוות הסוכה, ועליו לשבת בסוכתו של אחר.[77]

---

[77] ראה גם בירושלמי ברכות (פ"א ה"ב) ובירושלמי שבת (פ"א ה"ב), שם נאמר שרשב"י לא היה מפסיק מתלמודו אפילו לקיום מצוות. על כך שואל הירושלמי: "ולא מודי רבי שמעון בן יוחי שמפסיקין לעשות סוכה ולעשות לולב". גם מכאן ניתן ללמוד ששאלה זו היא לפי הירושלמי, שהמצווה היא עשיית הסוכה. אך המפרשים שם מסבירים שהכוונה היא לישב בסוכה.
וראה שו"ת **שבט הלוי**, ח"ד סי' סד שחולק על ה**ביאוה"ל** בהבנת הירושלמי.

אך נראה שפשט הירושלמי הוא לא כדברי ה**ביאוה"ל**. הירושלמי רק אומר שחייבים להוציא כסף על המצווה, וברור שבסוכה ההוצאה היא על הכנתה ולא על עשייתה או הישיבה בה.

שיטת ה'שאילתות'

ב**שאילתות** קסא כותב ר' אחאי:

דמחייבין בית ישראל מעבד מטללתא ומיתב בה - חייבים בית ישראל לעשות סוכה ולישב בה.

והנצי"ב בפירושו **העמק שאלה** (שם אות א), כותב:

אע"ג דעיקר מצות סוכה היא הישיבה, והעשיה אינה אלא הכנה, מכל מקום יש בה מצוה, באשר הכנה זו כתיבא בתורה וחשובה משאר הכנות דמצוה שאינן כתובין בתורה. ואינה דומה עשית סוכה וכתיבת תפילין ומזוזות, דכתיב: 'וכתבתם, ושמירת מצת מצוה דכתיב: 'ושמרתם את המצות'... לאגידת לולב ותקון שופר וכד', שלא נזכרה בהו שום הכנה אלא גוף המצוה.

ולמדתי הכי מפרש"י מכות דף ח בהא דתנן 'ואשר יבוא את רעהו ביער'... ופרש רש"י: 'השתא נמי - כי לא מצא חטובה אין החטבה מצוה אלא עשיית הסוכה' עכ"ל. הרי דמחלק רש"י בין חטיבת עצים לגוף מעשה הסוכה, דבגוף מעשה הסוכה ודאי מחשב מצוה דאפילו מצא עשוי, מצוה שיעשה בעצמו משום מצוה בו יותר מבשלוחו, מה שאין כן חטיבת עצים דאם מצא חטוב ודאי אינו מצוה.

הוא טוען שחטיבת העצים לשם סוכה איננה נחשבת חלק מעשיית הסוכה, אך כשבונים את הסוכה - הבנייה עצמה נחשבת מצווה.

סיכום ביניים

ראינו עד כאן שתי גישות ביחס להכשר מצווה: יש מקום לראות אותו כפעולה נייטרלית שנצרכת רק מחמת הכרח המציאות. כפי שראינו למעלה במאירי, אין עניין לעסוק בה. לכל היותר מדובר בהכרח שלא יגונה. לעומת זאת, ניתן לראות את ההכשר כפעולה שיש להלכה עניין בה, ואולי אפילו כהתחלת ביצוע המצווה עצמה.

נמצאנו למדים שלפחות לחלק מהשיטות הכשר מצווה יכול להתפרש כתחילת הביצוע של המצווה עצמה. זו לא סתם פעולת רשות אלא פעולה שהיא חלק מההלכה. נסייג את דברינו ונזכיר שבניית סוכה היא הכשר מצווה חריג, שכן הוא מעוגן בלשון הפסוק. קניית אתרוג ולולב למשל, אלו הכשרי מצווה שאינם כתובים בתורה. ניתן לתהות האם גם לגביהם יכולה להיות תפיסה שהם חלק מביצוע המצווה עצמה.

דברי הרמב"ם בשורש העשירי

הרמב"ם פותח את דבריו בשורש העשירי בהגדרת הכלל שיידון בו:

> ***השרש העשירי שאין ראוי למנות ההקדמות אשר הם לתכלית אחת מן התכליות. פעמים יבאו צוויים בתורה אין אותם הצוויים הם המצוה אבל הם הקדמות לעשיית המצוה כאילו הוא מספר איך ראוי שתיעשה המצוה ההיא.***

המונח "הקדמות" בו משתמש כאן הרמב"ם אינו אלא המונח ההלכתי של 'מכשירי מצווה'. אם כן, בשורש זה טוען הרמב"ם שמכשירי מצווה אינם נכללים במניין המצוות. על פניו הדבר ברור, שכן לא מדובר במצווה אלא בהכנה לקראת המצווה שהיא פעולה נייטרלית שאינה שייכת לתחום ההלכתי. כך משתמע גם מהנימוק שלו, שההקדמות הללו הן רק הכנות למצווה ולא חלק ממנה עצמה.

כבר כאן חשוב לציין שדברי הרמב"ם בשורש הזה נסובים אך ורק על מכשירי מצווה שכתובים בפסוק. אם יש מכשירים שלא כתובים בפסוק הם ודאי לא

יימנו, שכן לשיטתו העקרונית מה שלא מופיע בפסוק אינו יכול להיכלל במניין המצוות. אם כן, לכאורה נראה שגם הכשרי מצווה שכתובים בפסוק אין להם מעמד הלכתי. כמובן שהמסקנה הזאת אינה הכרחית, שכן ייתכן שיש להם מעמד הלכתי מסויים, אלא שאין בו די כדי להיכלל במניין המצוות (כמו מצווה דרבנן, או מצווה שנלמדת מדרשה – ראה בשורש השני).

כעת מביא הרמב״ם דוגמה מלחם הפנים:

> ***דמיון זה אמרו (ס״פ אמור) ולקחת סלת וכו׳. כי הוא אינו ראוי שיימנה לקיחת הסלת מצוה ועשייתו לחם מצוה. אבל הנמנה (מ״ע כז) אמנם הוא אמרו (תרומה כה) ונתת על השלחן לחם פנים לפני תמיד. הנה המצוה אמנם היא היות לחם תמיד לפני י״י ואחר כך ספר איך יהיה זה הלחם וממה זה יהיה ואמר שהוא יהיה מסולת ויהיה שתים עשרה חלות.***

התורה מצווה אותנו לקחת סולת לאפיית לחם הפנים, ולאחר מכן יש לאפות את הלחם, וגם זה רק חלק מההכנות למצווה, ולא משהו ששייך לקיום המצווה עצמה. המצווה היא להניח את לחם הפנים על השולחן ושיהיה שם תמיד. כל השאר הן הכנות למצווה, ולכן אין למנותן.

מייד אחר כך עובר הרמב״ם לתאר כמה דוגמאות נוספות:

> ***ועל הדרך הזה בעצמו אין ראוי שיימנה אמרו (ר״פ תצוה) ויקחו אליך שמן זית זך, אבל יימנה (מ״ע כה) אמרו (שם) להעלות נר תמיד, וזה הוא הטבת הנרות כמו שהתבאר בתמיד (ספ״ג ובפיה״מ). ועל זה הדרך בעצמו לא יימנה אמרו (ר״פ תשא) קח לך סמים אבל יימנה (מ״ע כח) הקטרת הקטורת בכל יום כמו שבא בו הכתוב (ס״פ תצוה) בבקר בבקר בהטיבו את הנרות יקטירנה ובהעלות אהרן את הנרות וכו׳. וזו היא המצוה המנויה. ואמרו קח לך סמים הקדמה בצווי שהוא לבאר איך תיעשה המצוה הזאת והקטורת הזאת מאי זה דבר תהיה. וכן קח לך בשמים ראש (ר״פ***

תשא) לא יימנה, ואמנם יימנה (מ״ע לה) הצווי שצונו שנמשח כהנים גדולים ומלכים וכלי הקדש בשמן המשחה המתואר.

ומכאן הוא עובר למסקנה הכללית:

ועל הדרך הזה הקש כל מה שדומה לו עד שלא יתרבה אצלך מה שאין ראוי לרבותו. וזאת כוונתנו בשורש הזה. והוא דבר מבואר.

לאחר מכן הוא דן בקצרה ב״פרשיות״ ומסביר מדוע **בה״ג** טעה בעיקרון הזה ומנה מכשירי מצווה.

האם ישנה מחלוקת ביחס לשורש זה?

נעיר כי הרמב״ן בהשגותיו מסכים גם הוא לעיקרון שבשורש זה, וכך גם **בה״ג** עצמו. הרמב״ן מגן על **בה״ג** כנגד טענות הרמב״ם, ומסביר שהרמב״ם לא הבין אותו נכון. הרב ירוחם פישל פערלא (הריפ״פ) בהקדמתו **לספר המצוות לרס״ג** כותב שנראה כי גם רס״ג מסכים לשורש הזה, כמו כל שאר הראשונים.

על אף ההסכמה הגורפת שקיימת בין הראשונים לגבי שורש זה, אנו נראה מייד כי לא לגמרי ברור שכל הראשונים הבינו את העיקרון שבשורש הזה באותה צורה. כפי שנראה כבר בסעיף הבא, ישנן לפחות שתי אפשרויות להבין את הבסיס לאי המנייה של הכשרי מצווה.

הערה ראשונית על ההנמקה

הרמב״ם טוען שזהו עיקרון פשוט ומובן מאליו, ואינו טורח כלל לנמק אותו. הנימוקים שהרמב״ם יכול היה להעלות כאן הם מגוונים: המניין הכולל - מספר המצוות אמור להתרבות לאלפים אם יימנו כל פרטי הכנת המצווה. שיקולי מיון וסיווג - אין למנות את הפרטים מחמת שהם פרטים במצווה אחרת שכבר מנוייה (כמו בשורשים ז, יא, וי״ב). או גם שיקולים שעוסקים במהות הפעולות הללו – שאלו כלל אינן מצוות אלא רק הכשרי מצווה.

מפשטות לשונו של הרמב״ם עולה שכוונתו היא להנמקה האחרונה. בתחילת דבריו הוא כותב:

פעמים יבאו צוויים בתורה אין אותם הצוויים הם המצוה אבל הם הקדמות לעשיית המצוה.

כאן נראה שההקדמות כלל אינן מצוות, ולכן אינן נמנות. זה אינו שיקול של כפילות או מיון זה או אחר, אלא מעצם הגדרתן כמכשירים. אמנם בסוף דבריו הוא כותב בנוסח מעט שונה:

ואמנם זכרנוהו ועוררנו עליו בעבור כי כבר טעו בו רבים גם כן ומנו קצת הקדמות המצוות עם המצוה עצמה בשתי מצות.

כאן נראה שהבעיה היא לא רק עצם המנייה (=״ומנו קצת הקדמות המצוות״), אלא גם העובדה שההקדמות הללו נמנו בנוסף למצווה עצמה (=״עם המצווה עצמה בשתי מצוות״). מכאן נראה שהבעייה של הרמב״ם היא הכפילות ולא עצם המנייה. לפי זה יש מקום להבין שמכשירי מצווה הם מצוות, אלא שאין למנות אותם בנפרד מהמצווה שהם מהווים הכנה אליה. הם אינם אלא פרט שכלול בה עצמה.

מכל האמור עד כאן נראה שיש כאן שתי טענות שונות של הרמב״ם: 1. אין ראוי למנות את ההקדמות כי הן אינן מצוות. 2. גם אם מישהו חושב שיש למנות אותן (כלומר שהן כן בגדר מצוות), עדיין עליו לכלול אותן כפרטים במצווה עצמה (לדוגמה, לכלול את הכנת הסולת ואפיית הלחם במצוות לחם הפנים).

שני סוגי הטענות הללו מניחים תפיסות שונות של מכשירי המצווה, ומתוך כך גם משמעויות עקרוניות שונות לשורש הזה. לפי הטענה הראשונה, מכשירי מצווה כלל אינם מצוות. לעומת זאת, לפי הטענה השנייה אלו הן מצוות, אך עליהן להיכלל כפרטים במצוות מנויות אחרות.

לפי האפשרות הראשונה עולה הקושי הבא: כיצד בכלל ניתן להתייחס למכשירי מצווה כמצוות? הרי אין לנו ציווי על כך, ונראה שאלו אינם אלא מעשים שמחוייבים טכנית להיעשות לצורך קיום המצווה.

קיומים בלי ציוויים[78]

ראשית, נציין שגם אם אין ציווי אין הכרח להסיק מכאן שאין במעשה משום קיום מצווה. לפחות מבחינה מושגית אין כל מניעה לראות את הכשר המצווה כסוג של מעשה שיש בו קיום מצווה, גם אם אין לנו ציווי על כך. יש כמה דוגמאות למעשים שנחשבים מצווה גם בלי ציווי. הדוגמה המפורסמת ביותר היא מצוות עשה שהזמן גרמן לנשים. לדעת רוב הראשונים (ראה למשל בפירוש הראב״ד בתחילת ה**ספרא**), על אף שנשים לא נצטוו במצוות אלו, אם הן עושות אותן יש להן קיום מצווה. לפחות לחלק מהדעות יש לכך גם ביטויים הלכתיים ביחס לברכה על מצוות אלו, ביחס לדין עוסק במצווה פטור מן המצווה, עשה דוחה לא תעשה (כלומר שגם אישה שרוצה לקיים מצוות עשה שהזמן גרמא, יכולה לעבור על לאו בעשותה זאת, והיא נפטרת מעשה אחר שמוטל עליה לאחר שהחלה במצווה זו) וכדומה.

דוגמא נוספת היא חידושו של הגר״ח סולובייצ׳יק בספרו חידושי ר׳ חיים הלוי על הרמב״ם הל׳ תפילה, לפיו כשהאבות התפללו לקב״ה היתה שם ״חפצא של תפילה״. כלומר היה שם קיום של מצוות תפילה, על אף שלא היה כל ציווי על כך. דוגמה נוספת היא ייבום ע״י קטן, שאמנם אינו מצווה אבל ייתכן שמעשהו הוא בעל משמעות הלכתית. עוד דוגמה היא הימנות של קטן על פסח והבאת הפסח עליו, בה עוסק הגר״ח עצמו בספרו בהל׳ קרבן פסח, ושם הוא מגדיר בפירוש את ההבחנה בין יציאה ידי חובה לבין קיום מצווה ללא חובה.

אמנם ברור שבכל המקרים הללו התורה קובעת שהמעשים הנדונים הם מעשי מצווה, אלא שהיא מוציאה מכלל הציווי אישים מסויימים (נשים, קטנים).

---

[78] ראה על כך במאמר ״קיום ההלכה ועבודת השם״ (פרשת וישב), בתוך **לעשות מצוותיך**, מיכאל אברהם וגבריאל חזות, מידה טובה וספריית בית אל, 2010.

במקרים אלו ניתן להבין שקיום הפעולות הללו על ידי מי שלא צווה יש לו מעמד של מצווה. אבל במכשירי מצווה אין כלל הגדרה של התורה שאלו מצוות.

מעמדם של הכשרי מצווה

כאן עלינו לשוב ולהזכיר שבשורש זה הרמב״ם עוסק רק בדוגמאות של מכשירי מצווה שמופיעים כציווי בתורה (שהרי אם אין בתורה ציווי אז ברור שאין למנות את ההלכה הזו במניין המצוות), כמו ״קח לך סולת״ וכדומה. בדוגמאות אלו היה אולי מקום לומר שיש אפילו ציווי על הכשר המצווה, ולכן יש בהחלט יש מקום לראות אותו כמעשה מצווה. אבל כפי שנראה להלן, לפחות לדעות מסויימות גם מכשירים שלא כתובים בתורה יש להם מעמד הלכתי. דיון זה מזקיק אותנו להיכנס לבירור מקדים אודות משמעותם של מכשירי מצווה בכלל.

מכמה מקורות עולה שלהכשרי מצווה יש מעמד הלכתי, ולעיסוק בהם ישנה בהחלט גם משמעות הלכתית. מטבע הדברים, היבטים אלו עולים בעיקר כאשר ההלכה מעמתת מכשירי מצווה עם חובות הלכתיות (מצוות) אחרות. שתי הסיטואציות הבסיסיות בעניין זה: 1. עיסוק בהכשר מצווה שפוטר ממצווה אחרת. 2. עיסוק בהכשר מצווה שדוחה איסור. נבחן כעת בקצרה את שתי הסוגיות הללו, ולאחר מכן עוד כמה מקורות נוספים (נזכיר שלגבי בניית סוכה כבר ראינו למעלה שיטות שלפיהן יש למכשיר מעמד הלכתי כמו קיום מצווה).

א. שלוחי מצווה

הדיון על דחיית מצווה עולה בסוגיית ״העוסק במצווה פטור מן המצווה״. המשנה בסוכה כה ע״א קובעת: ״שלוחי מצוה פטורין מן הסוכה״. והנה רש״י על המשנה שם מסביר:

שלוחי מצוה - הולכי בדרך מצוה, כגון ללמוד תורה ולהקביל פני רבו ולפדות שבויים. פטורין מן הסוכה - ואפילו בשעת חנייתן.

רש"י מסביר ששלוחי מצווה שפטורים מלינה בסוכה הם אלו שמצויים בדרך לקיום מצווה, כגון מי שהולך ללמוד תורה או לפדות שבויים. אלו הם כמובן מצבים של הכשר מצווה ולא של עיסוק בקיום המצווה ממש. המסקנה היא שהפטור של שלוחי מצווה חל גם על מצב של הכשר מצווה, ולא רק בעת קיום המצווה עצמה.

מה יסוד הפטור הזה? בגמרא שם מתבאר המקור להלכה זו:

גמרא. מנא הני מילי? דתנו רבנן: +דברים, ו, ז+ בשבתך בביתך - פרט לעוסק במצוה, ובלכתך בדרך - פרט לחתן. מכאן אמרו: הכונס את הבתולה - פטור, ואת האלמנה - חייב.

הדין של שלוחי מצווה שפטורים ממצוות אחרות נתלה כאן בדין העוסק במצווה פטור מן המצווה. מדברי הגמרא עולה כי מי שעוסק בהכשר מצווה נחשב כעוסק במצווה ממש. לכאורה ניתן ללמוד מכאן שעיסוק בהכשר מצווה נחשב כקיום מצווה ממש, ולכן העיסוק שלו דוחה את החיוב במצוות אחרות. אמנם מסקנה זו אינה כה פשוטה, ונראה כעת צדדים לכאן ולכאן.

ראשית, ייתכן שזה יהיה תלוי במקור הדין, שמופיע בהמשך הסוגיא:

מאי משמע? - אמר רב הונא: כדרך, מה דרך רשות - אף כל רשות, לאפוקי האי דבמצוה עסוק. - מי לא עסקינן דקאזיל לדבר מצוה, וקא אמר רחמנא ליקרי! - אם כן לימא קרא בשבת ובלכת, מאי בשבתך ובלכתך - בלכת דידך הוא דמיחייבת, הא בלכת דמצוה - פטירת. - אי הכי, אפילו כונס את האלמנה נמי! - כונס את הבתולה - טריד, כונס אלמנה - לא טריד. - וכל היכא דטריד הכי נמי דפטור? אלא מעתה טבעה ספינתו בים דטריד, הכי נמי דפטור? וכי תימא הכי נמי - והאמר רבי אבא בר זבדא אמר רב: אבל חייב בכל המצות האמורות בתורה, חוץ מן התפילין, שהרי נאמר בהן פאר! - הכא טריד טירדא דמצוה, התם - טריד טרדא דרשות.

והעוסק במצוה פטור מן המצוה מהכא נפקא? מהתם נפקא, דתניא: +במדבר ט+ ויהי אנשים אשר היו טמאים לנפש אדם וכו' אותם אנשים מי היו? נושאי ארונו של יוסף היו, דברי רבי יוסי הגלילי...

למקורו של דין העוסק במצווה עצמו, מוצעות כאן בגמרא כמה אפשרויות, שעיקרן הוא פטור של ההולך בדרך למצווה מקיום מצוות אחרות. מקורות אלו מתייחסים ישירות למי שהולך בדרך למצווה, ולכן קשה ללמוד מהם משהו חד משמעי. אמנם בפשטות עולה מכאן שעיסוק בהכשר מצווה נחשב כקיום מצווה, ולכן הוא פוטר ממצוות אחרות, אבל ייתכן גם לדחות זאת ולומר שעיסוק בהכשר מצווה אינו נחשב כעיסוק במצווה ממש, ובדיוק בגלל זה דרוש כאן לימוד מפורש שפוטר ישירות גם את מי שמצוי בדרך למצווה, על אף שהוא אינו עוסק במצווה עצמה. זה גופא מה שלמדנו מהפסוק הזה, וזהו החידוש שבו. לפי זה, אין להסיק מהדחייה הזו שעיסוק בהכשר מצווה מהווה קיום מצווה בעצמו.

שנית, היה מקום לדחות ולומר שההליכה לקראת מצווה דוחה את החיוב לישב בסוכה בגלל שאם הוא יישב בסוכה לא תתקיים המצווה שלקראתה הוא הולך. כלומר מה שדוחה את מצוות הישיבה בסוכה הוא לא ההליכה ללמוד תורה אלא ביטול התורה שייגרם מהישיבה בסוכה. אם כן, הכשר המצווה יכול להיות נטול כל משמעות הלכתית מצד עצמו, והוא דוחה את מצוות הישיבה בסוכה רק בגלל שקיום מצוות סוכה עלול לפגוע במצוות תלמוד תורה עצמה (ולא בגלל ערכו של הכשר המצווה עצמו).[79]

אלא שעל כך היה מקום לערער ולומר שאם אכן זו היתה התפיסה (שתלמוד תורה הוא הדוחה ולא ההליכה לקראתו), אזי לא ברור מדוע עדיפה מצוות

---

[79] ההנחה שלנו כאן היא שהדחייה קיימת רק במקום שקיום המצווה האחת מפריע למימוש המצווה שלקראתה הולכים. כך שיטת רוב הראשונים והפוסקים, אם כי יש מי שחולק בזה, ונזכיר זאת להלן.

תלמוד תורה על מצוות ישיבה בסוכה. אם אנחנו מבינים שההליכה היא הדוחה את מצוות סוכה, אזי ברורה העדיפות של תלמוד תורה, שכן הוא כבר עוסק בהליכה הזו כשמגיע חיובו לישב בסוכה. אבל אם באמת ההליכה אינה דוחה את הישיבה בסוכה, אלא רק הלימוד עצמו, הרי הוא עדיין לא עוסק בכך. אם כן, לכאורה היינו צריכים לפסוק שהישיבה בסוכה היא המצווה הראשונה שבה עליו לעסוק, וממילא הוא חייב רק בה ונפטר מתלמוד תורה, ובודאי גם מההליכה לקראתו. לכאורה מכאן הוכחה שבכל זאת הכשר המצווה הוא שדוחה את הישיבה בסוכה ולא המצווה עצמה (=תלמוד תורה).

ובכל זאת יש מקום לדחות את הדחייה ולומר שההליכה לקראת המצווה אמנם אין לה דין של קיום מצווה ממש, ולכן לא היא עצמה דוחה את מצוות הישיבה בסוכה, אלא מצוות תלמוד תורה היא שדוחה אותה. ולגבי מה ששאלנו מדוע עדיפה מצוות תלמוד תורה, הרי היא לא הראשונה שכן בעודו בדרך הוא עדיין לא עוסק בה, על כך יש להשיב שההליכה לקראת תלמוד תורה אמנם אינה מצווה, אבל היא מספיקה כדי להחשיב אותו כמי שכבר עוסק בענייני מצוות תלמוד תורה. בכך נקבע שמצוות תלמוד תורה היא שחלה עליו ראשונה שכן הוא כבר עוסק בה, ולכן היא המחייבת אותו, והעיסוק בה דוחה את מצוות הישיבה בסוכה.

בכל אופן, אנו לא נמלטים ממידה כלשהי של הכרה בכך שהליכה לקראת קיום המצווה, כמו גם עיסוק בהכשר מצווה אחר (אין סברא לחלק בין הליכה לבין הכשר מצווה אחר), יש בהם משהו מתחילת הקיום של המצווה עצמה. אולי אין כאן ממש קיום של המצווה, אבל יש כאן התחלה כלשהי, ולו רק כדי לקבוע שהאדם כבר החל לעסוק במצוות תלמוד תורה. להלן נראה זאת מזוויות נוספות.

ב. דחיית שבת

המקור העיקרי שעוסק בהכשר מצווה הוא המשנה בשבת, בתחילת פרק ר״א דמילה. כאן נושא הדיון הוא דחיית איסור, וכפי שנראה יש כאן מקום להעלות שיקולים דומים לאלו שעלו לעיל ביחס לדחיית חיוב במצוות אחרת. כידוע, מצוות מילה בזמנה (ביום השמיני) דוחה את השבת. מה בדבר מכשירי המצווה (כגון חימום מים, הכנת כלי המילה, הבאתם מחוץ לתחום וכדו׳)? במשנה שבת קל ע״א מופיעה מחלוקת תנאים בעניין זה:

> ***רבי אליעזר אומר: אם לא הביא כלי מערב שבת - מביאו בשבת מגולה. ובסכנה מכסהו על פי עדים. ועוד אמר רבי אליעזר: כורתים עצים לעשות פחמין לעשות (כלי) ברזל. כלל אמר רבי עקיבא: כל מלאכה שאפשר לעשותה מערב שבת - אינה דוחה את השבת, (ומילה) שאי אפשר לעשותה מערב שבת - דוחה את השבת.***

ובגמ׳ שם קלא ע״א מבואר שהמחלוקת היא בשאלה האם מכשירי מילה דוחים את השבת, ובדומה לזה נחלקו לגבי מכשירי מצווה בכלל (ראה שם את הפרטים).[80] גם ברש״י על המשנה הנ״ל מסביר את המחלוקת כך:

> ***כלל אמר ר׳ עקיבא - נחלק על ר׳ אליעזר במכשירי מצוה שאין דוחין, הואיל ואפשר לעשותן מערב שבת. [ושאי אפשר לעשות מערב שבת - כגון] מילה עצמה, שאי אפשר לה ליעשות, דזמנה ביום השמיני - דוחה שבת.***

אם כן, ר״א מתיר לעשות מכשירי מילה (ומכשירי מצווה בכלל) בשבת, ור״ע חולק עליו במצבים שבהם ניתן היה לעשות את המכשירים מבעוד יום (לפני שבת).

---

[80] כמובן רק באותן מצוות שבעצמן דוחות שבת (כמו מילה). במצוות שאינן דוחות שבת - ודאי שגם מכשיריהן לא ידחו אותה.

דעתו של ר״א היא שמכשירי מצווה דוחים את השבת, ומוכח מכאן שעיסוק במכשירי מצווה יש לו מעמד של עיסוק במצווה עצמה. אמנם היה מקום לדחות את הראיה מכאן בצורה דומה לזו שראינו למעלה, ולטעון שמה שדוחה את השבת הוא מצוות המילה (ולא מכשיריה), אלא שאם היינו אוסרים לעשות את מכשירי המילה בשבת אז גם המצווה עצמה לא תוכל להתבצע. אם כן, לכאורה אין להביא ראיה מכאן שעיסוק במכשירי מצווה יש לו מעמד של קיום מצווה.

אך עיון נוסף מעלה שלכאורה זו גופא דעת ר״ע הסובר שאמנם מכשירי מילה דוחים את השבת אבל זה רק אם לא היתה לו אפשרות לעשותם מע״ש. לפי ר״ע, אם הוא יכול לעשותם בע״ש אין לו כל היתר לעשותם בשבת. לכאורה זהו גופא ההסבר לעמדתו: מה שדוחה את השבת הוא המצווה עצמה ולא מכשירי המצווה. לכן דחיית השבת לצורך מכשירי המצווה היא אך ורק במקום שקיום המצווה עצמו עומד בסכנה אם הם לא ייעשו בשבת. במקרים אלו המצווה היא שדוחה את השבת ולא העיסוק במכשיריה.

התמונה המתקבלת מכאן היא שישנה מחלוקת תנאים מפורשת בנושא שלנו: לפי ר״א מכשירי מצווה עצמם הם כקיום מצווה, ומצד עצמם הם דוחים שבת (גם אם אפשר היה לעשותם מע״ש). ולפי ר״ע מכשירי מצווה אינם קיום מצווה ולכן הם אינם דוחים שבת. מה שדוחה את השבת הוא המצווה עצמה, והמכשירים דוחים אותה כאשר נדרש לעשותם בשבת לצורך קיום המצווה. ההלכה נפסקה כר״ע, והמסקנה העולה מכאן היא שמכשירי מצווה אין להם מעמד של קיום מצווה.

אך מבט קצר נוסף מעלה שזו אינה מסקנה הכרחית כלל ועיקר. מה הדין במצב בו ניתן היה לעשות את המכשירים מע״ש, אבל הוא בכל זאת לא עשה אותם? במצב כזה ר״ע אוסר לעשות אותם בשבת (שהרי אם הוא באמת עשה אותם אז אין צורך להתיר לו. כל הדיון בין התנאים הוא רק במצבים כאלה). במצבים כאלה המצווה לא תוכל להתבצע אם לא ייעשו המכשירים בשבת

עצמה, מאידך הם יכלו להיעשות מע״ש. לפי ר״ע במצבים כאלה אין היתר לעשות את המכשירים בשבת.

ואכן כך פוסק הרמב״ם בעניין זה (הל׳ מילה פ״ב ה״ו):

> ***עושין כל צרכי מילה בשבת...אבל מכשירי מילה אינן דוחין את השבת, כיצד הרי שלא מצאו סכין אין עושין סכין בשבת ולא מביאין אותו ממקום למקום, ואפילו מבוי שאינו מעורב אין מביאין אותו מחצר לחצר, ואין עירוב מדבריהם נדחה מפני הבאת הסכין הואיל ואפשר להביאו מערב שבת.***

אם כן, להלכה במצב בו אפשר היה להביא את הסכין מע״ש, גם אם לא הביאו וכעת המילה תידחה, אין היתר להביא את הסכין או לייצר סכין לצורך המילה.

מה פירוש הדברים במונחי מעמד הכשר המצווה? לכאורה עולה מכאן שלפי ר״ע המצווה עצמה גם היא אינה דוחה שבת, שהרי במקום שניתן היה לעשות זאת מע״ש הוא אינו מתיר עשיית מכשירים גם במחיר ביטול המצווה עצמה.

ניתן להבין זאת בשתי צורות:

1. בעצם המצווה דוחה את השבת ולא מכשיריה (כפי שהבנו למעלה בדעת ר״ע), אלא שאם לא עשה את המכשירים מבעו״י, מוטל עליו קנס (מדאורייתא כמובן) שאוסר עליו את המכשירים, וממילא הוא מפסיד את המצווה.
2. כאשר המכשירים יכולים להיעשות מבעו״י, הם אינם נגררים אחרי המצווה שכן הם אינם חלק בלתי נפרד ממנה (לפחות לעניין חילול שבת). הדחייה עבור מכשירים היא רק במצבים שבהם אין אפשרות לעשותם מבעו״י, ואז הם מהווים חלק מקיום המצווה עצמה. לפי תפיסה זו יוצא שגם לפי ר״ע מכשירי המצווה הם חלק מקיום המצווה עצמה.

השלכה אפשרית אחת שתבחין בין שתי התפיסות היא השאלה מה הדין במצב שהמכשירים יכלו להיעשות מבעיוד מיום אבל הוא לא עשה זאת בשוגג. האם במקרה כזה הם כן ידחו את השבת?

הדברים נפסקו ב**שו"ע** יו"ד, סי' רסו ה"ב (וראה מקורו בביאור הגר"א שם):

> ***אבל אם שכח הסכין בגג וחצר, מותר להביאו מזה לזה, אפילו עירבו חצירות עם הבתים.***

לכאורה נראה מכאן שזהו קנס, ולכן כאשר הוא שוכח או שוגג לא קנסו אותו. אם כן, להלכה התפיסה היא שמכשירי מצווה אינם דוחים את השבת, אלא רק המצווה עצמה. וכשהמצווה היא בסכנה המכשירים גם הם דוחים את המצווה, ורק קנס הטילו עליו שאם לא עשאם מבעו"י במזיד אין לעשותם בשבת. כך גם משתמע מלשון הרמב"ם וה**שו"ע** שכותבים באופן כללי (ראה לעיל): "מכשירי מילה אינם דוחים את השבת". ומשמע שלא מדובר כאן בקנס אלא בדין מהותי, שהדחייה היא רק של המצווה עצמה ולא של המכשירים.

ומה לגבי דעת ר"א? הוא סובר שמכשירי המצווה דוחים שבת, גם אם ניתן היה לעשותם מבעו"י. עיקר טענתו נסובה על המקרה שהבאנו למעלה, כלומר על מצב שהמכשירים לא נעשו מבעו"י, וכעת הם מעכבים את המצווה עצמה. במצב זה אומר ר"א שהמכשירים דוחים את השבת. לכאורה דווקא לדעתו יש כאן תפיסה שהמכשירים מצד עצמם אינם דוחים שבת, והדחייה מבוססת על העובדה שללא המכשירים גם המצווה לא תקויים. אם כן, דווקא לפי ר"א מי שדוחה את השבת הוא המצווה עצמה ולא המכשירים. ואילו לדעת ר"ע היתה אפשרות להבין שגם המכשירים מצד עצמם דוחים שבת, אך למסקנה נראה שלא פוסקים כך.

האם תמונה זו אומרת שאין מעמד הלכתי לקיום של מכשירי מצווה? הדבר אינו ברור. בהחלט ייתכן שיש לכך מעמד הלכתי, ואולי יש כאן אפילו ממש קיום מצווה, אך עדיין מצווה זו אינה דוחה שבת. יש מצוות רבות נוספות

שאינן דוחות את השבת, ואולי מכשירי מילה נכנסים לגדר הזה (כלומר הם אמנם מצווה, אבל מצווה פחותה ממילה, ולכן הם אינם דוחים שבת).[81]

פסול מחשבה בעת חיתוי הגחלים

הגמרא ביומא מח ע"ב מסתפקת האם מחשבה פסולה שנחשבת בעת חתיית הגחלים לקטורת גם היא פוסלת (ונחלקו שם הפרשנים לגבי מה הפסול: הקטורת עצמה, או הגחלים):

חישב בחתיית הגחלים מהו? מכשירי מצוה כמצוה דמו, או לא. תיקו.

חיתוי הגחלים הוא ודאי מכשירי מצווה, שכן המצווה עצמה היא הקטרת הקטורת. כבר מעצם ניסוח הספק רואים שברור היה לגמרא שחתיית הגחלים היא הכשר מצווה, והשאלה היא האם מחשבה פסולה פוסלת גם בעת עיסוק בהכשר המצווה, כמו מחשבה פסולה בעת העיסוק במצווה עצמה.

לפחות לצד אחד של הספק, זה שגורס שהמחשבה פוסלת גם בעת חתיית הגחלים, ברור שהתפיסה היא שהכשר המצווה הוא ממש כעיסוק במצווה עצמה. אם הכשר המצווה היה חסר כל מעמד הלכתי, לא היה כלל מקום להתלבט באשר למחשבה פסולה שתפסול בו. כאן כבר לא ניתן לדחות זאת כמו שעשינו בדוגמאות הקודמות, ולתלות זאת בעקיפין במצווה עצמה (הקטרת הקטורת), שכן אם לא היינו פוסלים, המצווה היתה נעשית כהלכתה, ואין כאן מאומה שפוגע במצווה עצמה.

אמנם כפי שנראה מסוגיית הגמרא שלפנינו הספק לא נפשט, והסוגיא מסתיימת בתיקו. אם כן, למסקנה קשה להביא מכאן ראיה לנדון דידן. אולם לפי גירסת הר"ח, וכן פסק גם הרמב"ם, להלכה מחשבה בעת חתיית הגחלים

---

[81] ראה בזה גם בתוד"ה 'שכן', יבמות ו ע"א, ונדון בו גם להלן.

פוסלת. אם כן, לפחות לשיטתם יוצא שלהלכה הכשר המצווה נחשב כתחילת קיומה של המצווה עצמה.

דומה כי מסקנה זו חדה יותר מאשר המסקנה משלוחי מצווה, שם ראינו שהאדם העוסק בהכשר מצווה נחשב כעוסק במצווה, אלא שזה רק לעניין שיתחייב בה ולא בזו שנקלע לתוכה בדרכו. כלומר לעניין הקביעה מיהי המצווה החשובה יותר שדוחה את חבירתה, העיסוק בהכשר מצווה מספיק בכדי להחשיב את מטרת השליחות כמצווה בה הוא כבר עוסק. לעומת זאת, כאן אנחנו רואים שזהו ממש חלק מן התהליך של עשיית המצווה, עד כדי כך שמחשבה פסולה פוסלת בו.[82]

הדלקת נרות חנוכה וכבוד אב ואם

דוגמה נוספת למעמדו ההלכתי של הכשר מצווה מצויה בתשובה קב בספר **תרומת הדשן**, שדנה בדין נר חנוכה בערב שבת. השאלה היא הבאה:[83]

> ***שאלה: הא דקיימא לן בנר חנוכה כבתה אין זקוק לה. אם כבתה בע״ש קודם קבלת שבת, שהרי צריכים לדלוק מבעוד יום זקוק לה כה״ג או לאו?***

ביאור הדברים: כידוע, להלכה אנו פוסקים שכבתה אין זקוק לה, כלומר שנר חנוכה שכבה אין צורך להדליקו מחדש. והנה בערב שבת נראה שהמצב הוא שונה. בערב שבת אנחנו מדליקים את הנרות לפני השקיעה, ואילו תקנת ההדלקה הרגילה היא (לשיטת בעל **תרוה״ד**) להדליק בשעת צאת הכוכבים, דשרגא בטיהרא מאי אהני (=נר באור יום הוא חסר משמעות).

---

[82] הרמב״ם בפ״ה מעבויוה״כ הכ״ז שפוסק כך, מתבטא בלשון: ״שמכשירי קרבן כקרבן״. נראה מהניסוח שלו שהעיקרון הזה נאמר רק לעניין קרבנות, ולא לכל עיסוק בהכשר מצווה. אמנם בדוגמאות האחרות שראינו ושנראה עולה כי זהו עיקרון כללי יותר, ויכול להיות שזה גופא מה שגרם לרמב״ם לפסוק כצד זה בספק הגמרא. אמנם גרסת הר״ח כלל לא כללה את המילה 'יתיקו', ולפי זה לסוגיא אין מסקנה ברורה בעניין.

[83] כידוע, השאלות בשו״ת **תרומה״ד** הן משל המחבר עצמו.

כעת עולה השאלה לגבי נר שהודלק בערב שבת, שכאמור זו הדלקה לפני זמנו, והוא כבה. ביום רגיל נר שכבה אין צורך להדליקו שוב ("כבתה אין זקוק לה", ראה שבת כא ע"א-ע"ב), אבל כאן אם הנר כבה לפני כניסת שבת אזי זה התרחש עוד לפני שהמצווה נתקיימה, ולכן לכאורה לכל הדעות אמורה להיות חובה להדליקו מחדש.

והנה כך כותב בעל **תרומה"ד**:

תשובה: יראה דאין זקוק לה אפילו כה"ג.

תשובה מפתיעה: בעל **תרומה"ד** טוען שגם בערב שבת אין צורך להדליק מחדש. כעת הוא עצמו מעלה את הקושי המתבקש:

ואע"ג דכתב במרדכי שם דמצות נר חנוכה מסוף שקיעת החמה ואילך, והיינו צאת הכוכבים ולא קודם, משום דשרגא בטיהרא מאי אהני ליה. וא"כ עיקר מצות נר חנוכה אינה בשעת הדלקה מבעוד יום, אלא בשיהוי הדלקה שלאחר חשיכה היא קיום המצוה. ולכך היינו יכולין לומר דאם כבתה קודם התחלת קיום המצוה זקוק לה.

כאן הנר כבה עוד לפני קיום המצווה, וכיצד אפשר לומר שאין צורך להדליקו שוב? ומסביר זאת בעל **תרומה"ד** כך:

אמנם מדמברכינן מבעוד יום אקב"ו להדליק נר חנוכה, ואע"ג דאכתי ליכא מצוה, ע"כ היינו טעמא דמשום דא"א בענין אחר חשיבא הכשר מצוה. כדפירשו התוספות הכשר מצות דכיבוד אב ואם בשמעתא דעליה בריש יבמות /דף ו' ע"א בד"ה שכן/, שחוט לי בשל לי אכתי ליכא מצוה עד אחר זמן שמאכילו לאביו. ואפ"ה בעי למימר התם דלידחי ל"ת שיש בו כרת.

הוא מוכיח שההדלקה היא הכשר המצווה מכך שגם בערב שבת מברכים על ההדלקה, אף שעדיין אין כאן קיום של המצווה. לא ברור מה כוונתו בדבריו כאן? ברור שזהו הכשר מצווה, אבל לכאורה הוא רוצה להוכיח שיש כאן קיום מצווה ממש, ולא רק הכשר מצווה. נראה שזו אכן כוונתו: להקדמה כזו יש

מעמד של הכשר מצווה במובן של התחלת קיום המצווה (להבדיל מהכשר רחוק, כמו חטיבת עצי סוכה לרש״י, שאין לו מעמד כזה).

הוא מוכיח זאת גם מדברי תוד״ה ׳שכן׳ בסוגיית יבמות ו ע״א, שכותבים בשם הר״ח שהכשר מצוות כיבוד אב ואם דוחה לאו שיש בו כרת. אמנם כפי שראינו לעיל מסוגיות הדחייה קשה להביא ראיה חד משמעית לעניין מעמדו של הכשר המצווה, אבל נראה שבעל **תרומה״ד** בכל זאת מבין שהדחייה היא מפני שהכשר המצווה הוא כבר תחילת הקיום של המצווה עצמה (שאם לא כן הוא לא יכול להוכיח משם מאומה).[84] מסתבר שכך הוא יבין גם את כל הסוגיות שהבאנו לעיל.

נעיר כי ייתכן שהר״ח הולך כאן לשיטתו, שכן גם בסוגיית יומא ראינו שהוא סובר שהכשר מצווה הוא תחילת הקיום של המצווה עצמה.

בעל **תרומה״ד** מסיים את הקטע בניסוח המסקנה הבאה:

> ***הא קמן דחשיב קיום העשה בהכשר מצוה כמו במצוה עצמה, ולכך מברכינן עליה. ולהכי נמי אי כבתה אין זקוק לה, שהרי כבר הותחלה המצוה בהכשר.***

מסקנתו היא שהכשר המצווה נחשב כקיום המצווה עצמה, ולכן מברכים עליו. ומכאן הוא מסיק שאם הנר כבה שוב אין צורך להדליקו גם בערב שבת. אמנם עוד לא הגיע זמן המצווה, אך משהדלקנו, מעצם העובדה שיש כאן הכשר מצווה עולה כי נעשה כאן כבר קיום של המצווה.

---

[84] ב**תרוה״ד** עצמו ישנו סייג שזה משום דאי אפשר בעניין אחר (ראה חגיגה ב). לכאורה נראה שרק במצבים כאלה הכשר המצווה הוא כמצווה עצמה. אולם נראה שכוונתו היא שרק צעדים הכרחיים נחשבים בכלל הכשר מצווה, אולם הכשר מצווה תמיד נחשב כחלק מקיום המצווה עצמה.

יש שביארו שדין זה נכון בערב שבת מכיון שכבר בשעת התקנה ידעו חז״ל שבכל חנוכה תהיה גם שבת אחת לפחות, והתקנה בערב שבת היתה מראש על דעת זאת. ולכן בערב שבת זהו ממש זמן קיום המצווה, שהרי התקנה המקורית תוקנה כך שבע״ש זמן ההדלקה הוא לפני השקיעה. אמנם נכון הוא, שמעצם הדין שמברכים על ההדלקה בע״ש לא ניתן להוכיח שיש להכשר המצווה מעמד, שהרי ניתן גם להסביר כך, אך בלשון ה**תרוה״ד** ברור שלא לכך הוא מתכוין, אלא כדברינו לעיל. וראה בכל זה ב**אנצי״ת** ע׳ ׳חנוכה׳.

הערה על תפיסתו של בעל 'תרומה"ד'

נעיר כי חידושו של בעל **תרומה"ד** מכיל שני רכיבים שונים:

א. להכשר מצווה יש מעמד של תחילת קיום המצווה.

ב. אם אדם קיים את הכשר המצווה הוא יצא לגמרי ידי חובה, גם ללא שמץ מן התוצאה (מדובר כמובן רק במצוות שעניינן הוא הפעולה ולא התוצאה, כמו בנר חנוכה ששם קיימת ההלכה "כבתה אין זקוק לה").

חשוב להבין שהחידוש השני הוא אינו מסקנה הכרחית מהראשון. בהחלט ייתכן שהרמב"ם והר"ח שתופסים את הכשר המצווה כתחילת קיום המצווה, עדיין יחייבו אותנו להדליק נר חנוכה שכבה בערב שבת. על אף הסכמתם לחידוש הראשון הם בהחלט יכולים לדחות את החידוש השני של בעל **תרומה"ד**.

מה משמעותו של החידוש השני? נראה שגם הוא נוגע לתפיסת הכשר המצווה. היה מקום לומר שהכשר המצווה יש לו מעמד הלכתי, ויש בו מימד של קיום מצווה, אבל הוא אינו נחשב ממש חלק מהמצווה עצמה, ובודאי לא קיום שלה לגמרי. מ**תרומה"ד** רואים שהוא תפס את ההדלקה כקיום של המצווה עצמה. במצוות פעולה אדם שעשה את הכשר המצווה יצא ידי חובה. לדעתו הוא עשה את הפעולה הדרושה ובזאת הוא קיים את המצווה. להלן נראה שהרמב"ם ככל הנראה לא הבין כך את מעמדו ההלכתי של הכשר המצווה.

שיטת הרמב"ם

בתחילת הפרק הצגנו את התפיסה הפשוטה לפיה הכשר מצווה אינו בעל מעמד הלכתי, והוא אינו יותר מאשר עיסוק שהוכתב על ידי המציאות בכדי שיתאפשר לאדם לקיים את המצווה. לאחר מכן סתרנו תפיסה זו מכמה סוגיות, שמהן מוכח שעיסוק בהכשר מצווה הוא כעיסוק במצווה עצמה,

כלומר שזוהי ממש תחילת עשיית המצווה. כך ראינו גם במפורש בר״ח, ברמב״ם וב**תרומה״ד**.

כפי שכבר הזכרנו, שתי התפיסות הללו יכולות להאיר את דברי הרמב״ם בשורש שלפנינו בשתי צורות שונות. קביעת הרמב״ם שאין למנות הכשר מצווה במסגרת מניין המצוות יכולה להתפרש באופן הפשוט כטענה אודות הכשר מצווה, כלומר שהוא אינו בעל מעמד הלכתי ולכן הוא לא יכול להיכנס למניין המצוות. לפי תפיסה זו עיקר טענתו של הרמב״ם היא שאין להכשר מצווה מקום בכלל במניין המצוות, שכן הוא אינו מצווה. לעומת זאת, לפי העמדה שהכשר מצווה הוא חלק מן העיסוק במצווה עצמה, נראה שהמוקד של הטענה הוא שלהכשר המצווה לא יכול להיות מעמד עצמאי ולהימנות כמצווה נפרדת, ולא שבכלל אין לו בעל מעמד הלכתי.

עמדנו על כך שבלשון הרמב״ם בשורש זה ניתן למצוא סימוכין לשתי התפיסות הללו. כעת ננסה להבין את משמעות הדבר, ואת הקשר בין זה לבין תפיסתו ההלכתית של הרמב״ם לגבי הכשרי המצווה בכלל.

הרמב״ם בתחילת הל׳ כלי המקדש קובע שעשיית שמן המשחה והקטורת הן מצוות עשה:

> ***פ״א ה״א: מצוות עשה לעשות שמן המשחה שיהיה מוכן לדברים שצריך משיחה בו שנ׳ ׳ועשית אותו שמן משחת קודש׳ וגו׳.***
>
> ***פ״ב ה״א: הקטורת נעשית בכל שנה ושנה ועשייתה מצוות עשה שנ׳ ׳ואתה קח לך סמים׳ וגו׳.***

בעל **קנאת סופרים** על השורש העשירי מקשה על דברי הרמב״ם הללו מדבריו בשורש זה, שעשיית שמן המשחה ולקיחת הקטורת אינן מצוות עשה אלא רק הכשר מצווה, ואין למנותן מכיון שאין להן כל מעמד הלכתי. והנה כאן אנחנו רואים שהרמב״ם רואה בהם ממש מצוות עשה.

בעל **קנאת סופרים** שם, מסביר זאת כך:

> ***והתירוץ לזה שהתחלת המצווה הוא אותו מעשה הקודם שהוא הכרחי לה. דכיון שאי אפשר לקים המצווה כתיקונה מבלעדיו הרי***

הוא כלול עם המצוות. ולפי זה אותן הקדמות והצעות שזכרנו הן חלקים מהמצווה, ולא יבואו בחשבון אלא תשלומי המצווה שהן תכלית הציוויין שנאמרו בהן...

הוא מסביר שגם עשיית השמן והקטורת הן מצוות, שהרי הן הכשר למצוות המשיחה וההקטרה. כפי שראינו, לדעת הרמב״ם המסקנה מסוגיית יומא היא שהכשר המצווה הוא חלק מן המצווה (במובן זה הרמב״ם מסכים לחידושו הראשון של בעל **תרומה״ד**). אם כן, מה שטוען הרמב״ם בשורש זה הוא שאין לתת להן מעמד עצמאי, ולא שהן אינן מצוות.

קשיים בהבנת שיטת הרמב״ם

הבנה זו, העולה כפי שראינו מדברי הרמב״ם ומן הסוגיות, מעלה כמה בעיות:

1. מלשונו של הרמב״ם בתחילת השורש נראה בעליל שהוא לא מתכוין לומר שהכשר המצווה הוא חלק רגיל של המצווה, שהרי הוא מגדיר אותו כ׳לא מצווה׳ (אלא כהקדמה למצווה). אם אכן זהו חלק רגיל של מצווה, לשון זו אינה מובנת.

   מאידך, ראינו שהכשר המצווה הוא בעל מעמד הלכתי, והוא למעשה תחילת קיום המצווה. אם כן, קשה לומר שהוא כלל אינו מצווה, אלא רק עיסוק מקדים (הקדמה) בעלמא. לשונו של הרמב״ם בכל זאת מורה שהכשר המצווה נחות מן המצווה עצמה, זאת על אף שכפי שראינו עיקר טענתו כנגד **בה״ג** היתה מדוע הוא מונה אותו בנפרד (כשתי מצוות), ולא רק מדוע הוא מונה אותו בכלל. אם כן, מלשון הרמב״ם בתחילת השורש עולה שהכשר מצווה אינו נמנה מפני שהוא בכלל אינו מצווה.

2. אם אכן תוכן השורש הוא שמדובר בפרט במצווה שאין למנותו לחוד, אזי לא ברור מדוע בכלל ישנו שורש מיוחד שנועד לקבוע שהכשר מצווה אינו נמנה לחוד? שורשים ז וי״א-יב כבר קובעים שאין למנות עצמאית חלקים, או פרטים, של מצוות.

די ברור שהרמב״ם אינו מתכוין ללמד בשורש זה את העיקרון ההלכתי שהכשר מצווה הוא חלק מן המצווה, שהרי זה כלל אינו נוגע לשאלת מניין המצוות. מטרתו כאן היא ללמד עיקרון שנוגע למנייה, כלומר שאין למנות הכשרי מצווה, ואם כן לכאורה היה עליו לכלול זאת בשורש יב.

3. שאלה נוספת שמתעוררת היא מהו ההבדל בין הכשרי מצווה בעלמא, לכאלו שיש עליהם ציווי בתורה עצמה? לכאורה רק במקום שהתורה מצווה עלינו לראות בהכשר עצמו מצווה, אך לא כן לגבי הכשרי מצווה שאינן מופיעים בתורה. נזכיר כי בעל **קנאת סופרים** תלה את המעמד של הכשר המצווה בהתנייה העובדתית, שאי אפשר לעשות את המצווה בלי ההכשר הזה (וכך גם עולה מלשון הגמרא במכות שהבאנו לעיל, שתולה זאת בכך שההכשר נדרש תמיד).
הרמב״ם בשורש העשירי עוסק בהכשרי מצווה שמופיעים במפורש בפסוקי התורה, שאם לא כן אין כל אפשרות למנות אותם כמצוות. אך לפי דברינו למעלה שכל הכשר מצווה הוא חלק מקיום המצווה, גם כזה שבפסוקי התורה אין כל ציווי לגביו (כמו הליכה לדבר מצווה, או שחיטה עבור אביו בסוגיית יבמות ו), לא ברור מה מוסיף הפסוק שמצווה עליו (למשל פסוקי הציווי המצוטטים ברמב״ם כאן על הכנת שמן המשחה או הקטורת)?
בהנחה שכל הכשר מצווה הוא תחילת העיסוק במצווה, וממילא גם אינו נמנה כמצווה עצמאית, לא ברור מהו ההבדל בין הכשרי מצווה שיש עליהם ציווי בתורה לבין כאלו שאין עליהם כל ציווי ורק המציאות היא שמאלצת את האדם לעסוק בהם? מה למעשה בא להוסיף הפסוק?

הפתרון: הכשר מצווה כמצב ביניים – חצי מצווה

דומה כי המפתח להבנתן של כל הבעיות הללו מצוי בשאלה הראשונה. הרמב״ם אכן טוען שהכשר המצווה הוא רק הקדמה, כלומר אמצעי לעשיית המצווה, ומסיבה זו מעמדו באמת נחות ביחס לעצם עשייתה. אמנם כפי שראינו יש לו עצמו גם מעמד הלכתי, אולם זהו מעמד הלכתי של הקדמה למצווה. הוא אינו חלק מהמצווה (כמו לולב ביחס למצוות ארבעת המינים), אלא הוא התחלה/הקדמה למצווה. זהו חלק ראשוני שמהוה אמצעי ולא מטרה, ולכן מעמדו נחות. הוא נמוך איכותית ממצווה של ממש.

כלומר יש להכשר המצווה מעמד הלכתי, אולם אין זה עומד בסתירה לכך שהוא אכן אמצעי ולא מטרה. לכן מעמדו ההלכתי ביחס למטרות הוא נחות, אבל בכל זאת אין מדובר בדבר רשות גרידא. זהו מצב ביניים מבחינה קטגוריאלית, בין דבר רשות לבין מצווה. אחת המסקנות שעולה מתפיסתו של הכשר המצווה כאמצעי היא שהוא אינו מהווה מטרה לעצמו, ולכן אין חובה עלינו לעשות אותו. אם אכן יהיה לאדם מה לבשל עבור אביו שרוצה בכך (כמו בסוגיית יבמות ו), לא מוטל עליו לשחוט בהמה חדשה באופן מיוחד. השחיטה היא הכשר מצווה שצריך לעשות אותו רק כאשר ישנה נחיצות לכך לשם קיום המצווה. זו גם כוונת הגמרא במכות שתולה את המעמד של הכשר מצווה בכך שהוא אינו מחוייב תמיד (כך היא מחלקת בין הכאת הבן לבין חטיבת עצים לסוכה ולמערכה).

ומכאן כפל הניסוחים של הרמב״ם בשורש: מחד, הכשר מצווה אינו יכול להיכלל במניין המצוות מפני שהוא אינו לגמרי מצווה. הוא אמצעי ולא מטרה. מאידך, יש לו מעמד הלכתי, ולכן יש מקום לראות אותו כחלק מהמערכת, אבל עדיין אין למנות אותו מפני שגם אם נתייחס אליו כמצווה ממש, הוא אינו אלא פרט מהמצווה שלשמה הוא משמש. אם כן, כפל המשמעויות של השורש הזה, וכפל הניסוחים של הרמב״ם בשורש, מתלכדים כאן עם תפיסת הרמב״ם את מעמדו ההלכתי של הכשר המצווה.

הבעייתיות בשיטת הרמב״ם נבעה מהנחה סמויה שהמישור הנורמטיבי הוא בינארי: מצווה או לא מצווה. הפתרון שאנחנו מציעים הוא עמימות במישור הזה. יש רמות שונות של מצווה, ובעצם עקרונית יכול להיות מדובר ברצף שלם של רמות בין היתר למצווה גמורה.

הערה: המצוות כערכים – טעמא דקרא מזווית אחרת

מהגדרה זו עולה שהמצוות הרגילות שנכללות במניין המצוות הן לעולם מטרות לעצמן. אמצעים לא יכולים להיכלל במניין המצוות. מסיבה זו, הכשר מצווה, שבעצם מהותו הוא אמצעי, גם הוא לא נכלל במניין המצוות. אין זה אומר שאין לו מעמד הלכתי, אך הוא אינו יכול להיחשב כמצווה.

ישעיהו לייבוביץ עמד בכמה מקומות על כך שערכים הם לעולם עקרונות שאין לבסס אותם על עקרונות יסודיים יותר. לשון אחר, ערכים הם לעולם מטרות ולא אמצעים.[85] מכאן ניתן לראות מזווית נוספת מדוע אנו לא דורשים טעמא דקרא. אם המצוות הן ערכים, ואם ערכים מעצם הגדרתם אינם ניתנים לרציונליזציה, כלומר להעמדה על בסיס של מטרות שמחוצה להם, אזי בה במידה לא ניתן לדרוש טעמא דקרא. המצוות אינן אמצעים להשגת מטרות שמחוצה להן.

מאותה סיבה עצמה, מכשירי מצווה, שברורה לגמרי הרציונליזציה שלהם (שהיא המצווה עצמה), ולכן החובה לעשות אותם מותנה בהיותם אמצעי להשגת מטרה שמחוצה להם (=המצווה), אינם יכולים להיכלל במניין המצוות.

---

[85] לדוגמה, בסוף ספרו **אמונה, היסטוריה וערכים** (הוצאת אקדמון, ירושלים תשמ״ב), מופיע מאמר בו הוא דן בניתוק נערה חולה ממכשירי החייאה, כדי למנוע סבל וכדי לקטוע חיים שאין בהם ערך. הוא עומד שם על כך שהחיים הם ערך, וככאלו אין לעשות להם רציונליזציה (להעמיד אותם על עיקרון יסודי יותר, או לראות בהם אמצעי למטרה שמחוצה להם).

הכשרי מצווה שמופיעים בתורה

כאן אנחנו מגיעים להכשרי המצווה עליהם אנו מצווים בתורה. כפי שראינו, הרמב״ם בדבריו בשורש העשירי עוסק רק בהכשרי מצווה שהתורה עצמה מצווה אותנו עליהם. כאשר ישנו פסוק שמצווה עלינו להכין שמן המשחה, או קטורת, משמעותו היא שמעבר להקטרה ולמשיחה, מוטלת עלינו חובה לעשות את הדברים הללו. במקרים בהם ישנם בתורה ציוויים על הכשרי המצווה, משמעות העניין הוא שההכשר עצמו מקבל מעמד של חובה. הוא עדיין הכשר מצווה, ולכן אנו לא מונים אותו בנפרד, אולם ישנה חובה, כחלק מן המצווה המנויה, גם להכין את האמצעים למצווה (באם יש צורך בכך).

יש לשים לב לכך שאנו עדיין תופסים את הפעולות של ההכנה כהקדמות, הכשרי מצווה, אולם אין בכך בהכרח כדי לומר שהם אינם חובה. זוהי בדיוק כוונתו של הרמב״ם הנ״ל בהל׳ כלי המקדש שביאר שהכנת שמן המשחה והקטורת הן מצוות עשה. כוונתו לומר שבמקרים אלו הכשר המצווה הוא חובה, ולכן הוא מצטט את הפסוקים המורים על כך. אמנם מבחינת מניין המצוות ההכשר נכלל במצוות המשיחה או ההקטרה.[86] יתר על כן, זוהי רק הכנה והקדמה למצווה, ולא מצווה ממש. זוהי חובה שהיא אמצעי ולא מטרה, ולכן היא אינה יכולה להיחשב כמצווה.

אם כן, ברור שהשורש העשירי שונה במהותו משורשים אחרים (כמו שורש יא-יב) אשר עוסקים במניית חלקי מצוות. לפי הצעתנו הרמב״ם טוען כאן בשני מישורים: א. אין מקום למנות את הכשר המצווה כמצווה נפרדת (כמו שעשה **בה״ג**, לטענת הרמב״ם). ב. הוא עצמו אינו ראוי להיות ממש מצווה, וזאת מחמת מעמדו ההלכתי הנחות (אמצעי ולא מטרה).

---

[86] וראה רדב״ז בהל׳ כלי המקדש פ״א ה״א שהעיר על הבדל בין שני המקרים (שמן המשחה והקטורת), ואכ״מ.

הכשרי מצווה שאינם מופיעים בתורה לא ייחשבו כחובה כלל. אלו אינם אמצעים בעלי מעמד הלכתי, אלא אמצעים שנובעים מאילוצים טכניים בלבד. לכן לגביהם כלל לא עולה השאלה האם למנות אותם במניין המצוות. השיקול של סוגיית מכות שאנו חייבים בהכאת הבן תמיד אינו אומר שזהו מעשה בעל מעמד הלכתי, אלא שהוא נספח למצווה עצמה, והפטור מגלות נובע מכך שאותו אדם עוסק בדבר חובה. המצווה דורשת ממנו בהכרח את ההכשר הזה (שכן בסיטואציות הללו אין מציאות לקיום המצווה בלי עשיית ההכשר), ולכן הוא פטור מגלות. נראה כי להכשרים אלו אין מעמד הלכתי לפי הרמב״ם.

סיכום: בחזרה לחידושו השני של בעל 'תרומה״ד'

ככל הנראה, זוהי שיטת הרמב״ם לגבי הכשרי מצווה: אלו הן חובות בעלות מעמד הלכתי נחות, שכן הן אמצעים ולא מטרות.

מסתבר שהרמב״ם לא יקבל את חידושו השני של בעל **תרומה״ד**, שראינו לעיל, לפיו הדלקת נר חנוכה לפני הזמן מהווה ביצוע של המצווה. לפי הרמב״ם ישנה כאן מצווה, אך זו אינה מצוות הדלקת נר חנוכה, אלא המצווה להכין לקראת ההדלקה. לכן אם הנר כבה לפני שבת מסתבר שלפי הרמב״ם כן תהיה חובה להדליקו מחדש. ההכנות הללו אמנם נכללות במצוות הדלקת הנר מבחינת כללי מניין המצוות (לו היתה זו מצווה דאורייתא), אבל הן אינן חלק מעצם קיום המצווה עצמה, אלא רק הכנה לקראתו.

הערה: מצוות שהן הכשר

עד כאן ראינו שישנם שני סוגי הכשר מצווה: א. המציאותי, זה שאין עליו ציווי בתורה. ב. הנמסר בציווי התורה, זה שחובה עלינו לקיימו. שניהם אמצעים, ולשניהם יש השלכות הלכתיות (כמו פטור מגלות וכדו'), אולם ישנו הבדל ביניהם לגבי השאלה האם ההכשר הוא חובה או שעושים אותו רק כאשר הוא הכרחי. כאן המקום לציין שיש גם סוג שלישי של הכשרי מצווה: כאלו שהם עצמם מצוות. נראה זאת כעת בקצרה.

לדוגמה, הרמב"ם במצוות עשה לג מונה את לבישת בגדי הכהונה כמצוות עשה:

והמצוה הל"ג היא שנצטוו הכהנים ללבוש בגדים מיוחדים לכבוד ולתפארת ואז יעבדו במקדש, והוא אמרו יתעלה ועשית בגדי קדש לאהרן אחיך לכבוד ולתפארת (תצוה כח ב) ואת בניו תקריב והלבשתם כתנות (שם כט ח).

ואלו הן בגדי כהונה שמונה בגדים לכהן גדול וארבעה לכהן הדיוט. וכשיעבוד הכהן בפחות מהבגדים שהם מיוחדים בעבודה ההיא או ביותר מהם עבודתו פסולה וחייב עם זה מיתה בידי שמים. ר"ל מחוסר בגדים שעבד. וכן מנו אותו בגמר סנהדרין (פג א) בכלל מחוייבי מיתה בידי שמים. ולא בא זה כתוב בבאור. אבל בא כתוב (שם י) וחגרת אותם אבנט וכו' והיתה להם כהונה לחקת עולם ובא בפירוש (שם ב) בזמן שבגדיהן עליהן כהונתן עליהם אבל בזמן שאין בגדיהן עליהן אין כהונתן עליהן והוו להו זרים. והנה נבאר (ל"ת עד) כי זר ששמש במיתה. ואמרו בספרא (ס"פ צו) וישם עליו את החשן פרשה זו למדה לשעתה ולמדה לדורות למדה לשירות יום יום ולשירות יום הכיפורים בכל יום משמש בבגדי זהב ויום הכיפורים בבגדי לבן.

וכבר בארו בספרא (אח"מ פ"ח) שלבישת בגדים אלו מצות עשה והוא אמרם ומנין שאין אהרן לובש בגדים אלו לגדולתו אלא כמקיים גזירת המלך תלמוד לומר [אח"מ יו לד] ויעש כאשר צוה יי' את משה. כלומר בגדים אלו. ואע"פ שהם בתכלית היופי שהם מזהב ושוהם וישפה וזולתם מן האבנים היפות לא יכוין בהם היופי אלא לקיים הצווי שצוה האל למשה לבד והוא שילבש אלו הבגדים תמיד במקדש. וכבר התבארו משפטי מצוה זו כלם בפרק שני מזבחים (יז ב - יט א) ובמקומות מכפורים וסוכה (ה א, נא א):

הרמב"ן בהשגותיו שם מעיר על כך שבה"ג לא מנה מצווה זו:

> ***והנה זו עם פשיטותה בכתוב ואריכות התורה בביאורה לא ראיתי לבעל ההלכות שימנה אותה אבל מנה בלאוין (אות סח) מחוסר בגדים ששימש. ודעתו זאת לומר דכיון דאין בלבישת בגדים שלא בשעת העבודה שום מצוה אינו אלא הכשר העבודה שאם עבד בפחות מהן או ביותר תפסל עבודתו. והנה הוא חלק ממצות העבודה אם עבד בהן. ואם היינו מונין זה מצוה היה ראוי שתמנה מצות בגדי לבן ביום הכיפורים מצוה אחרת. כמות זה כן מות זה. וכן ראוי למנות בגדי כהן גדול מצוה ובגדי כהן הדיוט מצוה שנית. אבל כולן חלקים מחלקי העבודה המצווה ממנו ית' בימים הנאמרים בהן וכבר נתבאר (שרש יב) שאין מונים חלקי המצות.***

הרמב"ן מסביר שהסיבה לכך היא שבה"ג סבר שזהו הכשר מצווה לעבודה בביהמ"ק. כפי שכתב גם הרמב"ם, כהן שעבד ללא בגדים נחשב כזר, ועבודתו פסולה.

לאחר מכן הרמב"ן מוסיף שגם עשיית כלי המשכן, שולחן, מנורה ומזבחות, אינן נמנות כמצוות מפני שהן הכשרי מצווה לעבודה:

> ***ולכן לא נמנה אנחנו עשיית השלחן והמנורה והמזבח מצוה מפני שנצטוינו לשום לחם לפני י"י תמיד וצוה אותנו בהכשר העבודה הזאת שהיא לשום אותו בשלחן מתואר כן ושיסודר עליו בענין כן וצונו יתברך בהדלקת הנר לפניו וסדר לנו שתהיה ההדלקה הזו במנורת זהב משקלה ועניינה כן וכן, והנה הם תשמישי קדושה.***
>
> ***ולא הוכשר בעיני הטעם שכתב בו הרב שאמר (מ' כ) שהם חלק מחלקי המקדש. לפי שאין הכלים חלק מן הבית אבל הם שתים מצות ואינן מעכבות זו את זו ומקריבין בבית אף על פי שאין בו כלים אלו.***

הוא משיג על הרמב"ם שלא מנה את אלו מפני שהם חלקי מצוות בנין בית המקדש (ראה שורש יב), ולא מפני שהם הכשר מצווה.[87]

בסוף דבריו הרמב"ן טוען שדעת הרמב"ם לגבי לבישת בגדים נראית לו יותר, אך מתקשה בשיטתו:

> ***ואמנם דעת הרב בבגדים ובקידוש יותר מחוורת למנותם גם בכלל מצות עשה כי בעבודתם מקיים מצוה מוסיף על [=מעבר ל] השתמר מן הלאו. ואם כן למה לא ימנה מצות עשה שיעשו הכהנים העבודה מעומד לא יושב ולא שוכב ממה שדרשו (זבחי' כג ב) לעמוד לשרת לעמידה בחרתים ולא לישיבה, והרב כתב בחבורו הגדול (ביא"מ פ"ה הי"ד) שעובד מיושב אינו לוקה לפי שאזהרתו מכלל עשה. ואולי מפני שלא בא בכתוב בזה לשון צואה ימנה הכשר עבודה בלבד. ואינו מחוור:***

כאן אנחנו רואים ששיטת הרמב"ם מחלקת בין הכשרי מצווה שמופיעים בכתוב לבין הכשרים שאינם מופיעים בכתוב, כפי שביארנו למעלה.

שני דברים כאן טעונים ביאור: ראשית, לא ברור מדוע לבישת הבגדים לפי הרמב"ם והרמב"ן נמנית, על אף שהיא מהווה הכשר מצווה לעבודה? מה כוונת הרמב"ן באומרו (בקטע האחרון) ששיטת הרמב"ם נראית לו יותר שכן יש כאן עשה מעבר ללאו? הרי זה גופא מה שהוא הסביר בדעת **בה"ג**, שלבישת הבגדים אינה עשה אלא הכשר מצווה. שנית, לפי הרמב"ם לא ברור מדוע כלי המשכן אינם בבחינת הכשר מצווה לעבודה, כהצעת הרמב"ן?

נראה כי אנו נפגשים כאן ב"הכשר מצוה" מסוג נוסף, כזה שהוא לא רק בעל מעמד הלכתי כמו שני הקודמים, אלא הוא גם נמנה במניין המצוות. מצוות לבישת הבגדים היא בעלת ערך כשלעצמה, ולא רק כאמצעי לעבודה. אמנם אי

---

[87] מכאן עוד ראיה שהרמב"ם והרמב"ן תופסים את השורש הזה שעוסק בהכשר מצווה באופן שונה מן השורשים העוסקים בחלקי מצוות, שאל"כ אין ביניהם כל מחלוקת.

לבישתם פוסלת את העבודה, ובמובן זה יש כאן לכאורה רק הכשר, אולם בניגוד להכשר רגיל הלבישה היא בעלת ערך כשלעצמה, ולא רק כהקדמה, או כאמצעי, לקיום המצווה. כפי שראינו למעלה, הכשר מצווה אינו נמנה מפני שהוא אמצעי ולא תכלית. לבישת הבגדים אמנם מעכבת את העבודה אבל היא אינה רק אמצעי, ולכן היא נמנית.

ביאור החובה ללבוש בגדים

כדי להדגים את הדבר, נציע ביאור למצוות הבגדים (ביאור שגם משתמע מלשון הרמב״ם במצווה זו). ייתכן שלבישת הבגדים אינה חובה כדי שהקרבן יעלה יפה, או שיפעל את מה שהוא צריך לפעול. החובה נובעת מכך שבעת הקרבת הקרבן על הכהן להיות לבוש בבגדים ״לכבוד ולתפארת״. כלומר עבודת ההקרבה היא רק מצב שכאשר הכהן מצוי בתוכו הוא מחוייב ללבוש בגדים מכובדים. אם הוא אינו לובש את הבגדים ההקרבה נפסלת, אולם זה לא מפני שמשהו פגום בהקרבה, אלא מפני שהכהן המקריב לא נהג בכבוד הראוי. כלומר הלבישה אינה תנאי לכך שההקרבה תפעל ותעלה יפה, אלא שבעת ההקרבה מתעוררת חובת הלבישה. אי קיום החובה הזו פוסל את ההקרבה, כעין קנס, או כמו מצווה הבאה בעבירה. ההקרבה מאבדת את ערכה אם היא נעשית באופן שאינו מכבד את העובדים ואת מי שעובדים לו.
באופן חד יותר ננסח זאת כך: הכשר מצווה שהוא אמצעי בלבד, כמו שמן המשחה, זהו מעשה שאם הוא לא נעשה אזי אין כלל קיום למצווה. כאשר שמן המשחה אינו עשוי כהלכה חסר משהו בעשייה עצמה, ולכן מצוות המשיחה בשמן המשחה כלל לא נעשתה. הכשר מצווה מן הסוג שבכאן (לבישת הבגדים) אינו נועד לאפשר את ההקרבה, אלא שאם הוא לא נעשה היא נפסלת. כלומר, לא שחלק נחוץ מתוכה לא נעשה, אלא משהו חיצוני פסל אותה. המצווה להקריב אינה מוגדרת כמצווה שכהן לבוש בגדים יקריב קרבנות, אלא שנציג עם ישראל יקריב אותם. ישנה דרישה חיצונית של כבוד ותפארת, שהיא מוטלת על הכהן המקריב, ואם היא לא מתקיימת העבודה

כשלעצמה אמנם נעשתה, אך היא נפסלת. לפי זה לבישת הבגדים אינה פרט במצוות ההקרבה אלא מצווה עצמאית, ולכן הרמב״ם מונה אותה.

ייתכן שגם כלי המשכן (מזבחות, שולחן ומנורה) אינם בבחינת הכשר מצווה לפי הרמב״ם מאותה סיבה. מפני שהם לא רק אמצעים לעבודה אלא גם בעלי ערך עצמי.[88]

ובזה יבואר מה שכתב בעל **מגילת אסתר** בהשגותיו למצווה זו. בבואו להגן על קביעת הרמב״ם שבניית כלי המשכן אינה נמנית מפני שהיא חלק של מצווה ולא מפני שהיא הכשר מצווה, וכן כנגד הסבר הרמב״ן בדעת **בה״ג** שלבישת הבגדים היא רק הכשר מצווה, הוא כותב, וז״ל:

> ***ונראה לי שהתנצלות הרמב״ן על בה״ג שאמר שמה שלא מנה הלבשת הבגדים במצוות עשה היה לפי שחשבה להכשר מצוה והוא אם כן חלק מן המצוה ולא יבוא במנין, אינו כלום. וזהו כי חילוק גדול יש בין הכשר מצוה ובין חלק המצוה, כי באמרך הכשר מצוה הנה אתה אומר כי בזה תכשר המצוה לעשות כהלכתה, וא״כ ההכשר הזה אינו חלק ממנה, וראוי למנותו. שהרי כמה הכשר מצוות באין במניין כמו שחיטת הפסח (עשה נ״ה) שאינו אלא הכשר לאכלו בערב, ושריפת פרה אדומה (עשה קי״ג) שהוא ג״כ הכשר להיות האפר ההוא מוכן לטהר בו את הטמאים, ורבים כאלה. אבל חלק המצוה בודאי הוא שאין ראוי למנות כי הוא דבר מועט נפרד מהכל ואינו עומד בפני עצמו.***
>
> ***ואל תשיבני על מה שכתבתי שהלבשת הבגדים אינו חלק העבודה ממ״ש הרב בשורש י״א...והנה מצאנו שהקרבן לא יכשר רק***

---

[88] רבים כבר עמדו על המחלוקת היסודית בין הרמב״ם לרמב״ן לגבי תפקידו של המקדש. הרמב״ם רואה בו אמצעי לביצוע ה״עבודה״ (הקרבת הקרבנות), והרמב״ן רואה בו מקום להשראת שכינה (שהקרבנות גם הם חלק מהפעולות שמביאות אליה). ראה על כך בהרחבה בספרו של הרב רא״ם הכהן, **בדי הארון**.

בלבישת הבגדים...ואם כן יהיה ההלבשה חלק ממנו. אני אומר שאינה קשיא למדייק לשון הרב...וא"כ מאחר שהלבשת בגדים אינו חלק מגוף הקרבן כי הוא דבר נפרד ממנו בודאי יש לנו למנותו.

עיקרי דבריו הם, שאמנם הלבשת הבגדים נראית כחלק מן הקרבן שהרי היא מעכבת אותו, אולם האמת שהיא אינה חלק ממנו על אף העיכוב. רק חלקי מצווה אינם נמנים לפי העיקרון של שורש יא, ולבישת הבגדים אינה חלק כזה. דווקא ההוצאה מכלל המצווה היא סיבה למנות זאת כמצווה עצמאית. הוא גם טוען באופן כללי יותר, שהכשר מצווה באופן מהותי אינו חלק מהמצווה אלא משהו שמחוצה לה. וראייתו היא שיש במניין המצוות כמה הכשרי מצוות, והם אינם כלולים במצוות שהם מכשירים אותן. מכאן הוא מוכיח שהכשר מצווה לעולם אינו חלק מהמצווה. זה בהחלט מתאים למה שראינו בשיטת הרמב"ם, שרואה את ההכשר כמצווה אחרת שמכינה את המצווה העיקרית, ולא כחלק ממנה (כפי שתפס זאת בעל **תרומה"ד**).

השאלה הגדולה שעולה כאן היא מדוע הכשרי מצווה אינם נמנים כולם במניין המצוות? כלומר כיצד יסביר בעל **מגילת אסתר** את דברי הרמב"ם בשורש העשירי? על כורחנו הוא לא יאמר שההכשר הוא חלק מהמצווה, אלא שההכשר הוא מצווה חלשה יותר (אמצעי ולא מטרה). ההכשרים שנמנים כמצוות הם אותם הכשרים שיש להם גם ערך עצמי. הוא עצמו מביא את שחיטת הפסח ושריפת הפרה כהכשרי מצווה שהרמב"ם עצמו כולל במניינו.

מצוות פעולה ותוצאה: סוגים שונים של הכשר מצווה

מפרשי התלמוד רגילים לחלק בין מצוות פעולה ומצוות תוצאה. יש מצווה שתוכנה הוא עשיית פעולה, והמטרה שמושגת היא רק הגדרת הפעולה הנדרשת. לדוגמה, יש שרואים במצוות פרייה ורבייה מצוות פעולה, על אף שהיא מוגדרת כהבת בן ובת (שזו תוצאה). מה שמוטל עלינו הוא הפעולה, אבל הפעולה מוגדרת על ידי התוצאה (כשהושגו בן ובת זו האינדיקציה לכך

שבוצעה הפעולה). ויש מצוות שעניינן הוא התוצאה, והפעולה היא רק הכשר לקראתה.

בהתאמה לכך ניתן לחלק בין שני סוגי הכשר מצווה. ישנו הכשר מצווה שנועד להשיג מצב, כמו למשל בניית מעקה שנועדה לגרום לכך שיהיה לבית מעקה. כאן מסתבר שהמטרה (=המצווה) היא התוצאה, והפעולה של האדם שמשיגה את אותה מטרה היא רק הכשר המצווה. אמנם ייתכן שבהגדרה ההלכתית בניית המעקה תוגדר כמצווה ולא המצב בו לבית יש מעקה, שכן רק הבנייה מסורה בידי האדם. התוצאה מתקבלת ממילא. קיומו של מעקה הוא האינדיקציה לכך שבוצעה פעולת המצווה. המצב השני הוא דוגמה להכשר שהוא עצמו מצווה. זה אמנם הכשר למצב המטרה, אבל המצווה היא הפעולה שמשיגה את המצב הזה. לכן כאן כלל לא עולה שאלת מעמדם של הכשרי מצווה.

ישנו גם הכשר מצווה שמטרתו לאפשר פעולה נוספת (ולא להגיע למצב), כמו בניית סוכה, הכנת שמן המשחה וכדומה. אלו פעולות שמאפשרות את הפעולה שהיא היא המצווה (לישב בסוכה, להקטיר את הקטורת). גם במקרה כזה הפעולה המכשירה היא הכשר מצווה רגיל, הכשר שלגביו רלוונטי כל הדיון שנערך עד כאן.

ומה בדבר לבישת בגדי כהונה? לכאורה זוהי מצווה שבהחלט יכולה להיתפס כמטרה מהותית, על אף שמבחינה הלכתית היא עצמה אולי מהוה רק הכשר מצווה (לפחות לדעת **בה"ג**). ייתכן שהקרבת הקרבנות נועדה (בין היתר) להביא למצב שבו נדרש לתת כבוד למי שעובדים עבורו. ההקרבה נדרשת כדי שיהיה מצב של עבודה (פולחן), אשר דורש מצב של 'כבוד ותפארת'. אם כך הוא, אזי בהחלט יש צד לומר שהבגדים הם מטרה והעבודה היא האמצעי. במקרה זה מסתבר יותר שהעבודה אינה רק אמצעי למצב של כבוד ותפארת, אלא יש לה עוד מטרות. אולם לפחות בציר ההתייחסות הזה היא אולי משמשת דווקא כאמצעי, לכן מונים גם את לבישת הבגדים (וגם את העבודה) כמצווה עצמאית.

סיכום ביניים: מכשירי מצווה

בחלקו הראשון של הפרק ראינו שמכשירי מצווה, לפחות לדעת כמה מהראשונים, הם בעלי מעמד ביניים: הם לא ממש מצווה וגם לא דבר הרשות. ייתכן שיש כאן ממש התחלה של ביצוע המצווה (ואז ההכשר הוא חלק מהמצווה עצמה), או שלפחות יש כאן הכנה בעלת משמעות שגם לה יש מעמד הלכתי כלשהו.

זוהי דוגמה לעמימות נורמטיבית שאינה קשורה לרמות חומרה. כפי שהסברנו בתחילת הפרק זוהי עמימות קטגוריאלית, שכן היא מצביעה על תחום אפור בין ההלכה הפורמלית (המצווה) לבין תחום הרשות (ההיתר). זוהי חלוקה של הקטגוריות ההלכתיות ולא חלוקה פנים הלכתית (כמו חלוקה בין רמות חומרה או רמות דמיון).

ב. מעמדו ההלכתי של הידור מצווה[89]

מבוא

בחלק הקודם עסקנו במעמדם של הכשרי מצווה, וראינו שלפחות לשיטות מסוימות יש מקום לראות אותם כקטגוריית ביניים בין מצווה לרשות. בחלק הזה נבחן את המעמד של הידורי מצווה, ונראה התייחסות דומה גם אליהם. הנושא של הידור מצווה הוא רחב, וכאן ניגע בו רק עד כמה שנצטרך כדי לעמוד על הגדרתו כשייך לתחום ההלכתי האפור.

---

[89] ראה מאמרם של מ. אברהם וגבריאל חזות, "על הידורים ותארים" (פ' בשלח), בתוך **בנתיב המצוות**, מידה טובה וספריית בית אל, תש"ע.

מצוות הידור מצווה

שירת הים פותחת בפסוק הבא (שמות טו, ב):

עָזִּי וְזִמְרָת יָהּ וַיְהִי לִי לִישׁוּעָה זֶה אֵלִי וְאַנְוֵהוּ אֱלֹהֵי אָבִי וַאֲרֹמְמֶנְהוּ:

חז"ל דורשים מהפסוק הזה (ירושלמי, פאה פ"א, ה"א, ומקורו ב**מכילתות**):

רב חביבא בשם רבנין דתמן מהו שליש לדמים היך עבידא לקח אדם מצוה וראה אחרת נאה הימינה עד כמה מטריחין עליו עד שליש תני רבי ישמעאל זה אלי ואנוהו וכי איפשר לו לאדם לנוות את בוראו אלא אנווה לפניו במצות אעשה לפניו לולב נאה סוכה נאה שופר נאה ציצית נאה תפילין נאין אבא שאול אומר אדמה לו מהו חנון ורחום אף את תהא חנון ורחום.

הירושלמי מבין לשון 'ואנוהו' מלשון 'נוי', אך הוא מניח שלא ניתן לנאות את הבורא עצמו, ולכן המסקנה היא שיש כאן ציווי להתנאות לפניו במצוות. זהו המקור המקובל בחז"ל לחובה להדר במצוות, והוא מופיע במקומות רבים בש"ס (ראה שבת קלג ע"ב, נזיר ב ע"ב, סוכה יא ע"ב ול"ג ע"א, ומקבילות).

יש סוגיות שמתייחסות לנוי המצוות כמצווה בפני עצמה. לדוגמה, הגמרא במסכת סוכה עוסקת במחלוקת תנאים האם יש חובה לאגוד את מיני הלולב ביחד. לפי ר' יהודה זוהי חובה ולפי חכמים אין חובה בכך. כעת הגמרא מביאה ברייתא ומשייכת אותה לחכמים (סוכה יא ע"ב, מנחות כז ע"א):

כמאן אזלא הא דתניא: לולב מצוה לאוגדו, ואם לא אגדו - כשר. אי רבי יהודה - כי לא אגדו אמאי כשר? אי רבנן - אמאי מצוה? - לעולם רבנן היא, ומשום שנאמר. +שמות טו+ זה אלי ואנוהו - התנאה לפניו במצות.

מכאן משתמע בבירור שההידור הוא עצמו מצווה. הוא אמנם אינו מעכב את מצוות ארבעת המינים עצמה, אך ישנה מצווה להדר אותם.

אפשרויות שונות בדבר מעמדו ההלכתי של ההידור

לכאורה ההידור הוא פרט צדדי ביחס למערכת המצוות שבתורה. מעבר לחובה לקיים את המצוות השונות, אומרים לנו שיש להדר אותן, כלומר לעשות אותן באופן נאה. מהו מעמדה של הדרישה הזו? האם זהו פרט מפרטי המצוות השונות? האם זוהי מצווה עצמאית? האם זו בכלל חובה, או שמא זה עניין וולונטרי שנותר להכרעתו האישית של כל אחד מאיתנו?[90]

ניתן לשאול זאת לגבי אדם שקיים מצווה כלשהי בלא הידור, לדוגמה אדם שמל את בנו בלי להוריד את הציצים שאינם מעכבים את המילה (ראה שבת קלג ע״ב). מתוך ההגדרה עולה שהוא יוצא ידי חובת מצוות מילה כשלעצמה. אז מה בעצם חסר כאן? האם נאמר שהוא קיים את המצווה באופן לא שלם? האם הוא קיים אותה באופן שלם אך הוא אינו חסיד? האם הוא קיים את המצווה במלואה אך לא קיים את מצוות הידור (שהיא חובה גמורה, רק שאינה מעכבת את המצווה העיקרית עצמה)?

ניתן לשאול שאלות דומות לגבי כמה וכמה ״הלכות רוחביות״ כאלו, הן ביחס למצוות והן ביחס לעבירות, כגון: חצי שיעור, לפני עיוור (=הכשלה בעבירה), ספיית איסור בידיים לקטן, מצווה הבאה בעבירה, דיני ספיקות, מכשירי מצווה, כוונה במצווה ועוד. כל ההלכות הללו אינן מוסיפות חובה ספציפית, אלא נוגעות בכל המכלול של המצוות, או העבירות, ולכן ניתן לשאול מה מעמדן ביחס למצוות הספציפיות, והאם הן כשלעצמן מהוות מצוות, ובאיזה מובן.[91]

---

[90] המונח ׳מצווה׳ בסוגיית סוכה הנ״ל אינו אומר שיש כאן מצווה גמורה. ייתכן שניתן לפרש אותו במובן של מעשה חיובי גרידא, ומצינו כמה דוגמאות כאלה בחז״ל.

[91] שאלה דומה ניתן לשאול לגבי התכלת בציצית. להלכה התכלת אינה מעכבת את הלבן, ולכן יש שנוטים להבין שמצוות התכלת היא סוג של הידור למצוות ציצית. אך ההבנה הפשוטה היא שזוהי מצווה גמורה, אלא שאם לא קיים אותה עדיין מצוות הלבן לא נפגעה. ברור שמי שמטיל פתילי לבן ללא תכלת ביטל עשה של תכלת, אך קיים את מצוות ציצית ע״י הלבן. ראה

נציין כי רוב מוחלט של הפוסקים רואים את ההידור כחובה גמורה. אמנם ישנה מחלוקת האם זהי חובה מדאורייתא או מדרבנן, ויסודה הוא בסוגיית ב״ק ט.

עד כמה מהדרים?

בבבלי ב״ק ט ע״א-ע״ב ישנה סוגיא קצרה שעוסקת בהידור מצווה:

א״ר זירא אמר רב הונא: במצוה - עד שליש. מאי שליש? אילימא שליש ביתו, אלא מעתה, אי איתרמי ליה תלתא מצותא, ליתיב לכוליה ביתא? אלא אמר ר׳ זירא: בהידור מצוה - עד שליש במצוה. בעי רב אשי: שליש מלגיו או שליש מלבר? תיקו. במערבא אמרי משמיה דרבי זירא: עד שליש משלו, מכאן ואילך משל הקב״ה.

בגמרא כאן מסיקים שיש חובה להוציא עד שליש מעלות המצווה כדי להדר אותה. מהגמרא עולה שזוהי חובה ולא תיאור גרידא, שכן הגמרא מקשה על ההו״א כיצד מחייבים אדם לכלות את כל ממונו על שלוש מצוות. אמנם מדברי אנשי מערבא בשם ר׳ זירא נראה שמוציאים על ההידור כמה שרוצים, אלא שכל מה שמעבר לשליש הראשון אינו הפסד של האדם אלא יינתן לו ׳מלמעלה׳ (ויש שפירשו שרק ההידור שמעל שליש הוא רשות, אבל הבסיס הוא חובה).[92]

כפי שרואים בקטע למעלה, הגמרא מסתפקת האם השליש נמדד מלגיו (=מבפנים. כלומר שהתוספת היא שליש מהמחיר עצמו) או מלבר (=מבחוץ. כלומר שהתוספת היא שליש מהמחיר + התוספת עצמה). לדוגמה, אם יש

על כך במאמרו של מ. אברהם, ״מצוות וחלקי מצוות - על מהותם הפילוסופית של מושגים בהלכה״, **אקדמות** כא, אלול תשס״ח, עמ׳ 160.

[92] ראה **מ״ב** סי׳ תרנו סק״ו.

אתרוג כשר שעולה 30 ₪, המחלוקת היא האם עלינו לחפש אתרוג מהודר עד מחיר 40 ₪ (=מלגיו), או עד מחיר של 45 ₪ (=מלבר).

להלכה נחלקו הפוסקים בזה. הרא״ש על אתר כותב (פ״א סי׳ ז):

הדור מצוה עד שליש במצוה. אם מצא אתרוג שהוא ראוי לצאת בו שהוא כאגוז יוסיף שליש לקנות יפה ממנו ולא שיהיה מחויב לקנות אתרוג היפה [ממנו] שימצא בתוס׳ שליש על אתרוג שחפץ לקנות. ועד שליש מלגיו כיון דלא איפשיטא הבעיא.

הוא פוסק שיש להוציא שליש ממחיר המצווה כדי להדר אותה. מדבריו עולה בבירור שזוהי חובה גמורה, שהרי הוא מוסיף שאין חובה להוציא יותר משליש על אתרוג מהודר ביותר, ומשמע שעקרונית הידור הוא חובה. לאחר מכן הוא פוסק במחלוקת כיצד לקבוע את השליש, שיש לעשות זאת מלגיו מפני שהבעיא נותרה בספק בגמרא.

על כך מסביר ה**ב״י** (או״ח סי׳ תרנו):

ובמאי דאיבעיא לן שליש מלגיו או מלבר כתב הרא״ש (שם) דכיון דלא איפשיטא נקטינן דשליש מלגיו קאמר ונראה שהטעם משום דספיקא דרבנן היא ולקולא:

כלומר ה**ב״י** מבין שהרא״ש פסק לקולא בגלל שהחובה להדר היא מדרבנן, וספק דרבנן לקולא, וכן כתב בעל ה**פלפולא חריפתא** על הרא״ש כאן סק״ק.

אמנם הר״ח על אתר כתב בפירוש: ״ועלתה בתיקו ועבדינן לחומרא מלבר״. וכן הרי״ף כאן (טז ע״א בדפיו) לא הכריע האם הולכים מלגיו או מלבר, והר״ן הבין מסתימת דבריו שיש להכריע לחומרא, כדין ספק דאורייתא.

אם כן, נראה שיש כאן מחלוקת ראשונים, האם זוהי חובה דאורייתא או דרבנן. גם בתוד״ה ׳אין פוטר׳, מנחות מא ע״ב הסתפק בזה (וראה גם ריטב״א בסוכה יא ע״ב ומאירי שבת קלג ע״ב, וכן דן בזה ב**שאג״א** סי׳ נ). וה**ב״י** (וכן הוא ב**שו״ע** שם) מכריע להלכה כשיטת הרא״ש. נראה שלפי הרא״ש וה**ב״י** הלימוד מהפסוק ״זה א-לי ואנוהו״ הוא אסמכתא בעלמא ומדובר בדין דרבנן.

אבל המהרש״ל, בספרו **ים של שלמה**, ב״ק סי׳ כד, תמה על הרא״ש:

ותימא: מאחר שהוא ספיקא דאורייתא אזלינן לחומרא? ואפשר שהוא סבר דאין זה דאורייתא, מאחר שאינו מצוות עשה, רק מצווה בעלמא להדר המצווה.

המהרש״ל מסביר שגם הרא״ש לא סובר שחובת ההידור היא מצווה דרבנן. לטענתו זו מצווה דאורייתא שאין לנו חובה להחמיר בספיקה, שכן מדובר בדין בעלמא להדר מצוות. זו אינה חובה גמורה אלא ״עניין מדאורייתא״. כאן כבר מתחילים לראות שהידור מצווה הוא סוג של קטגוריית ביניים בין דאורייתא לבין היתר. זו לא חובה גמורה, אבל מצווה יש כאן. זוהי שיטה שלישית בהבנת מעמדו של הידור מצווה: מחד, תפיסה כזו מגבירה את מעמדה של החובה להדר, שכן היא נותרת במישור דאורייתא. מאידך, אין כאן חובה גמורה אלא רק עניין לכתחילה, ובמובן זה החובה היא פחותה מדין דרבנן רגיל שהוא חובה גמורה.

ייתכן שזו גם הסיבה מדוע הרמב״ם השמיט את ההלכה הזו של הידור עד שליש לגמרי, שכן לדעתו זו לא ממש חובה הלכתית, בדומה לדברי המהרש״ל.

ברכה על הידור מצווה

האחרונים דנו האם ניתן (או צריך) לברך על הידור מצווה. בשו״ת רעק״א מהדו״ת סי׳ יג טוען שיש לברך גם על הידור מצווה. השאלה בה הוא עוסק היא לגבי אדם ששכח לברך על הדלקת נר חנוכה ונזכר שלא בירך לפני שסיים להדליק את כל הנרות. כעת נותר לפניו רק הידור המצווה, והשאלה האם הוא עדיין יכול לברך.[93]

---

[93] הנדון כאן הוא רק על ברכת ׳להדליק׳, שכן בשתי הברכות האחרות יכול לברך גם על ראייה בלי להדליק בכלל.

רעק״א טוען שהפוסקים חלוקים בשאלה זו. ה**פרי חדש** בסי׳ תרעב נשאל שאלה לגבי מי שהדליק ששה נרות והתברר לו שהוא מצוי ביום השביעי, האם יברך על הנר הנוסף. להלכה הוא קובע כדבר פשוט שלא יברך כי אין מברכים על הידור מצווה. לאחר מכן הוא גם מביא ראיה היא מדברי ה**ב״י**, שכתב בשם ה**ארחות חיים**:

וכתוב בארחות חיים (הל׳ חנוכה אות י) מי שלא הדליק בליל שלישי אלא שתי נרות או בליל רביעי אלא שלשה זה היה מעשה בלוני״ל והחמירו שידליק מה שחסר להדליק ואין צריך לברך פעם אחרת כי הברכה שעשה בתחלה על חיוב כל הנרות עשאה.

מכאן הוכיח ה**פר״ח** שאין לברך על הידור. אמנם מפשט לשון ה**ב״י** דווקא נראה בדיוק הפוך, שכן כל מה שאינו מברך הוא רק בגלל שהברכה בהתחלה חלה על הכל, ומשמע שבאופן עקרוני גם הידור טעון ברכה, ובאמת כך דייק בעל ה**אליה רבה** על אתר. אמנם ראיית ה**פר״ח** נדחתה כאן, אך בכל אופן דעתו היא שאין לברך על הידור.

רעק״א מסיק שיש בזה מחלוקת בין שני הפוסקים הללו, ולכן בספק ברכות יש להקל. אך הוא מוסיף שבמקרה שלנו יש לברך בכל אופן, שכן כל משך הזמן בו הנרות דולקים זה נחשב עדיין המשך עשיית המצווה, ולכן בזמן זה עוד לא חלף זמן הברכה.

בשו״ת **דעת מרדכי**[94] בסי׳ מח מוכיח שמברכים על הידור מצווה מדברי הרמ״א יו״ד סי׳ רסג ה״ג שפסק לברך על הורדת ציצים שאינם מעכבים את המילה. ולפי דרכו של רעק״א אין משם ראיה גורפת, שכן ייתכן שגם במילה יש מצווה להיות מהול, ורק בגלל זה אפשר לברך אחרי עשיית המצווה, ובזה אולי כולם מודים.

---

[94] הוצאת בני תורה, תשס.

ברכה על המצווה עצמה בזמן ההידור

יש להעיר שרעק״א בתשובתו שם בעצם עוסק בשאלה שונה: אם אדם שכח לברך על עיקר המצווה, האם הוא יכול לברך על עיקר המצווה בזמן שהיא כבר הסתיימה והוא עוסק רק בהידור. גם לדעה שלא ניתן לברך על הידור, ייתכן עקרונית שבמקרה של רעק״א ניתן עדיין לברך, שכן זו אינה ברכה על הידור אלא על עיקר המצווה.

לכן גם הקשר למקורות שרעק״א מביא לא לגמרי ברור. כפי שראינו, ה**ב״י** מדבר על ברכה על הידור כאשר כבר בירך על עיקר המצווה. ראינו שבגלל העובדה הזו עצמה רעק״א וה**א״ר** טוענים שה**ב״י** סובר שיש דין לברך על הידור אלא שהברכה הראשונה כבר הוציאה אותו ידי חובה. אך כאן אנו מציעים השלכה נוספת של העובדה הזו: גם אם הברכה הראשונה לא היתה חלה על ההידור, עדיין ייתכן שלא מברכים על הידור במקום שבו היתה ברכה על המצווה עצמה. אבל בסיטואציה שבה אנו מקיימים הידור לחוד (או במקום שעל עיקר המצווה לא היתה ברכה) ייתכן שכן נידרש לברך.

גם החילוק שמביא רעק״א, לפיו ניתן לברך על הידור במקום שיש ״שיהוי מצווה״ (כלומר שהמצווה היא מתמשכת), נראה רלוונטי דווקא עבור ברכה על המצווה ולא לברכה על ההידור. כל עוד המצווה מתמשכת ניתן לברך עליה עצמה, אבל לגבי ברכה על ההידור כשלעצמו החילוק הזה לא נראה רלוונטי. מדוע שיהיה הבדל בין הידור של מצווה מתמשכת לבין הידור של מצווה רגעית לעניין ברכה?

ברכה על הידור

ראינו שלפי רעק״א ישנה מחלוקת הפוסקים האם ניתן לברך על הידור. מה יסוד המחלוקת? לכאורה יסוד המחלוקת הוא האם ישנה חובה בלתי תלויה של הידור, או שזה פרט מפרטי המצווה, שני צדדים שכבר ראינו למעלה. אם זו מצווה בפני עצמה אז מברכים עליה, אך אם זהו פרט מפרטי המצווה העיקרית אזי הברכה שתקנו היא על המצווה ולא הוסיפו ברכה על הידור.

אך כשמתבוננים שוב רואים שהמצב הוא למעשה בדיוק הפוך. יש לשים לב שבתשובת רעק״א לא מדובר על ברכה כמו ״אשר קדשנו...על הידור במצוות״, אלא על הברכה שנאמרת על המצווה העיקרית (כמו ״להדליק נר של חנוכה״). אם כן, דווקא מי שאומר שכן מברכים ברכה כזו גם על ההידור כנראה סובר שההידור הוא פרט מפרטי המצווה העיקרית, ולכן שייך לברך גם עליו את ברכת המצווה עצמה. לעומת זאת, דווקא מי שסובר שלא מברכים על הידור, ניתן להבין את שיטתו שהוא סובר שההידור אינו חלק מהמצווה עצמה, ולכן לא שייך לברך עליו את הברכה של המצווה עצמה. אם כן, מדוע לא מברכים על ההידור ברכה משלו, כמו ״להדר במצוות״? נראה שעל ביצוע הידור כשלעצמו לא תקנו ברכה מפני שזו אינה מצווה גמורה, כמהרש״ל הנ״ל).[95]

אמנם רעק״א עצמו טען שאם המצווה היא מתמשכת אז ניתן לברך גם על הידור. כאן ישנם שני ההיבטים גם יחד: מחד, ההידור כשלעצמו אינו המשך המצווה, ולכן במצווה ללא שיהוי אין היתר לברך על הידור. היתר לברך זוקק הנמקה שמתבססת על המשכיות של המצווה עצמה (ללא ההידור). מאידך, מאחר שהמצווה עצמה יש בה ״שיהוי״, אזי כעת ניתן לברך את הברכה, אך הברכה נאמרת על ההידור (בכל אופן הוא לא מתיר לברך על המשך המצווה כשלעצמה, כמו לברך על מצוות מילה הרבה אחריה, כאשר האדם כבר מהול). כלומר שייך לברך את ברכת המצווה עצמה על ההידור, ומבחינה זו נראה שההידור הוא כן חלק ממעשה המצווה.

מסתבר שרעק״א מתכוין לומר שאם יש במצווה שיהוי אז מותר לברך על ההידור, אך הברכה בה מדובר היא ברכה שנאמרת על המצווה ולא על ההידור. לא רק שנוסח הברכה הוא כנוסח ברכת המצווה, אלא היא נאמרת

---

[95] אמנם בשיטת המהרש״ל עצמו צידדנו למעלה שהוא סובר שההידור הוא פרט מפרטי המצווה ולכן הוא אינו חובה גמורה.

על המצווה, ולא על ההידור. אמנם ההידור נחשב כאילו הוא עדיין עוסק במצווה לעניין זה שהיא לא הסתיימה ולכן עדיין יכול לברך, אך הברכה היא על המצווה ולא על ההידור. אם כן, לפי רעק״א דווקא נראה שההידור אינו חלק מקיום המצווה עצמה. ובכל זאת מעשה ההידור נחשב כחלק ממעשה המצווה, ולכן עדיין ניתן לברך עליה עצמה.

ראינו למעלה שה**ב״י** סובר שראוי לברך על הידור, אלא שהברכה על המצווה מוציאה אותו ידי חובת הברכה על ההידור. גם כאן יש לדון מהי תפיסת ההידור שלו? נראה שהוא סובר כרעק״א, שההידור הוא חלק נפרד מהמצווה, אך לטענתו הברכה של המצווה עצמה מוציאה אותנו ידי חובת ברכת ההידור. אך אם ההידור הוא חלק עצמאי, אז מדוע באמת זה כך? מה הקשר בין המצווה להידור? על כורחנו אנו מגיעים לאותו חילוק שעשינו בשיטת רעק״א: ההידור הוא חלק ממעשה המצווה אך לא חלק מקיומה. במעשה המצווה מתקיימות שתי מצוות: הדלקת נר חנוכה, והידור מצווה. אז מדוע הברכה על החלק הראשון מועילה גם לחלק השני? או בגלל שהשני אינו מצווה גמורה (אך לפי״ז מדוע בכלל מברכים עליו?), או שהברכה נאמרת על מעשה המצווה ולא על קיום המצווה.

המסקנה היא שגם הידור מצווה יש לו מעמד ביניים כלשהו, בדומה למה שראינו לגבי הכשר מצווה. זה חלק ממעשה המצווה אבל לא חלק מהקיום. בכל מקרה זה לא מעכב את הקיום. נראה שיש כאן חובה לא גמורה, אבל יש לה מעמד הלכתי. לדעות מסוימות נראה שזו חובה גמורה שאינה חלק מהמצווה שאותה היא מהדרת.

ג. מעמדו ההלכתי של המוסר

מבוא

סוגיית מוסר והלכה היא סוגיא רחבה ואקטואלית, ואין בכוונתנו למצות אותה כאן. בדרך כלל היא עוסקת בשאלת הקונפליקטים בין מוסר להלכה. אבל כאן ניגע בשאלה אחרת, והיא עצם מעמדו ההלכתי של המוסר. אנו ננסה לבחון את הגישה שרואה במוסר פריפריה של ההלכה, כדוגמה נוספת לעמימות של הקטגוריות ההלכתיות.

מעמדו ההלכתי של המוסר

ציוויי המוסר נתפסים כנורמות שמחייבות כל אדם באשר הוא. האם יש להם מעמד הלכתי? האם יש חובה הלכתית להיות מוסרי? אין צורך לציין שלכמה מהמצוות בהלכה יש תוכן מוסרי מובהק. האיסור לגזול ולרצוח, החובה לאהוב את הריע, החובה לסייע לו וכדומה. ובכל זאת אי אפשר לזהות את ההלכה עם מוסר, מכמה היבטים: יש מצוות שנראות א-מוסריות, ולפעמים אפילו אנטי מוסריות. די לנו בקיומן של מצוות א-מוסריות בהלכה כדי להבין שיש לה מטרות נוספות מעבר לזו המוסרית, אם בכלל. לכן בקרב רבים מהמחוייבים להלכה נוצרת תחושה שהמוסר אינו חלק ממנה. יש שהרחיקו לכת ותפסו שההלכה כלל לא מכירה בחובות המוסריות שמעבר לציוויים ההלכתיים המפורשים.

ובכל זאת יש בתורה פסוקים שמתפרשים כציווי על התנהגות מוסרית. שני המובהקים שבהם מצויים בתחילת פרשת קדושים ובפרשת ואתחנן. הראשון אומר (ויקרא יט, יט):

(א) וַיְדַבֵּר יְקֹוָק אֶל־מֹשֶׁה לֵּאמֹר: (ב) דַּבֵּר אֶל־כָּל־עֲדַת בְּנֵי־יִשְׂרָאֵל וְאָמַרְתָּ אֲלֵהֶם קְדֹשִׁים תִּהְיוּ כִּי קָדוֹשׁ אֲנִי יְקֹוָק אֱלֹהֵיכֶם:

המפרשים נחלקו באשר לפירושו של הפסוק הזה (ראה למשל רמב"ם בשורש הרביעי ובהשגות הרמב"ן שם). והרמב"ן בפירושו על אתר כותב:

קדושים תהיו - הוו פרושים מן העריות ומן העבירה, שכל מקום שאתה מוצא גדר ערוה אתה מוצא קדושה, לשון רש״י. אבל בתורת כהנים (פרשה א ב) ראיתי סתם, פרושים תהיו. וכן שנו שם (שמיני פרק יב ג), והתקדשתם והייתם קדושים כי קדוש אני, כשם שאני קדוש כך אתם תהיו קדושים, כשם שאני פרוש כך אתם תהיו פרושים:

ולפי דעתי אין הפרישות הזו לפרוש מן העריות כדברי הרב, אבל הפרישות היא המוזכרת בכל מקום בתלמוד, שבעליה נקראים פרושים:

והענין כי התורה הזהירה בעריות ובמאכלים האסורים והתירה הביאה איש באשתו ואכילת הבשר והיין, א״כ ימצא בעל התאוה מקום להיות שטוף בזמת אשתו או נשיו הרבות, ולהיות בסובאי יין בזוללי בשר למו, וידבר כרצונו בכל הנבלות, שלא הוזכר איסור זה בתורה, והנה יהיה נבל ברשות התורה:

לפיכך בא הכתוב, אחרי שפרט האיסורים שאסר אותם לגמרי, וצוה בדבר כללי שנהיה פרושים מן המותרות. ימעט במשגל, כענין שאמרו (ברכות כב א) שלא יהיו תלמידי חכמים מצויין אצל נשותיהן כתרנגולין, ולא ישמש אלא כפי הצריך בקיום המצוה ממנו. ויקדש עצמו מן היין במיעוטו, כמו שקרא הכתוב (במדבר ו ה) הנזיר קדוש, ויזכור הרעות הנזכרות ממנו בתורה בנח ובלוט. וכן יפריש עצמו מן הטומאה, אף על פי שלא הוזהרנו ממנה בתורה, כענין שהזכירו (חגיגה יח ב) בגדי עם הארץ מדרס לפרושים, וכמו שנקרא הנזיר קדוש (במדבר ו ח) בשמרו מטומאת המת גם כן. וגם ישמור פיו ולשונו מהתגאל ברבוי האכילה הגסה ומן הדבור הנמאס, כענין שהזכיר הכתוב (ישעיה ט טז) וכל פה דובר נבלה, ויקדש עצמו בזה עד שיגיע לפרישות, כמה שאמרו על רבי חייא שלא שח שיחה בטלה מימיו:

באלו ובכיוצא בהן באה המצוה הזאת הכללית, אחרי שפרט כל העבירות שהן אסורות לגמרי, עד שיכנס בכלל זאת הצוואה הנקיות בידיו וגופו, כמו שאמרו (ברכות נג ב) והתקדשתם אלו מים ראשונים, והייתם קדושים אלו מים אחרונים, כי קדוש זה שמן ערב. כי אף על פי שאלו מצות מדבריהם, עיקר הכתוב בכיוצא בזה יזהיר, שנהיה נקיים וטהורים ופרושים מהמון בני אדם שהם מלכלכים עצמם במותרות ובכיעורים:

נראה מדבריו שהציווי הזה אינו עוסק במוסר באופן כללי אלא בהתנהגות אנושית (ולא בהמית), כלומר לא להרבות מדי במאכל ומשגל וכדומה. בלשונו של הרמב״ן זוהי דרישה לא להיות ״נבל ברשות התורה״. כלומר לא להתיר לעצמנו לעשות מעשים שהתורה לא אסרה אותם באופן הלכתי פורמלי. אמנם אין זהות בין נבל ברשות התורה לבין אדם לא מוסרי, אבל די ברור שחלק גדול מנורמות המוסר גם הן נכללות בקטגוריה הזאת (שהן מצויות מעבר לציווי הפורמלי).

הפסוק השני מורה לנו (דברים ו, יח):

וְעָשִׂיתָ הַיָּשָׁר וְהַטּוֹב בְּעֵינֵי יְקֹוָק לְמַעַן יִיטַב לָךְ וּבָאתָ וְיָרַשְׁתָּ אֶת־הָאָרֶץ הַטֹּבָה אֲשֶׁר־נִשְׁבַּע יְקֹוָק לַאֲבֹתֶיךָ:

רש״י מפרש את הפסוק כציווי על עשיית לפנים משורת הדין. כמובן שיש לפירוש זה נגיעה למוסר, אבל זה לא נראה ממש כציווי על התנהגות מוסרית. אמנם הרמב״ן על אתר מרחיב את הפירוש הזה וכותב:

ועשית הישר והטוב בעיני ה׳ - על דרך הפשט יאמר תשמרו מצות השם ועדותיו וחקותיו ותכוין בעשייתן לעשות הטוב והישר בעיניו בלבד. ולמען ייטב לך - הבטחה, יאמר כי בעשותך הטוב בעיניו ייטב לך, כי השם מטיב לטובים ולישרים בלבותם. ולרבותינו בזה מדרש יפה, אמרו זו פשרה ולפנים משורת הדין. והכוונה בזה, כי מתחלה אמר שתשמור חקותיו ועדותיו אשר צוך, ועתה יאמר גם באשר לא

צוך תן דעתך לעשות הטוב והישר בעיניו, כי הוא אוהב הטוב והישר:

עד כאן הוא רק מפרט את פירושו של רש"י. אבל כעת הוא ממשיך ומרחיב זאת ואומר:

וזה ענין גדול, לפי שאי אפשר להזכיר בתורה כל הנהגות האדם עם שכניו ורעיו וכל משאו ומתנו ותקוני הישוב והמדינות כלם, אבל אחרי שהזכיר מהם הרבה, כגון לא תלך רכיל (ויקרא יט טז), לא תקום ולא תטור (שם פסוק יח), ולא תעמוד על דם רעך (שם פסוק טז), לא תקלל חרש (שם פסוק יד), מפני שיבה תקום (שם פסוק לב), וכיוצא בהן, חזר לומר בדרך כלל שיעשה הטוב והישר בכל דבר, עד שיכנס בזה הפשרה ולפנים משורת הדין, וכגון מה שהזכירו בדינא דבר מצרא (ב"מ קח א), ואפילו מה שאמרו (יומא פו א) פרקו נאה ודבורו בנחת עם הבריות, עד שיקרא בכל ענין תם וישר:

כאן כבר נראה שמדובר בציווי לנהוג באופן מוסרי. הדוגמאות ההלכתיות שהזכרנו, כלומר אותן מצוות שיש להן תוכן מוסרי, רק ממחישות אך לא ממצות אותו. עשיית לפנים משורת הדין היא רק חלק מאותו ציווי כללי לנהוג באופן מוסרי.

"פרדוקס הנבל"

האם שני הציוויים הללו נמנים במניין המצוות? כמעט כל מוני המצוות, ובראשם הרבמ"ם לא כללו אף אחד משניהם במניינם. לא תמצאו אף אחת מהן גם במצוות העשה שמוסיף הרמב"ן למניינו של הרמב"ם. מה משמעותה של התופעה הזאת? הרי התורה מצווה אותנו לנהוג כך, אז מדוע זה לא נכלל במניין המצוות?

מסתבר שיסודם של דברים בסוג של פרדוקס, שאותו קל יותר להדגים זאת לגבי הציווי הראשון ("קדושים תהיו"). כאמור, הרמב"ן מסביר שהכוונה היא להורות לנו לנהוג איסור גם בדברים שאותם ההלכה הפורמלית לא מחייבת.

זו גם תמציתו של הציווי השני, שמוגדר כחיוב לנהוג לפנים משורת הדין, כלומר מעבר למה שהדין הפורמלי מחייב. אם הפסוקים הללו היו מצוות ממש, כלומר היו נכללים במניין המצוות, כי אז החובות הללו היו הופכות להיות חלק משורת הדין. מי שהיה מרבה במאכל היה מבטל עשה של ״קדושים תהיו״. מי שלא היה עושה פשרה או נוהג לפנים משורת הדין היה מבטל עשה של ״ועשית הישר והטוב״. אבל התורה רצתה להשאיר את הדברים הללו מחוץ לשורת הדין, ובדווקא לא לצוות עליהם. היא מצפה מאיתנו לעשות את הדברים לא מתוך ציווי אלא מתוך ההבנה שכך נכון וכך מצופה מאיתנו לנהוג.

ניתן לומר יותר מכך: אם התורה היתה מצווה אותנו על כך הדבר היה מרוקן את הנורמות הללו מתוכנן, שכן הן היו הופכות להיות חלק מההלכה (משורת הדין) ולא הוראות לנהוג מעבר לשורת הדין. את זה התורה לא רצתה, ולכן היא הותירה את ה״ציוויים״ הללו מחוץ להלכה הפורמלית. אלו נורמות ראויות אך לא חיובים הלכתיים גמורים.[96]

אז מהו בכל זאת המעמד של הציוויים הללו?

נותרת כאן השאלה מהו מעמדן ההלכתי של ההוראות הללו. נראה שיש כאן אילוץ לוגי (פרדוקס הנבל) שמונע מהתורה לצוות אותנו על נורמות אלה, אבל ברור שהיא מצפה מאיתנו לנהוג כך. נראה שגם כאן אנחנו מגיעים להגדרה עמומה קטגוריאלית. הנורמות הללו אינן חיובים הלכתיים גמורים, אבל ברור שהן גם לא ״דבר הרשות״. מדובר בציפיות של התורה מאיתנו, גם אם ללא ציווי. מבחינה הלכתית יש להן מעמד ביניים.

---

[96] לדוגמאות נוספות, ראה מאמרו של מ. אברהם ״מצווה, סברא ורצון ה׳״, **צהר** ל, אלול תשסז.

ניתן לראות זאת בדברי הרמב״ן בתחילת פרשת קדושים, שהובאו למעלה. בין היתר, הוא כותב שם:

באלו ובכיוצא בהן באה המצוה הזאת הכללית, אחרי שפרט כל העבירות שהן אסורות לגמרי, עד שיכנס בכלל זאת הצוואה הנקיות בידיו וגופו...

רואים שיש כאן איסורים שלא אסורים ״לגמרי״. יש כאן קטגוריית ביניים, כעין ״חצי איסור״ מבחינה הלכתית.

הדברים חוזרים בעוד קטע בדבריו שם:

לפיכך בא הכתוב, אחרי שפרט האיסורים שאסר אותם לגמרי, וצוה בדבר כללי שנהיה פרושים מן המותרות.

שוב יש כאן הבחנה קטגוריאלית בין איסורים שאסורים לגמרי לכאלה שאינם אסורים לגמרי אלא חלקית (חצי איסור).

מסוף דברי הרמב״ן עולה לכאורה תפיסה שונה

עד כאן ראינו שהרמב״ן מסביר את הנורמות הללו כנורמות ששייכות לתחום האפור, ולא לליבה ההלכתית. זה ממש מקביל לדוגמאות של זאדה שראינו בפרק הראשון, לגבי שייכות חלקית לקבוצות (כמו קבוצת הגבוהים).

אמנם בהמשך דבריו שם כותב הרמב״ן את הדברים הבאים:

וזה דרך התורה לפרוט ולכלול בכיוצא בזה, כי אחרי אזהרת פרטי הדינין בכל משא ומתן שבין בני אדם, לא תגנוב ולא תגזול ולא תונו ושאר האזהרות, אמר בכלל ועשית הישר והטוב (דברים ו יח), שיכניס בעשה היושר וההשויה וכל לפנים משורת הדין לרצון חבריו, כאשר אפרש (שם) בהגיעי למקומו ברצון הקדוש ברוך הוא. וכן בענין השבת, אסר המלאכות בלאו והטרחים בעשה כללי שנאמר תשבות, ועוד אפרש זה (להלן כג כד) בע״ה:

כאן הוא מסביר שהציוויים הללו הם כלליים ולא יכולים לכלול את כל הפרטים. לכן אחרי הציווי הכללי מגיע פירוט חלקי, ומתוך כך עלינו ללמוד

שהתורה בעצם רוצה בכל הפרטים הדומים. הם לא מופיעים בציווי מפורש רק מחמת מספרם הרב והגיוון בכל סיטואציה, שלא מאפשרים לתורה לפרוט את כולם.

מדבריו אלו עולה לכאורה שמדובר בציווי הלכתי רגיל, ומה שהתורה לא מצווה עליו זה רק בגלל מניעה טכנית. כעין זה אנחנו מוצאים בדברי **המגיד משנה** על הרמב״ם הל׳ שכנים פי״ד ה״ה, שם הוא עוסק בדינא דבר מצרא:

> ***קדם אחד וקנה וכו׳. מבואר בהלכות וכ״כ ז״ל ועניין דין בן המצר הוא שתורתנו התמימה נתנה בתקון מדות האדם ובהנהגתו בעולם כללים באמירת קדושים תהיו והכוונה כמו שאמרו ז״ל קדש עצמך במותר לך שלא יהא שטוף אחר התאוות וכן אמרה ועשית הישר והטוב והכוונה שיתנהג בהנהגה טובה וישרה עם בני אדם ולא היה מן הראוי בכל זה לצוות פרטים לפי שמצות התורה הם בכל עת ובכל זמן ובכל ענין ובהכרח חייב לעשות כן ומדות האדם והנהגתו מתחלפת לפי הזמן והאישים והחכמים ז״ל כתבו קצת פרטים מועילים נופלים תחת כללים אלו ומהם שעשו אותם בדין גמור ומהם לכתחילה ודרך חסידות והכל מדבריהם ז״ל ולזה אמרו חביבין דברי דודים יותר מיינה של תורה שנאמר כי טובים דודיך מיין:***

גם בדבריו ניתן לראות את המתח הזה: מחד הוא כותב שלא ניתן לפרט את כל הפרטים, ומכאן משתמע שאלו מצוות גמורות. מאידך, הוא מסביר שחלקן דין גמור וחלקן לכתחילה ודרך חסידות.

נראה שכוונת **המ״מ** והרמב״ן היא שבגלל האופי הקטגוריאלי המיוחד של הנורמות הללו התורה לא רוצה לצוות על כולם. לכל אחד יש מעמד הלכתי שונה, שגם תלוי בנסיבות ובאנשים המעורבים בסיטואציה, ולכן לא נכון לכלול את כולם באותה צורה במסגרת ציווי הלכתי פורמלי.

תופעה דומה אנו מוצאים בדיני ממונות. חז״ל בתלמוד משתמשים בכמה ביטויים שונים כדי לתאר חיובים לא גמורים. לפעמים הם קובעים שיש חיוב

לצאת ידי שמים, חיוב בדיני שמים, מידת חסידות, לפנים משורת הדין וכדומה. מה משמעותם של כל הביטויים הללו? האם משמעות כולם זהה? אם כן, אז למה להשתמש בכל המגוון הזה?

המאירי בסוגיית ב״ק נו ע״א, מביא דברים בשם בעל ה**השלמה** (שקרוי אצלו כאן ״גדולי הדורות״):

> ***כל שכתבנו עליו כאן שהוא חייב בדיני שמים פירושו שהוא חייב בו בהשבון הא לענין איסור אף מה שהוא פטור בו מדיני שמים איסור מיהא יש בו אלא שלענין חשבון נאמרה ומכאן כתבו גדולי הדורות שכל שנאמר עליו חייב בדיני שמים פסול הוא לעדות עד שישיב והדברים נראין שמאחר שהוא חייב להשיב תורת גזלה חלה עליו עד שישיב:***

הוא מסביר שחיוב של מידת חסידות הוא התנדבות. לעומת זאת, חיוב לצאת ידי שמים הוא חיוב גמור, אלא שבי״ד לא כופה עליו. מי שחייב לחברו תשלום בידי שמים, משמעות הדבר היא שאם הוא לא משלם הוא גזלן גמור, אבל בי״ד לא מוציאים ממנו את הכסף הזה. הוא נחשב כגזלן הלכתי גמור עד כדי כך שהוא גם נפסל לעדות כמו גזלן רגיל.

לאידך גיסא אנו מוצאים דוגמאות שההלכה מחייבת את בי״ד לכפות על חובה מוסרית, אף שהיא אינה מחייבת מעיקר הדין. לדוגמה, השבת אבידה אחרי ייאוש (ראה ב״מ כד ע״ב), זה נהנה וזה לא חסר (נתינת בית חסר שימוש לשימושו של כל מי שצריך אותו. ראה ב״ק כ ע״א - ע״ב), או כפייה על מידת סדום (ראה ב״ב יב ע״ב ומקבילות).[97] גם אוסף המקרים הללו מראה שמדובר בחובה הלכתית ולא בהתנדבות גרידא.

---

[97] למבט אחר על הדוגמאות הללו, ראה מאמרו של מ. אברהם, ״משמעותה של בעלות על ממון: בין הלכה למשפט (תפיסת הבעלות והזכויות הממוניות בהלכה לעומת המשפט הכללי)״, בתוך **שנות חיים**, אליעזר שלוסברג (עורך), פתח תקווה, תשסח, עמ׳ 13.

גמישות או רמת תוקף?

מדברי הרמב״ן והמ״מ שהובאו למעלה נראה שחיוב לפנים משורת הדין הוא לא בהכרח חלש יותר מחיובים שנכללים בהלכה הפורמלית. הוא רק מצוי בקטגוריה הלכתית שונה, גמישה יותר. עמד על כך הרב ליכטנשטיין במאמרו ״מוסר והלכה במסורת היהודית״,[98] שם בין היתר הוא כותב:

> ***העובדה שאפשר היה להעלות טענה דוגמת זו בעניין של לפנים משורת הדין, מרמזת על ההבדל המכריע בינו לבין הדין. לפנים משורת הדין נוקשה פחות לא רק במובן שהוא תובעני פחות באשר לשיעורה ולכוחה של חובה - וכפי שצוין קיימים זמנים בהם הוא יכול להיות תובעני באותה המידה - אלא במובן זה שהוא גמיש יותר, קל יותר להגדיר את חובתו לאור הדרישות של המקרים המיוחדים. אין לזה כל קשר לכוחו המחייב של לפנים משורת הדין, היות ומשעה שנקבע כי במקרה נתון הגשמת ה״ישר והטוב״ מחייבת דרך מסוימת, יתכן שתהיה ההליכה בדרך זו מחייבת לא פחות מעשיית הדין. אולם כדי לקבוע לכתחילה מה תובעת החובה המוסרית, יש לתת את הדעת לשרטוטים השונים שבכל עניין. הדין הריהו מכלול של חוקים, המושרשים בערכי יסוד, אלא שברגע ההכרעה הם עומדים בפני היחיד כמערכת כללים. כמובן, הדין עצמו מתפצל עקב גורמים משתנים; הכלל הרלבנטי נעשה במידה רבה פועל יוצא מן המצב. אולם הדרך הבסיסית היא ניסוח והגדרת הנחיות, שעל פיהן יש לנהוג בסוג של מקרים - דווקא תכונת ההיקף היא קובעת את ההנחיות - אותן צריך ליישם במצבים בעלי***

---

[98] בתוך **דעות** מו, תשמז. מופיע גם ברשת באתר **דעת**.

מכלול מתאים של סימנים. בעיקרו של דבר מיוסדים פסקי הדין על חשיבה דדוקטיבית, היקשית בעיקרה. לכן, מטאפורות, המדברות על דינים כמושלמים או שולטים במקרה נתון, מדויקות הן בהחלט.

כנגד זה, לפנים משורת הדין הוא תחום המוסר המסיבי morality lautxetnoc. בסיס ההכרעה שלו הוא אפוא, באורח פאראדוקסלי, גם כללי יותר וגם ספציפי יותר. הפורמליסט מונחה על ידי עקרון או כלל הקובע סוג מקרים המוגדרים במספר סימני היכר. ככל שהמערכת רגישה וחכמנית, כך הסוגים אינדיבידואליים יותר. אולם, יהיה שיעור הספציפיות אשר יהיה, אחת היא דרך הפעולה; המעשה נובע מתוך יישום של הכלל המתאים למקרה המסוים שהוא פרט באותו הכלל או מתוך השפעת גומלין בין כמה וכמה גורמים, עם שמצויים, כמובן, גם עקרונות לקביעת מקרי כלאיים, כביכול. כנגד זה, ה״קונטקסטואליסט״ ימאס לגמרי בקווי הנחיה למרחק ביניים. להלכה, לפחות, מנחה אותו רק הגורם האוניברסאלי ביותר והמקומי ביותר; מן הצד האחד מספר קטן ביותר, אולי רק אחד או שנים, של ערכים מוחלטים, ומן הצד השני קווי שרטוט יחידים במינם של המצב הנתון.

ה״קונטקסטואליסט״, ההולך לאור כוכבי הציר שלו, מפעיל את חושו המוסרי (אם ננקוט במונח מן המאה הי״ח, שעדיין תועלתו בצידו), כדי להעריך ולתפוס בחוש את הדרך הטובה ביותר להפקת מירב הטוב מן הלבטים בהם הוא מתחבט. מהיותו נומינליסט באתיקה, אין הוא מסתפק רק בטענה שכל מקרה שונה הוא מבחינה פינומנולוגית - זו תהיה אמת נדושה - אלא, סובר שבד״כ ההבדלים כה מכריעים עד שאין אפשרות לנסח הנחיות בעלות משמעות. שימוש אד-הוק בלתי אמצעי, שבד״כ - אם כי מצד ההגיון זוהי שאלה נפרדת - הוא שלו עצמו, יכול לשמש כיסוד בעל

השפעה על ההכרעה. לא תיתכן כל "מילדת" אחרת בין הערך המוחלט לבין הסוגיה העומדת על הפרק.

הרב ליכטנשטיין מסביר שיש ללפנים משורת הדין שני מאפיינים: תובענות נמוכה יותר (לא תמיד) וגמישות גבוהה יותר (תמיד). בהחלט ייתכן שמשעה שהגענו למסקנה שהחובה המוסרית לסיטואציה המסויימת היא X, זוהי חובה תובענית לא פחות, אבל ההגעה למסקנה הזאת נעשית בדרך שונה מאשר הדרך למסקנה ששייכת לדין הרגיל.

הוא מסביר את שורש ההבדל בין התחומים בכך שהדין פועל במהלך דדוקטיבי, כלומר הולך מהעיקרון הכללי ליישום למצב הספציפי. לעומת זאת, הלפנים משורת הדין הולך מהמצב הספציפי אל העקרונות. לא ניתן ליישם עקרונות כלליים על מצבים כאלה, ויש לדון אותם כפי שהם. זהו בעליל הבדל קטגוריאלי ולא הבדל שנוגע לעוצמת החיוב. הוא מביא שם דוגמאות מדברי התלמוד והפוסקים, לכך שהחיובים שלפנים משורת הדין תלויים בעושר ועניות, ובמצבים והאנשים השונים המעורבים בסיטואציה ולכן אי אפשר לקבוע לגביהם כללים גורפים ומחייבים.

לפעמים הנורמות הללו מצויות מחוץ להלכה מפני שהן מהוות דרישות גבוהות יותר, כלומר שההלכה לא רואה בהן דרישה מחייבת לכל אדם באשר הוא. וכך כותב הרב ליכטנשטיין שם:

אולם לענייננו - השקפות הרמב"ם והרמב"ן מורות לאותו הכיוון: ההלכה עצמה מצווה שנפעל מעבר לגופי הדינים. אילו נהגתי על פי דוגמתו של פולר, והייתי מצייר קשת שתחילתה בחובה וסופה בשאיפה, נראה, כי לשיטת הרמב"ם היתה האתיקה, הלא הלכתית, נמצאת, כביכול, גבוהה קמעא מזו של הרמב"ן. אף שנתחשב כראוי בצווי "ללכת בדרכיו", עדיין חודרת לתוכנו תחושה שמדובר בחתירה אל אידיאל ולא בסיפוק צרכי יסוד.

אבל מייד אחר כך הוא מוסיף:

> ***למרות זאת, הדמיון היסודי בעינו עומד; האתיקה imitatio איננה סתם אידיאל נעלה, אלא היא צו מחייב.***

וכך הוא מסכם שם:

> ***היוצא מן הדברים שללא כל קשר לחומרת החובה, יש הבדל יסודי בין הדין לבין לפנים משורת הדין. האחד, על מישור מזערי יותר, כופה אמות מידה אובייקטיביות קבועות. דרישותיו של השני מתפתחות מתוך מצב ספציפי, ועשויות להשתנות לפי המקרים ובהתאם למסיבות.***

אם נסכם זאת במילותינו שלנו נאמר כך: לפנים משורת הדין הוא תחום גמיש יותר. לפעמים הוא פחות מחייב, שכן מדובר בדרישה גבוהה להיות בן עלייה. אך לפעמים ההוראות הללו לא פחות מחייבות מהוראות הדין. במצבים אלו הלפנים משורת הדין זהו חיוב הלכתי גמור, אלא שהקביעה של ההוראה שלנו לנסיבות מסויימות נעשית לא בדרך של דדוקציה אלא בדרך אינטואיטיבית שנוגעת ישירות למקרה הנדון.

סיכום

כמו במקרה של הכשרי מצווה, גם בתחומי המוסר ולפנים משורת הדין אנו פוגשים עמימות מסוג שונה. מדובר בנורמות שהן לפעמים פחות מחייבות מבחינה הלכתית (חלשות יותר, חצי מצווה), אבל מה שמייחד אותן תמיד הוא הימצאות מחוץ לתחום ההלכתי במובן הקטגוריאלי. החריגה מהלוגיקה הבינארית שפגשנו בפרק זה היא לא בהכרח בעוצמות החומרה והתביעה ההלכתית לגביהן, אלא בהשתייכות הקטגוריאלית להלכה (ראה שרטוט העיגולים בתחילת הפרק). מתוך דברינו עולה שהעולם הנורמטיבי לא מחולק רק לשניים: יש חיוב/איסור הלכתי ואין חיוב/איסור כזה. יש תחום ביניים אפור של נורמות שמחייבות אבל לא ברמה ההלכתית הטהורה (אבל רמת המחוייבות והתביעה יכולה להיות באותה עוצמה). לסיום נעיר שלפעמים יש יחס בין שתי השאלות, אבל בהחלט לא תמיד.

לכאורה אפשר היה להוסיף את הכשרי המצווה ואת החיובים המוסריים שפגשנו בפרק זה למדרג רמות התוקף שתיארנו בפרק הקודם. אבל זו טעות, שכן שני אלו לא שייכים למדרג רמות התוקף אלא למדרג קטגוריאלי. אם שם עסקנו בהבחנה אורכית, הרי שכאן דובר על הבחנה רוחבית.

בחלקו הבא של הספר נבחן לוגיקה עמומה מסוג קצת שונה.

חלק שלישי:
לוגיקה מטמורפוזית

פרק שנים-עשר

מטמורפוזה מקראית-תלמודית

מבוא

עד כאן עסקנו במושגים עמומים, כלומר מושגים שיכולים להופיע ברמות שונות של עוצמה. ניתן להתייחס לכל עמימות כזאת גם כמטמורפוזה של מצבי מעבר בין שני מצבים הפוכים: בין דאורייתא דלרבנן, או בין אסור למותר, או בין חיוב נזק שלם לפטור וכדומה. אבל בכל ההקשרים עד כאן מדובר רק בחלוקה של מושג אחד לכמה רמות עוצמה שונות. לעומת זאת, בפרק זה נציג רצף שמקשר בין שני מושגים שונים, ולא הפוכים. כאן לא מדובר בלוגיקה עמומה אלא במטמורפוזה.

כדי להדגים זאת נשתמש במשל ויזואלי. אם ניקח תמונה של ציפור וננסה להציג אותה ברמות הולכות ויורדות של עוצמה עד שהיא תחוויר ולבסוף תיעלם, זה יבטא את מה שעשינו עד עכשיו. אבל אם ניקח ציפור מצד אחד ודג מצד שני, וננסה לבנות מצבי ביניים שיעבירו אותנו מזה לזו (כמו בציורו הידוע של M.C. Escher), זוהי מטמורפוזה. בפרק זה נעסוק במטמורפוזה תלמודית הלכתית.

גניבת ממון ונפשות[99]

בתורה מופיעים כמה ציוויים על איסור גניבה. מצב כזה אינו נדיר בתורה, אשר דרכה לחזור בכמה מקומות על אותם ציוויים (ראה, למשל, דברי

---

[99] לפירוט על המטמורפוזה בפסוקים בפרשת קדושים, ראה במאמרו של מ. אברהם וגבריאל חזות: הלמד מעניינו, **מידה טובה** פ׳ קדושים, תשס״ה.

הרמב״ם בתחילת השורש התשיעי). יש כמה אפשרויות להתייחס למצב כזה של כפילות: הרמב״ם בשורש הנ״ל כותב שהכפילות מיועדת לחזק את תוקף ההלכה הנדונה ולהצביע על חשיבותה. הרמב״ן בהשגותיו שם לא מקבל זאת וטוען שלעולם מדרשים ופירושים פשטיים מוצאים בכפילות כזאת אספקטים שונים שמתחדשים בכל אחד מהם. כאן נעסוק בדוגמה אחת כזאת.

בעשרת הדיברות התורה אוסרת גניבה (שמות כ, יג): ״לא תגנב״. כבר ברש״י על המקום מעיר שיש ציווי נוסף על גניבה בפרשת קדושים (ויקרא יט, יא-יג):

> ***לֹא תִּגְנֹבוּ וְלֹא תְכַחֲשׁוּ וְלֹא תְשַׁקְּרוּ אִישׁ בַּעֲמִיתוֹ: וְלֹא תִשָּׁבְעוּ בִשְׁמִי לַשָּׁקֶר וְחִלַּלְתָּ אֶת שֵׁם אֱלֹהֶיךָ אֲנִי יְקֹוָק: לֹא תַעֲשֹׁק אֶת רֵעֲךָ וְלֹא תִגְזֹל לֹא תָלִין פְּעֻלַּת שָׂכִיר אִתְּךָ עַד בֹּקֶר:***

ולכן מסביר רש״י:

> ***לא תגנב - בגונב נפשות הכתוב מדבר. לא תגנובו (ויקרא יט יא) בגונב ממון. או אינו אלא זה בגונב ממון, ולהלן בגונב נפשות, אמרת דבר הלמד מענינו, מה לא תרצח, לא תנאף, מדבר בדבר שחייבין עליהם מיתת בית דין, אף לא תגנוב דבר שחייב עליו מיתת בית דין:***

טענתו היא שהפסוקים בעשרת הדיברות מדברים על גניבת נפשות ולא על גניבת ממון.[100] הוא לומד זאת במידת הדרש ״דבר הלמד מעניינו״, שבעצם אומרת לנו לפרש את הציווי לפי ההקשר. מכיוון שההקשר בעשרת הדיברות הוא בעניינים שחייבים עליהם מיתה, ברור שלא מדובר בגניבת ממון רגילה. ברקע הדברים יש לזכור שהעונש על גניבת נפשות הוא מיתה (ראה שמות כא, טז: ״גונב איש ומכרו מות יומת״), ולכן כנראה הציווי כאן עוסק בזה.

---

[100] אמנם יש מקורות בחז״ל מהם עולה כי גם בפסוק זה מדובר בציווי על גניבת ממון. ראה, למשל, ירושלמי סנהדרין פ״ח ה״ג, ו**בשיירי קרבן** שם. ראה גם **מרגליות הים** סנהדרין פו ע״א סק״י.

מקור הדברים הוא בבבלי סנהדרין פו ע"א, שם דורשים את הפסוקים הללו כך:

תנו רבנן: (שמות כ) ***לא תגנב, בגונב נפשות הכתוב מדבר, אתה אומר בגונב נפשות, או אינו אלא בגונב ממון? אמרת: צא ולמד משלש עשרה מדות שהתורה נדרשת בהן, דבר הלמד מעניינו, במה הכתוב מדבר - בנפשות, אף כאן - בנפשות. תניא אידך:*** (ויקרא יט) ***לא תגנבו - בגונב ממון הכתוב מדבר, אתה אומר בגונב ממון, או אינו אלא בגונב נפשות? אמרת: צא ולמד משלש עשרה מדות שהתורה נדרשת בהן, דבר הלמד מענינו. במה הכתוב מדבר - בממון, אף כאן - בממון.***

הגמרא כאן עושה את הדרש של רש"י (במידת דבר הלמד מעניינו) לשני הכיוונים. כמו שבפרשת יתרו ניתן לראות שמדובר בדיני נפשות, כך גם בפרשת קדושים ניתן לראות שמדובר בגניבת ממון (כי ההקשר שם הוא ממוני). ובאמת ברש"י על פרשת קדושים מביא גם את החלק הזה של הדרשה.

רש"י בסנהדרין שם מסביר את דברי הגמרא:

בממון - לא תעשוק את רעך.

הוא מסביר שמדובר על דיני ממונות, שכן בפסוק יג בהמשך (ראה למעלה) אנו מצווים: "לא תעשוק את רעך".

קשיים בדרשה

יש להעיר על הדרשה עצמה, ועל דברי רש"י הנ"ל, כמה הערות:

1. לא ברור מדוע רש"י מביא דווקא את האיסור "לא תעשוק", ולא מביא את ההכחשה בפקדון שמופיעה בהמשך אותו פסוק, אשר מחייבת קרן וחומש.
2. מייד אחרי הציווי "לא תגנבו ולא תכחשו ולא תשקרו" מופיע איסור שבועה לשקר, שכלל אינו נוגע לממון (ראה שבועות כא ע"א,

שבמפורש מעמידים את האיסור של שבועת שקר לא לגבי ממון). אם כן, לכאורה עניינה של הפרשה אינו רק ממון אלא איסור. האיסור הממוני על עושק מופיע רק שני פסוקים אחר-כך, ודווקא אותו מביא רש"י בתור ההקשר שמהווה לימוד מענייננו.[101]

3. לא ברור מדוע אנו צריכים שני לימודים של דבר הלמד מענייננו? מדוע לא נוכל להסיק מן העובדה שבעשרת הדברות מדובר על גונב נפשות שבפרשת קדושים מדובר על ממון, או להיפך?

כדי להבין זאת עלינו להיכנס לסוגיא נוספת, גניבת דעת.

מקורו ותוקפו של איסור גניבת דעת[102]

סוגיית הבבלי חולין צד ע"א עוסקת באיסור גניבת דעת, וקובעת שהוא אסור גם ביחס לנכרי. לפי רוב הראשונים איסור זה הוא מדאורייתא. לדוגמה, בריטב"א על אתר (ד"ה 'כדאמר שמואלי') כותב:

ואיסור גניבת דעתו של נכרי כתבו קצת רבותינו בשם בעלי התוספות ז"ל שהוא איסור תורה דנפקא לן מדכתיב לא תגנבו ולא תכחשו וגו', וכי כתיב בסיפא דקרא איש בעמיתו דממעט גוי, ההיא [א]דלא תכחשו ולא תשקרו קאי, ובמקום שאין חילול השם בדבר, ודיקא נמי דלא כתיב מעמיתו או לעמיתו, והיינו נמי דיהבינן אנחתא בלא תגנבו, ואף על גב דלא אשכחן גניבה סתם על גניבת דעת אלא לשון גניבת לב, בכאן נכתב לא תגנבו סתם לכלול אף גניבת ממון,

---

[101] נעיר כי גם לפני הפסוק שלנו יש ציוויים על מתנות עניים, וגם הם נוגעים בצורה כלשהי לממון. גם את אלו רש"י אינו מביא.

[102] ראה **אנצי"ת** ע' 'גנבת דעת'. לבירור נוסף של גדרי האיסור, וליתר פירוט והשלכות לגבי מה שיופיע להלן, ראה במאמרו של מ. אברהם, גניבת דעת וקניין רוחני, **תחומין** כה, תשסה, עמ' 350.

ובתוספתא דבבא קמא (פ״ז ה״ג עיין שם) איתא שלשה גנבים הם גדול שבכולם גונב דעת הבריות.

בעלי התוס׳ כותבים שהמקור לאיסור זה הוא מהפסוק בפרשת קדושים ״לא תגנבו״.[103] הפסוק אוסר גם גניבת ממון וגם גניבת דעת. הם מביאים ראיה לכך מדברי התוספתא ב״ק שמתייחסת לגניבת דעת כסוג (חמור) של גניבה. כעת עולה השאלה כיצד ניתן ללמוד מפסוק זה שני איסורים שונים? יותר מכך, מנין הבינה הגמרא בסנהדרין שהובאה למעלה שהפסוק ״לא תגנבו״ עוסק בגניבת ממון, הרי אפשר שהוא עוסק רק בגניבת דעת? מסתבר שהכיוון לחפש את התשובה הוא מציאת קשר בין שני סוגי האיסורים הללו. אם יש להם יסוד משותף אז אולי ניתן ללמוד את שניהם מאותו מקור. כעת עלינו לשאול את עצמנו מהו הקשר בין שני האיסורים הללו? גניבת דעת נראית כמו איסור ממשפחת השקר, ואילו גניבת ממון היא איסור ממוני.

שני איסורים שונים בגניבת דעת

המקור העיקרי בש״ס לאיסור גניבת דעת הוא סוגיית חולין צד. בחינה של מהלך הסוגיא מעלה כי איסור גניבת דעת מופיע בשני הקשרים שונים: א. בהקשר של מכירת חפצים, כאשר המוכר אינו מגלה לקונה את פרטי המוצר אותו הוא מוכר לו.[104] ב. בהקשר של מצג שווא של אהבה. למשל, אדם שמזמין את חברו לסעוד אצלו ומפציר בו לבוא, כאשר הוא כבר יודע מראש שחבירו לא יוכל להגיע אליו. רש״י שם מפרש שבמצב כזה הוא זוכה בהכרת

---

[103] ראה שם בהערות המהדיר כמה מקורות נוספים בראשונים לכך.

[104] כבר כתבו הפוסקים שמדובר באופן שהמחיר הוא ריאלי, שאם לא כן יש כאן גם אונאה והמקח בטל. למשל, אדם כלשהו מוכר לחברו מכונית ללא מנוע, ודורש מחיר נמוך שהוא ריאלי עבור מוצר כזה. אולם הוא אינו מגלה לו שאין במכונית מנוע. הקונה קיבל מוצר במחיר ריאלי, אולם לא ידע מה הוא מקבל (ואפילו שמח שהוא מקבל מכונית במחיר ׳מציאה׳). במקרה כזה המוכר עבר על איסור דאורייתא של גניבת דעת.

הטוב שאינה מגיעה לו.[105] על רקע דברינו למעלה, מעניין לשים לב לכך שהיסוד הראשון נראה קשור לדיני ממונות, ואילו השני נוגע למשפחת איסורי השקר. נציין שגם ברמב״ם הלכות גניבת דעת מובאות להלכה בשני מקומות: בפ״ב מהלכות דעות, שם הרמב״ם עוסק בממד השקר שבאיסור, ובפי״ח מהלכות מכירה, שם הוא נוגע בממדים הממוניים שבו.

גם כאן עלינו לשאול את עצמנו מה משותף לשני ההקשרים הללו? מדוע שניהם נכללים תחת אותו איסור עצמו?

גניבה וגניבת דעת: בין שקר לגניבה

כדי להבין זאת, נתבונן תחילה ביחס בין גניבה לגזל. שני האיסורים כרוכים בנטילת ממונו של אדם ללא רשות. הגזלן עושה זאת בכוח הזרוע ואילו הגנב עושה זאת בהיחבא.[106] אם כן, מה שמבחין ביניהם הוא אלמנט השקר.

אם כן, אנו מתחילים לראות שבתוך איסור הגניבה יש אלמנט של שקר. אולם זה אינו היסוד היחיד שקיים שם. גניבה היא נטילת ממון מן החבר באמצעות שקר. אם כן, הגניבה היא הרכבה של איסור שקר עם איסור גזל (נטילת ממון שלא כדין). כעת ניתן אולי להציג את שלושת האיסורים הללו כרצף שמצוי על ציר משותף, שבקצהו האחד מצוי קוטב הגזל – נטילת ממון שלא ברשות, ובקצה השני ניצב הקוטב של השקר – אי אמירת אמת. בתווך ניצבת הגניבה, אשר מורכבת משני היסודות הללו גם יחד. על פניו ניתן לעשות את ההרכבה

---

[105] כמה מהפוסקים רואים בכך הגדרה הלכתית של איסור גניבת דעת: גניבת הכרת הטוב בחינם. במאמר הנ״ל דחה אברהם את האפשרות הזאת.

[106] נראה כי חז״ל תולים בהבדל זה את ההבדל ההלכתי, שגזלן משלם קרן, והגנב משלם כפל וארבעה וחמישה. הם כותבים שהגנב ירא מבני אדם ולא מאלוקים, והגזלן אינו ירא משניהם. ניתן לומר כי יסוד השקר שבגניבה נגזר מן הניסיון להסתיר אותה מבני אדם.

הזאת מכל שני איסורים, שונים ככל שיהיו (ראה למעלה את המטמורפוזה של Escher).

ומה על גניבת דעת? אברהם במאמרו עומד על כך שהגדרת האיסור כפי שהיא מקובלת בפוסקים נראית לא מובנת. רש״י בחולין מסביר שמדובר על גניבה של הכרת טובה. אני מזמין את חברי וגורם לו בכך להכיר לי טובה, למרות שזו לא מגיעה לי. מה משותף לזה ולגניבת דעת בממון (מכירת חפץ בלי לגלות מידע רלוונטי לגביו)? בשני המקרים מדובר בגניבת מידע, וזוהי בדיוק ההגדרה של איסור גניבת דעת.

כדי להבין זאת טוב יותר, עלינו לחלק בין שני סוגי שקר: ישנו סוג של שקרים שאין בו מן הגניבה כלל ועיקר. זהו שקר בו מעלימים מידע ממישהו שאין לו כל זכות לדעת אותו. זה אמנם שקר, אולם אין כאן נטילת משהו ששייך לאדם אחר. אבל יש מצבים שבהם האינפורמציה המוסתרת ״שייכת״ במובן מסויים לזולת. שקר מן הסוג הזה הוא בבחינת גזל. לדוגמה, כאשר מוכרים חפץ למישהו, האינפורמציה מה יש ומה אין בחפץ הנמכר ״שייכת״ לקונה. מגיע לו לדעת מה הוא קונה ולא לקנות חתול בשק. הסתרת המידע הרלוונטי ממנו היא לא רק שקר, שהוא עבירה בין אדם למקום, אלא גם גזל מהחבר. אנו גוזלים ממנו מידע שמגיע לו.

גם אצל גנב, המידע שמוסתר מהבעלים אינו סתם שקר. המידע אודות העובדה שנוטלים ממנו את ממונו גם הוא שייך לו, ולכן יש כאן שקר מן הסוג של גניבה. אם כן, בכל גניבה יש גניבה כפולה: של הממון ושל המידע. לא מדובר כאן בשקר בעלמא שהוא העלמת מידע, אלא בהעלמת מידע ששייך לאדם שממנו מעלימים אותו. לכן גניבת דעת היא סוג של גניבה.

אברהם במאמרו הנ״ל גוזר מן הניתוח הזה את היסוד לאיסור פגיעה בזכויות יוצרים. גניבת רעיון או יצירה של מישהו היא גניבה פשוטה של מידע ששייך לו, ולכן יש בכך משום איסור גניבת דעת מן התורה.[107]

ביטוי חד לתפיסה הזאת מצוי בטענה מאד מפתיעה של ר׳ חיים פלאג׳י, מגדולי הפוסקים בתורכיה בתחילת המאה התשע-עשרה. בספרו שו״ת **חקקי לב** (חיו״ד סי׳ מ״ט) הוא דן באיסור לקרוא איגרת של הזולת, ובפרט איגרת של גוי. הוא סובר שאיסור זה קיים מדאורייתא עוד לפני חרם דרבנו גרשום, והחרם רק נועד לחזק את האיסור. כשהוא דן בשאלה מה מקורו של האיסור, הוא מעלה כמה אפשרויות. אחת מהן היא איסור גניבת דעת:

> ***אבל אם יהיה איסורו משום גונב דעת הבריות שהרי לא גרע מהגונב דעת חבריו שזה יותר חמור שגונב דעתו ממש שהוא במצפוני ליבו. ואם באנו לאסור מטעם זה, הרי קי״ל דאסור לגנוב דעת הבריות ואפילו ואפילו דעת של גוי כמ״ש בחולין דצ״ד ובשו״ע סי׳ רכח יע״ש.***

הוא קובע שיש כאן איסור גניבת דעת, וזה עוד חמור בעיניו מגניבות הדעת הרגילות.

לכאורה דבריו תמוהים מאד. מה עניין גניבת דעת לכאן? הרי לא מדובר כאן בשקר לגוי, ובודאי אם הגדר הוא יצירת הכרת הטוב בחינם אין את זה כאן. גם אין כאן מכירה לגוי, כך שגם האיסור הממוני לא רלוונטי כאן. די ברור שכוונתו לומר שיש כאן גניבה של האינפורמציה שבאיגרת, וזוהי גניבה של מידע אישי ששייך לו. לפי דרכנו נראה שהקישור שלו בין קריאת איגרת פרטית לבין גניבת דעת הוא ממש כפשוטו.

בחזרה לאיסורים מפרשת קדושים

---

[107] ראה במאמר שם כמה ראיות ברורות לכך. כאן תובא רק אחת מהן.

לאור דברינו כאן נראה שדווקא את איסור גניבת דעת ניתן לבסס על מידת ״דבר הלמד מעניינו״ בצורה שלימה הרבה יותר מאשר נעשה בדרשה שהבאנו. כל האיסורים המופיעים בפסוק שם הם ממשפחת השקר: כחש, שקר ושבועת שקר. כפי שכבר הזכרנו, האיסור לעשוק מופיע רק אחריהם.

הכחש והשקר שבהמשך הפסוק נוגעים לשבועת הפיקדון. גם זה איסור ממשפחת השקרים שמהווים כעין גניבה. הסיבה לכך היא שהנשבע מכחיש את העובדה שיש אצלו ממון של התובע. אם כן, גם כאן מדובר בגניבה של ממון (וגם של מידע) באמצעות שקר.[108] לגבי שבועת שקר, שמופיעה בפסוק הבא, גם יש לדון האם היא כוללת גם (אך בודאי לא רק) שבועות לגבי מידע ששייך לזולת. ישנן כמה ראיות שכן, ולא נפרט אותן כאן. בכל אופן, גם אם מדובר בשקר רגיל, ראינו שגם הוא מהווה קוטב קיצוני אחד בציר בו אנו דנים.

אם כן, ניתן לראות בפסוקים הללו שרשרת של איסורים אשר פורסת את הציר שתואר למעלה בצורה יותר עדינה (ברזולוציה גבוהה יותר). בפסוק יג יש איסור על עושק וגזל והלנת שכר שכיר, שהוא איסור ממוני גמור ללא כל ממד של שקר. בפסוק יב שלפניו מופיע האיסור על שבועת שקר, שלגביו ראינו שיש להסתפק. ובפסוק העיקרי שלנו, פסוק יא שמופיע לפני כן, יש איסור על גניבה, כחש ושקר. כל אלו הם איסורים על שקר שיש בו נטילת מידע, או ממון, או שניהם גם יחד, ללא רשות. כפי שראינו, בתוך איסור הגניבה כלול גם איסור גניבת דעת.

הפרשה שממנה אנו לומדים במידת ״דבר הלמד מעניינו״ היא שלושת הפסוקים הללו גם יחד. עניינה מגיע עד פסוק יג, ואולי רש״י מביא את פסוק יג כדי ללמדנו שזהו הפסוק האחרון בשרשרת (פס׳ יד הוא האיסור ״לא תקלל

---

[108] האחרונים דנים האם יסוד האיסור בשבועת הפיקדון הוא הגניבה או השקר. לדברינו זוהי גניבה באמצעות שקר. האיסור מורכב משני היסודות הללו גם יחד.

חרש״ שכבר אינו קשור לנדון דידן). אפשרות נוספת היא שרש״י מביא את קצה השרשרת, שכן ממנו ניתן ללמוד את הקוטב הממוני של דין גניבת ממון, שעבורו חיפשנו מקור.

לפי דברינו עולה כי גם איסור גניבת דעת נלמד מענייננו. הוא נלמד מתוך קטע אחר בשרשרת, זה שצמוד יותר לפסוק ״לא תגנבו״. שני האיסורים נלמדים מאותו מקור, אולם מקור זה אינו הפסוק ״לא תגנבו״ כשלעצמו, אלא הפרשה כולה. ״לא תגנבו״ הוא רק קצה אחד של שרשרת האיסורים, אשר נמתחת בין שקר לגזל.

יישוב הקשיים על הדרשה

למעלה העלינו שלושה קשיים על הדרשה שלומדת איסור את איסור גניבת ממון מהפסוק שלנו ואיסור גניבת נפש מהפסוק בפרשת יתרו. לפי דברינו עדכ אן נראה שמתיישבות כל הקושיות הללו.

ראינו מדוע רש״י הביא את המקור ללמד על גניבת ממון מפסוק יג (קושי 1), ולא מכחש ושקר. היסוד הממוני הוא קצה השרשרת שמופיע בפסוק יג. בדין הכחשה בפקדון יש יסוד חזק יותר של שקר (שכן גניבה היא רק הסתרת מעשה הגניבה ולא שקר ישיר בשבועה בפני התובע, כמו הכחשה. הכחשה קרובה יותר לקוטב השקר של הציר, מאשר לקוטב הגזל. הגניבה קרובה יותר לקוטב הגזל). לכן הגמרא מעדיפה להביא את המקור מעושק ולא מכחש. כך גם ניתן להסביר מדוע רש״י הביא דווקא את האיסור המאוחר, ומדוע שבועת שקר מופיעה בתווך (קושי 2). לתיאור ויזואלי של המצוות הללו, ראה באיור הבא:

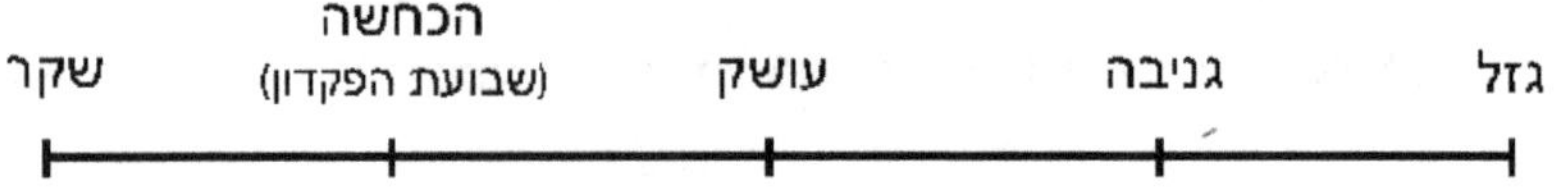

לפי דברינו ברור גם מדוע אנו צריכים שני לימודים של דבר הלמד מעניינו (קושי 3). לא ניתן להסיק מן העובדה שבעשרת הדברות מדובר על גונב נפשות שכאן מדובר על ממון, שהרי ייתכן להעמיד את הפסוק הזה גם בגניבת דעת. מידת "דבר הלמד מעניינו" נדרשת כדי להביא מקור לכל השרשרת, ולהבהיר את הקשר שבין החוליות השונות שבה.

לוגיקה רציפה של מטמורפוזה

נציין שאמנם שרטטנו כאן כמה מצבים בדידים בין שני הקטבים, אבל אלו שנתות שמוגדרות על סקלה רציפה. נראה שהלוגיקה הבסיסית כאן היא רציפה ולא סתם רב-ערכית. זוהי הלוגיקה של מטמורפוזה, שבה יוצרים סדרה של מושגי ביניים מתוך שני מצבי קצה במינונים הדדיים שונים.

לוגיקה רציפה רגילה נעה בין מצב לבין היעדר שלו, כלומר בין 0 ל-1. אבל כאן הצגנו דוגמה ללוגיקה רציפה שונה, שמחברת בין שני מצבים שונים. אם מושג אחד הוא A והשני הוא B, כי אז כל מצבי הביניים מוגדרים באופן הבא:

$$A_p = p\times A + (1\text{-}p)\times B$$

כאשר ערכו של הפרמטר p נע בין 0 ל-1, ובכל ערך של p אנחנו מקבלים מושג שונה. ברור שבמינוח הזה המצב B הוא בעצם A_0 והמצב A הוא A_1. בדוגמה בה עסקנו כאן המושגים הקוטביים הם גזל ושקר. גניבה היא קצת שקר וקצת גזל. גניבת דעת היא יותר שקר (כי מה שנגנב הוא מידע) ומעט פחות גזל (כי על מידע אין בעלות במובן הרגיל), וכן הלאה.

שבועת הפיקדון היא מקרה מיוחד, שכן לכאורה יש בה יותר שקר (כי השקר נעשה בשבועה), אבל יש בה גם יותר גזל, שהרי מה שנגנב הוא ממון(אם כי הוא לא נלקח בכוח הזרוע, ולכן יש כאן פחות מעשה גזילה. אבל בזה לא התחשבנו כאן).

לשם השוואה, לוגיקה רציפה לא מטמורפוזית, נראית כך:

$$A_p = p\times A$$

כאשר גם כאן ערכו של p נע בין 0 ל-1. כפי שראינו, המושג ״קצת גבוה״ או ״קצת קירח״ הוא מושג שמתקבל בדיוק בלוגיקה הזאת. בדוגמאות ההלכתיות שראינו, כוח כוחו ושליחות, שינוי וכדומה, יש הופעה ברמות שונות של מושג אחד. לעומת זאת, בפרק זה עסקנו בלוגיקה מטמורפוזית, שהיא לוגיקה רציפה שקושרת בין שני מושגים שונים.

בפרק הבא נראה שהגיור הוא דודמה שבה באים לידי ביטוי שני המודלים הללו: לוגיקה עמומה רגילה, ולוגיקה מטמורפוזות.

פרק שלושה-עשר

הלוגיקה של תהליך הגיור

מבוא

בפרק הקודם עמדנו על הופעה שונה של לוגיקה עמומה, שכינינו לוגיקה מטמורפוזית, ובסוף הפרק הבחנו בינה לבין לוגיקה עמומה רגילה. בפרק זה נבחן את תהליך הגיור, ונראה שההבנות ההלכתיות השונות לגביו משקפות בין היתר את שתי התפיסות הלוגיות העמומות הללו.

תהליך הגיור

ההבחנה בין יהודי לגוי נראית לנו תמיד דיכוטומית לגמרי. אמנם יש תהליך שמעביר גוי להיות יהודי, וזה הגיור. הגמרא בכריתות ט ע״א מביאה לימוד על תהליך הגיור:

> ***רבי אומר: ככם - כאבותיכם, מה אבותיכם לא נכנסו לברית אלא במילה וטבילה והרצאת דם, אף הם לא יכנסו לברית אלא במילה וטבילה והרצאת דמים.***

הגמרא כאן קובעת שהגיור מורכב משלושה אלמנטים: מילה, טבילה והרצאת דמים (קרבן). בנוסף, יש את קבלת המצוות, שלגביה יש מחלוקות האם חייב להיעשות משהו כזה בתהליך הפורמלי של הגיור, או שמא די בכך שזו כוונת הגוי שבא להתגייר (כלומר שהוא מבין שזוהי משמעותו של הגיור).
הגמרא ביבמות מו ע״א מביאה מחלוקת תנאים לגבי גר שמל ולא טבל:

> ***ת״ר: גר שמל ולא טבל - ר״א אומר: הרי זה גר, שכן מצינו באבותינו, שמלו ולא טבלו; טבל ולא מל - ר׳ יהושע אומר: הרי זה גר, שכן מצינו באמהות, שטבלו ולא מלו; וחכמים אומרים: טבל ולא מל, מל ולא טבל – אין גר עד שימול ויטבול.***

להלכה פוסקים כחכמים ששני המעשים נדרשים.

גם לגבי סדר הדברים יש דיון, והרמב״ן בחידושיו ליבמות מז ע״ב, ד״ה 'נתרפא', כותב:

דלא שנא מילה וטבילה ולא שנא טבילה ומילה.

הוא פוסק שאין חשיבות לסדר. אמנם אחר כך הוא מסביר שמקובל קודם למול ואחר כך לטבול כדי שאם יהיה גר שהמילה קשה עליו הוא יוכל לפרוש. אבל רוב הראשונים (ראה קשב״א וריטב״א ביבמות שם) חולקים עליו וסוברים שהמילה קודמת לטבילה, ושהסדר אף מעכב.

גוי שעבר את כל התהליך הזה הופך ליהודי. זה כמובן מעורר את השאלה מה דינו של גוי שנמצא באמצע התהליך? לכאורה הוא עדיין גוי, שהרי התהליך כולו הוא תנאי להפיכתו ליהודי. אבל מתברר שיש תפיסות שרואות את התהליך הזה כהדרגתי, כלומר שמי שנמצא באמצע התהליך כבר יצא מכלל גוי אבל עדיין לא הפך ליהודי גמור. המושגים יהודי וגוי מקבלים גם ערכי ביניים.

בסוף הספר התשיעי (ראה שם בפרק התשיעי ובנספח שלו) עסקנו במצבים הללו כהרכבות בין יהודי לגוי. ראינו שם שלפי כמה שיטות בהלכה המושג יהודי הוא הרכבה של אדם + קומה ייחודית פרטיקולארית של יהדות. במבט ההוא ראינו שלכמה דעות יש יהודי שדורש גיור וגוי שלא. שם בסוף הנספח כתבנו:

מה זה אומר מבחינת התמונה שתוארה כאן? נראה כאן שישנם מצבי ביניים שבהם יש תערובת של יהודי וגוי, כלומר אדם שהקומות אצלו מופיעות במעורבב ובאופן חלקי. יש מקום לדון האם מדובר במצב שבין יהודי לגוי, או בתערובת שונה של הקומות (כלומר בהרכבה לא שכונית, אלא מזגית).

לעומת זאת, כאן אנחנו מתבוננים על חלק מאותם מצבים עצמם לא כהרכבה בין שני מושגים אלא כמצבי ביניים בין יהודי לגוי (חצי יהודי). לכאורה זה יכול להיתפס גם כחצי גוי, אבל בפשטות גוי אינו מושג בעל תוכן פוזיטיבי. גוי

הוא כל מי שאינו יהודי. לכן בעצם מדובר בלוגיקה עמומה של המושג יהודי. אמנם להלן נראה שזה לגמרי לא מוסכם.

מצב ביניים: עבד וגר

לפני שניכנס לתהליך הגיור, יש ביטוי בגמרא עצמה שמהווה רקע לדיון. הגמר בסנהדרין מח ע״א קובעת לגבי עבד:

אמר רב חסדא: עבד מותר באמו, ומותר בבתו. יצא מכלל נכרי ולכלל ישראל לא בא.

כוונת הגמרא לומר שלא גוזרים על עבד שלא יבוא על אמו ובתו כפי שעושים לגר, שכן עבד אמנם יצא מכלל גוי אבל עדיין אינו נחשב כישראל. ומסביר רש״י שם:

ולכלל ישראל לא בא - דליגזר ליה עליה משום דשמא יאמרו באין מקדושה חמורה לקדושה קלה.

רש״י מסביר שהגזירה מבוססת על כך שאם הדבר יהיה מותר אז יאמרו לו שהוא בא מקדושה חמורה לקדושה קלה. אבל עבד אינו יהודי ולכן אין חשש שיאמרו.[109]

כפי שנראה בהמשך הפרק, יש שלמדו מכאן שגוי באמצע תהליך הגיור נמצא גם הוא במצב דומה, שיצא מכלל בן נוח ולכלל ישראל לא בא. נציין כי מנחם פינקלשטיין בספרו **הגיור – הלכה למעשה**,[110] שולל את התפיסות הללו. טענתו היא שמעשה הגיור הוא מכלול שמבטא את גמירת הדעת לקבל מצוות ולהתגייר, ולכן אין משמעות לאף חלק שלו בנפרד. התפיסות שרואות משמעות לגיור חלקי מניחות שמהות הגיור היא התהליך עצמו ולא הכוונה וגמירת הדעת שהוא מבטא, ואז יש מקום להבחין בין חלקי התהליך (אמנם

---

[109] ראה על כך ביתר פירוט בשו״ת **חבל נחלתו** ח״ב סי׳ מח.

[110] הוצאת אוניברסיטת בר אילן, רמת גן 2003 (הדפסה שנייה). ראה שם ח״א פ״ג וח״ג פ״ג.

בגיור נשים אין מילה, וזה מקשה על התפיסה של התהליך כמהותי). אך, כאמור, מסקנתו היא שלא זו התפיסה ההלכתית המקובלת.

גר שמל ולא טבל

הביטוי החד ביותר לתפיסה של גיור חלקי ולשורשה המהותי נמצאת בדברי רבי יוסף ענגיל, **גליוני הש״ס** יבמות מו ע״א, ד״ה 'אין גר':[111]

כי הגירות יש בו ב׳ דברים הסרת ענין הגויות וקבלת ענין הישראליות... וא״כ הרי צריך בגירות ב׳ פעולות הסרת הגויות והעשותו ישראל, וזהו שפועלם המילה והטבילה. כי הסרת הערלה מסרת תיעוב הגויות והטבילה נוהגת קדושה כנודע ומקדשתו להיותו ישראל.

עולה מדבריו שלכל אחד משני החלקים של התהליך יש תפקיד נפרד: האחד מוציא את הגר מלהיות ערל (גוי), והשני מכניס אותו לכלל ישראל. כעת כבר מתבקש לדון במצבו של גר שמל ולא טבל: הוא אמור להיות במצב ביניים, שכבר אינו גוי אבל לכלל ישראל לא נכנס (כמו שראינו למעלה לגבי עבד).

רבי יוסף ענגיל עצמו מוסיף שם:

הרי דיש מיצוע לב׳ הדברים האלו ופשוט מסברא ג״כ דלא כל מי שאינו גוי הוא ישראל ממילא ובהכרח.

למרבה הפליאה הוא רואה בזה סברא פשוטה: לא כל מי שאינו גוי הוא ישראל. יש לשים לב שמונחת כאן תפיסה שלמושג גוי יש משמעות עצמאית, לא רק מי שאינו יהודי. אם אכן גוי הוא רק שלילתו של יהודי (כפי שהנחנו למעלה), אז לא היה מקום לדבר על מישהו שיצא מכלל גוי ולכלל ישראל לא נכנס.

---

[111] ראה ביתר פירוט גם דבריו בספרו **בית האוצר** ח״ב מערכת ב כלל ז, ובספרו **חוסן יוסף** סי׳ סט.

אם כן, לשיטתו נראה שמצב הביניים אינו סתם לוגיקה עמומה אלא מטמורפוזה, שכן זהו מצב שבין גוי ליהודי. הוא מבין שהתהליך שמעביר אדם מגוי ליהודי הוא מטמורפוזה שיש בה מצבי ביניים. לפי התפיסה שגוי הוא כל מי שאינו יהודי אין מקום למטמורפוזה, ומדובר בלוגיקה עמומה רגילה של המושג יהודי.

שורש לתפיסה זו ניתן לראות בדברי הרשב״א ביבמות. התורה קובעת לגבי קרבן פסח: ״תושב ושכיר לא יאכל בו״ (שמות יב, מה). הגמרא ביבמות עא ע״א דנה הגמרא שם עא ע״א דנה מה בא הפסוק לרבות, ומגיעה בסוף למסקנה הבאה:

> ***אלא, לאתויי גר שמל ולא טבל, וקטן שנולד כשהוא מהול, וקסבר: צריך להטיף ממנו דם ברית.***

כלומר גר שמל ולא טבל לא יכול לאכול בקרבן פסח. השאלה המתבקשת כאן היא מדוע בכלל צריך פסוק, הרי גר שלא טבל אינו גר אלא גוי. ואכן, הרשב״א שם עומד על כך וכותב:

> ***אלא לאתויי גר שמל ולא טבל וקסבר אינו גר עד שימול ויטבול. קשיא לי א״כ היינו גוי ואף על פי שמל הרי הוא כערל דהו״ל כערבי מהול, וליתא דשאני הכא דמילתו לשם יהדות ואף על פי שלא נגמר גירותו מ״מ כבר התחיל ונכנס קצת בדת יהודית שאינו צריך אלא טבילה.***

הוא מסביר שמכיון שהוא התחיל את תהליך הגרות הייתי חושב שהוא כבר נכנס קצת בדת יהודית ולכן יוכל לאכול בקרבן פסח, ולכן נדרש פסוק ללמד שלא. מדברי הרשב״א הללו עולה שלפחות יש הו״א בגמרא שיש מצב ביניים בין יהודי לגוי. אמנם חשוב לשים לב שהוא לא כותב בפירוש שבמצב כזה הוא יצא מכלל בן נוח ולא נכנס לכלל ישראל. להיפך, משמע ממנו שהוא כבר נכנס קצת לכלל ישראל. כלומר בפשטות מה שכתוב כאן הוא לא מודל מטמורפוזי כמו שראינו אצל רבי יוסף ענגיל, אלא לוגיקה עמומה רגילה. באמת למושג

גוי אין תוכן פוזיטיבי, אלא זה כל מי שאינו יהודי. ולכן אין מצב ביניים בין יהודי לגוי. מה שיש הוא מצבי ביניים של יהדות חלקית (או לא מלאה).

בעל שו״ת **דבר אברהם** ח״ג סי׳ יט באמת מביא מי שהסיק מדברי הרשב״א הללו את המסקנה המתבקשת:

ויש מי שאמר דמל ולא טבל הוי כיהודי למחצה ותמך יסודודיו בתי׳ הרשב״א יבמות ע״א... אבל עיקר המושג של מקצת יהדות דבר מוזר הוא (ואל תשיבני מכריתות דף ח׳ ע״ב ומשמ״ק שם דענין אחר הוא). ומדברי הרשב״א אין להסתייע חדא דדק הו״א הוא ואתי קרא דבן נכר ומיעטי׳ וה״נ אמרינן מקמי הכי לאתויי ערבי מהול אע״ג דודאי נכרי הוא...

הוא תמיה על דברי הרשב״א כשלעצמם, שהרי הדיון בשאלה מיהו יהודי הוא דיון מושגי וכפי שראינו למעלה בדיון כזה לא מצפים ללוגיקה עמומה. מאידך, ראינו שיש דיונים מושגיים שכן מוכנים להיכנס ללוגיקות כאלה. אבל בעל **דבר אברהם** כאן דוחה בכל אופן את הראיה מהרשב״א, שכן הוא מסביר שדברי הרשב״א רק הסבירו את ההו״א בגמרא, אבל למסקנה הגמרא דוחה זאת.[112] יתר על כן, בהו״א של הגמרא קודם לכן עלתה האפשרות שגם ערבי מהול יאכל בקרבן פסח והוא ודאי לא חצי יהודי. לכן ברור שהמילה כאן לא משמשת כחלק של גיור אלא דין מיוחד בקרבן פסח שניתן לאכול אותו למי שמהול (לפחות בהו״א של הגמרא).

טענתו של בעל **דבר אברהם** מבוססת על כך שהרשב״א מדבר על חצי יהודי. אבל אם היינו מנסחים זאת בלוגיקה מטמורפוזית, הרי כבר ראינו שלפי רבי יוסף ענגיל זה פשוט מסברא שיש מצב ביניים, שהרי אם המילה מוציאה מכלל בן נוח והטבילה מכניסה אותו לכלל ישראל – אז פשיטא שאם מל ולא

---

[112] ראה גם דברי תוד״ה ׳כי׳, יבמות מו ע״ב.

טבל הוא נמצא באמצע. לכן ודאי שלפי רבי יוסף ענגיל אין כאן משהו "מוזר" כלשון בעל **דבר אברהם**.

תשובת רדב"ז

המקור הראשון והיסודי שבו ניתן לראות התייחסות הלכתית למצב הביניים הזה נמצא בשו"ת הרדב"ז ח"ג סי' תע"ט. הרדב"ז שם נשאל לגבי גר שמל ולא טבל שנגע ביין, האם הוא אוסר אותו:

> ***(תתקיז) שאלת דמעשה בגר שמל וחלה ושהה ימים ולא טבל ונגע ביין אם אסרו וכן אם מזמנין עליו או מצטרף לעשרה ואם קדש אשה אי חיישינן לקדושיו אם הוא עדיין בלתי ישראל או ישראל לכל דבריו:***

להלכה אנחנו פוסקים שגר שמל ולא טבל אינו גר. ובכל זאת, הרדב"ז משיב שהגר הזה לא אוסר את היין במגעו. בתוך דבריו הוא כותב שגר כזה עדיף על גר תושב (גוי שקיבל על עצמו בפני בי"ד לקיים שבע מצוות בני נוח):

> ***ואני אומר דעדיף טפי מל ולא טבל מגר תושב מכמה טעמי חדא דגר תושב לא קבל שום מצוה ממצות ישראל וזה קבל עליו מקצת מצות קלות וחמורות. ומ"ש הר"ן ז"ל שאינו מקבל אלא לאחר טבילה ליתא דניהו /דנהי/ דלא מיענש עלייהו אלא עד לאחר טבילה אבל מהשתא קבלינהו עליה.***

הנימוק הראשון הוא שהגר כבר קיבל על עצמו תרי"ג מצוות כמו ישראל, שלא כמו גר תושב שקיבל רק שבע מצוות בני נוח.

והנימוק השני:

> ***ותו דגר תושב לא מל וזה כבר מל ויצא מטומאת העכו"ם.***

כלומר המילה מוציאה אותו מכלל טומאת הגויים. האם הוא כבר נחשב כיהודי גמור? הרדב"ז עצמו מסביר מייד שלא:

> ***ולענין להצטרף לכל דבר שבקדושה ולענין אי חיישינן לקידושיו הדבר ברור שאינו כישראל לשום דבר דקייל"ן מל ולא טבל כאלו לא***

מל. אלא שיצא מכלל עכו״ם שמצוה להחיותו ואין מגעו ביין טמא ולכלל ישראל לא בא עד שיטבול ודברים ברורים הם. והנראה לע״ד כתבתי:

כלומר גר שמל ולא טבל הוא לא כישראל לגבי שום דבר שבקדושה או לקידושין, שהרי להלכה מל ולא טבל כאילו לא מל. אבל בכל זאת הוא כבר לא גוי, ולכן מצווה להחיותו ומגעו ביין לא מטמא. זוהי בדיוק הלוגיקה המטמורפוזית של רבי יוסף ענגיל.

השלכות ומקורות נוספים

הפוסקים דנים בהשלכות נוספות של התפיסה הזאת. לדוגמה, עולה שאלה האם גוי באמצע תהליך הגיור שלו (אחרי מילה ולפני טבילה) יכול לשמור שבת (שמירת שבת אסורה על גוי), או שעליו להקפיד לחלל את השבת במשהו. יש מהפוסקים שתולים זאת במעמדו ההלכתי, שיצא מכלל בני נוח ולכלל ישראל לא בא. אם איסור שמירת שבת הוא על גוי, כי אז אין עליו איסור כזה. אבל אם האיסור הוא על כל מי שלא יהודי, האיסור חל גם עליו שכן הוא עדיין לא יהודי. שאלה דומה עולה ביחס למצווה להחיותו (ראה בדברי הרדב״ז למעלה): האם דינו כגוי שאין מצווה להחיותו (כי המצווה היא רק לגבי יהודים) או כיהודי שיש מצווה כזאת (כי המצווה להחיות היא כלפי כל מי שאינו גוי). וכן עולה שאלה ביחס למגעו ביין, האם הוא כמו גוי שאוסר את היין במגעו (זה על הצד שאיסור היין הוא במגע של כל מי שאינו יהודי) או שמא בגלל שהוא כבר יצא מכלל בן נוח הוא לא אוסר את היין (וכך סובר הרדב״ז הנ״ל).

לא ניכנס כאן לכל הסוגיות הללו, ונסתפק בהפניות למקורות הרלוונטיים. ראה בספר **הגיור – הלכה ומעשה** (פינקלשטיין) הנ״ל, ח״ג פ״ג. ועוד בשו״ת

ציץ אליעזר ח״י סי׳ כה, שו״ת **בניין ציון** סי׳ צא, שו״ת **לב אריה** סי׳ י, שו״ת **משנת רבי אהרן** סי׳ לח אות ו והלאה.[113]

אבל כאמור רוב הפוסקים לא מקבלים את התפיסה של גיור לחצאיןה (גם אם חלקם מסכימים לחלק מההשלכות שהובאו כאן. ראה בספרו הנ״ל של פינקלשטיין). לדוגמה, בשו״ת **קול מבשר** ח״א סי׳ כג אות יא – שם הוא דוחה את השיטה הזאת מכל וכל.

כל זה מניח את התפיסה המטמורפוזית שגר שמל ולא טבל יצא מכלל בני נוח ולכלל ישראל לא הגיע. אבל ראינו שמלשון הרשב״א עולה תפיסה שונה של גרות לחצאין. זו לא מטמורפוזה אלא לוגיקה עמומה רגילה, כלומר יש מצב של יהודי חלקי (נראה שלשיטתו שהוא כבר בכלל לא גוי, שכן גוי הוא כל מי שאינו יהודי). ייתכן שאותם פוסקים שדוחים את התפיסה המטמורפוזית אבל מקבלים חלק מההשלכות, למשל אלו שלא מחייבים את המתגייר לחלל את השבת, בעצם מניחים את שיטת הרשב״א.

גר שטבל ולא מל

עד כאן עסקנו בגר שמל ולא טבל. זהו המקרה המקובל, שכן להלכה המילה קודמת לטבילה. ראינו למעלה שהראשונים נחלקים מה דינו של גר שטבל ואחר כך מל, האם גרותו תפסה בדיעבד (רמב״ן) או שהסדר מעכב והוא נשאר גוי (רשב״א וריטב״א).

לשיטת הרמב״ן עולה השאלה מה דינו של גר שטבל ולא מל, האם גם כאן יש מקום לדבר על חצי גרות או לא. יש מהפוסקים שטענו שגם במצב כזה יש מקום לדון בחצי גרות (ראה שו״ת **דובב מישרים** ח״א סי׳ קלו). פוסקים אחרים טענו שבגלל מרכזיותה של הטבילה (המילה לא שייכת בנשים, ולכן

---

[113] ראה גם ״קול דודי דופק״, בתוך **בסוד היחיד והיחד**, הרב י״ד הלוי סולובייצ׳יק, ירושלים תשל״ו, הערה 21, עמ׳ 388-385.

יש שראו אותה רק כמצווה על הגר ולא כחלק מתהליך הגיור עצמו)[114], רק על חצי כזה אפשר לדון (ראה שו"ת **אבני נזר** יו"ד ח"ב סי' שמד). הם טוענים שגר אחרי מילה ולפני טבילה הור גוי גמור, אבל גר אחרי טבילה ולפני מילה הוא חצי גר.

אמנם כאן קשה לדבר על גוי שיצא מכלל בן נוח ולכלל ישראל לא בא, שהרי ההוצאה מבני נוח היא המילה ולא הטבילה. לכן ברור שבמצבים כאלה מדובר על לוגיקה עמומה (כמו זו של הרשב"א) ולא על לוגיקה מטמורפוזית (כמו זו של רבי יוסף ענגיל והפוסקים שהובאו למעלה).

ובאמת ב**אבנ"ז** שם סק"ה כותב:

> ***ולפי זה נראה דגר שטבל ולא מל אינו חשיב נכרי כמו גר שמל ולא טבל דחשיב נכרי כבש"ס ריש פרק שלשה שאכלו. אבל טבל ולא מל חשיב קצת גר. והוא משום דנשים הא נעשין גרים בטבילה לבד. אלא דאין למדין מהם לזכרים משום דאפשר להם במילה. ואם נכרת הגיד מפורש בתוס' [יבמות מו ע"ב] דבטבילה לחוד נכנס לברית כנשים. וא"כ הוה לי' מילה כמו קרבן בזמן המקדש ואימורים דחשיב גר בטבילה לבד אלא שלא נגמר. ובאמת שלשון הברייתא וחכ"א מל ולא טבל טבל ולא מל אינו גר. משמע קצת שדין שניהם שוה. אך מסברא כן הוא. דיש חילוק ביניהם וכמ"ש:***

משתמע בבירור שכוונתו היא לחצי גרות, כלומר שהוא חצי יהודי, ולא שהוא במצב ביניים באמצע תהליך של מטמורפוזה.

---

[114] ובכלל, יש כמה מצבים שבהם הגרות נעשית רק בטבילה בלי מילה. כמו גוי שנולד מהול, או שגוי שנימול לא לשם גרות ואחר כך בא להתגייר. נציין שיש גם גרות שנעשית רק במילה, כמו במצב של עובר שאמו התגיירה כשהיתה מעוברת (שטבילתה מועילה לו, והוא צריך רק למול).

סיכום

בפרק זה ראינו דוגמה שממחישה את שתי ההתייחסויות ללוגיקה עמומה שפגשנו בפרק הקודם. יש שרואים את תהליך הגיור כמקשה אחת, מעבר מגויות ליהדות. הערנו שלפי התפיסה הזאת סביר שלמושג גוי אין תוכן עצמאי, אלא כל מי שאינו יהודי הוא גוי. יש שרואים את היחס המושגי באותה צורה, אבל את המושג יהודי בוחנים בלוגיקה עמומה (יש מצב של חצי יהודי). ואחרים רואים את התהליך הזה כמטמורפוזה, כלומר שלמושג גוי יש תוכן עצמאי (לא כל מי שאינו יהודי הוא גוי), ולכן יש מקום לדבר על מצבי ביניים בין גויות ליהדות. התמקדנו במצב של אדם שכבר אינו גוי אבל לכלל ישראל עוד לא בא.

במונחי הלוגיקה של סוף הפרק הקודם, ניתן להציג את התהליך הזה באופן הבא:

$$A_p = p\times A + (1\text{-}p)\times B$$

כאשר A הוא יהודי ו-B הוא גוי, והמצב A_p הוא מצב ביניים שנקבע על ידי ערכו של הפרמטר p (שנע בין 0 ל-1). זהו התיאור בהתייחסות השלישית שראינו, לפיה המושג גוי הוא בעל תוכן עצמאי משלו.

בהתייחסות השנייה למושג גוי אין תוכן עצמאי (גוי פירושו לא יהודי), ולכן מה שמתקבל הוא:

$$A_p = p\times A$$

ברור שהנוסחה הזאת מתקבלת מקודמתה על ידי הצבת B=0. זוהי המשמעות של העובדה שלמושג גוי אין תוכן משלו (גויות היא פשוט היעדר יהדות).

נעיר עוד שגם בתמונה שגוי הוא מי שאינו יהודי, העמימות כאן היא בעלת אופי שונה מהעמימויות שפגשנו בחלקים הקודמים. כאן המהלך בין גוי ליהודי בנוי משרשרת של שתי חוליות, אבל כל אחת מהן שונה מחברתה. זו לא חלוקה כמותית גרידא אלא חלוקה איכותית. כשדיברנו על שינוי במלאכת

שבת (ראה פרק תשיעי), או על חצי קידושין (כשמקדש בעד אחד או כשמקדש בתהליך של שלושים יום, ראה פרק חמישי), אז מדובר בחלוקה של הדבר לשני חצאים זהים. כשאמרנו חצי בורר או חצי קידושין, המשמעות היא חצי כמותי מהמושג השלם. לעומת זאת, בגיור כשמדובר על חצי יהודי הכוונה היא לחצי מסוים ששונה מהחצי השני. הטבילה אינה זהה למילה, וכל אחד מכונן חלק אחר מהיהדות (או היציאה מהגויות). לכן כאן יש חלוקה איכותית ולא רק כמותית, ובמובן הזה זו עמימות שונה. לכן גם התהליך הזה מבטא לוגיקה מטמורפוזות ולא לוגיקה עמומה במשמעות הרגילה.

הערה לסיום: הרכבה של מושגים הפוכים ושל מושגים שונים

נסיים בהערה נוספת. יש עוד הבדל בין הדיון בפרק הקודם למה שראינו בפרק הנוכחי. בפרק הקודם עסקנו בהרכבה של שני מושגים שאין קשר ישיר ביניהם: גזל ושקר. ועדיין כפי שראינו ניתן ליצור רצף שעובר מזה לזה (כמו בציור של Escher). כאן עסקנו בשני מושגים שהם הפכים האחד של השני, יהודי וגוי. גם אם רואים את הגוי כמושג בעל תוכן עצמאי (כלומר שגוי אינו פשוט מי שלא יהודי), עדיין ברור שיש קשר בין המושגים, והוא סוג של היפוך. בספר השלישי עמדנו על כך שקיימים היפוכים שיש ביניהם מצב ביניים (מסוג של 1 מול 1-, שביניהם יש 0), ויש היפוכים שאין ביניהם מצב ביניים (1 מול 0). יהודי וגוי יכולים להיות אחד משני סוגי ההפכים הללו, ועדיין זה שונה מהמטמורפוזה בין גזל לשקר שהם מושגים שונים לגמרי.

רק נזכיר שבספר השלישי עסקנו בלוגיקה דאונטית, ושם הבחנו בין לאו ועשה. הלוגיקה היסודית עליה בנינו את ההבחנה הזאת היא לוגיקה תלת ערכית, שמבוססת על שני מצבים מנוגדים 1 ו-(1-), ומצב אמצע ביניהם (0). כך גילינו שעשה אינו ההיפך מלאו, אלא מושג בעל תוכן עצמאי. זה בדיוק מה שראינו כאן לגבי היחס המושגי בין יהודי לגוי. שם לא דיברנו על שילוב בין עשה ולאו, אלא על מצב אמצע שהוא מצב שלישי (הוא לא מכיל מרכיבי לאו ומרכיבי עשה). גם במטמורפוזה בין יהודי לגוי למרות שזה נראה לכאורה

כשילוב של המושגים בעצם מדובר במושגים אחרים שנמצאים על הרצף ולא בשילוב. גר אחרי מילה אינו שילוב של יהודי וגוי אלא משהו שהוא לא יהודי ולא גוי. אין דרך ליצור אותו מבנייה משולבת של שני מושגי האב, אלא כשלילה שלהם או בהליכה על הציר המטמורפוזי שביניהם.

סיכום וקשר לספרים הקודמים

מבוא

בפרק זה נסכם את עיקרי הדברים שפגשנו בספר, ונראה קשרים שונים בין הדיונים שנערכו כאן לבין סוגיות שנדונו בספרים הקודמים בסדרה שלנו.

סיכום הספר

בפרק הראשון הצגנו זה מול זה שני סוגים של עמימות: עמימות אפיסטמית, שנוגעת למידע שלנו על העולם. כשיש לנו מידע לא שלם על העולם אנחנו נמצאים במצב עמום. הכלי המתמטי לטפל במצבים אלו הוא הסתברות וסטטיסטיקה, והכלי ההלכתי הוא דיני ספיקות. עלומת זאת, יש גם עמימות אונטית שבה המציאות עצמה אינה חדה. הכלי המתמטי לטפל במצבים אלו הוא לוגיקה עמומה (Fuzzy Logic). בהלכה זה נראה לפעמים כמו דיני ספיקות, אבל כפי שראינו בפרק השלישי גם ההלכה מבינה שלא מדובר כאן בספק רגיל. הזכרנו שם סוג נוסף של עמימות, שכינינו עמימות מושגית. זוהי עמימות שנובעת מהשפה ולא מהעולם. יש בשפה מושגים שבמהותם הם עמומים, וכל מערכת משפטית חייבת להתייחס לרמות שונות של הופעה שלהם. בפרק הרביעי עמדנו על סוג נוסף של עמימות, שכינינו עמימות פסאודו-אונטולוגית. אלו מצבים שבהם העמימות היא אפיסטמית, אבל מקובל להתייחס אליה כאונטית. ראינו שם כמה דוגמאות הלכתיות (כמו ספק פסיק רישא), וגם דוגמאות מדעיות (כמו השימוש בהסתברות וסטטיסטיקה בתיאוריית האבולוציה). עמדנו על כך שלפעמים יש כשל אצל אלו שמתעלמים מכך שמדובר בפסאודו-אונטולוגיה ולא באונטולוגיה ממש. בפרק החמישי עמדנו על עמימות בעדות שלוקחת אותנו מהאפיסטמולוגיה (עדות היא ראיה, וככזו היא כלי אפיסטמי של בית הדין) אל האונטולוגיה

(=קיום דבר). בפרק השישי סיכמנו ארבעה סוגים של עמימות שהצגו עד אז: א. עמימות אפסיטמית. ב. עמימות מושגית. ג. עמימות אונטית. ד. עמימות פסאודו-אונטולוגית.

בחלקו השני של הספר התמקדנו בעמימויות מהסוג השני והשלישי. מושגים כמו כוחו של אדם או של בהמה, או כמו שליחות, הם מושגים שבמהותם צפויים להיות עמומים. יכולות להיות כמה רמות של כוח ושל זיקה בין שליח למשלח. בהמשך החלק השני (פרק תשיעי) עברנו לעסוק בעמימות של מושגי נורמה, כלומר של מושגים אסור מותר חובה. ראינו שלפחות לחלק מהדעות, איסורים בהלכה לא תמיד מופיעים בצורה בינארית, כלומר שיש מצבי ביניים בין האסור למותר (חלק מאיסורי דרבנן). בפרק האחד-עשר עמדנו על עמימות בקטגוריות ההלכתיות, שניתן גם לראות אותה כעמימות בין חובה לרשות (הכשר מצווה, הידור מצווה וחובות מוסריות). בפרק העשירי המשכנו לעמימות בקטגוריות של דרבנן עצמן, וראינו שלפי הרמב״ם יש רצף של רמות בין דאורייתא לבין ההיתר, שכולן מכונות ״דברי סופרים״ ולכל אחת יש מאפיינים משלה. בעיקרו הרצף נשלט על ידי הקשר בין ההלכה לבין הכתוב שבו היא נתלית.

החלק השלישי והאחרון עסק בלוגיקה מטמורפוזית. זו הוגדרה כמעבר דרך רצף של רמות בין שני מושגים שונים. בפרק שנים-עשר ראינו דוגמה לרצף שנמתח בין שני מושגים שאין קשר ביניהם (גזל ושקר) ובפרק האחרון ראינו דוגמה לרצף שנמתח בין שני מושגים מהופכים (יהודי וגוי). בשני המקרים זו לא לוגיקה עמומה רגילה אלא לוגיקה מטמורפוזית, שכן הדרך מחולקת לחוליות שכל אחת שונה מהאחרות, בניגוד ללוגיקה עמומה שמורכבת מכמה רמות עוצמה שונות של אותו דבר (חלוקה כמותית).

הקשר לספרים הקודמים שעוסקים בהרכבה וניתוח של מושגים

בספר השמיני והתשיעי עסקנו בהרכבה של מושגים (הצד השווה והבנייה מושגית, ואנליזה של מושגים למרכיביהם ומאפייניהם). הספר הזה ממשיך

את הדיון שנערך שם ומרחיב אותו. שם עסקנו בהרכבה של שני מושגים על ידי אימוץ חלק ממרכיביו של כל אחד מהם. הלוגיקה הבסיסית היתה בינארית. כאן אנחנו מרשים סינתזה במינונים שונים, על רצף שבין 0 ל-1.

באופן כללי יותר, אנחנו יוצאים מסט של מושגי אב A_i, שלכל אחד יש סט של תכונות $P_i^{(n)}$. כל תכונה כזאת יכולה להופיע במינון בין 0 ל-1. הרכבה של המושגים הללו נותנת לנו מושג חדש B שיש לו תכונות מתוך מושגי האב. זה יכול להיות הרכבה פשוטה של מושגי האב, או סינתזה מורכבת יותר שלהם. התכונות של המושג החדש יכולות להילקח כפי שהן במושגי האב (לוגיקה בינארית), או במינון נמוך יותר מאשר במושג האב (לוגיקה עמומה), או כהרכבה של המינונים השונים בכל המושגים שמרכיבים את המושג החדש (מטמורפוזה כמו שראינו בפרק שלפני הקודם בין שקר וגזל). לפעמים שני מושגי האב הם בעלי תכונות הפוכות, ואז מדובר בקיזוזים או באיפוסים הדדיים (מטמורפוזה כמו שראינו בפרק הקודם לגבי הגיור).

מצבים חלקיים לעומת ערבוב

בספר זה עסקנו במצבי ביניים או מצבים חלקיים. לא נכנסנו כאן לשאלות של ערבוב, כמו מצב של שותפות (בעלות משותפת של כמה גורמים על נכס אחד). הערבוב אינו מצב ביניים או מצב חלקי אלא שילוב של שני מצבים מלאים. בהקשרים אלו, שיטופלו בעז״ה בספר 14, נדון גם בערבוב קוונטי (אותו פגשנו בספר הרביעי, וקצת כאן בפרק השלישי).